共同富裕

历史视域中的理论与实践研究

段治文 等◎著

COMMON PROSPERITY

RESEARCH ON THEORY AND

PRACTICE IN THE HISTORICAL PERSPECTIVE

ZHEJIANG UNIVERSITY PRESS
浙江大学出版社

·杭州·

图书在版编目（CIP）数据

共同富裕：历史视域中的理论与实践研究/段治文
等著. —杭州：浙江大学出版社，2023.6
　　ISBN 978-7-308-23790-1

　　Ⅰ. ①共… Ⅱ. ①段… Ⅲ. ①共同富裕—理论研究—
中国 Ⅳ. ①F124.7

　　中国国家版本馆 CIP 数据核字（2023）第 085185 号

共同富裕：历史视域中的理论与实践研究

段治文　等　著

策划编辑	吴伟伟
责任编辑	陈思佳（chensijia_ruc@163.com）
责任校对	宁　檬
封面设计	雷建军
出版发行	浙江大学出版社
	（杭州市天目山路 148 号　邮政编码310007）
	（网址：http://www.zjupress.com）
排　　版	杭州星云光电图文制作有限公司
印　　刷	广东虎彩云印刷有限公司绍兴分公司
开　　本	710mm×1000mm　1/16
印　　张	23.5
字　　数	370 千
版 印 次	2023 年 6 月第 1 版　2023 年 6 月第 1 次印刷
书　　号	ISBN 978-7-308-23790-1
定　　价	98.00 元

目 录

绪　论

共同富裕是人类社会发展共同追求的理想。在历史悠久的中国传统文化中，就有着丰富的对"小康""和谐""大同"的社会理想追求，也有着"均贫富，等贵贱"的思想文化传统，还有"抑强扶弱""平土均田"的"治道"主张。到了近代，洪秀全、康有为和孙中山又先后提出了"天国"理想、"大同"社会和民生主义等。在西方，500多年以来，先有托马斯·莫尔的"乌托邦"、康帕内拉的"太阳城"、安德里亚的"基督城"等社会理想建构，后来又有圣西门、傅立叶、欧文对和谐制度与成果共享的追求，都无不表现出对共同富裕的向往。共同富裕更是19世纪以来马克思主义科学社会主义理论的应有之义，是共产主义奋斗的重要目标。而以上这一切都成为中国共产党共同富裕思想的重要来源。

在人类社会发展的历史长河中，最早明确提出共同富裕概念的是中国共产党。坚持将"为民族谋复兴、为人民谋幸福"作为自己初心使命的中国共产党，在领导中国人民取得新民主主义革命胜利和成立新中国以后，迅速地转入国民经济恢复工作，开启了社会主义革命和建设的新征程，并在1953年12月16日通过的《中国共产党中央委员会关于发展农业生产合作社的决议》中明确提出"使农民能够逐步完全摆脱贫困的状况而取得共同富裕和普遍繁荣的生活"的目标，这是"共同富裕"第一次被明确提出并写进党中央的文件之中。此后，毛泽东在很多场合强调并阐释了"共同富裕"概念和思想。从此，领导中国人民实现共同富裕的美好生活，就成为中国共产党的历史使命和行动指南。

在共同富裕理论与实践进程中，中国共产党人做出了极其重要的探索，形成了重要的理论成果，取得了重要的实践成就。从理论成果上看，在社会主义革命和建设进程中，中国共产党将马克思主义基本原理与中国社会主义革命和建设实际相结合，形成了以公平性为核心要义的社会主义共同富裕理论；在改革开放与社会主义现代化建设过程中，中国共产党将马克思主义基本原理与改革开放和社会主义现代化建设实际相结合，形成了以发展性为核心要义的中国特色社会主义共同富裕理论；在中国特色社会主义新时代，中国共产党将马克思主义基本原理与新时代中国特色社会主义现代化建设实际以及中国传统优秀文化相结合，创造性地提出了以共享性为核心要义的新时代中国特色社会主义共同富裕理论。从社会主义革命和建设时期形成以公平性为核心内涵的共同富裕理论、改革开放和社会主义现代化建设新时期形成以发展性为核心的共同富裕理论，到中国特色社会主义新时代形成以共享性为核心的共同富裕理论，不断实现层层递进的深入发展，极大地指导和推进了中国共产党共同富裕的伟大实践，不断取得重要成就。在实践成果上，在社会主义革命和建设时期，中国共产党通过艰辛探索，为社会主义共同富裕的发展确立了正确的政治方向和坚强的制度保证，也创造了经济发展的初步基础；在改革开放和社会主义现代化建设进程中，中国共产党通过不懈努力，为中国特色社会主义共同富裕的发展创造了充满活力的体制保证和物质条件；在中国特色社会主义新时代，中国共产党在接续奋斗中实现创造性发展，并且开始向着实现社会主义共同富裕的宏伟目标继续前进。

2020年10月29日，中国共产党第十九届中央委员会第五次全体会议通过了《中共中央关于制定国民经济和社会发展第十四个五年规划和二〇三五年远景目标的建议》，这是中国共产党领导中国人民推进共同富裕建设伟大事业进程中具有重要意义的文件，正是在这个重要文件中，明确将"人民生活更加美好，人的全面发展、全体人民共同富裕取得更为明显的实质性进展"作为2035年远景目标之一提出来。习近平在关于"十四五"规划建议的"说明"中说："这样表述，在党的全会文件中还是第一次。"①这无疑是中国特色社会主义新时代中国共产党人对全国人民做出的庄严的政治承诺，展现了新时代中国共产党人建立在中国共产党百年奋斗历史基础上的底气和自信。2035年远景目标中共同富裕的政治承诺极大地激发了全国各族人民追求共同富裕的热情，也极大推进了学术界、理论界对共同富裕理论与实践研究的深入。

纵观以往学术界对共同富裕理论与实践的研究，我们可以看到，国内学

---

① 习近平：《关于〈中共中央关于制定国民经济和社会发展第十四个五年规划和二〇三五年远景目标的建议〉的说明》，《人民日报》2020年11月3日。

术界对中国共产党共同富裕理论与实践的研究非常广泛,其中的侧重点和取得的成果主要表现在以下几个方面:第一,对中国共产党共同富裕理论的形成展开了研究,比如杨文圣的《中国共产党对共同富裕的百年夙愿与追求》、刘长明和周明珠的《共同富裕思想探源》、李静波和祁靖的《新时代中国特色社会主义共同富裕理论演进——基于改革开放以来历届党代会报告的文本分析》等。其中提出了一些重要的观点,特别是对中国传统文化和思想、马克思主义关于共同富裕的理论等中国共产党共同富裕理论的源流进行了阐发。第二,对中国共产党共同富裕理论和实践的历史演进进行了一定的研究,比如朱敏的《马克思主义共同富裕思想在中国的探索与实践》、孙大伟的《中国共产党共同富裕思想和中国特色社会主义共同富裕道路》、张春敏和吴欢的《新时代共同富裕思想的理论贡献》等。其中也提出了一些重要的观点,比如中国共产党共同富裕概念的最早提出有多种版本和看法,对从社会主义革命、社会主义建设到社会主义改革三个阶段的共同富裕实践的逻辑演变也进行了重要的揭示和分析。第三,对毛泽东、邓小平以及习近平总书记关于共同富裕的重要论述开展了系列的研究。比如文建龙的《毛泽东防止两极分化的思想与实践》、梁志峰的《邓小平共同富裕思想:要义·价值·遵循》、郭瑞萍和李丹丹的《习近平对邓小平共同富裕思想的继承与发展》、丁春福和王静的《关于习近平共同富裕重要论述的四维思考》等。这些论著初步展示了从毛泽东、邓小平到习近平关于共同富裕逻辑演进的思想轨迹。第四,自从党的十九届五中全会将"全体人民共同富裕取得更为明显的实质性进展"确立为2035年远景目标,特别是中央随即开始实施支持浙江高质量建设共同富裕示范区战略后,经济学、管理学、社会学、教育学等都全面参与研究,与马克思主义理论学科一道,推进了共同富裕建设研究的新高潮。

以上这些研究成果为新的研究的开展提供了重要的研究基础和理论参考。但是,我们不能不看到,其中仍然存在很多不足,为我们进一步研究指出了空间、指明了方向:第一,静态的研究较多,对站在新时代和2035年政治承诺的高度,基于大历史观进行动态的把握还很不够,或者说才刚刚开始。因而，未来研究的方向和重点就是要站在更高的政治高度、历史高度、理论高度和实践高度上来把握百年共同富裕追求的历程。第二，零散的碎片化研究较多，对百年历史演进的历程及其内在逻辑的揭示还很不够。因而，未来研究的方向和重点就是要加强对共同富裕百年追求的历史演进进行系统的体系化研究，包括大历史视野下的逻辑演进研究、理论的体系化和逻辑构成研究以及新时代价值的全面把握研究。第三，政策宣传较多，学术性研究仍然严重不足。第四，共同富裕百年追求的理论和历史逻辑演进规律、历史经验以及理论价值、实践价值和世界性价值远未得到全面的阐发。因而，未来研究的方向和重点就是要加强对共同富裕百年追求的历史经验和逻辑演进规律的研究，加强对马克思主义理论的历史性贡献、国际共产主义运动的实践价值、广大发展中国家摆脱贫困走向共同富裕的中国经验价值、人类社会现代化发展的世界性价值等，进行更加全面深入的揭示和阐发。而这一切正是本书的重点和矢志创新的着力点。

本书展现了一些重要的创新：

首先，拓展了研究视域，实现了学术视野上的创新。具体体现在本书实现了对共同富裕理论和实践研究的几个重要转变与深化：一是实现了从一般性的理论宣传向纵深的理论研究转变。二是实现了从零碎的内容阐释向系统的逻辑体系研究深化。三是实现了从更重视现实实践研究向历史视域、历史纵深研究推进。四是实现了从一般性的历史叙述向深层次的历史经验总结和历史演进规律把握深入，从一般性的意义分析向理论贡献、历史影响、实践推进、世界意义等多层面的价值分析延伸。因而，这是对百年共同富裕理论与实践进行的涵盖历史、现实和未来的全景式展示，是历史逻辑与理论逻辑、价值意蕴的全方位呈现，是理论解读与实践创新的整体性研究。

其次，提出了许多新观点，实现了研究内容上的创新。具体体现在：一是在理论溯源上，全面总结中国从古代传统文化到近代空想社会主义思潮，全面总结欧洲从近代空想社会主义思想到马克思主义科学社会主义的追求等，由此指出这一切共同构成了中国共产党共同富裕理论与实践的思想来源。二是在概念分析上,细致考证了"共同富裕"概念的提出,揭示了"共同富裕"概念提出的历史必然性、现实必要性和未来指向性。三是在内涵阐释上,揭示了社会主义革命和建设时期以公平性为核心要义的共同富裕思想、改革开放和社会主义现代化建设新时期以发展性为核心要义的共同富裕思想、中国特色社会主义新时代以共享性为核心要义的共同富裕思想,并指出正是这三个阶段理论层层递进的逻辑演进,指导了中国共产党共同富裕的伟大实践。四是在实践特点上,提出了新时代共同富裕实践展现出的主导性、整体性、多元性、动态性四大特点。五是在演进规律上,揭示了中国共产党共同富裕理论与实践演进的四个方面的规律,包括逻辑演进规律、战略演进规律、内涵演进规律和步骤演进规律。六是在价值意蕴的分析上,揭示了中国共产党共同富裕理论与实践在深化对党的执政规律、社会主义建设规律、人类社会发展规律认识中的理论价值,在推进党的治国理政、中华民族伟大复兴以及国际共产主义运动中的实践价值,在展现社会主义制度优越性、引导发展中国家治理贫困、推进全球治理和人类社会现代化中的世界性价值,等等。

最后,坚持运用历史唯物主义和辩证唯物主义方法,实现了研究方法上的创新。具体表现在:一是坚持唯物史观与正确党史观相统一的思考方法,用具体历史的、客观全面的、联系发展的观点来看待共同富裕理论与实践发展的历史,在贯通历史、现在和未来的过程中,充分展现百年共同富裕理论与实践演进的大逻辑。二是坚持历史连续性与阶段性相统一的分析方法,坚持历史是一个整体发展过程,不能随意割断,不能碎片化,运用科学世界观和方法论,把握发展规律,进一步用大历史观来思考和把握共同富裕发展的历程。当我们用大历史观把握百年共同富裕理论与实践时,我们就能清楚地看到,社会主义革命和建设时期共同富裕理论与实践是为共同富裕的实现奠定重要的政治前提和制度基础,改革开放和社会主义现代化建设新时期共同富裕理论与实践是为实现共同富裕创造充满活力的体制保证和快速发展的物质条件,而新时代中国特色社会主义共同富裕理论与实践,则开始朝着实现共同富裕宏伟目标继续前进。只有坚持这种历史连续性和阶段性相统一的方法,才能真正揭示百年来各个阶段共同富裕理论与实践的历史地位。

本书还具有重要的应用价值,可以为全党开展新时代共同富裕建设提供理论指导,为全体党员干部学习和教育培训提供理论支持,为马克思主义理论专业、党史党建专业研究人员的教研提供参考教材,为社会读者提供重要的理论读物,为讲好中国故事、推进新时期共同富裕重大理论成果的国际传播提供重要素材。

第一章

共同富裕理论与实践的思想探源

共同富裕是中国共产党率先明确提出的一种社会理想,中国共产党共同富裕理论的提出与实践有着深厚的思想渊源。正如马克思、恩格斯指出的:"一切划时代的体系的真正的内容都是由于产生这些体系的那个时代的需要而形成的。所有这些体系都是以本国过去的整个发展为基础的,是以阶级关系的历史形成及其政治的、道德的、哲学的以及其他的成果为基础的。"①从中国古代的"小康""和谐""大同"以及"等贵贱,均贫富"等共同富裕思想的萌芽,到中国近代空想社会主义的共富理想,从西方社会主义空想思想家们对"共同富裕"理想社会的构想,再到科学社会主义诞生后马克思主义"共同富裕"思想与实践,都对中国共产党共同富裕思想的形成和发展产生了深刻的影响,都成为中国共产党共同富裕理论与实践的重要思想来源。

第一节 中华传统文化中的共同富裕思想

在中国几千年的文明发展中,先哲们虽然没有明确提出共同富裕的概念,但是对小康、和谐、大同的社会理想、对"等贵贱,均贫富"的正义性、对社会弱势群体的关怀等的探讨绵延不绝,其中蕴含着"共同富裕"思想最初始的萌芽,并在历史长河中滋长蔓延,激励着一代代中国人坚持不懈地去追寻。

一、小康、和谐、大同的社会理想追求

中华文明进入阶级社会以后,原始社会那种原始性的共富共享机制开始瓦解,贫富差距越来越悬殊,贵贱等级越来越对立,统治阶级的压迫和剥削使底层人民更加向往人人平等、共同富足的理想社会,从而形成了小康、和谐、大同的思想。

————————

① 《马克思恩格斯全集》(第三卷),人民出版社 1965 年版,第 544 页。

　　"小康"一词最早出自中国第一部诗歌总集《诗经》。《诗经》之《大雅·民劳》中这样写道："民亦劳止，汔可小康。惠此中国，以绥四方。无纵诡随，以谨无良。式遏寇虐，憯不畏明。柔远能迩，以定我王。"意思是让老百姓休养生息，过上小康、小安的生活，这就是人民最早想象的美好生活。而作为一种社会理想模式，小康在《礼记·礼运》中得到了系统的阐述，《礼运》中引孔子话说道："今大道既隐，天下为家，各亲其亲，各子其子，货力为己；大人世及以为礼，城郭沟池以为固，礼义以为纪，以正君臣，以笃父子，以睦兄弟，以和夫妇，以设制度，以立田里，以贤勇知，以功为己。故谋用是作，而兵由此起。禹汤文武成王周公，由此其选也。此六君子者，未有不谨于礼者也。以著其义，以考其信，著有过，刑仁讲让，示民有常。如有不由此者，在势者去，众以为殃，是谓小康。"孔子认为，小康是一种以礼为基础的社会安定发展的形态，强调以礼为纲，是一种理想社会。孟子在孔子以礼为纲的基础上，提出了以民为本的小康社会模式。《孟子·尽心上》勾勒出这样一种小康社会："五亩之宅，树之以桑，五十者可以衣帛矣。鸡豚狗彘之畜，无失其时，七十者可以食肉矣。百亩之田，勿夺其时，数口之家可以无饥矣。"

　　小康也是古代统治者理想治世的标准。《旧唐书·本纪第八》记载：景云二年，制曰："惟天生丞人，牧以元后；维皇立国，副以储君。将以保绥家邦，安固后嗣者也。朕纂承洪业，钦奉宝图，夜分不寝，日昃忘倦。茫茫四海，惧一人之未周；蒸蒸万姓，恐一物之失所。虽卿士竭诚，守宰宣化，缅怀庶域，仍未小康。"这说明皇帝希望实现小康社会。《全唐文·大历八年夏至大赦文》称："关辅之内，农祥荐臻，嘉谷丰衍，宿麦滋殖。间阎之间，仓廪皆实，百价低贱，实曰小康。"《新五代史·杂传第二十八》载："昭宗东迁，建从至洛，昭宗举酒属太祖与建曰：'迁都之后，国步小康，社稷安危，系卿两人。'"《宋大诏令集》载："朕自祗膺大宝。幸致小康。"《金史》载："世宗即位，凡数岁辄一遣黜陟之，故大定之间，郡县吏皆奉法，百姓滋殖，号为小康。"《清实录嘉庆朝实录》载："庶民可免颠沛之苦。渐致小康矣。"由此可见，小康不仅是中国古代思想家的构想，也是封建统治者追求的一种理想的社会境界。

"和谐"中的"和"字最早见于金文。古人认为"以土与金木水火杂,以成百物"。"和"是万物得以生成之道。《周礼》中就有:"以和邦国,以统百官,以谐万民。"西周的史伯提出:"和实生物,同则不继。"《中庸》曰:"中也者,天下之大本也;和也者,天下之达道也。致中和,天地位焉,万物育焉。"①《左传·襄公十一年》写道:"八年之中,九合诸侯,如乐之和,无所不谐。"在道家、儒家等诸子百家的论述中,孔子提出"君子和而不同",老子提出"万物负阴而抱阳,冲气以为和"。其中的"和"是指和谐,"同"则是指附和、苟同、盲从,其意为和谐而不盲从。孟子提出:"老吾老以及人之老,幼吾幼以及人之幼"和"鳏寡孤独废疾者,皆有所养"。荀子在《荀子·天论》中提出:"万物各得其和以生,各得其养以成。"此外,孔子对礼、仁的倡导,老子对道、无为的推崇,墨子的兼爱,孟子的仁义,庄子的万物齐一,荀子的礼义等,都体现了古代思想家们对和谐的社会理想的追求。

"大同"这一概念最早出现在《礼记》中。《礼记·礼运》曰:"大道之行也,天下为公,选贤与能,讲信修睦。故人不独亲其亲,不独子其子,使老有所终,壮有所用,幼有所长。矜寡孤独废疾者皆有所养,男有分,女有归。货恶其弃于地也,不必藏于己;力恶其不出于身也,不必为己。是故谋闭而不兴,盗窃乱贼而不作,故外户而不闭,是谓大同。"《庄子·在宥》也指出:"颂论形躯,合乎大同,大同而无己。"这里的"大同"从社会学的角度来阐述是一种社会理想,思想家们描绘了他们理想中的大同社会,在大同社会中没有私有财产,大家共同劳动,全社会的一切,包括物质财富、公共权力都归全体人民所有,即天下为天下人所共有的天下为公,社会安定,为我们勾画了一幅平等、和睦、均富的大同之世的美景。这个"大同"就成为古人们基于生产资料私有制的生产关系确立起来的一种美好的理想社会范式,天下为公的社会理想成为我们民族为之不懈奋斗的共同追求。

小康、和谐、大同作为理想的社会模式,三者有一定的层次区别,分属三

①郭齐勇:《中国古典哲学名著选读》,人民出版社2005年版,第314页。

个不同的阶段。小康反映的是"大道既隐,天下为家"的一种社会状态,可以说是一种美好理想社会的初级阶段,是儒家的最低社会理想。和谐是相对小康更高层次的理想社会,而大同则是一种理想社会的高级阶段,是一种纯粹的认知的理想境界,是人类社会的理想王国。

小康、和谐、大同在当时虽然是带有空想色彩的对未来的憧憬,但是也反映了中国古人对未来社会的看法,包含了人们对未来社会的预期。对这种理想社会的美好描述实际上就蕴含了人们对共同富裕的一些朦胧认识,是共同富裕思想的萌芽。

二、"等贵贱,均贫富"的思想文化传统

中华民族是一个为了实现美好理想而不断奋斗的民族,古代人民群众始终对小康、和谐、大同的美好社会理想有着执着的追求,在此过程中,他们同各种剥削和压迫展开了不屈不挠的斗争。尤其是秦代以后,社会贫富开始进一步分化,达到了"富者田连阡陌,贫者无立锥之地"①的程度,统治阶级和被统治阶级之间的矛盾激化,从而引发了一系列的农民起义。在农民起义的过程中提出了"等贵贱,均贫富"的思想,它贯穿于中国整个封建历史时期,反映了人们对"均贫富"的迫切愿望,也体现了人们追求政治上平等的"等贵贱"的诉求,是立足于中华文明自身的一种本土文化色彩非常浓厚的思想文化传统。

中国历史上历次农民起义几乎都是以"等贵贱,均贫富"为口号和宗旨的。公元 17 年,京山子弟王匡、王凤领导下的绿林起义提出"除霸安民,劫富济贫"的口号。公元 184 年,张角发动太平道起义,提出"公平、均平"的口号,并且描述了一个太平世界:既无剥削压迫,也无饥寒病灾,更无诈骗偷盗,人人自由幸福。公元 875—884 年,王仙芝、黄巢起义也提出了"均平"口号。黄巢起义军攻入长安城,向贫民散发财物,并由大将军尚让向群众宣布:"黄王起兵,本为百姓,非如李氏不爱汝曹。汝曹但安居无恐!"其反映了

---

① 史仲文、胡晓林:《新编中国秦汉史》(上册),人民出版社 1995 年版,第 20 页。

农民群众"均贫富"的迫切愿望。北宋太宗淳化四年(公元993年),王小波、李顺在四川发动农民起义,明确提出:"吾疾贫富不均,今为汝辈均之。"[①]到两宋之交金兵南侵时,协同宗泽防守汴京(今河南开封)的义军首领王善说过,"'天下大变,乃贵贱贫富更替之时'[②],这就在"均贫富"之外增添了"等贵贱'"的内容。公元1130年,钟相、杨幺领导的农民起义提出了:"法分贵贱贫富,非善法也。我行法,当等贵贱,均贫富。"[③]明代末年李自成领导的起义军提出了"均田免粮""平买平卖""割富济贫"的口号。所谓"均田免粮",是指在起义军占领地区,废除地主对土地的占有制,废止封建统治者的繁重赋税,把土地分配给农民耕种,这项制度带有浓烈的劫富济贫色彩。

"均贫富"直接针对封建社会财富分配不均的现象,体现了底层人民对共富的渴望;"等贵贱"则反映了人们对政治上人人平等的追求。"等贵贱,均贫富"是中国古代农民在政治经济方面理想和追求的反映。

三、"抑强扶弱""平土均田"的"治道"主张

中国古代的先贤们不仅探讨了何为理想社会,在追求理想社会的过程中提出了"等贵贱,均贫富"的思想,还针对如何调节贫富差距、实现"均贫富",提出了"抑强扶弱""平土均田"的"治道"主张。

先秦诸子百家很早就意识到了贫富差距过大会影响社会安定,进而影响国家稳定。《礼记·坊记》就写道:"小人贫斯约,富斯骄;约斯盗,骄斯乱。"在《论语·季氏》中,孔子讲道:"丘也闻有国有家者,不患寡而患不均,不患贫而患不安,盖均无贫,和无寡,安无倾。"管仲在《管子·国蓄》中认为:"夫民富则不可以禄使也,贫则不可以罚威也。"法令之不行,万民之不治,问题都是出在贫富不均上。战国末期的荀子分析了财富分配与国家兴亡的关系,他在《荀子·王制》中指出:"王者富民,霸者富士,仅存之国富大夫,亡国富筐箧、实府库。"中国传统思想文化认为,国家稳定是第一要义,而社会财

---

①脱脱等:《樊知古列传》,《宋史》(卷276),中华书局1977年版,第9396页。
②王亚恒、谢一民、董南江、田宏勋:《中国之梦》,陕西人民出版社2014年版,第55页。
③李心传:《建年以来系年要录》(卷一),中华书局2013年版,第613页。

富分配不均是社会秩序不稳定的根本原因。

因此,国家要干预社会财富分配,通过"抑强扶弱"调节贫富差距,防止两极分化。《晏子春秋·内篇问上第三》提出了"以天下物利天下人""与天下人同利""安高在乎同利"①的治国理政主张。管仲也指出:"薄于身而厚于民,约于身而广于世:其处上也,足以明政行教,不以威天下;其取财也,权有无,均贫富,不以养嗜欲。"晏子认识到,只有缩小贫富差距,才能"贤者处上而不华,不肖者处下而不怨,四海之内,社稷之中,粒食之民,一意同欲"(《晏子春秋·问上》)。老子提出了"损补"的思想:"天之道,其犹张弓与?高者抑之,下者举之;有余者损之,不足者补之。天之道,损有余而补不足。"(《道德经·第77章》)墨子更是大力提倡:"有力者疾以助人,有财者勉以分人,有道者劝以教人。"在秦汉时期,也有思想家提出自己的主张,如汉代张鲁主张人人平等的平均主义原则,推出了"五斗米道"。汉代董仲舒极力抨击贫富极度不均现象,并提出要调节贫富不均。他在《举贤良对策》中指出:"富者奢侈羡溢,贫者穷急愁苦;穷急愁苦而上不救,则民不乐生;民不乐生,尚不避死,安能避罪?"他还在《春秋繁露·度制篇》中指出:"孔子曰,不患贫而患不均。故有所积重则有所空虚矣。大富则骄,大贫则忧。忧则为盗,骄则为暴,此众人之情也。圣者则于众人之情,见乱之所从生,故其制人道而差上下也,使富者足以示贵而不至于骄,贫者足以养生而不至于忧。以此为度而调均之,是以财不匮而上下相安,故易治也。"国家政策只有"均无贫,和无寡,安无倾"②,通过"抑强扶弱"实现"均贫富",才能实现社会的和谐稳定。

在"抑强扶弱"的基础上,他们还提出了"平土均田"的主张。孟子提出了井田制度,即土地公有,平均分配土地。他在《孟子·滕文公上》中指出:"方里而井,井九百亩,其中为公田,八家皆私百亩,同养公田。"在这个基础上就可以"设为庠序学校以教之",最终达到"死徙无出乡,乡田同井,出入相友,守望相助,疾病相扶持,则百姓亲睦"的理想社会状态。董仲舒也提出了

---

①李山译注:《管子》,中华书局2009年版,第97页。
②罗安宪主编:《论语》,人民出版社2017年版,第119页。

限田的主张,他曾向汉武帝建议:"古井田法虽难卒行,宜少近古,限民名田,以赡不足。"北宋的李觏提出的"平土均田"的思想,在他写的《富国策》和《安民策》里都有体现。北宋的张载也提出了"井地治天下"的均平主张,他指出:"治天下不由井地,终无由得平。周道止是均平。""井地亦无他术,但先以天下之地棋布画定,使人受一方,则自是均。"①他主张将土地收归国有,实行古代的井田之制。还有北宋的王安石变法以"因天下之力以生天下之财,取天下之财以供天下之费"②为原则,从调整社会财富入手,颁布了如"方田均税法"等法令。可见,对平土均田的追求也一直是中国古代思想的传统。

从先秦诸子的"均贫富""损有余而补不足"、张鲁的人人平等、董仲舒的均贫思想,到李觏的"平土均田"、张载的"井地治天下"、王安石的"抑豪强伸贫弱"、王夫之的"均天下"等,无不是中国古代人们在小康、和谐、大同的社会理想追求中为实现"等贵贱,均贫富"的"治道"思想。

总之,从古代先贤这些思想论述中可以看出,共同富裕是中国人一直以来孜孜以求的目标,他们对共同富裕的理论与实践的认识已经达到了一定的水平。在漫长的封建社会中,人们在追求美好理想社会、为实现"均贫富"促进国家稳定治理的过程中体现出的各种平均主义、公平公正分配社会财富、使用暴力手段建立合理社会制度等愿望和思想,都和社会主义、共产主义社会有着某些契合之处,这些思想都已经渗透到中华民族的血脉之中,对后世共同富裕思想的产生和发展有着深远影响。

第二节　中国近代空想社会主义者的共同富裕思想

到了近代,深深根植于中国人民心目中的理想社会、太平思想在向西方学习先进技术的背景下,发生了思想升华,形成了新的别具风貌的近代空想

①《经学理窟·周礼》,《张载集》,中华书局 1978 年版,第 248—250 页。
②蔡美彪等:《中国通史》(第五册),人民出版社 1983 年版,第 113 页。

社会主义。近代太平天国运动的领袖洪秀全继承和发展了中国历史上农民起义的"均贫富"的主张,曾设想把"天下一家,共享太平"的理想社会付诸实践;康有为也在 19 世纪末提出了"大同"思想,幻想建立一个大同之世;之后的孙中山在领导人民推翻帝制建立共和国的同时提出了民生主义主张。他们是中国近代史上的三大空想社会主义思想家,在他们对未来理想社会的设想中,都充满了共同富裕的理想化愿望。

一、《天朝田亩制度》:洪秀全农民式共同富裕思想

(一)太平天国运动与《天朝田亩制度》的颁布

太平天国运动是 19 世纪中叶在中国发生的一场大规模农民起义。1836 年,洪秀全在广州接触到了基督教的宣传品《劝世良言》,从中吸收了原始平等、废除私有、财产共有等思想。1843 年,他与冯云山创建拜上帝会,开始组织领导太平天国运动。1853 年,太平天国定都南京,颁布《天朝田亩制度》。这是我国劳动人民几千年来均平理想的系统体现,集中反映了农民阶级的革命要求,把农民起义推向了历史的顶点。《天朝田亩制度》是一个经济、政治、文化教育、军事、宗教等各方面制度的政治纲领,主要有以下几方面的内容。

一是土地国有和土地平均分配制度。《天朝田亩制度》中最重要的部分是土地制度。它提出了土地国有,明确宣布"天下人人不受私,物物归上主"[①],即世上的一切土地和财富都归"上帝"所有,还提出了土地分配采用绝对平均主义的原则,把全国土地按照全年单位面积产量的高低分为九等,"凡田分九等,其田一亩,早晚二季,可出一千二百斤者为尚尚田,可出一千一百斤者为尚中田,可出一千斤者为尚下田,可出九百斤者为中尚田,可出八百斤者为中中田,可出七百斤者为中下田,可出六百斤者为下尚田,可出五百斤者为下中田,可出四百斤者为下下田。尚尚田一亩当尚中田一亩一分,当尚下田一亩二分,当中尚田一亩三分五厘,当中中田一亩五分,当中下

①范文澜等:《中国通史》(第十一册),人民出版社 2009 年版,第 162 页。

田一亩七分五厘,当下尚田二亩,当下中田二亩四分,当下下田三亩。凡分田照人口,不论男妇,算其家口多寡,人多则多分,人寡则寡分,杂以九等,如一家六人,分三人好田,分三人丑田,好丑各一半"①。它规定十五岁以下受田数量为十六岁以上之半:"凡男妇,每一人自十六岁以上受田,多逾十五岁以下一半。如十六岁以上,分尚尚田一亩,则十五岁以下减其半,分尚尚田五分。又如十六岁以上,分下下田三亩,则十五岁以下减其半,分下下田一亩五分。"②在全国各地区适用同样的分田标准,而无宽乡、狭乡之分。

二是社会组织制度。《天朝田亩制度》规定在军事上以一万三千一百五十六家为一军,设立军帅、师帅、旅帅、卒长、两司马等乡官,在日常基层生活中以二十五户为一两,基层一切的经济、政治、文化、宗教活动都在两的范围内进行。该制度的特点是军事与行政统一,每一个基层组织都成为自成体系的经济单位,其军事组织、生产组织包含在社会组织里面。

三是生产活动制度。《天朝田亩制度》规定每人生产出的劳动产品,除留下维持个人生活的必要劳动产品外,一切"归国库","物物归上主":"凡天下,树墙下以桑。凡妇蚕绩缝衣裳。凡天下,每家五母鸡,二母彘,无失其时。凡当收成时,两司马督伍长,除足其二十五家每人所食可接新谷外,余则归国库。凡麦、豆、兰麻、布帛、鸡、犬各物及银钱,亦然。盖天下皆是天父上主皇上帝一大家,天下人人不受私,物物归上主,则主有所运;天下大家,处处平均,人人饱暖矣。"③至于每家如有"婚娶弥月喜事,俱用国库,但有限式,不得多用钱"。

四是政治选举制度。《天朝田亩制度》规定各级地方官员的产生采取逐级向上保举,逐级核实,最后由天王降旨任命的办法。《天朝田亩制度》中选举制度定为全国每年一次,以弥补官员空缺:"凡天下每岁一举,以补诸官之缺。"为示慎重,对保举人员实行奖罚制:"举得其人,保举者受赏;举非保人,保举者受罚。……凡滥保举人者黜为农。"它还规定了升贬制度:"凡天下诸

---

① 罗尔纲:《太平天国的理想国》,商务印书馆 1950 年版,第 2 页。
② 罗尔纲:《太平天国的理想国》,商务印书馆 1950 年版,第 2 页。
③ 罗尔纲:《太平天国的理想国》,商务印书馆 1950 年版,第 2—3 页。

官三岁一升贬,以示天朝之公。""凡保升奏贬所列贤迹恶迹,总要有凭据方为实也","凡滥保举人际滥奏贬人者黜为农","凡在尚保升奏贬在下,诬则黜为农;凡在下保升奏贬在尚,诬则加罪"。[1]

《天朝田亩制度》在土地、社会组织、生产活动、政治选举等制度的基础上相当详尽地描绘了一个乌托邦式的理想社会:"务使天下共享天父上主皇上帝大福。有田同耕,有饭同食,有衣同穿,有钱同使,无处不均匀,无人不饱暖也。"[2]它试图在自然经济基础之上建立起一个天下共享的天国式的美好理想社会。

(二)《天朝田亩制度》中蕴含的共同富裕思想

虽然洪秀全在《原道醒世训》中就提出了要建立一个"有无相恤,患难相救,夜不闭户,道不拾遗……天下一家,共享太平"的人间天国的理想,但是《天朝田亩制度》是洪秀全领导的太平天国运动革命思想的总纲,也是他对于理想社会的集中表达,所以他的共同富裕思想主要集中体现在《天朝田亩制度》中。他的共同富裕思想主要包含以下几方面内容。

第一,建立土地国有制,平均分配土地。洪秀全认为封建土地私有制是阶级剥削、贫富差距的主要根源,所以他主张彻底废除地主的土地私有制,建立土地全部归国家所有的国有制。土地被国家掌握,国家再把土地平均分配给农民使用。在这个基本原则之下,规定了平均分配土地的办法:按照单位面积产量的多少把田地分成九等,各个等级土地好坏搭配分配,男女分得相同数量的土地,未成年者分到的土地是成年者的一半。而且国家可以根据实际情况随时调整土地:"凡天下田,天下人同耕。此处不足则迁彼处,彼处不足,则迁此处。"这样就可以消灭剥削,防止农民在土地分配后发生贫富分化。

第二,在产品分配方面,实行绝对平均主义。《天朝田亩制度》设计了一个国库制度,试图对社会产品进行平均分配和管理。它强调要"处处平均"

---

①罗尔纲:《太平天国的理想国》,商务印书馆1950年版,第4—6页。
②罗尔纲:《太平天国的理想国》,商务印书馆1950年版,第2页。

"无人不均匀"。每人所得到的粮食和其他消费品,都只够最低生活需要而不能有剩余,遇到"婚娶弥月喜事","凡二十五家中所有婚娶弥月喜事俱用国库,但有限式,不得多用钱"。而且是"通天下皆一式",不得有例外。这带有鲜明的共产主义色彩。

第三,在社会生产方面,重视农业生产。《天朝田亩制度》对社会生产作了具体规定:"凡天下,树墙下以桑。凡妇蚕绩缝衣裳。凡天下,每家五母鸡,二母彘,无失其时。……凡二十五家中陶冶木石等匠俱用伍长及伍卒为之,农隙治事。"对于手工业而言,要求在农村基层组织两(二十五家)的范围内自给自足,由本两中的农民兼营。在这种严格的自给自足的自然经济中,没有货币和商品生产与交换,至多也只能有极少量的物物交换。

第四,政治上实行民主选举制度。各级官员由每级保举产生,有明确的升贬制度。《天朝田亩制度》中对官员的保举、升贬制度的规定,是古代"等贵贱"理想的升华,体现了农民阶级打破等级特权、实现人人平等的政治追求,具有一定意义上的民主色彩。

第五,社会上实行社会救济和社会保障制度。《天朝田亩制度》中规定"鳏寡孤独废疾免役,皆颁布国库以养",即由国家负责一切丧失劳动能力者的生活。此外其还包含着赈灾、救济的规定,如"凡天下田,丰荒相通,此处荒,则移彼丰处以赈此荒处;彼处荒,则移此丰处以赈彼荒处","用之有节,以备兵荒"等。

洪秀全在《天朝田亩制度》中提出的"人无私财"、一切收入归"圣库"、平均分配等思想都体现了共同富裕的思想,是千百年来广大农民"等贵贱,均贫富"思想的高度升华。

(三)对洪秀全农民式共同富裕思想的评析

虽然洪秀全的主观理想是想建立一个天下太平、人人平等的共同富裕的社会制度,这种思想在近代具有一定的反侵略的民族性、反封建性,但是他设想的蓝图是小农平均主义的理想,既脱离了当时的社会实际,也违背了历史发展规律,属于农民式乌托邦思想。其思想有明显的局限性,主要表现在以下几个方面。

第一,企图在土地和生活资料分配方面推行绝对平均主义原则。绝对平均主义原则如果真的实行必然严重不利于当时社会生产力的发展,挫伤人民的生产积极性。因为绝对平均主义的分配是和原始社会极端低下的生产力和对应的落后的低级的原始社会生产资料所有制相适应的,自从原始社会后期生产力有了发展,人类劳动开始产生剩余产品起,绝对平均主义就过时了,不利于生产力的发展和社会的进步。

第二,企图在落后生产力的基础上消灭私有制,建立社会公有制。《天朝田亩制度》强调"物物归上主,人人不受私"的绝对公有,不仅要实行土地国有,而且要把一切剩余产品都收归公有,归于"圣库"。这种做法是在落后的小生产的基础上强行建立公有制,实际上妨碍了当时生产力的发展。

第三,企图在社会组织方面维护自然经济,排斥商品经济。《天朝田亩制度》强调自然经济,把自然经济加以理想化,而排斥一切商品经济,是历史的后退。因为到了近代,中国商品经济已经有了相当程度的发展,并且孕育了资本主义萌芽。在这种背景下,仍然幻想理想、纯粹的自然经济,就必将破坏已有的商品经济,使社会生产和商品流通陷入倒退。

因此,《天朝田亩制度》没能付诸实施,这固然和太平天国的政治军事形势有关,更主要的原因是它自身的缺陷,它试图在小生产的基础上废除私有制和剥削,这本身就是一种"超出现在,甚至是超出未来"①的空想。洪秀全对太平天国理想的探索虽然失败了,但是他对"人人饱暖"理想的强烈追求,激励着后人继续奋斗。

二、《大同书》:康有为大同式共同富裕思想

(一)《大同书》对大同理想社会的构想

晚清社会改良派代表人物、戊戌变法的领袖康有为是一位曾经在中国近代史上引领时代发展、极具影响力的思想家。1888—1898 年,因不忍中国被列强瓜分,为了改变现状,康有为曾七次上书光绪皇帝要求变法,最后发

---

① 《马克思恩格斯全集》(第七卷),人民出版社 1959 年版,第 405 页。

动了戊戌变法。尽管戊戌变法的迅速失败使他的政治改革成果烟消云散，但他对解救中国于水火之中和富国富民思想的宏大追求并未停止，随后他撰写了一部设计未来世界的《大同书》。他运用了《礼记·礼运》中的"大同"思想，糅合欧洲空想社会主义、资产阶级民主思想和达尔文的进化论，幻想出了一个合大地、平民族、同人类、保独立、为天民、公生业、治太平、爱众生、至极乐的大同社会。在他构想的大同世界里，去九界，"人人相亲，人人平等，天下为公"。康有为的大同世界主要有两个重要的构想。

第一，人类共同体构想。康有为在《大同书》里主张大同世界应该是世界一体、和谐平凡："凡大同之世，全地大同，无国土之分，无种族之异，无兵争之事，则不必划山为寨，因水为守，铲除天险，并作坦途。"①这是一种天下合一、追求人类共同拥有的统一体。在康有为的大同世界里首先要废除包括国家、私有财产、家庭等几乎全部现存的人类制度，即去"界"。康有为在《大同书》开篇即指出：凡有生命的物体均被痛苦所纠缠，人类历史是血腥涂炭的血腥战争史，世界不外乎是一个大杀场大牢狱。他把人间之苦分为六大类：人生之苦、天灾之苦、人道之苦、人治之苦、人情之苦和人所尊尚之苦。他认为人类困难的根源在于九界，只有去除九界，才能拯救百姓出苦海而至孔子神往的大同极乐世界。

一是去国界，合大地。设立公议政府，废除国家设立的公政府，实现大同纪年。康有为预测，二三百年"必见大同之实效"，而"近者飞船日出，国界日破，大同之运，不过百年"。二是去级界，平民族。"无有阶级，一切平等"，人人享有高度的民主自由，成为"天民"。三是去种界，同人类。地球上一切人都将是同一肤色、同类外貌，个个英俊潇洒。四是去形界，保独立。男女平权，妇女是使中国富强的人才，要充分发挥其作用就必须给妇女以自立、自主、自由的人权。五是去家界，为天民。取消家庭后，公政府应当承担抚育儿童、赡养老人等所有责任，建立起承担这些职能的相应机制。在大同世界里没有家庭，儿童、少年、老年人、残疾者均由全社会"公养、公教、公恤"。

---

① 康有为：《大同书》，上海古籍出版社 2009 年版，第 303 页。

六是去产界,公生业。天下为公,土地均为公有,人民无私产,"凡农工商之业,必归之公",由政府拥有、领导和管理。政府通过考虑周密的集中计划来实现生产和分配。七是去乱界,治太平。大同世界里国界将不复存在,整个世界全都服属于全地球大政府,整个政治体制分为三级,即全地公政府,按地球经纬划分出来的各度政府和地方自治局,所有地方及中央的官员都由人们选举,只有道德高尚之人才会被人们选中,但人们不存在官民之别,无所谓统治与被统治之分,因为是全世界之人共同管理全世界之事,除了职业上的分工差异之外,人们一律是平等的。八是去类界,爱众生。康有为认为,如果要实现大同,人类就不仅要自身彼此相爱,还应该把友爱推广到全部有生命、有感觉的生物。九是去苦界,至极乐。在大同世界,人们的物质享受应有尽有,感情生活无忧无虑,只有欢乐而没有痛苦。

第二,天下为公、生产力高度发达的社会构想。康有为以古代中国的"大同""大道之行,天下为公"等概念为基本框架,围绕大、公、同展开对大同世界的设想:"大同世之工业,使天下之工必尽归于公。"①他设想大同世界产品将极大丰富,人们的物质文化生活高度丰裕。大同世界的生产力高度发达,劳动时间将大大缩短:"一人工作之日力,仅三、四时或一、二时而已足,自此外皆游乐读书之时。"②人们的物质文化生活水平都很高,人人都可以受到高等教育:"人人皆自幼而学,人人皆学至二十岁。"③

(二)大同社会构想中蕴含的共同富裕思想

康有为的《大同书》及大同世界的提出,是其对未来高度发达社会的一种构想,是他所追求的最高水平的理想社会。他对大同社会的理想描述带有社会主义或共产主义的性质,蕴含着丰富的共同富裕思想。在《大同书》中,康有为把共同富裕作为一个庞大的社会系统工程对待,从政治制度、经济制度、社会制度三大方面进行构想,因此其共同富裕思想也主要体现在这三方面。

---

①康有为:《大同书》,上海古籍出版社 2009 年版,第 198 页。
②康有为:《大同书》,上海古籍出版社 2009 年版,第 200 页。
③康有为:《大同书》,上海古籍出版社 2009 年版,第 224 页。

一是政治上设立实行民主制的公政府。康有为设想在政治上从"破国界去国义始"，初"立公议政府，行各法，不及数十年，各国联邦必成矣"。[①]然后"全地皆为公政府，有行政官行政，有议员议政，而无有国界"。"于是时，无邦国，无帝王，人人相亲，人人平等，天下为公，是谓大同，此联合之太平世之制也。"[②]当成立"公政府之时，天下统一，天下为公，何可复存此数万年至惨、至毒、至私之物如'国'字者哉！"[③]公政府实行民主制度，"人民皆为世界公民，以公议为权"。"公政府只有议员，无行政官，无议长，无统领，更无帝王，大事从多数决之。"

二是经济上废除私有制实行公有制。康有为认为大同社会是："今欲致大同，必去人之私产而后可；凡农工商之业，必归之公。举天下之田地皆为公有，人无得私有而私买卖之。"[④]他认为大同社会要废除私有制，建立公有制。大同社会在公政府的统一指导下，按全社会的需要有计划、有比例地进行生产和分配，这样就可以做到"地无遗利，农无误作，物无腐败，品无重复余赢"[⑤]，"为全地公计之，工人之作器适与生人之用器相等，无重复之余货，无腐败之珍天物"，"一店而百工并作，万货毕陈，用人寡少，昔之一市万店，店用十人为十万人者，今则归于一店，用千人可总任之矣，否则万数千人无不任之矣，是可省百数十倍也"。在这样的生产制度下，整个社会的劳动生产率将极大提高，物质财富也大大增加。废除了私有制，就杜绝了两极分化的情况，最终能实现"人人极乐，愿求皆获"的大同之世。

三是社会上废除家庭，实现人类大同。康有为认为家庭是私有制的根源，是导致贫富分化的主要社会因素："人各私其家，则无从得以私产归公产，无从公养全世界之人，而多贫穷困苦之人"，"家之私未去，私产之义犹行"。他指出，只要"大明天赋人权之义，男女皆平等独立，婚姻之事不复名为夫妇，只许订岁月交好之和约而已；而行之六十年，则全世界之人类皆无

---

①康有为：《大同书》，上海古籍出版社2009年版，第66页。

②康有为：《大同书》，上海古籍出版社2009年版，第60页。

③康有为：《大同书》，上海古籍出版社2009年版，第67页。

④康有为：《大同书》，上海古籍出版社2009年版，第193页。

⑤康有为：《大同书》，上海古籍出版社2009年版，第198页。

家矣"。废除家庭，就能实现"无有夫妇父子之私矣，其有遗产无人可传，金银什器皆听赠人。若其农田、工厂、商货皆归之公，即可至大同之世矣"。

（三）对康有为大同式共同富裕思想的评析

康有为的共同富裕思想是在中国早期现代化启动的背景下，为了突破西方资本主义现代化模式的局限，实现人人富裕所做的一次理论尝试。其弟子梁启超把《大同书》的影响比作"其火山大喷火也，其大地震也"①。《大同书》及大同世界是康有为对未来高度发达社会的一种构想，是康有为大同式共同富裕思想的集中体现。

《大同书》中的平等观念不仅是康有为批评现实不平等的武器，更是大同的理想追求。他甚至将1920年国际联盟的成立，视为大同理想的实现："吾年二十七岁，当光绪甲申，清兵震羊城，吾避兵居西樵山北银塘乡之七桧园澹如楼，感国难，哀民生，著大同书。以为待之百年，不意卅五载而国际联盟成，身亲见大同之行也。"②由此可见，康有为的大同理想并不高明。但是，他以平等为追求的大同理想，也确实"表述了中国先进人士和人民群众对幸福生活的渴望和对人权民主的要求，在当时是有进步意义的"③。

康有为的大同理想建立在对现实批判的基础上，他认为资本主义制度并不是一种完美的制度。他正确地认识到资本家尤其是大资本家对工人的剥削导致两极分化："故今者一大制造厂、一大铁道轮船厂、一大商场，乃至一大农家，皆大资本家主之。一厂一场，小工千万，仰之而食；而资本家复得操纵轻重小工之口食而控制之，或仰勒之，于是富者愈富，贫者愈贫矣。"④因而他主张"大同世之工业，使天下之工必尽归于公，凡百工大小之制造厂、铁道、轮船皆归焉，不许有独人之私业矣"⑤。从这个角度上看，他的思想具有一定的现实意义和先进性。

①梁启超：《清代学术概论》，东方出版社1996年版，第74页。
②《康有为全集》（第七册），中国人民大学出版社2007年版，第2页。
③李泽厚：《论康有为的"大同书"》，《文史哲》1955年第2期。
④康有为：《大同书》，上海古籍出版社2009年版，第189页。
⑤康有为：《大同书》，上海古籍出版社2009年版，第198页。

但是康有为的"大同世界"又是在远离现实的思维空间中进行的一种形而上学的理论建构。相对康有为所生活的时代,他的探索就只能归结为一种超时空的幻想,因而它就不可能实现,最终只能是一种虚幻的空想。

康有为的大同世界给人们展示的是一幅空想的乌托邦式的蓝图,以全人类利益的代表来批判现实,展望未来,并描绘整个人类社会的美好前景的。这样就失去了现实世界的基础,找不到实现理想的现实社会的物质力量和根本动力,只得在实践中求助于皇帝的帮助,这更是没有任何可能性的幻想。也正如毛泽东所说的,"康有为写了《大同书》,他没有也不可能找到一条到达大同的路"[1]。然而,康有为的大同理想仍不失为对中国前途的有价值的探索,他的探索把握住了中国必须走工业化、现代化之路的历史发展的脉搏,对后人也曾产生过巨大的影响。

三、孙中山民生主义中的共同富裕思想

(一)对西方贫富悬殊、两极分化的认识与批判

辛亥革命的领导者孙中山为了救中国、实现国家的富强,贡献了自己的一生。孙中山的思想发展经历了一个复杂曲折的过程。1895 年以前,他把自身初步接触到的资本主义社会,同中国清朝政府的封建统治进行比较,认为中国要富强就要效仿西方。1894 年,孙中山上书李鸿章,提出了一系列解决中国问题的方案,他认为欧洲富强之本不尽在船坚炮利,而在于"人能尽其才,地能尽其利,物能尽其用,货能畅其流——此四事者,富强之大经,治国之大本也","我国家欲恢扩宏图,勤求远略,仿行西法以筹自强"。[2] 在"上书"石沉大海后,孙中山开始变改良为革命,组建革命团体,决心"驱逐鞑虏,恢复中华,创立合众政府"。这里的合众政府是指当时欧美各资本主义国家的政治制度。当时孙中山一方面看清了清朝封建王朝的腐朽本质,另一方面又尚未深入了解资本主义的本质,因而推崇资本主义制度。

---

[1]《毛泽东选集》(第四卷),人民出版社1996 年版,第 1471 页。
[2]《孙中山选集》(上),人民出版社2011 年版,第 2 页。

　　1895 年,广州起义失败之后,孙中山被迫流亡欧美。此时西方资本主义各种矛盾开始充分暴露,孙中山通过参观、访问等形式对西方国家进行了实地考察,对资本主义的认识也逐渐发生变化。尤其是在第一次世界大战中,他看到了自己曾经崇尚的欧美资本主义国家高速发展使得物质财富增长很快,但是物质财富快速增长并没有使民众都过上富裕的生活,反而出现了财富大量向富人集中、穷人流离失所的状况。"似乎欧美各国应该家给人足,乐享幸福,古代所万不能及的,然而试看各国的现象,与刚才所说正是反比例。统计上,英国财富多于前代不止数千倍,人民的贫穷甚于前代也不止数千倍,并且富有者极少,贫者极多。"①这让孙中山认识到西方资本主义社会并不如宣传的那样是一个完美无缺的理想世界。

　　在这个认识的基础上,他开始对资本主义进行了一定程度的揭露和批判。他认为西方资本主义制度的最大弊端就是在所谓"平等"掩盖下的不平等:首先在经济上,资本主义社会存在着贫富不均的现象。"因英国富人把耕地改作牧地,或变猎场,所获较丰,且征收容易,故农业渐废,并非土地不足。贫民无田可耕,都靠做工糊口,工业却归全部资本家所握,工厂偶然停歇,贫民立时饥饿。……贫富不均竟到这地步,'平等'二字已成口头空话了!""一人之富可以敌国。"②其次在政治上,资本主义国家的政权"都握在少数资本家手里","文明有善果,也有恶果。须终取那善果,避那恶果。欧美各国,善果被富人享尽,贫民反而食那恶果。总由少数人把持那文明幸福,故成此不平等世界"。③ 他认为就是不平等的弊端造成了贫富悬殊和两极分化。

　　此外,孙中山还揭露了资本主义社会出现贫富悬殊、两极分化的情况,还由于资本家对工人大众的残暴和剥削。他指出:"资本家者,以压抑平民为本分者也,对于人民之痛苦,全然不负责任者也。一言以蔽之:资本家者,无良心者也。"④"殊不知全额之生产,皆为工人血汗所成。地主与资本家坐

①《孙中山选集》(上),人民出版社 2011 年版,第 89 页。
②《孙中山选集》(上),人民出版社 2011 年版,第 90 页。
③《孙中山选集》(上),人民出版社 2011 年版,第 90 页。
④《孙中山选集》(上),人民出版社 2011 年版,第 109 页。

享其全额三分之二之利,而工人坐享三分之一之利,又析于多数之工人,则每一工人所得,较资本家所得者,其相去不亦远乎! 宜乎富者愈富,贫者愈贫,阶级愈趋愈远。平民生计,遂尽为资本家所夺矣!"这种"富人压制穷人的暴虐情形"必然会导致"不愿少数富人专利,故要社会革命"。① 他认为,正是贫富悬殊和两极分化便得西方国家社会矛盾尖锐,社会革命不断爆发。

(二)孙中山民生主义中的共同富裕思想

正是基于以上对资本主义弊端的基本认识和批判,孙中山在长期的革命实践中认识到民族、民权、民生三大问题乃革命要解决的三个问题,提出了三民主义。"何谓三民主义呢? 简单地说,便是民有、民治、民享。""这三项主义的意思,是要把全国的主权,都放在本族人民手内;一国的政令都由人民所出;所得的国家利益,由人民共享。"②"我们将来的国家,做到了民有、民治、民享,便是世界上最安乐的国家;在此国家之内的人民,便是世界上最安乐的人民。"③他将民生主义与社会主义、共产主义、大同主义等同:"什么叫作民生主义呢? ……可说民生就是人民的生活——社会的生存、国民的生计、群众的生命便是。"④"民生主义就是社会主义,又名共产主义,即是大同主义。"⑤

"三民主义就是救国主义",表达了孙中山对未来中国的设想,孙中山一生都在为实现这种理想社会而进行坚持不懈的探索,体现了他站在自己的阶级立场和政治立场上对国家富强、实现共同富裕的理解与认识。在民族、民权、民生中,孙中山的共同富裕思想主要体现在民生主义方面,他的民生主义共同富裕思想主要体现在以下几方面。

第一,民生主义社会要实行共产。孙中山认为未来的民生主义社会是"一种新共产时代","到了共产时代,大家都有面包和饭吃,便不至于争,便

---

① 《孙中山选集》(上),人民出版社 2011 年版,第 92 页。
② 《孙中山选集》(下),人民出版社 2011 年版,第 586 页。
③ 《孙中山选集》(下),人民出版社 2011 年版,第 586 页。
④ 《孙中山选集》(下),人民出版社 2011 年版,第 832 页。
⑤ 《孙中山选集》(下),人民出版社 2011 年版,第 832 页。

可以免去人同人争。所以共产主义就是最高的理想来解决社会问题的"。"共产主义是民生的理想,民生主义是共产的实行;所以两种主义没有什么区别,要分别的还是在方法。"①"质而言之,民生主义与共产主义实无别也。"②"人民对于国家不只是共产,一切事权都是要共产的。这才是真正的民生主义,就是孔子所希望之大同世界。"③

第二,民生主义社会要实现财富共享。孙中山把避免两极分化、实现财富共享作为未来社会建设的首要目标:"我们要解决中国的社会问题,和外国是有相同的目标。这个目标,就是要全国人民都可以得安乐,都不致受财产分配不均的痛苦。"④"我们国民党的民生主义,目的就是要把社会上的财源弄到平均。"⑤他指出:"民生主义,即贫富均等,不能以富等(者)压制贫者是也。"⑥"所得富足的利益,不归少数人,有穷人富人分别,要归多数人,大家都可以平均受益。"⑦

第三,用平均地权、节制资本来解决民生问题。孙中山指出:"国民党对于民生主义定了两个办法:第一个是平均地权,第二个是节制资本。只要照着两个办法,便可以解决中国的民生问题。"⑧孙中山认识到要想解决民生问题,实现共同富裕,要有一定的制度保障。这个制度保障就是要实现土地和其他有关民生的重大行业国有化。他主张通过平均地权的方式解决土地(共)有问题:"若能将平均地权做到,那么,社会革命已成七、八分了。"⑨他还主张通过节制资本的方式解决大资本公有的问题。他认为把规模巨大的、有垄断性质的企业都收归国有,加上对私人资本采用累进税之类的办法加以节制,私人资本就不至于发展得过大,不至发展为垄断资本,社会主义

①《孙中山选集》(下),人民出版社2011年版,第860—861页。
②《孙中山全集》(第十卷),人民出版社2015年版,第262页。
③《孙中山选集》(下),人民出版社2011年版,第875页。
④《孙中山选集》(下),人民出版社2011年版,第875页。
⑤《孙中山选集》(下),人民出版社2011年版,第868页。
⑥《孙中山选集》(下),人民出版社2011年版,第526页。
⑦《孙中山选集》(下),人民出版社2011年版,第928页。
⑧《孙中山选集》(下),人民出版社2011年版,第857页。
⑨《孙中山选集》(上),人民出版社2011年版,第100页。

就可实现："国家一切大实业如铁路、电气、水道等事务,皆归国有,不使一私人独享其利。"①

第四,要实现国家富强、民生富足,必须发达资本、振兴实业。在孙中山看来,中国要解决民生问题,实现共同富裕,单靠节制资本的办法是不够的,"一定要发达资本,振兴实业","我中华之弱,由于民贫。余观列强致富之原,在于实业。今共和初成,兴实业实为救贫之药剂,为当今莫要之政策"。只有从经济上发展实业,才能使中国富强。孙中山还提出了如何振兴实业的具体主张:"振兴实业的方法很多:第一是交通事业,像铁路、运河都要兴大规模的建筑;第二是矿产,中国矿产极其丰富,货藏于地,实在可惜,一定是要开辟的;第三是工业,中国的工业非要赶快振兴不可。……要赶快用国家的力量来振兴工业。"②他在《建国方略》中整体勾勒了一幅中国现代化的宏伟蓝图。在这个蓝图中,他把振兴实业放在核心位置。1918 年,孙中山为"国际共同发展中国实业"提出一个实业计划,他于 1919 年写成了《实业计划》一书,这是一部论述中国经济建设问题的专书。他指出,中国必须摆脱穷困与屈辱,消灭愚昧和落后,必须要在革命后实现工业化,大力"振兴实业","此后中国存亡之关键,则在此实业发展之一事也"。孙中山的实业计划由六大计划组成,以水路交通建设为先导,同时对农业、食品工业、建筑和建材工业、交通工具运输设备工业、印刷工业、燃料工业、钢铁与有色金属工业及其制造业等农轻重各业的发展均有所论及。

(三)孙中山致力于实业建设的共富实践

孙中山不仅提出了解决民生问题、实现共同富裕要振兴实业,而且对实业建设提出了一系列合理而具体的主张,并且亲自投入振兴实业的实践热潮当中。他认为革命成功之后必须立即着手实业建设,才能发展生产力,实现共同富裕。在就任临时大总统的誓词中,孙中山就指出"夫民国新建,外交内政,百绪繁生","建设之事,更不容缓","现在民国大局已定,亟当振兴

---

①《孙中山选集》(上),人民出版社 2011 年版,第 103 页。
②《孙中山选集》(下),人民出版社 2011 年版,第 872 页。

实业,改良商货,方于国计民生有所裨益"。他通过政治、法律、社会等各个层面的措施实践推动了当时的实业建设。

第一,在政治上专门设立一个职能部门——实业部,开展实业建设工作。为了推动全国实业发展,孙中山在南京临时政府中设立实业部,内置矿物司、农务司等,直接受大总统管辖。他还要求各省迅速成立实业司,鼓励民间兴办各种实业团体,以促进经济建设与发展。

第二,从法律层面保障实业建设。孙中山在任临时大总统期间,"颁发了三十多项有关民主改革、提倡教育和奖励实业的法令"[1]。为了统一工商业管理,鼓励和促进工商实业的发展,1912 年 3 月 5 日,孙中山还咨请参议院议决实业部拟定的商业注册章程,从法律上保障资本主义工商业的发展。章程的颁行鼓励各商业公司自由注册营业,创办有利于国计民生的工矿企业,依法保障资本主义工商业的经营。

第三,积极宣传自己的振兴实业主张,鼓舞人民为建设富强国家而努力。1912 年前后,孙中山在各地、各种场合发表演说宣传自己的主张。1912 年 4—12 月,孙中山访问各地"发表演说、谈话有一百五十多次,其中专讲民生主义的就有四十三次"[2]。

第四,身体力行进行实业建设。孙中山还没来得及借实业部开始一番成就,就被迫辞去临时大总统职务,但是他的实业救国梦想没有停止。在被迫辞去大总统职务的当天,孙中山就在同盟会会员饯别会上表示,"解职不是不理事,解职以后,尚有比政治紧要的事待着手"[3],就是实行民生主义,倡办实业。而后他自请担任全国铁路督办,并被推举为中华民国铁道协会会长,先后深入中国 10 余省的城市和农村等地进行考察与研究,积极筹办中国铁路总公司,规划铁路建设。孙中山在《实业计划》中提出了修建 20 万英里(合约 32 万公里)铁路的计划,要建设西南、西北、中央、东南、东北、高原

①张磊:《孙中山与中国近代化——纪念孙中山诞辰 130 周年国际学术讨论会文集》(上),人民出版社 1999 年版,第 270 页。
②王耿雄:《孙中山在上海》,上海人民出版社 1991 年版,第 72 页。
③《孙中山全集》(第二卷),中华书局 2006 年版,第 319 页。

等六大铁路系统。他为了实现自己的铁路蓝图,曾在 1913 年 2 月亲赴日本考察铁路。他还联动其他国民党人士创办各种实业社会组织,如中华实业联合会、农业促进会、中国航务党①等,从社会层面推动实业建设。

第五,积极投入到筹集大规模实业建设所需要的资本活动中去。20 世纪初,孙中山就提出了在革命后大规模利用外资进行经济建设的主张。辛亥革命后,孙中山积极宣传利用外资进行实业建设的主张:"欲兴大实业,而若无资本,则不能不借外债。借外债以兴实业,实内外所同赞成的。"②"欲使外国之资本主义,以造成中国之社会主义。"③在实践中,他联系了苏俄、英国、美国等国家,希望获得这些大国的支持。例如,孙中山希望能够在广州建一座连接珠江两岸的桥梁,于 1921 年向美国纽约一家工程有限公司签发了许可证,并且希望纽约的金融商行可以负责经销广州政府发行的债券。由于当时中国并没有实现统一,没有获得完整的主权和独立,后来欧美各国都拒绝对中国伸出援助之手。

经过了各种挫折与困难,孙中山的实业建设共富实践一次次落空,后来其实业思想和实践在动荡不安、严峻复杂的国内外形势中逐渐变弱,最终没有得到实现。

虽然由于历史的局限,孙中山的民生主义没有解决近代中国的富强问题,但孙中山继承了从太平天国到义和团的革命传统,承接了康有为等先进人士寻求中国富强的改良的要求和理想,在追求西方资本主义制度的过程中了解西方并看到了西方贫富悬殊、两极分化的社会现状,在批判西方资本主义制度的基础上,提出了三民主义,认为要大力发展实业,实现经济上的独立和富强,建立一个独立的国强民富的现代化的中国。孙中山民生主义理论的形成与实践探索代表了他对共同富裕的不懈追求。

综上所述,从洪秀全到康有为再到孙中山,这些近代先进的思想家们无

---

①黄兴等发起创办,详见《孙中山与中国现代化——纪念孙中山诞辰 130 周年学术讨论会论文集》(人民出版社 1999 年版,第 372 页)。

②《孙中山选集》(上),人民出版社 2011 年版,第 101—102 页。

③《孙中山选集》(上),人民出版社 2011 年版,第 384 页。

不站在文明社会的门槛,面对现实社会中贫困日甚、剥削日重、财富不均的现象发出强烈的呼吁。他们自觉不自觉地向人们表达,在近代特定的历史条件下,中国社会要摆脱贫困首先必须实现财产公有、贫富均等的内在逻辑,向人们描绘了美好的未来理想社会。在他们对未来的构想中,我们可以很清晰地看到财富均等、共同富裕的观念,它鼓舞着一代又一代人为改变不平等的现实而斗争,其不懈探索及其进展为中国共产党共同富裕思想的形成提供了有益的思想资料和经验教训。

第三节　欧洲空想社会主义者的共同富裕构想

如果说共同富裕思想在古代中国就出现萌芽的话,那么,共同富裕在近代西方社会也有一定程度的发扬和深化。在西方社会,人们在对公正、平等、自由的追寻过程中,也提出了诸多关于未来理想社会的设想,蕴含着共同富裕的思想因子。在近代西方进入资本主义社会后,一些优秀的思想家们开始批判和谴责资本主义,在寻求社会问题解决方式的时候,设想了一个"没有剥削、没有压迫、人人劳动、共同富裕"的理想社会,后来人们就把这样的理想社会称为社会主义社会。在马克思、恩格斯的科学社会主义诞生之前,就出现了这样一批空想社会主义思想家,他们的空想社会主义思想在欧洲延续和传播了三个多世纪,其中主要代表人物有托马斯·莫尔、康帕内拉、安德里亚、圣西门、傅立叶、欧文等。他们的共同富裕思想都体现在他们对未来理想社会的构想中,又被称为乌托邦思想,是马克思主义的重要思想来源。

一、欧洲早期空想社会主义三部曲

(一)托马斯·莫尔的《乌托邦》:"乌托邦岛"共同体理想

托马斯·莫尔(Thomas More)出生在英国伦敦,自幼受到很好的教育,曾在牛津大学和林肯法学院攻读古典文学与法学,踏入社会之后担任一名律师。在担任律师期间,他承接了大量涉及下层人民的诉讼案件,目睹了广大人民群众所遭受的苦难,之后从伦敦司法长官一直不断升迁到勋爵大法官。1533 年,莫尔由于在宗教改革问题上违抗亨利八世而被判为叛国者受到监禁,两年后被处以死刑。

莫尔生活的时代正是资本主义原始积累时期,随着当时社会从封建制度向资本主义的转型,正在形成中的新君主制开始加强集权,新贵族和新兴资产阶级在王权的庇护下加快资本原始积累,广大下层民众深受其害,社会矛盾十分尖锐,其中正在发端的圈地运动所引发的社会震荡十分强烈。针对这个社会背景,莫尔在批判社会黑暗与资本主义原始积累之罪恶的基础上,于 1516 年撰写出一部《乌托邦》(全名为《关于最完美的国家制度和乌托邦新岛的既有益又有趣的金书》)。这部著作是莫尔思考各种社会矛盾和设想未来理想社会的产物,是其空想社会主义思想的集中体现。

在《乌托邦》中,莫尔采用了游记的体裁,以虚拟对话的形式将自己对现实的思考和对未来的设想通过航海家拉斐尔之口讲述出来,描述了一个共同体的城镇、行政长官、职业和生活方式、交往、旅游、奴隶和婚姻、军事训练和宗教等方面的情况,着重阐述了它的基本社会制度和政治制度。这是一种使所有成员都能过上安宁快乐和无忧无虑生活的理想社会组织。

乌托邦岛的经济制度以废除私有制、实行财产共有为主要特征。莫尔认为私有制是万恶之源,不仅带来了贪婪、争讼、掠夺、战争以及社会道德的衰败,还造成了社会的贫富不均、不公平的现象。他指出,"只要存在私有财产,只要货币是衡量其他所有东西的标准,一个国家就不可能被公正或幸福地统治"[①]。"在取消私有财产前,不可能存在物品的公平或公正分配,人们也不可能幸福地统治,因为,只要维持财产私有制,最伟大和最善良的人就仍会被烦恼和焦虑的负荷压倒。"[②]因此,乌托邦首先要废除私有制,实行财产共有制。只有实行财产共有制,让每个人都拥有对所有物品的权利,才能

---

① [英]托马斯·莫尔:《乌托邦》,李灵燕译,西北大学出版社 2016 年版,第 31 页。
② [英]托马斯·莫尔:《乌托邦》,李灵燕译,西北大学出版社 2016 年版,第 32 页。

保证所有社会成员地位平等,使得社会成员共同幸福。他指出:"在乌托邦,私有财产不存在,人们就认真关心公事";"一切归全民所有",在"这儿看不到穷人和乞丐。没人一无所有,而又没人富裕"。可见,莫尔勾勒了一个公有制的经济社会模式。

乌托邦的政治制度以民主为基本特征,即由除奴隶之外的全体乌托邦人当家作主。乌托邦有一套完整的政治制度,实现了全体人民当家作主。在乌托邦新岛,乌托邦人实现了民主的最高形式——全岛大会和议事会。议事会设在首都亚马乌罗提城,由岛上的 54 座城市的公民分别以无记名投票的方式选举产生的三名公民代表组成,即下级长官(摄护格朗特)由家长选举产生,高级长官(特朗尼菩尔和市长)由摄护格朗特选举产生,每年更换一次,商讨关系公共利益的事务。

乌托邦实行按需分配,生产劳动制度以义务劳动为主。在乌托邦新岛,乌托邦社会成员在政府有计划的组织下实行计划生产和普遍的义务劳动制度。"他们的体制的主要目的是,根据公众的需要调节劳动,并允许所有的人拥有改善其精神世界所必需的时间,他们认为,这是幸福生活的重要组成部分。"①商品、货币和市场在经济活动中被取消,实行消费品按需分配原则。"各种物品极大丰富,并且,物品在他们中平均分配"②,每个城市都设有一个集市,"由几个家庭加工并带到集市上的物品被从那里运往指定的房子,物品在房子中被分门别类地摆放,每位父亲从那里取走任何他或他的家庭需要的物品,无须付款或留下任何东西作为交换"③。"每十年末,他们都要以抽签的方式重新分配房子。"④由于"各种物品极大丰富",加之乌托邦人风尚良好,因而能够确保按需分配。乌托邦还设立了公共食堂、公共医院等,为人们提供一切生活服务。在乌托邦,所有劳动都是以国家为主要目的,人们每天只要工作六小时,其余时间都用来从事自己喜欢的业余文化活动。

---

① [英]托马斯·莫尔:《乌托邦》,李灵燕译,西北大学出版社 2016 年版,第 45 页。
② [英]托马斯·莫尔:《乌托邦》,李灵燕译,西北大学出版社 2016 年版,第 51 页。
③ [英]托马斯·莫尔:《乌托邦》,李灵燕译,西北大学出版社 2016 年版,第 47 页。
④ [英]托马斯·莫尔:《乌托邦》,李灵燕译,西北大学出版社 2016 年版,第 39 页。

因此他们的精神面貌也极大改善,人们失去了对物质财富的任何欲望,博爱他人,精神境界得到了升华。

莫尔的《乌托邦》反映了早期无产者对未来社会的向往,对后来空想社会主义的发展和科学社会主义的产生都有重要影响。莫尔因此成为近代空想社会主义的开拓者和奠基人。

(二)康帕内拉的《太阳城》:"通天下皆一式"的公有制社会

康帕内拉(Tommaso Campanella)是意大利文艺复兴时期的空想社会主义者、哲学家。他在青年时期加入多米尼克会,后因发表反宗教著作数次被捕,被囚禁 6 年。1597 年底获释后,他又因参与领导南意大利人民反对西班牙哈布斯堡王朝的斗争而被西班牙当局逮捕,度过了 27 年的监狱生活。1628 年获释后,康帕内拉继续参与组织家乡人民的反西班牙起义,失败后逃往法国,最后在贫苦困顿中客死他乡。

康帕内拉所生活的意大利政治上四分五裂,经济上,新航路的开辟导致欧洲经济重心从地中海沿岸向大西洋西北沿岸转移,这使得意大利的经济开始衰退。在这个背景下,广大的手工业者、雇佣工人失业的颇多,南部农民生活困难,社会动荡不安。在这样的社会状况下,康帕内拉开始思考一个理想的社会方案。1622 年,他在狱中写成了《太阳城》。与莫尔的《乌托邦》一样,他的书也是用对话体裁写成的,通过朝圣香客招待所管理员和一位热那亚的航海家的对话,在抨击私有制的各种弊端和罪恶的同时,描绘了一种理想的社会制度。

康帕内拉描绘的太阳城是一个典型的公有制国家,这里废除了私有制,一切产品和财富归全民所有,政治上实行共和制政体,实行普遍的义务劳动制和一切生活物品按需分配,是一个合理的乐土。人们在这里过着一种自然的生活。

太阳城在经济体制上实行公有制。康帕内拉首先反对私有制,提倡建立公有制社会。他将私有制看作万恶之源。他指出,"人们都想使自己的儿子得到很多财富和光荣地位,都想把大批的遗产留给自己的后代;我们当中的每个人为了想成为富人或显贵,总是不顾一切地掠夺国家的财产;而在他还没有势力和财产的时候，还没有成为显贵的时候，都是吝啬鬼、叛徒和伪君子"①。正是基于对私有制的深恶痛绝，他认为"财产共有制是一种最好的制度"，"一切产品和财富都由公职人员来进行分配"，"我们是财产的主人，而不是使用财产的主人，因为需要时一切都是共有的"②。因此，人都"享有荣誉和过幸福生活，所以谁也不会把任何东西攫为己有"③。在公有的制度下，没有个人的私有财产，人们都成为富人，又都是穷人，"不是他们为一切东西服务，而是一切东西为他们服务"④。

太阳城在政治体制上推行一种体现民意、运行有序的国家统治方式。太阳城由一名叫作太阳的祭司作为最高统治者，"他是世俗和宗教界一切人的首脑，一切问题的争端要由他作出最后的决定"，且"这个职位是终身的"。在太阳之下，有三位职位终身的领导人分管各要政。威力是战时的最高军事统帅，掌管有关和平与战争的事物；智慧掌管自由艺术、手工业和科学、学术等领域；爱负责衣食住行等方面的工作。太阳直接在这三个人的协助下统辖全城，"一切工作非经他的批准不能进行"，一切事物"都要由这四个人来讨论"⑤。另外还有一些分管具体政务的负责人，这些都是由其主管向城市的大会议提名后，由参加会议的人投票选举产生的。城市的大会议每月召开，年满二十岁的公民全体出席，可对政府及其官员的作为提出意见。这体现了某种民主、平等。

太阳城在社会体制上实行"通天下皆一式"的"平等"。人们共同劳动，平等生活，生产生活有统一的计划，衣食住行都有统一的安排。例如：所有居民统一着白色衣装，"由医生和各个城区的衣着保管人根据需要的情况来分配"，随着季节变换做到准时供应；每个城区都设有厨房、商店和储藏室，人们统一在公共食堂就餐；所有的"房屋、宿舍、床铺和其他一切必需的东西都是公有的"，每个人的居室都是指定分配的，每隔六个月调整一次；人们

---

① ［意］康帕内拉：《太阳城》，陈大维等译，商务印书馆 1960 年版，第 10 页。
② ［意］康帕内拉：《太阳城》，陈大维等译，商务印书馆 1960 年版，第 23 页。
③ ［意］康帕内拉：《太阳城》，陈大维等译，商务印书馆 1960 年版，第 10 页。
④ ［意］康帕内拉：《太阳城》，陈大维等译，商务印书馆 1960 年版，第 24 页。
⑤ ［意］康帕内拉：《太阳城》，陈大维等译，商务印书馆 1960 年版，第 6—9 页。

"不分性别都从事抽象的科学研究和某种职业",每人每天劳动不超过四小时,其余时间用来从事科学和文化娱乐活动。甚至居民的性爱和生育也是统一安排的,领导人根据居民的体格状况来安排男女之间的房事,并根据星象来决定人们房事的时间,幼儿则按照性别分别交给男性或女性的首长抚育与培养。①

康帕内拉对私有制以及对阶级压迫和剥削的批判,对财产共有、人人劳动、产品平均分配的美好社会憧憬,深寓着其对公平正义的向往和追求,体现了他的共同富裕思想,对后来的空想社会主义者也产生了深远影响。

(三)安德里亚的《基督城》:"绝对平均主义"的公有制社会

约翰·凡乐丁·安德里亚(Johann Valentines Andereae)出生在德国南部符腾堡州杜宾根市附近的赫伦堡,曾在杜宾根大学获得学士和硕士学位,于1607年开始周游欧洲,通过游历了解了当时的社会,掌握了丰富的一手素材。1618年,在《乌托邦》和《太阳城》的直接影响下,安德里亚运用自己所掌握的各种知识,结合周游欧洲的经历,完成了早期欧洲空想社会主义著作的"第三颗明珠"——《基督城》②。《基督城》出版后,他致力于设计自己的理想国方案并努力付诸实践,直到1654年去世。

德国是西欧资本主义发展最早的国家之一。随着手工业的发展、航海地理大发现和世界市场的开辟,德国的资本主义开始萌芽,但是占据主导地位的仍然是封建主义,这使得当时的德国和其他国家相比落后很多,而政治上分裂、思想上宗教改革不彻底等导致德国的阶级矛盾、民族矛盾和宗教矛盾激化,生产遭到破坏。安德里亚是在直观感受到了德国现实社会与欧洲先进国家的差距,产生了改革思想的基础上写出的这本著作。同《乌托邦》《太阳城》一样,《基督城》也采用游记的体裁,描述了一个海外仙岛上的乌托邦式的由基督徒组成的共和国——基督城。与《乌托邦》和《太阳城》的间接转述不同的是,《基督城》采取第一人称的写法,记述了作者的亲身经历

---

① [意]康帕内拉:《太阳城》,陈大维等译,商务印书馆1960年版,第13页。
② [德]安德里亚:《基督城》,黄宗汉译,商务印书馆1991年版。本部分所引均来自该书。

和直接观察。

基督城是一个上帝为安置他最忠实、最善良的信徒所建造的城市。基督城物资没有极大丰富,生产力水平较低,实行公有制和绝对平均分配,居民在衣食住行上一切从简,过着极其简朴拮据的生活,政治制度上实行的是集体领导的共和制度。

基督城在经济上实行生产资料公有制的计划经济。在基督城,所有生产资料和生活资料都归公共所有:"生产资料均归公共所有,所有产品都交到公共仓库。""所有制造出来的东西都送到有篷的公共货摊里去。"人们按照计划进行生产,负责管理的人预先知道该生产些什么,需要生产多少和具体样式,然后将这些情况一一告知工人,工人们再从公共货摊里取到下一周工作所需要的东西。

基督城在政治上实行集体领导的共和制。《基督城》对政权和政府的设想较为简略,但是颇具特色。基督城既不是君主国,也不是最高执政者终身任职的共和国,而是集体领导的共和国。为了防止个人专职,共和国由三个人联合执政,分管司法、审计和经济。在三人执政之下,还有官员八人,每个官员还有一个下属作为助手。作为立法机关的议会由 24 人组成,他们都是全体公民中最卓越的人。法律和律师几乎没什么用处。

基督城在社会生活上实行绝对平均主义的配给制。基督城是一个手工业国,因而生产力水平还是极低的,在这样的生产力水平下,不可能实现自由的按需分配,因此它采用的是对各阶层一视同仁的绝对平均主义分配原则。基督城实行小家庭制,对衣食住行等方面的规定都体现了平均主义色彩。每年每人只发两套衣服,一套是工作用的,一套是节日穿的。衣服的质地和颜色都是统一的,样式仅仅在年龄和性别上有所区别。基督城没有公共食堂,人们都是从公共仓库取得食物并自管每日三餐的。大部分食物如鱼肉等按照人口的比例每周发放给各个家庭,每人一份,酒是每半年供应一次,"供应的东西从数量上说不算太多,可是它们却能够满足对所有东西都没有过分要求的人"。住宅是由国家分配的,都是同一样式。"普通住宅都有三间房,即盥洗间、卧室和厨房。"和太阳城不同的是,住宅分配之后是基本固定的,不必调整。

安德里亚的《基督城》充满了基督教的色彩,他把基督教的一套做法搬到了他的理想国,设计并描绘了一个未来基督教理想国的模式。《基督城》在历史上起到了极大的积极作用,使得许多工人接受了追求美好未来的启蒙教育。

纵观西方早期历史,莫尔、康帕内拉、安德里亚三个人都处于资本主义经济快速发展时期,同时面临着激烈的社会冲突与矛盾,这三部西方早期的空想社会主义著作都是在这样复杂的社会背景下写成的。在《乌托邦》《太阳城》和《基督城》中,人们都反对私有制,主张建立一种一切公有的类似中国古代大同社会的理想社会,其中的设想和主张都体现了对共同富裕的追求。

二、圣-西门、傅立叶和欧文:和谐制度与成果共享

(一)圣-西门"实业制度"的构想

克劳德·昂利·圣-西门(Comte de Saint-Simon)出生在法国一个封建贵族家庭,幼时受过良好的教育,却拒绝加入基督教的洗礼。他曾加入法国军队,参加过美国独立战争、法国大革命,后开始从商,赚得财富后转而研究自然科学,到瑞士、英国和德国从事科学活动,到各个大学广泛结交科学家、艺术家,直至散尽资财。他在1802年写了《一个日内瓦居民给当代人的信》,初步构思了一个通过实业来消除资本主义危机的改良方案,之后又陆续出版了《人类科学概论》《论实业制度》等几十本著作,充分论证和阐述了他的社会主义思想。圣-西门一生都在为构建一个没有资本主义弊端的理想社会而努力奋斗。

圣-西门所生活的时代是资本主义发展促进工业革命的时代,资本主义发展带来科技变革,提高了生产力水平,但是随着生产力的发展也导致生产关系发生质的变化,与资产阶级对立的无产阶级逐渐形成。由于大机器生产代替了过去的手工业,无产阶级形成规模,社会贫富差距增大,无产阶级和资产阶级的矛盾日益加深,社会动荡不安。正是在这一背景下,以圣-西

门为代表的思想家们开始思考新的社会制度。

圣-西门在批判当时社会现实的同时,对未来社会进行了设想,他提出,未来社会最适宜、最理想的社会组织体系就是科学的实业制度。他指出:"一切都是实业所为,所以一切也都应当为实业而为……自由只能随着实业而扩大,只能通过实业而加强。"①他认为:"实业家即从事生产或向各种社会成员提供一种或数种物质财富以满足他们的需要或生活爱好的人。"②他所设想的实业制度完全建立在平等的原则之上,没有特权,社会资源将由全体成员管理和安排,在这个实业制度的社会中,"人民可以自由全面地发展。个人才能得到最大运用,经济文化得以达到最高的水平,社会公共福利保障全体公民幸福"③。可见,他构想了一个平等、幸福、和谐的实业社会。

圣-西门对未来实业社会的构想具体包括以下几方面:第一,未来的实业制度要重建所有制,除了实业财产之外不存在任何其他财产。第二,在实业制度里面实行才能分配制度。圣-西门反对平均主义,他认为完全平均分配会扼杀人们的生产积极性,阻碍社会发展。所以他指出,人人必须劳动,按能力和贡献实行分配,废除一切特权,根绝不劳而获的寄生现象。同时,他也强调分配差额不能过于悬殊,否则会导致两极分化。第三,在实业制度中,国家组织广泛的计划经济,由政府对市场进行统一调节。第四,在实业社会中实现民主选举,废除特权。人们拥有选举领导的权利,人民与统治者之间是劳动平等的关系,不是压迫与被压迫、剥削与被剥削的关系。他还提出每年改选制度,以完善民主管理。第五,实业制度的目的是让一切社会成员得到最大限度的自由和普遍的福利。他认为,实业致力于生产能够满足社会需要的有益物品,是扩大自由的前提条件,也是消除寄生阶级的唯一途径。

(二)傅立叶"和谐制度"的构想

弗朗斯瓦·沙利·傅立叶(Francois Charles Fourier)出生在法国东部贝

---

① 《圣西门选集》(第一卷),王燕生等译,商务印书馆1985年版,第84页。
② 《圣西门选集》(第一卷),王燕生等译,商务印书馆1985年版,第128页。
③ 《圣西门选集》(第一卷),王燕生等译,商务印书馆1985年版,第145页。

桑松,他一生做过商店学徒、店员、会计等各种商业工作。他早年经商的过程中曾经被捕,导致其资产悉数被查抄,偶然逃脱方才捡回性命。这次经历使他开始怀疑旧的科学,尝试寻找另外的科学来实现幸福生活。之后他通过广泛阅读和社会调查研究,逐步找到了消除当时社会弊端的新科学。1803 年,傅立叶在《里昂公报》发表《全世界和谐》,提出了自己的和谐制度观点,之后陆续出版《经济的和协作的新世界》等著作,进一步系统地论述了他自己的新和谐世界,包括法郎吉经济制度和未来社会组织。在这个过程中,傅立叶逐渐形成了一套自己的社会主义学说。

傅立叶所设想的未来理想社会叫作和谐制度。在他的构想中,和谐世界不仅仅意味着工业领域协调生产,还意味着所有人协作劳动,没有掠夺和欺诈。在和谐制度下,每个人的自然情欲都能得到正常满足,全体人民都将获得幸福,连穷人都比文明时期最强大的皇帝还要快乐。

和谐世界的基层组织叫作法郎吉①。傅立叶用它表示和谐制度之下的有组织的合理、和谐的生产——消费协作社,而和谐世界就是这些协作社的总和。因为傅立叶认为,每个人由于情欲不同就会有不同的性格,人的性格共有 810 种,每种性格都要有相应工作,为了工作方便最好由两个人同时承担一种工作,因此每个法郎吉由 1600～2000 人组成,理想人数是 1620 人。每个法郎吉按照工作性质又分成各种叫作谢利叶的小队。

法郎吉组织生产,也组织生活。法郎吉全体成员都将住在一所比法国王宫还要宏伟而漂亮的公共大厦法伦斯太尔中。它的中心设有公共食堂、公共商场、公共俱乐部、公共图书馆等公共机关,一侧是各种工厂,另一侧是旅社、舞厅和住宅,为人们提供社会生活的各种服务。

分配方面,傅立叶主张公正地分配。他主张资本家向法郎吉投资入股,所有人都参加劳动。法郎吉的收入分配将实行十二分之五按劳分配,十二分之四按照股份资本分配,十二分之三按照知识分配。傅立叶认为,这种分配方式比较公正,富人可以得到比在资本主义制度下高三倍的收入,穷人的

_____

① "法郎吉"来源于希腊语"队伍"一词,意思是严整的步兵队伍。

生活也有保障。

傅立叶还试图以小型实验来实现他的和谐制度。1832年,傅立叶和他的信徒曾经在离巴黎65公里,一个叫康德秀尔·凡格尔①的地方,组织了一个股份公司进行建设法郎吉的实验,但是不到一年就宣告失败了。

(三)欧文"新和谐公社"的构想

罗伯特·欧文(Robert Owen)出生在英国威尔士蒙哥马利郡的牛顿城。父亲是手工业者,欧文从小开始就在家乡及后来的斯丹福、伦敦、曼彻斯特等地的商店里当学徒,一直干到17岁。欧文的出身和这段生活经历,对他同情劳动人民的遭遇,立志改革社会产生很大影响。之后欧文开始创业,他充分发挥自己的创业能力,开始逐步闻名于英国的实业界。

欧文批判资本主义私有制,提倡取消私有制,实行财产公有制。他说:"可以断定,现有的社会制度已经过时,迫切要求进行人类事业中的巨大变革。"②他在对资本主义批判的基础上提出要改造资本主义社会,必须建立一种"理性的社会制度"③,以代替"目前这种铺张浪费的、极其荒诞的、个人主义的、造成竞争的、腐化堕落的社会制度"④。他的"理性的社会制度"实际上就是新和谐公社,也叫作合作公社制度。他的著作《致拉纳克郡的报告》和《新道德世界书》,都对他设想的合作公社制度做了比较充分全面的论述。他认为,合作公社不仅是实现理想社会的最佳途径,也是理想社会的基本组织。每个公社都实行公有制,各尽所能,按需分配,每个成员都在德智体方面获得良好发展,成为获得理性、智识和幸福的新人类。他指出:"未来的社会应是许多合作公社(有时也称'协作社'或'联合家庭')的联合体,合作公社是构成新社会的基层组织或'细胞'。"

欧文设想的合作公社将废除私有制,实行财产共有:"在合理组织起来

---

①戴清亮等:《社会主义小说史》,人民出版社1987年版,第92页。
②《欧文选集》(下卷),柯象峰、何光来、秦果显译,商务印书馆1965年版,第53页。
③《欧文选集》(下卷),柯象峰、何光来、秦果显译,商务印书馆1965年版,第67页。
④《欧文选集》(下卷),柯象峰、何光来、秦果显译,商务印书馆1965年版,第22页。

的社会里,私有财产将不再存在"①,"个人用品以外的一切东西都变成共有财产"②。他还指出,在以公有制代替了私有制的公社制度下,生产力水平可以极大提高,物资将大大丰富,"能够绰绰有余地满足社会全体成员的需要"③,进而人们的思想境界也会极大提高,"充满普遍的信任感","现有的低级情感和欲念,将没有产生的基础"④,现有的制度下产生的罪恶将绝迹。

欧文设想的合作公社将有计划、有组织地进行集体生产和生活。欧文也像傅立叶描述法伦斯太尔一样,具体描绘了他所设想的合作公社的外形和建筑物。整个合作公社的建筑按照平行四边形布局,主要建筑位于公社中央,呈正方形。当中是会议厅、阅览室、图书馆、公共食堂和学校等,四周是住宅、集体宿舍、医院等。正方形建筑的周围是花园,花园的外围是农场、牧场、工厂和田地。在欧文的理想社会里,每个成员都是平等的。每个人都要参加劳动,公社成员"除了年龄上的差别以外,没有任何的人为差别和一般差别"⑤。公社要合理组织劳动,使得各个成员各尽所能,彼此团结互助。

欧文设想的合作公社实行按需分配。欧文认为在未来的合作公社制度下,由于产品非常丰富,人们品德高尚,可以实行按需分配,"一切人都可以无忧无虑地获得他们的身体健康所需要的日用品"⑥。在合作公社中,财富被生产出来后,将被分类放进仓库里保存,由年龄达到可以担任分配职务的那一组人分配本联合家庭的一切成员每日所需的物品。

欧文主张废除私有制,建立公有制,消灭三大差别,实行按需分配,这些都是社会主义的一些基本特征,充分体现了他的共同富裕思想。他的一生除了终生不懈地著述和宣传,更为难得的是,他将自己的理想社会方案几十年如一日地付诸实践,虽然搞了很多次合作公社的实验都破产了,但是他的

①《欧文选集》(下卷),柯象峰、何光来、秦果显译,商务印书馆1965年版,第14页。
②《欧文选集》(下卷),柯象峰、何光来、秦果显译,商务印书馆1965年版,第15页。
③《欧文选集》(下卷),柯象峰、何光来、秦果显译,商务印书馆1965年版,第15页。
④《欧文选集》(下卷),柯象峰、何光来、秦果显译,商务印书馆1965年版,第24页。
⑤《欧文选集》(下卷),柯象峰、何光来、秦果显译,商务印书馆1965年版,第41页。
⑥《欧文选集》(下卷),柯象峰、何光来、秦果显译,商务印书馆1965年版,第32页。

这些思想理论和实践探索对后来社会主义思想的发展具有重要意义。

以上这些西方思想家们对未来理想社会都提出了自己的独特主张,虽然这些主张是从道德标准出发,具有严重的禁欲主义和平均主义倾向,没有完全从当时的现实出发,决定了最终都只能是一种空想,但是他们在对未来美好理想社会的构想和追求中提出了很多有价值的思想:完全没有私有财产实行公有制、没有阶级没有剥削、由社会组织生产和平均分配等,无不闪耀着共同富裕思想的火花,为以后的马克思主义经典作家们所吸收、继承和发展,是马克思主义共同富裕思想的重要思想来源。

第四节　马克思主义科学社会主义的共同富裕理论

在马克思主义科学社会主义诞生之前,共同富裕只不过是人类的一种空想,由于各种思想诞生的阶级立场和时代背景等因素,没有办法真正创立科学的共同富裕理论。而直到马克思开创了科学社会主义,将共同富裕建立在唯物主义基石之上之后,共同富裕思想才真正有了坚实的理论基础。马克思的科学社会主义思想诞生于 19 世纪中叶,以《共产党宣言》的提出为标志。马克思共同富裕思想是马克思、恩格斯诸多著作的理论升华与内容精华,科学揭示了共同富裕的发展规律,它提出资本主义社会不是实现共同富裕的土壤,要实现共同富裕必须建立社会主义制度,彻底消除资产私有制实行按劳分配,使社会发展的红利惠及全体人民。列宁在把马克思主义普遍原理与本国实际相结合的过程中,开创了在经济文化相对落后的国家里如何建设社会主义、如何实现共同富裕的理论探索,形成了丰富的理论成果,对后世产生了深远的影响。

一、从《共产党宣言》看社会主义共同富裕的理论缘起

《共产党宣言》是第一个科学社会主义的纲领性文件,第一次全面系统地叙述了马克思主义的基本原理特别是科学社会主义原理,蕴藏着丰富的

共同富裕思想的精神内涵,是马克思、恩格斯社会主义共同富裕思想的理论源头。它明确揭示了资本主义社会种种虚假性以及自由掩盖下的资本支配劳动的社会现实,在这个基础上展望了一个没有剥削、没有压迫的人的自由发展联合体新社会,即共产主义社会,并系统阐述了实现共产主义社会的具体条件、主体力量和根本路径等。

（一）共产主义社会的终极价值和最高目标是"每个人自由发展"

《共产党宣言》对未来共产主义社会进行了大致的勾画,主要有几个方面的特征:"一是生产资料公有制;二是社会成员共享劳动成果;三是不存在商品货币关系;四是平等的民族关系;五是阶级消灭、国家消亡;六是人的自由发展。"其中,未来共产主义社会的最显著特征是"每个人的自由发展"。马克思、恩格斯指出,资本主义生产方式的发展是以牺牲工人的个性为代价的,资产阶级提出的个性自由只是资产阶级私有者的个性自由,而不是所有人的自由发展。马克思在批判资本主义虚假性自由的基础上,在《共产党宣言》中明确指出,在未来的共产主义社会,"代替那存在着阶级和阶级对立的资产阶级旧社会的,将是这样一个联合体,在那里,每个人的自由发展是一切人的自由发展的条件"①。而"'自由发展'是在高度发展的社会物质条件下,人的本质力量充分展现出来,真正全面地占有自己的本质。只有每个人都获得自由发展,由每个人组成的'一切人'才能获得自由发展;前者是后者的存在基础,后者为前者的发展创造了条件"②。由此可见,未来的人类社会不再以阶级斗争为推动力,而是以一切人的自由发展或全人类自由解放为根本推动力。这也是共产主义社会的核心思想。

《共产党宣言》以"每个人的自由发展"来界定共产主义社会,深刻表明了共产主义社会的本质特征和核心思想。它把"每个人的自由发展"作为共产主义社会的终极价值和最高目标,体现了共产主义社会具有超越历史阶段的普遍性和共同价值的终极性。

---

① 《马克思恩格斯选集》（第一卷）,人民出版社 2012 年版,第 422 页。
② 叶汝贤:《每个人的自由发展是一切人的自由发展的条件——〈共产党宣言〉关于未来社会的核心命题》,《中国社会科学》2006 年第 3 期。

（二）消灭私有制、实行公有制是实现共产主义社会的前提条件

宣告资产阶级私有制的必然灭亡是《共产党宣言》的主旨所在。《共产党宣言》明确指出，私有制是剥削的根源，是阶级和阶级斗争的根源，也是私有观念的根源。在资本主义社会，资本主义制度是"建立在对他人的私人所有剥夺基础上的资本家的私人所有"，"是建立在阶级对立上面、建立在一些人对另一些人的剥削上面的产品生产和占有的最后而又最完备的表现"。① 资本主义私有制营造了劳动力商品等价交换的假象，实则是掩盖了资本家无偿占有劳动者剩余价值的实质，所以资本主义私有制才是资本主义社会矛盾的根源。资本主义的基本矛盾是生产的社会化与资本主义私人占有之间的矛盾，这个矛盾必然导致生产过剩的经济危机。这就表明了"社会所拥有的生产力已经不能再促进资产阶级文明和资产阶级所有制关系的发展；相反，生产力已经强大到这种关系所不能适应的地步，它已经受这种关系的阻碍；而它一着手克服这种障碍，就使整个资产阶级经济陷入混乱，就使资产阶级所有制的存在受到威胁。资产阶级的关系已经太狭窄了，再容纳不了它本身所造成的财富了"②。也就是说，资本主义的生产关系已经不适应生产力的发展了，这样生产力的发展客观上要求变革资本主义的生产关系，从资本主义私有制转变成社会主义公有制。所以共产党人带领无产阶级推翻资产阶级统治，彻底消灭资本主义私有制，建立社会主义公有制，才能为实现人的自由发展创造条件。而消灭私有制，"不是要废除一般的所有制，而是要废除资产阶级的所有制"③。"从这个意义上说，共产党人可以把自己的理论概括为一句话：消灭私有制。"④"而代之以共同使用全部生产工具和按照共同的协议来分配全部产品，即所谓财产公有"⑤，建立公有制为基础的社会制度。

---

① 《马克思恩格斯选集》（第一卷），人民出版社 2012 年版，第 906 页。
② 《马克思恩格斯选集》（第一卷），人民出版社 2012 年版，第 406 页。
③ 《马克思恩格斯选集》（第一卷），人民出版社 2012 年版，第 414 页。
④ 《马克思恩格斯选集》（第一卷），人民出版社 2012 年版，第 414 页。
⑤ 《马克思恩格斯选集》（第一卷），人民出版社 2012 年版，第 302 页。

同时，《共产党宣言》指出：消灭私有制，必须存在一个历史过程，其过程可能是漫长而艰难的，必须具备一定的前提条件，断不可贸然激进。"对于如何消灭私有制，必须要有正确的理解与判断，断不能脱离具体的历史条件与现实，而作出机械式、教条化的片面理解。"恩格斯指出："只能逐步改造现今社会，只有创造了所必需的大量生产资料之后，才能废除私有制。"①所以，"消灭资本主义私有制，建立生产资料公有制"这一目标不是一蹴而就的，是一个渐进的历史发展过程，需要与无产阶级运动的发展相适应，需要很长时期的艰苦斗争才能实现。

（三）共产主义革命、大力发展生产力是实现共产主义社会的根本途径

要彻底实现"消灭资本主义私有制，建立生产资料公有制"这一目标，必须进行共产主义革命，建立无产阶级政权，进而大力发展生产力。"共产主义革命就是同传统的所有制关系实行最彻底的决裂；毫不奇怪，它在自己的发展进程中要同传统的观念实行最彻底的决裂。"②破除"传统的所有制关系"主要就是指消灭资本主义私有制。要实现"人的自由发展"的共产主义社会，就必须彻底消灭旧的社会生产关系，进行共产主义革命。共产主义革命即无产阶级为实现自身的自由解放，通过政治革命推翻资本主义制度，实现共产主义。共产党人带领无产阶级首先开展政治革命，先建立无产阶级政权。其次进行社会革命，消灭资本主义私有制，大力发展生产力，以社会生产力的充分发展为前提，建立以绝大多数人的利益为基础的生产资料公有制。正如马克思和恩格斯提出的，无产阶级专政的任务：一是变革资本主义所有制，消灭阶级；二是发展生产力，消灭阶级差别。《共产党宣言》明确提出了为了实现共产主义，"工人革命的第一步就是使无产阶级上升为统治阶级，争得民主。无产阶级将利用自己的政治统治，一步一步地夺取资产阶级的全部资本，把一切生产工具集中在国家即组织成为统治阶级的无产阶级

---

①《马克思恩格斯选集》（第一卷），人民出版社 2012 年版，第 304 页。
②《马克思恩格斯选集》（第一卷），人民出版社 2012 年版，第 421 页。

手里,并且尽可能快地增加生产力的总量"①。"在共产主义社会里,已经积累起来的劳动只是扩大、丰富和提高工人的生活的一种手段。"②生产力的发展本身就是人的发展的一种方式,人的生产活动正是展现人的本质的最根本的方式。发展生产力的过程中也发展了人的自由。

当这些任务完成以后,无产阶级专政的国家"作为一个阶级用以压迫另一个阶级的有组织的暴力"就消亡了。"当阶级差别在发展进程中已经消失而全部生产集中在联合起来的个人的手里的时候,公共权力就失去政治性质。"③于是,真正实现人的物质生产与精神生产的共同发展的共产主义社会也就建立起来了。

（四）实现共产主义社会的主体力量是无产阶级

区别于资本主义制度下虚假性自由的主体是少数占统治地位的资产阶级,无产阶级关注的是社会每一个人自由的实现。"过去的一些运动都是少数人的,或者为少数人谋利益的运动。无产阶级的运动是绝大多数人的,为绝大多数人谋利益的独立的运动。"④共产党是一个有使命的政党,《共产党宣言》明确指出:"在无产阶级和资产阶级的斗争所经历的各个发展阶段上,共产党人始终代表整个运动的利益。"⑤无产阶级运动的出发点、落脚点和依靠力量都是社会绝大多数受压迫的劳动者。这就说明了共产党坚持共产主义的远大目标,无产阶级开展反对资产阶级斗争的最终目标是推翻资本主义制度,实现共产主义。而且随着资本主义的扩张,无产阶级革命在全世界范围内发展起来,迫切要求"全世界无产者联合起来"。"如果不同时使整个社会一劳永逸地摆脱一切剥削、压迫以及阶级差别和阶级斗争,就不能使自己从进行剥削和统治的那个阶级(资产阶级)的奴役下解放出来。"⑥无产阶级要获得自由解放,就必须解放全人类,无产阶级的解放和全人类的解放不可分离。

---

①《马克思恩格斯选集》(第一卷),人民出版社 2012 年版,第 421 页。
②《马克思恩格斯选集》(第一卷),人民出版社 2012 年版,第 415 页。
③《马克思恩格斯选集》(第二卷),人民出版社 2009 年版,第 53 页。
④《马克思恩格斯选集》(第一卷),人民出版社 2012 年版,第 411 页。
⑤《马克思恩格斯选集》(第一卷),人民出版社 2012 年版,第 413 页。
⑥《马克思恩格斯选集》(第一卷),人民出版社 2012 年版,第 385 页。

《共产党宣言》天才式地回答了"共产主义社会是一个什么样的社会？""共产主义社会能否实现？""共产主义社会怎样实现？"等重大理论和实践问题，描述了一个美好的未来社会及其实践过程，为实现共同富裕的共产主义指明了明确的方向，是马克思主义共同富裕思想的精神基因和理论源头。

二、马克思、恩格斯基于实现社会主义目标的共同富裕理论展开

马克思主义的终极目标就是逐步消灭剥削，消除两极分化，实现人人平等、人人自由发展的共同富裕社会。马克思、恩格斯基于对世界客观规律的认识，创立了历史唯物史观和剩余价值学说，在坚持科学的世界观和方法论的前提下，指出人类进入阶级社会就产生了贫富差距，从剩余价值观入手分析了贫富差距的根源是剥削，并在此基础上揭示了消除剥削制度，发展生产力，最终实现未来社会人类共同富裕及人的全面发展的规律。

（一）用历史唯物主义理论指出人类进入阶级社会以后就产生了贫富差距问题

历史唯物主义是马克思主义哲学中关于人类社会发展一般规律的理论。马克思、恩格斯的历史唯物主义认为，人类社会从原始社会进入文明社会，随着私有制的产生，以及成员对生产及生活资料拥有数量的差异和生产方式的变化，社会产生了阶级划分，形成了不同的阶级，同时也就产生了贫富差距问题，由此也产生了一系列的社会矛盾和冲突。

首先，人类社会从原始社会进入文明社会，产生了城乡对立和城乡差距，由此产生了贫富差距。人类社会发展从原始社会发展到奴隶社会，产生了私有制，在进入文明社会时又产生了城乡对立，"城乡对立是随着野蛮向文明的过渡、部落制度向国家的过渡、地域局限性向民族的过渡而开始的，它贯穿着文明的全部历史直至现在"①。城乡对立的产生伴随着城乡差距，城乡差距是贫富差距的一种重要表现形式。"随着城市的出现，必然要有行政机关、警察、赋税等等，一句话，必然要有公共机构，从而也就必然要有一

①《马克思恩格斯选集》（第一卷），人民出版社 2012 年版，第 184 页。

般政治。在这里,居民第一次划分为两大阶级,这种划分直接以分工和生产工具为基础。城市已经表明了人口、生产工具、资本、享受和需求的集中这个事实;而在乡村则是完全相反的情况:隔绝和分散。城乡之间的对立只有在私有制的范围内才能存在。城乡之间的对立是个人屈从于分工、屈从于他被迫从事的某种活动的最鲜明的反映,这种屈从是把一部分人变为受局限的城市动物,把另一部分人变为受局限的乡村动物,并且每天都重新产生二者利益之间的对立。"①农民又开始分化,分为小农和大农等不同类型:"有的是封建的农民,他们还必须为自己的主人服徭役";有的是"佃农","这些人的情况多半与爱尔兰的情况相同。地租已增加得如此之高,以致在得到中等收成时,农民也只能勉强维持本人和自己家庭的生活,而在收成不好时,他们就几乎要饿死,无力交纳地租,因而完全听任土地所有者摆布";"还有的农民是在自己的小块土地上进行经营。他们大多承受着抵押借款造成的沉重压力,因而就像佃农依附地主那样依附高利贷者"。② 因此,贫富差距越来越明显。

其次,贫富差距导致社会分裂为剥削者和被剥削者。马克思、恩格斯指出:"随着文明时代获得最充分发展的奴隶制的出现,就发生了社会分成剥削阶级和被剥削阶级的第一次大分裂。这种分裂继续存在于整个文明期。奴隶制是古希腊罗马时代世界所固有的第一个剥削形式;继之而来的是中世纪的农奴制和近代的雇佣劳动制。这就是文明时代的三大时期所特有的三大奴役形式;公开的而近来是隐蔽的奴隶制始终伴随着文明时代。"③"社会分裂为剥削阶级和被剥削阶级、统治阶级和被压迫阶级,是以前生产不大发展的必然结果。只要社会总劳动所提供的产品除了满足社会全体成员最起码的生活需要以外只有少量剩余,就是说,只要劳动还占去社会大多数成员的全部或几乎全部时间,这个社会就必然划分为阶级。在这被迫专门从事劳动的大多数人之旁,形成了一个脱离直接生产劳动的阶级,它掌管社会

①《马克思恩格斯选集》(第一卷),人民出版社 2012 年版,第 184—185 页。
②《马克思恩格斯选集》(第三卷),人民出版社 2012 年版,第 29—30 页。
③《马克思恩格斯选集》(第三卷),人民出版社 2012 年版,第 192—193 页。

的共同事务:劳动管理、国家事务、司法、科学、艺术等。因此,分工的规律就是阶级划分的基础。但是,这并不妨碍阶级的这种划分曾经通过暴力和掠夺、欺诈和蒙骗来实现,这也不妨碍统治阶级一旦掌握政权就牺牲劳动阶级来巩固自己的统治,并把对社会的领导变成对群众的加紧剥削。但是,如果说阶级的划分根据上面所说具有某种历史的理由,那也只是对一定的时期、一定的社会条件才是这样。这种划分是以生产的不足为基础的,它将被现代生产力的充分发展所消灭。"①因此,"社会全部占有生产资料","只有在实现它的物质条件已经具备的时候,才能成为可能,才能成为历史的必然性"。② 正如"消灭城乡之间的对立,是共同体的首要条件之一,这个条件又取决于许多物质前提,而且任何人一看就知道,这个条件单靠意志是不能实现的"③。所以,必须大力发展社会生产力。

最后,资本主义是一个存在巨大贫富差距的社会。到了资本主义社会,"在过去的各个历史时代,我们几乎到处都可以看到社会完全划分为各个不同的等级,看到社会地位分成多种多样的层次。在古罗马,有贵族、骑士、平民、奴隶,在中世纪,有封建主、臣仆、行会师傅、帮工、农奴,而且几乎在每个阶级内部又有一些特殊的阶层。从封建社会的灭亡中产生出来的现代资产阶级社会并没有消灭阶级对立。它只是用新的阶级、新的压迫条件、新的斗争形势代替了旧的。但是,我们的时代,资产阶级时代,却有一个特点:它使阶级对立简单化了。整个社会日益分裂为两大敌对的阵营,分裂为两大相互直接对立的阶级:资产阶级和无产阶级"④。在资本主义制度下,贫富差距必然存在,因为阶级划分存在,贫富差距是资本主义社会的一种自然现象。

(二)用剩余价值理论揭示人类贫富差距、两极分化问题的总根源是资本主义剥削制度

剩余价值理论是马克思、恩格斯经济理论的重要基石,马克思、恩格斯

①《马克思恩格斯选集》(第一卷),人民出版社 2012 年版,第 669 页。
②《马克思恩格斯选集》(第一卷),人民出版社 2012 年版,第 669 页。
③《马克思恩格斯选集》(第一卷),人民出版社 2012 年版,第 185 页。
④《马克思恩格斯选集》(第一卷),人民出版社 2012 年版,第 401 页。

用剩余价值理论科学揭示了人类社会贫富差距、两极分化的实质。马克思、恩格斯站在资本主义这一特殊历史形态的基础上,从雇佣劳动和资本的对立关系开始,揭露了剩余价值的无偿占有是资本主义的剥削形式,资本主义的剥削制度是资本主义社会产生贫富差距、两极分化的根本原因。

首先,揭示了在资本主义制度下,资本家和工人是资本和雇佣劳动的对立关系。马克思指出,资本的本质即无产阶级和资产阶级之间的剥削与被剥削的关系。"作为剩余劳动的榨取者和劳动力的剥削者,资本在精力、贪婪和效率方面,远远超过了以往一切以直接强制劳动为基础的生产制度。"① "作为资本家,他只是人格化的资本。他的灵魂就是资本的灵魂。而资本只有一种生活本能,这就是增殖自身,创造剩余价值,用自己的不变部分即生产资料吮吸尽可能多的剩余劳动。资本是死劳动,它像吸血鬼一样,只有吮吸活劳动才有生命力,吮吸的活劳动越多,它的生命就越旺盛。工人劳动的时间就是资本家消费他所购买的劳动的时间。如果工人利用他的可供支配的时间来为自己做事,那他就是偷窃了资本家。"② "可见,即使我们停留在资本和雇佣劳动的关系范围内,也可以知道资本的利益和雇佣劳动的利益是截然对立的。"③ 马克思还指出,"直接向工人榨取剩余价值的正是企业资本家,不论最终他能把这剩余价值中哪一部分留给自己。所以,整个雇佣劳动制度,整个现代生产制度,正是建立在企业资本家和雇佣工人间的这种关系上面"④。

其次,揭示了资本主义制度的剥削形式是资本家对剩余价值的无偿占有。马克思在《资本论》中对剩余价值进行了系统阐述,揭示了剩余价值是资本主义生产方式的独特范畴,对剩余价值的无偿占有是资本主义的独特的剥削形式。他指出,在资本主义社会,剩余价值是由雇佣工人的剩余劳动所创造而被资本家等剥削者无偿占有的超过劳动力价值的价值。为了进一

①《马克思恩格斯选集》(第二卷),人民出版社 2012 年版,第 198 页。
②《马克思恩格斯全集》(第四十二卷),人民出版社 2016 年版,第 228 页。
③《马克思恩格斯选集》(第一卷),人民出版社 2012 年版,第 350 页。
④《马克思恩格斯全集》(第十六卷),人民出版社 1972 年版,第 152 页。

步揭露资本主义的剥削实质,马克思将剩余价值区分为绝对剩余价值和相对剩余价值。"通过延长工作日而生产的剩余价值,叫作绝对剩余价值;通过缩短必要劳动时间,相应地改变工作日的两个组成部分量的比例而生产的剩余价值,叫作相对剩余价值。"①对这两者的区分揭示了在资本主义社会,相对剩余价值是更隐蔽、更残酷的剥削方式。

最后,揭示了维护资产阶级利益是资本主义国家的本质。经济基础决定上层建筑,在资本主义制度下,国家政权只是为了维护资本家对工人阶级的剥削,维护资产阶级的既得利益。"现代资产阶级本身是一个长期发展过程的产物,是生产方式和交换方式的一系列变革的产物。资产阶级的这种发展的每一个阶段,都伴随着相应的政治上的进展。它在封建主统治下是被压迫的等级,在公社里是武装的和自治的团体,在一些地方组织独立的城市共和国,在另一些地方组成君主国的纳税的第三等级;后来,在工场手工业时期,它是等级君主国或专制君主国中同贵族抗衡的势力,而且是大君主国的主要基础;最后,从大工业和世界市场建立的时候起,它在现代的代议制国家里夺得了独占的政治统治。现代的国家政权不过是管理整个资产阶级的共同事务的委员会罢了。"②

(三)用阶级分析方法预言推翻资本主义剥削制度,建立共同富裕制度

马克思主义的阶级分析方法是认识阶级社会的科学方法。它运用阶级和阶级斗争观点分析阶级社会的相关现象,发现阶级社会的本质和发展规律。马克思、恩格斯用阶级分析方法认识到了在资本主义社会,贫富差距会愈演愈烈,资本主义无法消除反复的经济危机,并进一步提出了资产阶级灭亡和无产阶级胜利的必然性。

首先,资本主义社会中的无产阶级不断趋于贫困化。马克思、恩格斯认为,在资本主义制度下,贫富差距问题会愈演愈烈。"我们现在可以看到,在

①《马克思恩格斯全集》(第二十三卷),人民出版社1972年版,第350页。
②《马克思恩格斯选集》(第一卷),人民出版社2012年版,第402页。

文明国家里，几乎所有劳动部门都照工厂方式进行经营了，在所有劳动部门，手工业和工场手工业几乎被工业挤掉了。于是，从前的中间等级，特别是小手工业师傅日益破产，工人原来的状况发生了根本的变化，产生了两个逐渐并吞所有其他阶级的新阶级。这两个阶级就是：一、大资本家阶级，他们在所有文明国家里现在已经几乎独占了一切生活资料和生产这些生活资料所必需的原料和工具（机器、工厂）。这就是资产者阶级或资产阶级。二、完全没有财产的阶级，他们为了换得维持生存所必需的生活资料，不得不把自己的劳动出卖给资产者。这个阶级叫作无产者阶级或无产阶级。"①"工业革命到处使无产阶级和资产阶级以同样的速度发展起来。资产者越发财，无产者的人数也就越多。因为只有资本才能使无产者找到工作，而资本只有在使用劳动的时候才能增加，所以无产阶级的增加和资本的增加是完全同步的。同时，工业革命使资产者和无产者都集中在最有利于发展工业的大城市里，广大群众聚集在一个地方，使无产者意识到自己的力量。其次，随着工业革命的发展，随着挤掉手工劳动的新机器的不断发明，大工业把工资压得越来越低，把它压到上面说过的最低额，因而无产阶级的处境也就越来越不堪忍受了。这样，一方面由于无产阶级不满情绪的增长，另一方面由于他们力量的壮大，工业革命便孕育着一个由无产阶级进行的社会革命。"②因此解决贫富差距问题，需要依靠无产阶级革命。

其次，资产阶级无法消除经济危机。马克思认为资本主义生产力和生产关系的矛盾是经济危机的真正根源，其表现形式是生产和消费的矛盾。资本主义生产的目的在于占有更多的剩余价值，为了实现这一目的，资本主义会不断增加生产资本，"生产资本越增加，它就越是迫不得已地为市场（这种市场的需求它并不了解）而生产，生产就越是超过消费，供给就越是力图强制需求，结果危机的发生也就越猛烈而且越频繁"③。生产资本越盲目地为市场生产，生产的规模就越超过消费的规模，经济危机就越经常发生并且

①《马克思恩格斯选集》（第一卷），人民出版社 2012 年版，第 296—297 页。
②《马克思恩格斯选集》（第一卷），人民出版社 2012 年版，第 300—301 页。
③《马克思恩格斯选集》（第一卷），人民出版社 2012 年版，第 369 页。

愈来愈猛烈。所以马克思指出,资本主义工业一定会经过"繁荣、生产过剩、停滞、危机诸阶段而形成一种反复循环的周期"①。而面对经济危机,"资产阶级用什么办法来克服这种危机呢? 一方面不得不消灭大量生产力,另一方面夺取新的市场,更加彻底地利用旧的市场",马克思指出"这不过是资产阶级准备更全面更猛烈的危机的办法,不过是使防止危机的手段越来越少的办法"②。所以,资本主义"生产的是它自身的掘墓人。资产阶级的灭亡和无产阶级的胜利是同样不可避免的"③。

最后,无产阶级必然要爆发旨在推翻资本主义制度的革命。当无产阶级的"贫困、劳动折磨、受奴役、无知、粗野和道德堕落的积累"达到一定程度时,无产阶级必然要爆发旨在推翻资本主义制度的革命,即"生产资料的集中和劳动的社会化,达到了同它们的资本主义外壳不能相容的地步。这个外壳就要炸毁了。资本主义私有制的丧钟就要响了。剥夺者就要被剥夺了"④。而且,资本主义社会每次爆发的危机都是造成无产阶级和资产阶级之间阶级斗争极度尖锐化的强大因素,无产阶级逐步壮大,逐步走向成熟,将为推翻资本主义剥削制度而斗争。

要实现共同富裕,必须进行这场"必须经历阶级斗争的几个不同阶段"⑤的革命。先是推翻资产阶级国家政权,然后建立无产阶级国家政权。恩格斯指出:"无产阶级将取得国家政权,并且首先把生产资料变为国家财产。但是这样一来,它就消灭了作为无产阶级的自身,消灭了一切阶级差别和阶级对立,也消灭了作为国家的国家。"⑥

（四）用科学社会主义理论系统论述未来社会人类共同富裕及人的自由全面发展

马克思、恩格斯构建了科学社会主义理论,对未来社会人类共同富裕及

①《马克思恩格斯选集》(第一卷),人民出版社2012年版,第372页。
②《马克思恩格斯选集》(第一卷),人民出版社2012年版,第406页。
③《马克思恩格斯选集》(第一卷),人民出版社2012年版,第412—413页。
④《马克思恩格斯全集》(第四十四卷),人民出版社2001年版,第874页。
⑤《马克思恩格斯选集》(第三卷),人民出版社2009年版,第198页。
⑥《马克思恩格斯选集》(第三卷),人民出版社2012年版,第668页。

人的全面发展问题进行了系统的论述。马克思、恩格斯从一开始就把共同富裕的旗帜竖立在科学社会主义理论之上,认为这是社会主义区别于资本主义的一个本质特征。在《共产主义原理》和《共产党宣言》里,马克思、恩格斯分析了共产主义制度的基本特征是消灭资本主义私有制,建立生产资料公有制,从而消灭剥削,消除阶级对立、城乡对立、体力劳动和脑力劳动对立等,人们将得到自由全面的发展。

首先,未来社会的性质是以公有制为基础的。要在生产资料公有制基础上,大力发展生产力,实现必然王国到自由王国的飞跃。"在资本主义时代成就的基础上,也就是说,在协作和对土地及靠劳动本身生产的生产资料的共同占有的基础上,重新建立个人所有制。"①在这种所有制下,"社会生产力的发展将如此迅速,……生产将以所有的人富裕为目的"②。马克思、恩格斯特别指出:"社会化生产,不仅可能保证一切社会成员有富足的和一天比一天充裕的物质生活,而且还可能保证他们的体力和智力获得充分的自由的发展和运用。"③"我们建立社会主义制度的目的是给所有人提供充裕的物质生活和闲暇时间,给所有的人提供真正的充分的自由。"④"这个领域内的自由只能是:社会化的人,联合起来的生产者,将合理地调节他们和自然之间的物质交换,把它置于他们的共同控制之下,而不让它作为盲目的力量来统治自己;靠消耗最小的力量,在最无愧于和最适合于他们的人类本性的条件下来进行这种物质交换。"⑤这是人类从必然王国到自由王国的飞跃。

其次,未来社会的发展具有阶段性发展规律。马克思、恩格斯从辩证唯物主义和历史唯物主义角度出发,科学预见到了未来社会主义社会的两个阶段,以及这两个阶段需要采取不同的分配原则。未来社会在低级的共产主义阶段采取的分配制度是各尽所能、按劳分配,在全体劳动者共同占有生产资料的社会里,应当实行"等量劳动获取等量报酬"的原则。马克思指出:

①《马克思恩格斯选集》(第二卷),人民出版社 2012 年版,第 300 页。
②《马克思恩格斯选集》(第二卷),人民出版社 2012 年版,第 786—787 页。
③《马克思恩格斯选集》(第三卷),人民出版社 2012 年版,第 670 页。
④《马克思恩格斯全集》(第二十一卷),人民出版社 1972 年版,第 570 页。
⑤《马克思恩格斯文集》(第七卷),人民出版社 2009 年版,第 928—929 页。

"小孩子同样知道,要想得到和各种不同的需要量相适应的产品量,就要付出各种不同的和一定量的社会总劳动量。这种按一定比例分配社会劳动的必要性,绝不可能被社会生产的一定形式所取消,而可能改变的只是它的表现方式,这是不言而喻的。"①"在劳动成果相同,从而由社会消费品中分得的份额相同的条件下,某一个人事实上所得到的比另一个人多些,也就比另一个人富些。"②这种分配可能会出现一些不平等的问题,但随着社会生产力的极大发展和生产关系的不断革新,未来社会向更高级的方向发展,通过实行按需分配的原则便能加以解决。因此,未来社会分配方式不会停留在按劳分配,最终实现"在共产主义社会高级阶段上,在迫使人民奴隶般地服从分工的情形已经消失,从而脑力劳动和体力劳动的对立也随之消失之后;在劳动已经不仅仅是谋生的手段,而且本身成了生活的第一需要之后;在随着个人的全面发展,他们的生产力也增长起来,而集体财富的一切源泉都充分涌流之后——只有在那个时候,才能完全超出资产阶级权利的狭隘眼界,社会才能在自己的旗帜上写上:各尽所能,按需分配!"③

再次,未来社会应该以共同富裕为根本特征。马克思、恩格斯认为,共同富裕的实现程度应该随着生产力的发展而不断发展。在未来的理想社会,"社会生产力的发展将如此迅速","生产将以所有的人富裕为目的"。④未来的社会主义制度应该是所有人共同富裕的制度:"我们的目的是要建立社会主义制度,这种制度将给所有的人提供健康而有益的工作,给所有的人提供充裕的物质生活和闲暇时间,给所有的人提供真正的充分的自由。"⑤

最后,未来社会的终极目标是实现自由劳动和人的全面发展。马克思、恩格斯指出,共同富裕的实现不仅具有经济学上的意义,还具有人学上的终极意义,是实现人的自由全面发展的重要前提条件。人民群众的自由实现的状况"不仅仅决定于生产力的发展,而且还决定于生产力是否归人民

①《马克思恩格斯文集》(第十卷),人民出版社2009年版,第289页。
②《马克思恩格斯选集》(第三卷),人民出版社1972年版,第12页。
③《马克思恩格斯文集》(第三卷),人民出版社2009年版,第435—436页。
④《马克思恩格斯全集》(第四十六卷下册),人民出版社1980年版,第222页。
⑤《马克思恩格斯全集》(第二十一卷),人民出版社1965年版,第570页。

所有"①。

总之,虽然马克思、恩格斯没有明确提出社会主义共同富裕的概念,但是他们对未来共产主义社会的预测,已经明确把共同富裕作为科学社会主义理论的一面旗帜和未来社会追求的终极目标。而且与之前空想社会主义共同富裕观不同的是,他们的预测是建立在对客观规律把握的基础上,他们运用唯物史观论证贫富差距的产生,用剩余价值揭示贫富差距产生的总根源,用阶级分析阐述如何消除私有制,用科学社会主义论述如何实现共同富裕。所以马克思、恩格斯的作为社会主义目的的共同富裕理论,为中国共产党共同富裕思想的理论和实践指明了方向。

三、列宁对落后国家社会主义建设的认知与共同富裕思想

列宁是继马克思、恩格斯之后的伟大的无产阶级革命家。在 19 世纪末、20 世纪初,随着垄断资本主义的形成和发展,资本主义社会矛盾空前尖锐。列宁在这个时代背景下领导俄国布尔什维克党进行十月革命,为整个人类历史开创了一个新纪元,建立了人类历史上第一个社会主义国家,在领导社会主义建设的过程中,列宁继承了马克思、恩格斯共同富裕的思想,对共同富裕与社会主义的关系以及如何在落后国家实现共同富裕等问题进行了初步探索。

(一)社会主义的目的是促使全体人民富裕起来

在十月革命胜利之前,列宁即在有关论著中设想,社会主义社会的劳动成果应该归全体劳动者享受,而这要以推翻资本主义制度为前提。1902 年,列宁在《俄国社会民主工党纲领草案》中对这一点进行了阐述,指出"工人阶级要获得真正的解放,必须进行资本主义全部发展所准备起来的社会革命,即消灭生产资料私有制,把它们变为共有财产,组织由整个社会承担的社会主义的产品生产代替资本主义商品生产,以保证社会全体成员的充分福利

---

① 《马克思恩格斯文集》(第二卷),人民出版社 2009 年版,第 689 页。

和自由的全面发展"①。1903年3月,他在《告贫苦农民》一文中就设想:"我们要争取新的、美好的社会制度:在这个新的、美好的社会里不应该有穷有富,大家都应该做工。共同工作的成果不应该归小撮富人享受,应该归全体劳动者享受。机器和其他技术改进应该用来减轻大家的劳动,不应该用来使少数人发财,让千百万人民受穷。这个新的、更好的社会就叫作社会主义社会。"②

列宁指出,社会主义社会的目的是保证劳动人民过最幸福最美好的生活。1918年5月,在全俄国民经济委员会第一次代表大会的讲话中,他指出,由于公正分配使劳动者过上美好幸福的生活是社会主义优越于资本主义的特征之一:"只有社会主义才可能根据科学的见解来广泛推行和真正支配产品的社会生产和分配,以便使所有劳动者过最美好、最幸福的生活。只有社会主义才能实现这一点。我们知道社会主义应该实现这一点,而马克思主义的全部困难和全部力量,也就在于了解这个真理。"③1919年,列宁进一步指出:"在社会主义制度下,全体工人,全体中农,人人都能在决不掠夺他人劳动的情况下完全达到和保证达到富足的程度。"④

(二)只有发展社会生产力才能实现共同富裕

列宁继承了马克思、恩格斯关于共同富裕的思想,认为私有剥削制是贫富悬殊的根源,三大差别的存在在客观上阻碍了共同富裕的实现,要消灭私有制和三大差别,必须发展生产力。他指出:"显然,为了完全消灭阶级,不仅要推翻剥削者即地主和资本家,不仅要废除他们的所有制,而且要废除任何生产资料私有制,要消灭城乡之间、体力劳动者和脑力劳动者之间的差别。这是很长时间才能实现的事业。要完成这一事业,必须大大发展生产力。"⑤

①《列宁全集》(第六卷),人民出版社1986年版,第193页。
②《列宁全集》(第七卷),人民出版社1986年版,第112页。
③《列宁选集》(第三卷),人民出版社2012年版,第546页。
④《列宁全集》(第三十五卷),人民出版社2017年版,第470页。
⑤《列宁选集》(第四卷),人民出版社2012年版,第11页。

列宁认为社会主义最主要最根本的任务就是大力发展社会生产力。他指出无产阶级夺取政权之后,"首先提上日程的是恢复被破坏的生产力,并力争在资本主义已经达到的基础上向高于资本主义的劳动生产率迈进"①。其中,"首要任务是恢复生产力,发展农业、工业和运输业"②。"最主要最根本的需要就是增加产品数量,大大提高社会生产力。"③1920年11月,列宁在全俄省、县国民教育厅政治教育委员会工作会议上的讲话中,将发展生产力、解决饥荒问题上升为"我们的政治",他指出:"现在我们主要的政治应当是:从事国家的经济建设,收获更多的粮食,开采更多的煤炭,解决更恰当地利用这些粮食和煤炭的问题,消除饥荒,这就是我们的政治。"④由此可见,列宁非常重视生产力发展,把生产力发展看作社会进步的最高标准,认为只有发展社会生产力才能实现共同富裕。

(三)社会主义存在富裕程度的差异性

列宁认为,社会主义时期全体人民富裕程度具有差异性。早在十月革命以前,列宁便依据马克思的预言,阐明了推翻资本主义社会之后,在社会主义阶段还不能做到完全公平和平等:"在共产主义第一阶段还不能做到公平和平等,因为富裕的程度还会不同,而不同就是不公平。"⑤列宁在认识到共同富裕的实现需要一个长期的过程基础上,认为建立生产资料公有制、形成公平公正的分配机制、创造出巨大的社会财富等,不是一朝一夕就能完成的,需要很长的时期才能实现。所以在实现过程中,人民的富裕程度是有一定差异的。

(四)对共同富裕实现途径的探索

首先,列宁认为实现共同富裕必须有一个先进的政党领导。他强调:

①《列宁选集》(第三卷),人民出版社2012年版,第11页。
②《列宁选集》(第四卷),人民出版社2012年版,第526页。
③《列宁选集》(第四卷),人民出版社2012年版,第623页。
④《列宁全集》(第三十九卷),人民出版社2017年版,第449页。
⑤《列宁选集》(第三卷),人民出版社2012年版,第195页。

"党是社会主义事业的领导核心,党必须清醒地认识到自己的历史地位和工作重心发生的变化,不断加强自身建设。"①所以他非常重视对执政党的先进性建设,并将它作为生产力发展和实现共同富裕的政治条件:"马克思主义教育工人的党,也就是教育无产阶级的先锋队,使他能够夺取政权并引导全体人民走向社会主义,指导并组织新制度,成为所有被剥削劳动者在不要资产阶级并反对资产阶级而建设自己社会生活的事业中的导师、领导者和领袖。"②他认为,"只有这个党才能领导工人阶级去深刻地根本地改变旧社会"③。理所当然,列宁十分注重科学执政,他认为无产阶级执政党对实现共同富裕负有领导责任,必须善于领导,不能党政不分。1922 年 3 月,列宁就在俄共(布)第十一次代表大会政治报告提纲给维·米·莫洛托夫并转俄共(布)中央全会的信中强调:"必须十分明确地划分党(及其中央)和苏维埃政权的职责;提高苏维埃工人人员和苏维埃机关的责任心和独立负责精神,党的任务则是对所有国家机关的工作进行总的领导,不是像目前那样进行过分频繁的、不正常的、往往是琐碎的干预。"④

其次,他认为实现共同富裕需要根据现实情况不断进行制度设计创新。列宁是一个善于根据现实形势变化而不断进行科学应对的人,在对社会主义建设道路的初步探索上,经过了"战时共产主义"模式到新经济政策("国家资本主义")的模式,再到"合作制的社会主义"新构想的多次转变。在"战时共产主义"模式的实践过程中他意识到:"在一个小农国家里按共产主义原则来调节国家的产品生产和分配,现实生活说明我们错了。我们现在正用'新经济政策'来纠正这一错误。为了做好向共产主义过渡的准备,必须经过国家资本主义和社会主义这些过渡阶段,不能直接凭热情,而是既要借助革命热情,又要考虑个人利益,搞好经济核算,通过国家资本主义走向社会主义。"⑤1921 年 3 月,列宁主持召开俄共(布)第十次代表大会,正式宣

①《列宁选集》(第四卷),人民出版社 2012 年版,第 2 页。
②《列宁选集》(第三卷),人民出版社 2012 年版,第 131—132 页。
③《列宁全集》(第二十九卷),人民出版社 1956 年版,第 490 页。
④《列宁全集》(第四十三卷),人民出版社 2017 年版,第 68 页。
⑤《列宁选集》(第四卷),人民出版社 2012 年版,第 14 页。

布改行新经济政策。他明确指出,新经济政策是达到共产主义的具体途径:"主要经济力量操在我们手里。一切具有决定意义的大企业、铁路等等,都操在我们手里。……俄国无产阶级国家掌握的经济力量完全足以保证向共产主义过渡。"①到晚年,列宁又提出"合作制的社会主义"构想:"合作社的发展也就等于社会主义的发展,我们不得不承认我们对社会主义的整个看法根本改变了。""要是完全实现了合作化,我们也就在社会主义基地上站稳了脚跟。"②

最后,列宁认为实现共同富裕必须利用一切积极因素,统一一切积极力量。列宁对实现共同富裕的长期性和艰难性有着清醒的认识,他认为"只靠共产党员的双手来建立共产主义社会,这是幼稚的、十分幼稚的想法"。共产党员要"领导人民走他们的道路","使资产阶级走共产党员要走的道路"。③ 所以,他认为无产阶级必须善于处理与其他阶级阶层的关系,联合所有的积极力量,"先进阶级只有客观地考虑到某个社会中一切阶级相互关系的全部总和,因而也考虑到该社会发展的客观阶段,考虑到该社会和其他社会之间的相互关系,才能据以制定正确的策略"④。这样才能取得成功。除此之外,列宁还强调要正确利用资本主义,主张采取"改良主义"的方法,实现利用一切积极因素发展社会主义的目的,他指出"所谓改良主义的办法,就是不摧毁旧的社会经济结构——商业、小经济、小企业、资本主义,而是活跃商业、小企业、资本主义,审慎地逐渐地掌握它们,或者说,做到有可能只在使它们活跃起来的范围内对它们实行国家调节"⑤。

列宁对科学社会主义共同富裕思想做出了重大探索,由于历史的局限性,虽然他很多正确的共同富裕思想没有被斯大林及其后的苏共领导人很好地坚持下来,但是他的这些思考和探索留下了宝贵的理论遗产,为中国共产党对共同富裕理论与实践的探索提供了重要的借鉴。

---

①《列宁选集》(第四卷),人民出版社 2012 年版,第 679—680 页。
②《列宁选集》(第四卷),人民出版社 2012 年版,第 773 页。
③《列宁选集》(第四卷),人民出版社 2012 年版,第 682 页。
④《列宁选集》(第二卷),人民出版社 2012 年版,第 443 页。
⑤《列宁选集》(第四卷),人民出版社 2012 年版,第 611 页。

第五节 中国共产党初心使命与民主革命时期对 共同富裕的思考

中国共产党自诞生之初就根据当时中国半殖民地半封建社会的实际情况,将民族独立和人民解放作为新民主主义革命时期的奋斗目标。为实现这个目标,中国共产党领导全国人民历经千辛万苦,进行了艰苦卓绝的反帝国主义、封建主义和官僚资本主义的斗争,最终带领中国人民取得了新民主主义革命的伟大胜利,实现了人民当家作主,进而为实现全体人民共同富裕创造了根本政治前提。

一、中国共产党初心使命的确立和思想动力

自鸦片战争以来,中国外受西方列强的入侵,内受封建统治的压迫,逐渐沦为半殖民地半封建社会,面临着严峻的民族危机与政治危机。为了挽救中华民族和中国人民,无数仁人志士开启了救亡图存的爱国运动,但各种制度与经验的尝试验证了只有社会主义才能救中国。俄国十月革命一声炮响,将马克思主义带到了中国,五四运动之后,由于中国革命发展的客观需要,中国共产党在历史发展的洪流之中应运而生。

中国共产党诞生于国家危难和民族危亡之际,是马克思主义同中国工人运动相结合的产物。中国共产党一经成立,就义无反顾地肩负起实现中华民族伟大复兴的历史使命,把坚持"人民利益高于一切"鲜明地写在旗帜上。中共一大通过的中国共产党纲领,主要内容包括"确定党的名称是中国共产党,规定党的纲领是:革命军队必须与无产阶级一起推翻资本家阶级的政权;承认无产阶级专政,直到阶级斗争结束,即直到消灭社会的阶级区分;消灭资本家私有制,没收机器、土地、厂房和半成品等生产资料,归社会公有。党纲明确提出,把工人、农民和士兵组织起来,承认党的根本政治目的是实行社会革命。……党纲规定,凡承认本党党纲和政策,并愿成为忠实的

党员者,经党员一人介绍,均可接受为党员,但在入党前必须同那些与我党纲领背道而驰的党派和集团断绝一切联系。……党纲规定,在全党建立统一的组织和严格的纪律,地方组织必须接受中央的监督和指导;在党处于秘密状态时,党的重要主张和党员身份应当保守秘密等"①。由此看来,从建党开始,中国共产党的奋斗目标就是共产主义,行动指南就是马克思主义,这反映了中国共产党为民谋利的思想。

中共二大通过了二大宣言、民主联合阵线、工会运动、青年运动、妇女运动、加入共产国际、《中国共产党章程》等九个决议案,核心是谈论中国革命的基本问题和党的纲领、政策等。"中国共产党是中国无产阶级政党。党的目的是要组织无产阶级,用阶级斗争的手段,建立劳农专政的政治,铲除私有财产制度,渐次达到一个共产主义的社会。中国共产党为工人和贫农的目前利益计,引导工人们帮助民主主义的革命运动,使工人和贫农与小资产阶级建立民主主义的联合战线。"②"党的奋斗目标是:消除内乱,打倒军阀,建设国内和平;推翻国际帝国主义的压迫,达到中华民族完全独立;统一中国本部(东三省在内)为真正民主共和国;蒙古、西藏、回疆三部实行自治,成为民主自治邦;用自由联邦制,统一中国本部、蒙古、西藏、回疆,建立中华联邦共和国;工人和农民,无论男女,在各级议会市议会有无限制的选举权,言论、出版、集会、结社、罢工绝对自由;制定关于工人和农人以及妇女的法律。"③二大宣言最大的历史贡献是:第一次明确提出了中国共产党的最低纲领——反帝反封建,即以打倒军阀、打倒列强为主要内容的反帝反封建的民主革命纲领;提出了党的最高纲领——实现社会主义和共产主义。实现国家独立、民族解放和人民富裕的反帝反封建的民主革命纲领,不仅为中国指明了方向,而且第一次完整地表达了中国共产党的初心和使命。毛泽东早期也指出"中国共产党的唯一任务,就是要团结全体人民,奋不顾身地向前

①中共中央文献研究室、中央档案馆编:《建党以来重要文献选编(1921—1949)》(第一册),中央文献出版社 2011 年版,第 1—3 页。

②李蓉:《中共二大轶事》,人民出版社 2015 年版,第 127 页。

③中共中央文献研究室、中央档案馆编:《建党以来重要文献选编(1921—1949)》(第一册),中央文献出版社 2011 年版,第 133 页。

战斗，推翻民族敌人，为民族与人民谋利益，绝无任何私利可言"①。

可见，中国共产党在建党之初就确立了为人民谋幸福、为民族谋复兴的初心和使命，这个初心和使命的理论原点在于马克思主义为人类求解放的远大目标，与共产主义理想具有高度一致性。这是建立在马克思主义科学理论基础之上的，是党的性质宗旨、理想信念、奋斗目标的集中体现。中国共产党的初心和使命是激励中国共产党人将革命进行到底、不断发展前进的根本思想动力和源泉，也是中国共产党共同富裕理论与实践的动力和源泉。

二、新民主主义革命时期中国共产党对共同富裕的思考

走共同富裕道路是中国共产党的初心使命的具体体现。以毛泽东为代表的中国共产党人在马克思主义指导下，结合中国革命和建设实际，对共同富裕进行了系统论述，在理论的指导下领导中国人民实现了民族独立和人民解放，为共同富裕的实现奠定了政治前提。新民主主义革命时期中国共产党对共同富裕的论述及其实践探索主要体现在以下几方面。

（一）实现民族独立和人民解放是实现共同富裕的政治前提

在成立初期，中国共产党就对当时中国的贫穷落后和贫富悬殊的基本特征有了深刻的认识。中国贫富状况的基本特征是：中国人民贫困且贫富悬殊。贫困主要源于生产力的落后与长期战争的破坏，贫富悬殊则源自封建主义和帝国主义的剥削与侵略。毛泽东曾形象地论述道："失业问题即吃饭问题，完全是帝国主义、封建主义、官僚资本主义和国民党反动政府的残酷无情的压迫和剥削的结果。"②因此，中国要实现共同富裕，必须推翻中外反动势力。

在《论联合政府》中，毛泽东深刻指出，独立、自由、民主和统一是工业发展、国家富强、人民福利得以实现的前提："没有一个独立、自由、民主和统一的中国，不可能发展工业。消灭日本侵略者，这是谋独立。废止国民党一党专政，成立民主的统一的联合政府，使全国军队成为人们的武力，实现土地

---

① 《毛泽东文集》(第二卷)，人民出版社 1993 年版，第 395 页。
② 《毛泽东选集》(第四卷)，人民出版社 1991 年版，第 1511 页。

改革，解放农民，这是谋自由、民主和统一。没有独立、自由、民主和统一，不可能建设真正大规模的工业。没有工业，便没有巩固的国防，便没有人民的福利，便没有国家的富强。"①

历史证明了，推翻腐朽的专制制度、实业救国等都是不能彻底改变国家的，"在一个半殖民地半封建的、分裂的中国里，要想发展工业，建设国防，福利人民，求得国家的富强，多少年来多少人做过这种梦，但是一概幻灭了。许多好心的教育家、科学家和学生们，他们埋头于自己的工作或学习，不问政治，自以为可以所学为国家服务，结果也化成了梦，一概幻灭了。这是好消息，这种幼稚的梦的幻灭，正是中国富强的起点"②。要挽救国家，实现共同富裕，出路只有实现民族独立和人民解放这一条道路。

民族独立和人民解放是实现共同富裕的政治前提，这是早期中国共产党人对民族独立、人民解放与国家富强、人民富裕关系的科学认识，指导了中国革命取得胜利。

（二）中国共产党的理想是建立生产力高度发达、人人共同富裕的社会主义、共产主义理想社会

鸦片战争以来，由于西方列强的入侵，中国逐渐沦为半殖民地半封建社会。中国共产党成立伊始，尽管面临着实现民族独立、人民解放的时代任务，依旧把共同富裕写在自己的旗帜上。早期中国共产党人在反帝反封建中催生了共同富裕的萌芽。李大钊在谈及理想社会时指出："社会主义是使生产品为有计划的增殖，为极公平的分配，要整理生产的方法。这样一来，能够使我们人人都能安逸享福，过那一种很好的精神和物质的生活。照这样看来，社会主义是要富的，不是要穷的，是整理生产的，不是破坏生产的。"③陈独秀在《青年杂志》创刊时就指出："财产私有制虽不克因之遽废，然各国之执政及富豪，恍然于贫富之度过差，决非社会之福。"④虽然早期中

---

① 《毛泽东选集》(第三卷)，人民出版社1991年版，第1080页。
② 《毛泽东选集》(第三卷)，人民出版社1991年版，第1080页。
③ 中国李大钊研究会编注：《李大钊全集》(第四卷)，人民出版社2013年版，第457—458页。
④ 《陈独秀文章选编》(上)，生活·读书·新知三联书店1984年版，第81页。

国共产党的创立者由于时代的局限性,没有找到适合中国国情的共同富裕的现实道路,带有一定空想社会主义的色彩,但是共同富裕的社会主义和共产主义已经成为中国共产党的奋斗基调。

毛泽东在1945年明确指出:"我们共产党人从来不隐瞒自己的政治主张。我们的将来纲领或最高纲领,是要将中国推进到社会主义社会和共产主义社会去的,这是确定的和毫无疑义的。我们党的名称和我们的马克思主义的宇宙观,明确地指明了这个将来的、无限光明的、无限美妙的最高理想。"[1]

(三)着力发展经济和生产,以解放和发展生产力、实现共同富裕

如何实现社会主义和共产主义的最高理想? 中国共产党认为要着力发展经济和生产,以解放和发展生产力、实现共同富裕。在新民主主义革命时期,中国共产党就从革命就是解放生产力这个基本观点出发来分析半殖民地半封建中国的革命问题:"过去我们打的是上层建筑的仗,是建立人民政权、人民军队。建立这些上层建筑干什么呢? 就是搞生产。搞上层建筑、搞生产关系的目的就是解放生产力。"[2]

从1929年初毛泽东率领红四军离开井冈山,开辟赣南闽西革命根据地,到1934年10月中央红军撤出根据地进行长征,在这段时间里,党根据当时当地的现实情况,在战争环境中大力开展苏区的经济建设:"只有开展经济战线方面的工作,发展红色区域的经济,才能使革命战争得到相当的物质基础……也才能使我们的广大群众都得到生活上的相当的满足,而更加高兴地去当红军,去做各项革命工作。"[3]"我们的经济政策的原则,是进行一切可能的和必需的经济方面的建设,集中经济力量供给战争,同时极力改良民众的生活。"[4]当时的苏区制定了一系列的经济政策,包括发展工业、农业、商业等方面的政策,取得了一定的成绩。如建立了一批军需工业和民用工业,

---

[1]《毛泽东选集》(第三卷),人民出版社1991年版,第1059页。
[2]《毛泽东文集》(第八卷),人民出版社1999年版,第351页。
[3]《毛泽东选集》(第一卷),人民出版社1991年版,第120页。
[4]《毛泽东选集》(第一卷),人民出版社1991年版,第130页。

"共兴办了中央兵工厂、中央被服厂、造币厂、纺织厂等32家国营工厂,苏区合作社经济发展迅速,到1933年9月,苏区17个县共有合作社1423个,股金30余万"[①]。苏区的经济建设使十几万红军的给养和几百万人口的吃穿大体上有了基本保障,大大缓解了战斗物资缺乏和群众生活困难问题。

1935年10月,中央红军到达陕北并建立革命根据地后,中国共产党又在重视经济建设发展生产力的基础上,逐步确立了以农为先、发展农业生产,独立自主、自力更生和建设发展公营工业,构建多种经济成分的经济体系建设思想。为此,延安政府采取了一系列有利于经济发展的做法,如:废止土地革命战争后期的经济政策,支持、奖励私营工商业;制定发放农贷政策、移民和实行奖励政策、建设公营工业政策以及鼓励私人和海外华侨到边区兴办企业政策;改革、整顿国营企业;等等。

(四)农民的富裕是整个社会共同富裕的基础

以毛泽东为核心的早期中国共产党很早就认识到农民的特性,在承认农民阶级的局限性的同时,也看到农民的进步性,依据对近代中国国情的判断,指出中国革命在本质上是农民革命,农民是中国民主革命的主力军。从这个判断出发,中国共产党在探索中国共同富裕道路时就对农民的富裕问题进行了重点关注。

第一,在农村实行土地改革。在新民主主义革命时期,按照当时的社会发展阶段和生产力水平,土地几乎是农民唯一的生产资料,实现富裕的基本前提就是广大农民按照人头平均分配土地。因此在井冈山时期,中国共产党制定了《井冈山土地法》和《兴国土地法》。抗日战争时期,中国共产党于1946年发布《关于土地问题的指示》,开始变革封建土地关系、废除封建剥削制度。1947年,中国共产党制定了《中国土地法大纲》,规定:"废除封建剥削土地制度,实行耕者有其田的土地制度,按农村人口平均分配土地。"[②]这在一定程度上实现了"耕者有其田",在农村中实现了大体上的均富,初步

[①] 赵建嵩:《中央苏区时期毛泽东经济思想的实践与发展》,《福建党史月刊》2012年第21期。
[②] 中共中央文献研究室、中央档案馆编:《建党以来重要文献选编(1921—1949)》(第二十四册),中央文献出版社2011年版,第417页。

解决了农村贫富悬殊问题。

第二,提出大力建立农村合作社。早在 1943 年,毛泽东针对个体分散的小农经济对生产力发展水平进一步提高的阻碍,提出要大力建立合作社,并指出这是实现农民共同富裕的必由之路:"克服这种状况的唯一办法,就是逐渐地集体化;而达到集体化的唯一道路,依据列宁所说,就是经过合作社。"这是"由穷苦变富裕的必由之路"。①

在革命年代,中国共产党虽然没有明确提出共同富裕的概念,但是始终把为实现民族独立和人民解放的政治斗争与以土地革命为重点的经济斗争紧密结合起来,创造了新民主主义革命的伟大成就,成立了中华人民共和国,实现了民族独立和人民解放,彻底结束了中国半殖民地半封建社会的历史,彻底结束了极少数剥削者统治广大劳动人民的历史,彻底废除了列强强加给中国的不平等和帝国主义在中国的一切特权,实现了中国从几千年封建专制政治向人民民主的伟大飞跃。这一伟大的过程实际上已经开启了探索共同富裕的第一步,反映了中国共产党对共同富裕这一问题的初步认识和实践探索,对当代中国共产党共同富裕理论的形成发展起到了重要作用,是中国共产党共同富裕思想的重要发展阶段。

总之,中国共产党共同富裕理论与实践的成果,既不是与生俱来、先天就有的,也不是天外飞石、突如其来的,而是有一个发生发展、不断演进的过程,并且受到了特定历史条件和思想文化资源的影响。深厚的中国传统文化、外来的各种空想社会主义思潮、洪秀全的天国理想、康有为的大同世界、孙中山的三民主义、马克思主义的共同富裕思想等,都对中国共产党共同富裕思想的形成产生了不同程度的影响,构成了中国共产党共同富裕理论与实践的重要思想来源,都为未来实现共同富裕奠定了思想理论基础和伟大实践基础。

---

① 《毛泽东选集》(第三卷),人民出版社 1991 年版,第 931、932 页。

第二章

社会主义革命和建设时期共同富裕理论与实践的最早探索

1949 年 10 月 1 日,中华人民共和国正式成立,实现了民族独立和人民解放,为国家繁荣富强和人民共同富裕创造了根本的社会条件。在社会主义革命和建设过程中,以毛泽东同志为核心的党的第一代中央领导集体在马克思主义指导下,结合中国社会主义革命和建设实际,第一次明确提出了共同富裕这一概念并为之孜孜以求,由此构建了以公平性为核心要义的共同富裕思想,推动了社会主义革命和建设时期中国共产党对共同富裕最早的艰辛探索与实践,取得了重要的成果,为我国走社会主义共同富裕道路奠定了根本政治方向和制度基础。

第一节　社会主义条件下新中国共同富裕概念的提出

一、共同富裕概念的最早提出

马克思主义认为,任何理论的产生都有特定的历史背景和理论前提:"每一个时代的理论思维,包括我们这个时代的理论思维,都是一种历史的产物,它在不同的时代具有完全不同的形式,同时具有完全不同的内容。"①共同富裕概念的提出也有其特定的社会历史背景和理论来源,体现了中国共产党人一如既往的对共同富裕的追求,是中国共产党立足中国实际、洞察时代大势、把握历史主动的理论产物。中国共产党共同富裕概念的提出,经历了一个历史过程。

中国共产党早期领导人都成长于共同富裕所根植的中华传统优秀文化大环境中,虽然没有明确提出共同富裕的概念,但他们始终将共同富裕作为中国共产党成立初期的奋斗目标。陈独秀在《青年杂志》创刊时就指出:"财

---

① 《马克思恩格斯选集》(第三卷),人民出版社 2012 年版,第 873 页。

产私有制虽不克因之遽废,然各国之执政及富豪,恍然于贫富之度过差,绝非社会之福。"①李大钊在推动马克思主义在中国广泛传播的同时清醒认识到:"社会主义是使生产品为有计划地增殖,极为公平地分配,要整理生产的方法。这样一来,能够使我们人人都能安逸享福,过那一种很好的精神和物质的生活。照这样看来,社会主义是要富的,不是要穷的,是整理生产的,不是破坏生产的。"②李达对社会主义共同富裕的实现充满信心:"由于国家政权掌握在无产阶级和人民群众手里,就保证了我国能够通过和平道路,变生产资料的私有制为社会主义所有制,消灭剥削和贫困,建成繁荣幸福的社会主义社会。"③瞿秋白正确认识到中国农民的国情,强调中国共产党必须领导农民起来运动才能实现共同富裕:"中国农民所受的剥削,所受的压迫,其生活的困苦,可以说在世界上是无比的……他们只有一条路,便是坚决地起来反抗,起来打破现状,起来革命。"④中国共产党早期领导人的这些探索反映了中国共产党对共同富裕的认识历史,成为中国共产党共同富裕概念提出的重要理论渊源,对毛泽东和中国共产党人共同富裕理论的形成发展产生了深远影响。

在新民主主义革命时期,中国共产党作为旗帜鲜明的马克思主义政党,始终将人民利益放在首位,团结带领全国各族人民取得了新民主主义革命的胜利,为实现共同富裕奠定了稳定的政治条件。但是在很长的历史时期中,共同富裕这个概念一直没有提出过,直到1953年,才首次出现在党的正规文献中。1953年,随着国民经济恢复任务的提前完成,大规模的经济建设任务逐渐摆到了中国共产党人的面前,以毛泽东同志为核心的党的第一代中央领导集体开始酝酿如何向社会主义过渡、如何建设社会主义,正是在这一过程中首次提出了共同富裕的概念。1953年12月16日,中共中央通过《中国共产党中央委员会关于发展农业生产合作社的决议》,指出:"为着进

---

① 《陈独秀文集》(第一卷),人民出版社2013年版,第99页。
② 《李大钊全集》(第四卷),人民出版社2013年版,第457页。
③ 《李达文集》(第四卷),人民出版社1988年版,第557页。
④ 《瞿秋白文集》(第五卷),人民出版社1995年版,第249页。

一步地提高农业生产力,党在农村中工作的最根本的任务,就是要善于用明白易懂而又能使农民接受的道理和办法去教育和促进农民群众逐步联合组织起来,逐步实行农业的社会主义改造,使农业能够由落后的小规模生产的个体经济变成先进的上规模生产的合作经济,以便逐步克服工业和农业这两个经济部门发展不相适应的矛盾,并使农民能够逐步完全摆脱贫困的状况而取得共同富裕和普遍繁荣的生活。"①这是共同富裕概念第一次被明确地写入党的中央文件中。

之后在1955年,毛泽东在很多场合的讲话中都提到了共同富裕的概念。1955年7月31日,中共中央召开的省部级党委书记会上,毛泽东在《关于农业合作化问题》报告中强调农业的社会主义改造即使农民走上社会主义道路才能使全体农村人民共同富裕起来。他指出:"这个问题,只有在新的基础之上才能获得解决。这就是在逐步地实现社会主义工业化和逐步地实现对于手工业,对于资本主义工商业的社会主义改造的同时,逐步地实现对整个农业的社会主义改造,即实行合作化,在农村中消灭富农经济制度和个体经济制度,使全体农村人民共同富裕起来。"②同年10月11日,毛泽东在中国共产党第七届中央委员会第六次扩大会议上又一次提出:"要巩固工农联盟,我们就得领导农民走社会主义道路,使农民群众共同富裕起来,穷的要富裕,所有农民都要富裕,并且富裕的程度要大大超过现在的富裕农民。"③紧接着不久,他又在资本主义工商业社会主义改造问题座谈会上讲共同富裕:"现在我们实行这么一种制度,这么一种计划,是可以一年一年走向更富更强的,一年一年可以看到更富更强些。而这个富,是共同的富,这个强,是共同的强,大家都有份,也包括地主阶级。"④1955年11月21日,《全国工商联执委会会议告全国工商界书》也说道:"我们国家的社会主义经济建设一天一天在蓬勃发展,我们的祖国一天一天在繁荣富强,我们国家的事业

---

①中共中央文献研究室编:《建国以来重要文献选编》(第四册),中央文献出版社1993年版,第661—662页。

②《毛泽东文集》(第六卷),人民出版社1999年版,第437页。

③中共中央文献研究室编:《建国以来重要文献选编》(第七册),中央文献出版社1993年版,第308页。

④《毛泽东文集》(第六卷),人民出版社1999年版,第495页。

是无限宽广的,工作是做不完的。我们建设社会主义的目的,就是要大家有事做,有饭吃,大家共同富裕。"①1955 年 12 月,为《中国农村的社会主义高潮》一书所写的按语中,毛泽东比较集中系统地阐述了共同富裕的思想。毛泽东在 1956 年 8 月对中共八大政治报告稿的批语和修改中,在 1958 年 12 月 10 日对《关于人民公社若干问题的决议》稿的批语和修改中都明确表达了使全体人民"富裕起来"的思想:"到了将来,由于生产有了极大的高涨,所有一切人都富裕起来,无论在城市或者农村,这种工资等级的差别就会显得没有必要,而逐步趋于消失,那就是接近共产主义的时代了。"②1957 年的政府工作报告也指出:"社会主义革命和社会主义建设的目的是发展生产,改善人民生活,使社会主义社会中的一切劳动者都能够共同享受富裕的有文化的幸福生活。这是多少年来我国劳动人民所向往的伟大理想。"③从以上论述中可以看出,进入社会主义社会之后,如何使广大农民共同富裕起来,已经成为中国共产党极为关注的重大问题。

之后,共同富裕的理论命题开始传播开来。仅仅 1953 年底,共同富裕一词在《人民日报》连续出现 12 次,同年,诗人郭小川在文章《社会主义的路是农民共同富裕的路》中直接指出:"怎样才能不走资本主义的路呢? 唯一的办法就是走社会主义的路。什么是社会主义? 在农村,社会主义就是大家联合起来,用大规模生产和新的农具、农业机器和新的农作法来经营农业,使大家能够共同富裕。"④1956 年,全国工商界青年积极分子大会在致毛泽东的保证书中更是真诚地说:"我们只有在中国共产党和您的教导下,才懂得了资本主义腐朽的本质和社会发展的必然趋势,而选择了使全国人民共同富裕的社会主义康庄大道。"⑤正是在中国共产党共同富裕理论命题通过各种形式广泛传播的影响下,广大人民群众的思想得到了启迪,对社会主义有了更深刻的理解,更加坚定了走社会主义道路的思想,更加拥护和支持

①中共中央文献研究室编:《全国工商联执委会会议告全国工商界书》,《人民日报》1953 年 11 月 22 日。
②《建国以来重要文献选编》(第十一册),中央文献出版社 1995 年版,第 612 页。
③中共中央文献研究室编:《建国以来重要文献选编》(第十册),中央文献出版社 1994 年版,第 337 页。
④郭小川:《社会主义的路是农民共同富裕的路》,《人民日报》1953 年 7 月 28 日。
⑤《全国工商界青年积极分子大会致毛主席的保证书》,《人民日报》1956 年 3 月 1 日。

中国共产党的领导,也正是在这样的历史背景下,我国对生产资料私有制的社会主义改造在很短时间内基本完成,初步建立了社会主义制度。

总之,共同富裕的概念是以毛泽东同志为核心的党的第一代中央领导集体在准确研判当时的"时代变化"基础上提出来的,为推动社会主义革命和建设指明了方向,指出了实现共同富裕的必由之路是进行合作社建设、坚持走社会主义道路,为建立社会主义公有制奠定了理论基础,并顺利引导和推动了当时的"实践发展"。所以从本质上来说,共同富裕的概念是中国社会主义革命与建设的出发点和归宿,是中国共产党立足当时时代条件和面向未来的马克思主义中国化理论新形态。

二、共同富裕概念提出的语境分析

共同富裕概念的提出不是历史的偶然,而具有深刻的历史积淀和现实根基。它既是时代的产物,也是实践探索的成果,它的提出集中体现了以毛泽东为代表的中国共产党人坚持用马克思主义理论解决中国实际问题,为建立社会主义公有制奠定理论基础,指明社会主义革命和建设未来发展方向,实现马克思主义中国化理论创新的能力。

(一)共同富裕概念的提出有其历史必然性

共同富裕概念的提出具有深刻的历史积淀和充足的历史动力,是历史的产物。首先,从理论历史上看,共同富裕是马克思主义一贯追求的价值目标,而共同富裕的概念是对科学社会主义价值目标的中国化表述。恩格斯在《反杜林论》中指出,未来的理想社会将"通过社会生产,不仅可能保证一切社会成员有富足的和一天比一天充裕的物质生活,而且还可能保证他们的体力和智力获得充分的自由的发展和运用"[1]。马克思在《政治经济学批判》中指出,在未来的理想社会,"生产将以所有的人富裕为目的"[2]。列宁也曾经写过这样一段话:"只有社会主义才可能广泛推行和真正支配根据科

---

[1]《马克思恩格斯选集》(第三卷),人民出版社2012年版,第670页。
[2]《马克思恩格斯文集》(第八卷),人民出版社2009年版,第200页。

学原则进行产品的社会生产和支配，以便使所有劳动者过最美好、最幸福的生活。只有社会主义才能实现这一点，而且我们知道，社会主义一定会实现这一点，而马克思主义的全部困难和它的全部力量也就在于了解这个真理。"①这些都蕴含着马克思主义探索的共产主义道路就是共同富裕道路的基本原理。

其次，从现实实践上看，中国共产党在建党之初就高举马克思主义的旗帜，始终坚持为人民谋幸福、为民族谋复兴的初心使命，坚持走社会主义道路。早在 1945 年，毛泽东就明确提出，中国共产党的理想就是要建立生产力高度发达、人人富裕的社会主义、共产主义理想社会："我们共产党人从来不隐瞒自己的政治主张。我们的将来纲领或最高纲领，是要将中国推进社会主义社会和共产主义社会去的，这是确定和毫无疑义的。我们的党的名称和我们的马克思主义的宇宙观，明确地指明了这个将来的、无限光明的、无限美妙的最高理想。"②在新民主主义革命时期，中国共产党领导全国人民完成了民族独立、人民解放的第一个历史任务，之后到了社会主义革命和建设时期，中国共产党又将实现国家繁荣富强、人民共同富裕的第二大历史任务提上日程。由此可见，中国共产党建党以来所有的努力奋斗，始终是围绕共同富裕来开展的，共同富裕是中国共产党新民主主义革命、社会主义革命和建设过程中的一条红线。因此，在新的历史时期，中国共产党对指导思想的坚持和创新，是遵循马克思主义理论的运用和发展，是坚持人民至上、带领中国进一步向前走的具体体现。事物发展有着"发展的螺旋形式"③，共同富裕概念的出场符合历史发展的必然趋势。

（二）共同富裕概念的提出有其现实必要性

共同富裕概念的提出，经历了一个过程，它不仅是一个概念的凝练和建构的过程，而且顺应了当时历史新时期的现实需要和实践的发展。从现实上看，新中国成立后，全国迅速展开了轰轰烈烈的土地改革运动，使亿万农

①《列宁全集》（第三十四卷），人民出版社 2017 年版，第 394 页。
②《毛泽东选集》（第三卷），人民出版社 1991 年版，第 1059 页。
③《马克思恩格斯选集》（第三卷），人民出版社 2012 年版，第 841 页。

民分得了土地、农具牲畜等生产资料，农民做了土地的主人，可以在自己的土地上，运用分得的生产工具，积极地、主动地、具有创造性地进行农业生产，迅速提高农业生产力，改善自己的生活。但是，在这个过程中，也出现了一个未曾预料的新情况。这就是不少贫苦农民，由于"家底薄"，由于土改时分得的农业生产工具还不能构成现实的生产力，如分了马车而没有马，分了马而没有马车，分了牛而没有耕犁等，还由于一些贫苦农民响应党的号召，支持自己的孩子参加革命战争，成了烈属，一些人在战争中负伤成为伤残者，这就使得不少家庭的经济建设中缺少农业生产工具，缺少劳动力，成为农村中"新的穷人"或者"新的贫农"，这个未曾料想到的新问题，成了毛泽东提出共同富裕、让全体农民共同富裕起来的直接原因。党中央密切关注了农村中出现的农民卖地——革命胜利果实丧失——的危险，关注着一部分贫苦农民面临着重新沦为穷人的"阶级分化"现象。

随着国民经济的提前恢复，中国共产党迎来了如何进行社会主义改造、建立社会主义制度的问题。在共同富裕的实践探索过程中，以毛泽东同志为核心的党的第一代中央领导集体始终坚持生产合作化模式，但是在推动合作化的过程中，不仅有一部分富裕农民残存"资本主义自发倾向"，留恋资本主义道路，积极进行单干，也有些高级干部反对农业合作化运动，"党内高级干部中那些反对人民公社化的右倾机会主义分子，他们的思想是直接反映富裕中农反对走社会主义道路的思想的"①。1951 年还发生了关于"山西农业合作社"的争论。山西省支持长治地委关于通过合作社解决这一问题的意见，中共中央华北局第一书记、国家副主席刘少奇否定了山西省委的意见，而毛泽东却否定了刘少奇的意见，支持山西省委、长治地委的意见，主张通过合作社的方式，消除或者防止农村的阶级分化。这场争论使毛泽东坚定了"排除一切干扰"，通过农业合作社的方式，防止农村的阶级分化，帮助农民共同富裕的信念。"在最近几年中间，农村中的资本主义自发势力一天一天地在发展，新富农已经到处出现，许多富农中农力求把自己变为富农。

———————————

① 中共中央文献研究室编：《建国以来重要文献选编》（第十二册），中央文献出版社 1996 年版，第 628 页。

许多贫农,则因为生产资料不足,仍然处于贫困地位,有些人欠了债,有些人出卖土地,或者出租土地。这种情况如果让它发展下去,农村中向两极分化的现象必然一天一天地严重起来。失去土地的农民和继续处于贫困地位的农民将要埋怨我们,他们将说我们见死不救,不去帮助他们解决困难。"①为了更加坚定广大农民走社会主义道路的决心,进行合作化运动,"彻底批判一部分富裕农民残存的资本主义自发倾向,在人们的思想上继续破除个人主义、本位主义,大立共产主义"②。在这些复杂的现实背景下,为了进一步推进农业合作化运动和确立舆论导向,进而推进农业、手工业和资本主义工商业的社会主义改造,最终建立社会主义制度,必然要有科学的理论指导,共同富裕的概念就应运而生了。

(三)共同富裕概念的提出有其未来指向性

这种未来指向性,是指马克思主义理论创新为科学社会主义实践指明了未来的发展方向。这个未来主要是指以合作化为途径,以所有制变革为基础,坚持社会主义道路实现全体人民的共同富裕。党中央在第一次提出共同富裕概念的同时,也提出了实现共同富裕的路径即生产合作。这种生产合作的方式能克服农民在分散经营中所发生的力量分散等困难,可以使农业快速增产而使农民丰衣足食,还能为工业发展提供充足的商品粮食和原料作物,使工农联盟在新的基础上得到巩固。国家继而依靠巩固的工农联盟来限制和改造资本主义工商业,割断其粮食和原料的来源,在政治上孤立并战胜资产阶级,从而在农村这个最广阔的土地上根除资本主义自发倾向,以及由此造成的贫富悬殊现象,为实现共同富裕扫清障碍。

中国共产党一直坚信只有建立社会主义制度才能实现共同富裕,共同富裕在社会主义社会才能够实现,社会主义制度是实现共同富裕的制度前提。1953年,毛泽东在阐述要实现农民的共同富裕的时候就指出:"资本主

---

①《毛泽东文集》(第六卷),人民出版社1999年版,第437页。
②中共中央文献研究室编:《建国以来重要文献选编》(第十一册),中央文献出版社1995年版,第452页。

义道路,也可增产,但时间要长,而且是痛苦的道路。我们不搞资本主义,这是定了的……"①毛泽东一直把社会主义制度的确立和人民生活的改善联系在一起,他指出:"现在我们实行这么一种制度,这么一种计划,是可以一年一年走向更富更强的,一年一年可以看到更富更强些。而这个富,是共同的富,这个强,是共同的强,大家都有份……"②基于这样的基础认识,通过社会主义改造,将全部的生产资料由私有变为公有,为缩小贫富差距奠定了制度基础。生产资料公有制的确立解除了生产资料私有制对生产力发展的束缚,也极大地调动了劳动者的积极性,使得共同富裕的实现成为可能。共同富裕概念的提出,实质上就是中国共产党以创新思维、未来思维谋划中国社会主义革命与建设的全局,在理论上为中国社会主义革命与建设提供思想指导和未来实践引领。

从历史中走来,关注现实,走向充满希望的未来。中国共产党提出共同富裕的概念,是建立在对当时时代特点和中国国情科学判断的基础之上,是党坚持理论创新的必然结果,指引着共同富裕道路上的实践创新。

三、共同富裕概念提出的重要历史意义

任何一个重大理论都是某一个时代的精华,它的提出都是源于历史、源于实践,往往反映着一个时代变革的规律,体现着一个时代进步的贡献,预示着一个时代发展的方向。"每一理论形态,必然都因其理论贡献和时代方位诸因素,而具有特殊的历史地位。"③共同富裕思想始终根植于中华民族优秀传统文化和中国共产党对理想社会的追求探索,其概念的提出具有极其重要的理论价值和实践意义。

(一)共同富裕概念是理解毛泽东思想历史地位的重要依据

毛泽东是中国共产党党内提出共同富裕概念的第一人,以毛泽东同志

①《毛泽东文集》(第六卷),人民出版社1999年版,第299页。
②《毛泽东文集》(第六卷),人民出版社1999年版,第495页。
③田克勤:《21世纪马克思主义概念的提出及其重大意义》,《西北工业大学学报(社会科学版)》2022年第1期。

为核心的党的第一代中央领导集体自共同富裕概念提出后,在社会主义革命和建设进程中将其轰轰烈烈付诸具体实践,并在实践中不断丰富共同富裕思想的内容,继承和超越了马克思主义经典理论作家为共同富裕思想建构的理论基础,推动了中国的社会主义革命和建设的实践进程。

共同富裕概念的提出是中国共产党社会主义建设的出发点。1953年,随着国民经济恢复任务的提前完成,以毛泽东为代表的共产党人开始积极探索如何建设社会主义。当年12月,中共中央宣传部印发《为动员一切力量把我国建设成为伟大的社会主义国家而斗争》强调指出:只有通过社会主义改造,完成生产资料由私有制到公有制的过渡,才能推动社会生产力进一步解放和发展,从而生产出更多的满足人民需要的物质产品。过渡时期总路线是一条革命和建设同时并举的总路线。革命是为了解放和发展生产力,建设也是为了发展生产力,通过解放和发展生产力,达到两者的最终目的,那就是提高人民的生活水平。正是在同一时期,中国共产党正式提出了共同富裕的概念。可见,实现共同富裕是中国共产党社会主义建设思想的出发点和落脚点。

虽然中国共产党在社会主义革命和建设时期对共同富裕的探索由于正确和错误交织导致从总体上看成就不明显,但是对共同富裕的执着追求和对共同富裕道路的艰辛探索,是中国共产党追求共同富裕的征途中不可或缺的一环,没有这个时期的探索,就没有我们今天追求共同富裕的坦途。所以,共同富裕是中国共产党领导中国建设社会主义的出发点和归宿,也是中国共产党社会主义建设理论与实践的关键,是毛泽东思想的一个重要理论成果。它的提出在中国共产党探索共同富裕的道路上具有重大的历史意义,是我们理解毛泽东思想理论成果所具有的历史地位的重要视角和依据。

（二）共同富裕概念是推动中国共产党共同富裕理论创新发展的理论起点

共同富裕概念具有丰富的内涵和结构,它既包含了旗帜目标,又有现实路径。共同富裕概念的提出,回应了中国进入20世纪50年代,中国共产党应该举什么旗、走什么路,担负什么样的历史使命、实现什么样的奋斗目标等重大的时代命题。它深刻回答了中国当时该向何处去的重大问题,这就是继续高举马克思主义旗帜,走社会主义道路,通过改造生产资料私有制使得中国向社会主义过渡,建立社会主义制度,实现全体人民的共同富裕。

实践无止境,理论创新亦无止境。与时俱进一直是马克思主义的理论品质。共同富裕的概念既能实现理论的整体水平提升,又能实现理论的包容开放,成为推进中国共产党共同富裕理论实现与时俱进、全面创新的新起点和新基础。在后面的历史时期中,我们在继续推进共同富裕的道路上达到更高度的理论自觉,更好地推进社会主义建设,都是围绕这一概念展开的。

(三)共同富裕概念是引领社会主义改革和建设进程中共同富裕实践的思想指南

马克思主义认为:"正确的理论指导实践会使实践达到预期的效果,使实践活动顺利进行。"[1]习近平也指出:"中国共产党为什么能,中国特色社会主义为什么好,归根到底是因为马克思主义行!"[2]在社会主义革命和建设时期,共同富裕理论闪耀着真理光芒,彰显着真理力量,指引我们党不断取得一个又一个的胜利。

在共同富裕概念提出后,以毛泽东为代表的中国共产党人带领全国人民为实现共同富裕进行了艰辛的探索。他们理论联系实际,先后设计了通向共同富裕的理想道路:建立先进的生产关系,在相对公平的社会制度下通过加快工业化建设和社会主义改造的步伐,加快建立社会主义制度。可见,社会主义的进程一开始就是和共同富裕紧密联系在一起的。在进入社会主义的过程中,防止资本主义因素在新民主主义社会和社会主义社会中的"死灰复燃";在追求共同富裕的实践过程中,充分利用人民群众建设社会主义空前高涨的热情和社会主义制度的巨大优势——这些做法使得我国在新中国成立后不太长的时间内便取得了令世界瞩目的工业化成就,使工人和农

---

①肖前、李秀林、汪永祥:《辩证唯物主义原理》(修订本),人民出版社1991年版,第388页。
②习近平:《在庆祝中国共产党成立100周年大会上的讲话》,《人民日报》2021年7月2日。

民在新的基础上结成了巩固的联盟,创造了中国有史以来最为公平的社会。

由此可见,共同富裕概念的提出以及共同富裕理论的不断完善,不仅彰显了马克思主义的理论魅力,也凸显了马克思主义中国化的转换能量,在实践中更展现了其强大的实践伟力,它以真理效用和实践效能使中国在新中国成立后迅速完成社会主义改造,建立社会主义制度,取得一系列伟大成就,并成为引领社会主义改革和建设进行中共同富裕实践的行动指南。

第二节　社会主义公平观与共同富裕思想的理论建构

社会主义革命和建设时期是中国共产党共同富裕理论最早形成时期,社会主义公平观是贯穿共同富裕思想的一条主线,也是贯穿社会主义建设理论和实践的一条主线。共同富裕思想是在追求社会主义公平的实践中自然而然提出来的,并在社会主义革命和建设时期进行了深刻而广泛的实践,逐渐实现了理论上的构建和超越,形成了一个完整的理论体系。其中,公平性是共同富裕思想的核心要义,防止两极分化是保证共同富裕的具体措施,走合作化道路则是实现共同富裕的重要路径。

一、社会主义公平观的形成

社会主义公平观既不是主观生成的,也不是中西方近代各种公平观的简单"拼盘",而是从先前的思想理论出发,在充分吸收借鉴的基础上结合自身的时代背景,经历了一个较长的历史阶段,是一个多因一果的思想产物。正如恩格斯所说:"每一个时代的哲学作为分工的一个特定的领域,都具有由它的先驱传给它而便由此出发的特定的思想资料作为前提。因此,经济上落后的国家在哲学上仍然能够演奏第一小提琴。"[①]在社会主义公平观的

---

①《马克思恩格斯选集》(第四卷),人民出版社 2012 年版,第 612 页。

形成过程中,中国传统文化是重要的先天条件和内在起源,马克思主义科学社会主义理论则是根本的理论基础和理论本源,而毛泽东自身的社会经历和对中国特色社会主义探索的伟大实践是基本的主观因素和现实根据。

（一）对中国传统公平观的吸收与融通

周恩来曾在 1949 年的中华全国青年第一次代表大会上指出:"毛泽东是在中国的土壤中生长出来的巨大人物。"[①]中国源远流长的中华文明和传统的公平思想就是滋养毛泽东公平思想的重要土壤。毛泽东社会主义公平观的形成,既深受我国古代儒家"大同"思想的影响,也受到了中国传统"均贫富"的公平思想的影响。毛泽东吸收了其中的一些思想,并在社会主义条件下对这些思想进行了一定的实践,体现了他对中国传统公平思想的吸收与融通。

在中国传统文化中,孔子提出的"大行之道也,天下为公"的"大同"思想是中国传统公平思想的精华,其影响深远。孔子在《论语》中指出:"有国有家者,不患寡而患不均,不患贫而患不安。盖均无贫,和无寡,安无倾。"古代"大同"思想自儒家发源以后,墨家代表人物墨子提出"兼相爱,交相利"的社会公平观,主张"兼爱"、"尚同"、打破社会中的等级制度,从而实现"天下之人皆相爱,强不执弱,众不劫寡,富不侮贫,贵不傲贱,诈不欺愚"[②]。

千百年来,这种主张财产公有、人人平等的"大同"思想影响了数代思想家,到近代,康有为在其《大同书》中也提出要建立一个"人人相亲,人人平等,天下为公"的理想社会。革命先行者孙中山先生也把"天下为公"作为自己与国民党人所追求与奋斗的理想社会目标。"大同"思想同样也深深感染了毛泽东,成为他公平观的重要养分。毛泽东自幼就进私塾学习,熟读了《大学》《论语》《中庸》《孟子》等儒家经典,接受了正宗的传统文化教育,他深受古代传统儒家文化的熏陶。而且毛泽东出生在湖南韶山,从小就受到湘学的影响,湘学历来十分推崇墨家的思想,如毛泽东的老师杨昌济先生就

---

①《周恩来选集》(上卷),人民出版社 1980 年版,第 331 页。
②苏凤捷、程梅花:《平民理想:〈墨子〉与中国文化》,河南大学出版社 2005 年版,第 73 页。

很推崇墨学。1917 年,毛泽东在写给好友黎锦熙的信中就直接表明了他的"大同"理想:"大同者,吾人之鹄也。"①之后,毛泽东不断从儒家"大同"思想中吸取营养,嫁接和运用于他公平观的实践中。他在《论人民民主专政》中就明确指出,要"努力工作,创设条件,使阶级、国家权力和政党很自然地归于消灭,使人类进到大同境域"②。"中国要建立社会主义以及共产主义,最终消灭阶级、消除两极分化,实现世界大同。"③

除此之外,毛泽东还受到了中国传统"均贫富"的公平思想的影响。在我国的封建社会进程中,农民阶级数次同剥削阶级做斗争,逐渐形成了均贫富、等贵贱的公平思想。如:秦朝的陈胜、吴广高呼"王侯将相,宁有种乎",提出了"等贵贱"的思想。东汉末年黄巾军提出"苍天已死,黄天当立",以"岁在甲子,天下大吉"为起义口号。李自成在起义中提出了"均田免粮"的口号。到了近代,中国农民起义达到顶峰的太平天国运动,颁布了《天朝田亩制度》,要建立一个"无处不均匀,无处不饱暖"的理想社会。

毛泽东从小喜欢读书,而且对历史有浓厚兴趣,他早期阅读了很多古代的传奇小说、历代民间故事等,发现了农民遭受的压迫和剥削,了解了农民为追求平等而斗争的历史。其中,农民起义中提出的"均贫富"思想就在潜移默化中对他产生了深刻影响。而且他自己也是农民出身,对农民受压迫、不公平的问题有着天生的敏感性。他在东山小学读书时,就备受富家子弟的鄙视,"精神上感到很压抑"④。他不仅自己感受到了不平等,还对农民辛苦劳作还没有土地这种不公平现象产生了思考。在了解农民的阶级斗争历史后,在黑暗的社会现状面前,在为国家前途命运担心的过程中,为广大贫苦农民谋求摆脱贫困、实现公平、最终达到共同富裕就成了毛泽东一生的追求。回顾毛泽东的一生,无论是在新民主主义革命时期,还是在社会主义革命和建设时期,这种农民均平意识从不同的方面都彰显出来。在新民主主

①《毛泽东早期文稿(1912.6—1920.11)》,湖南出版社 1990 年版,第 89 页。
②《毛泽东选集》(第四卷),人民出版社 1991 年版,第 1469 页。
③《毛泽东选集》(第四卷),人民出版社 1991 年版,第 1471 页。
④[美]埃德加·斯诺:《西行漫记》,董乐山译,生活·读书·新知三联书店 1979 年版,第 113 页。

义革命时期,毛泽东在《中国革命和中国共产》中就写道:"在汉族的数千年的历史上,有过大小几百次的农民起义,反抗地主和贵族的黑暗统治。而多数朝代的更换,都是由于农民起义的力量才能得到成功的。中华民族的各族人民都反对外来民族的压迫,都要用反抗的手段解除这种压迫。他们赞成平等的联合,而不赞成互相压迫。"①毛泽东认为,中国的封建历史就是一部反抗压迫和追求平等、公平的历史,可见农民起义中的均平思想对其影响之深。在社会主义革命和建设时期,毛泽东更是将农民阶级的均平思想发展成为平均主张,并付诸各方面的实践。

(二)对马克思主义科学社会主义公平观的继承与发展

五四运动之后,毛泽东接触到了马克思主义,逐渐成为一名马克思主义者。马克思主义的科学社会主义公平观对毛泽东的社会主义公平观的形成产生了根本性的影响,成为毛泽东社会主义公平观的内核。

马克思、恩格斯运用唯物史观,从客观实际出发,第一次把社会公平正义建立在科学的基础上,形成了科学社会主义公平观,其成为马克思主义理论一个不可或缺的重要组成部分。

马克思、恩格斯的科学社会主义公平观深深扎根于现实生产关系,对公平实现的社会历史条件进行了深度分析,指明了资本主义社会资产阶级剥削和压迫无产阶级的社会现实。但是它没有止步于批判资本主义不公现象,而是从历史唯物主义出发,揭露了社会不公平的根源就在于资本主义制度,进而科学论证了实现社会公平公正的正确路径、依靠主体和最终归宿,即变革资本主义制度,依靠无产阶级,才能真正实现社会的公平正义,由此形成了内涵丰富、系统完整的科学理论。主要内容表现在:第一,对社会不公平现象进行了深刻批判和根源揭示。马克思对资本主义社会种种不公平的残酷现实进行了全方位、立体式的无情批判,揭示了其根源,这是马克思、恩格斯社会主义公平观的重要组成部分。第二,对实现社会公平进行了科学论证。马克思强调通过无产阶级革命消灭私有制,筑牢"经济基础、民主

---

① 《毛泽东选集》(第二卷),人民出版社1991年版,第623页。

基础"两大基石,最终实现社会公平公正的最高表现,即人的全面自由发展。

列宁在马克思、恩格斯公平观的基础上结合自身的实践情况,进一步发展了马克思主义公平观。列宁通过社会主义革命的实践,一方面印证了马克思、恩格斯的公平观,另一方面又发展了马克思、恩格斯的公平观。十月革命后,苏俄建立了无产阶级领导的苏维埃政权,在经济上建立了生产资料社会主义公有制,把马克思主义公平观从理想变成了现实。人民群众由于切实享受到了社会主义社会给予他们在政治、经济等方面的公平、平等权利,极大地激发了建设社会主义的热情,使得苏俄在极短时间内实现了由农业国向工业国的转变,并可以与发达资本主义国家抗衡。苏联社会主义建设的实践经验进一步加深了毛泽东对马克思主义社会主义公平观的理解,坚定了他对社会主义公平社会的追求。同时斯大林时期,苏联政治高度集权,经济高度集中,赫鲁晓夫时期,苏联在各个领域的收入分配实行扩大差别政策,造成了严重的负面影响,也从反面使毛泽东进一步认识到在政治经济领域缩小差别,实行人人平等的重要性。[①] 苏联社会主义建设的经验和教训是毛泽东社会主义公平观的重要实践来源。

作为一位坚定的马克思主义者,毛泽东从马克思主义经典作家的思想中继承了很多有价值的思想,并在中国的实践中将马克思主义公平观与中国革命和建设相结合,进行了中国化的创新发展。可以说,毛泽东的社会主义公平观与马克思主义科学社会主义公平观是一脉相承的。

(三)毛泽东自身成长和对中国特色公平观探索的实践推动

毛泽东不仅继承了马克思主义的公平观,进行了理论创新,还推进了具有中国特色的公平实践,因此毛泽东社会主义公平观的形成更离不开他自身的成长经历和他对中国特色实践的艰辛探索。作为一个生活在社会底层的农民的儿子,他从小的成长环境和经历就让他在内心开始滋生公平意识。这种意识作为潜藏于心的种子,一旦受到外界环境的刺激和实践活动的滋养就会发芽甚至开花结果。

---

①杨红、吴映萍、张立程:《论毛泽东的平等观》,《理论月刊》2008 年第 1 期。

毛泽东从小生活在农村,少年时代就通过身体力行的劳动感受着底层农民的辛苦。他的父亲是一位做点小买卖的农民,比较专制。父亲虽然将毛泽东送入私塾读书,但是他"同山村的其他孩子农家子弟一样","一边读书,一边参加劳动,白天同父母一起参加一些田里的农活,晚上在家里帮助父亲记账"。① 而他的母亲心地善良,是一位十分虔诚的佛教徒,一直教育毛泽东要乐善好施。毛泽东和他的母亲就经常背着父亲去接济村里的穷人。无论是从小身体力行参与劳动实践,还是家庭环境的影响,都在少年时代的毛泽东心里种下了公平的思想种子。

后来毛泽东四处求学,在求学过程中不仅系统接受了儒家正统思想的教育,受到了古代儒家大同思想的影响,也涉猎了大量哲学和伦理学等西方资产阶级社会科学著作,受到了近代西方启蒙思想的影响,他早期的公平观逐渐形成。他早期的公平观带有朴素的空想主义色彩,他认为只要通过西方思想来清洗国民头脑,就可以使中国人民摆脱奴性,摆脱封建统治,建立一个理想美好的大同社会。但是他在接受了马克思主义的洗礼之后,就很快放弃了这种想法。所以,这一时期"是毛泽东从书本到社会实践,从偏僻的乡村到接触广阔的政治舞台,上下求索,不断否定和超越自我的时期。因此,这个时期是毛泽东萌发平等意识并逐步形成平等观念的时期,对毛泽东后来的思想发展产生了深远影响"②。

五四运动以后,毛泽东开始接触马克思主义,到1920年夏,毛泽东已经成为一个马克思主义者了。③ 毛泽东逐步继承了马克思主义公平观,在中国进行马克思主义公平观的实践和创新,并且开始构建自己的理论。

在新民主主义革命时期,毛泽东始终把人民的利益放在首位,希望"建设一个中华民族的新社会和新国家。……要把一个政治上受压迫、经济上受剥削的中国,变为一个政治上自由和经济上繁荣的中国,而且要把一个被

①戴木才:《毛泽东人格》,江西人民出版社1999年版,第116页。
②喻立平:《毛泽东早期平等思想的发展轨迹》,《毛泽东思想研究》2004年第6期。
③李维武:《1920:毛泽东的思想足迹》,陶德麟、何萍主编:《马克思主义哲学中国化的理论与历史研究》,北京师范大学出版社2011年版,第367—403页。

旧文化统治因而愚昧落后的中国,变为一个被新文化统治因而文明先进的中国"①。第一,在政治上,毛泽东批判了蒋介石的独裁专制,主张建立人民民主专政,认为"建立民主的联合政府的纲领,乃是一切爱国者所公认的唯一道路"②,应使各民主党派和人民团体、各革命阶级、国内各民族都享有平等民主权利和政治地位。第二,在经济上,毛泽东不遗余力地维护经济公平。一是变革土地所有制关系,实行"有步骤地启发群众的觉悟,团结全体农民,达到平分土地之目的"③,维护农民生产公平。在实践中,毛泽东主持制定了《兴国土地法》和《井冈山土地法》,开展土地革命。抗日战争全面爆发后,开始实行减租减息。1947年的全国土地会议又制定了较完备的新民主主义土地纲领,经过探索与实践逐步形成了新民主主义革命时期的土地政策。二是毛泽东主张要将收入差距控制在一个合理的范围,使人民群众共同富裕。第三,在社会上,毛泽东高度重视社会保障,提出"保障人权","解放区的职工会与民主政府合作,保障职工适当的生活水平,举办职工福利事业,克服职工的生活困难"。④ 第四,在文化上,毛泽东尊重不同文化的差异,平等对待所有文化,认为所有人在精神产品的参与上、享受上、创造上拥有平等的权利。他主张解放封建思想,"纠正党内外残存的重男轻女的封建思想"⑤,为妇女争取各项权利。

社会主义革命和建设时期是毛泽东社会主义公平观的全面形成时期,其在经济、政治、社会等各个领域开始全面地实践,并不断丰富和提升。经济方面,毛泽东带领人民进行土地革命,实现"耕者有其田",通过农业、手工业和资本主义工商业三大改造,走合作化和集体化道路,建立起生产资料公

①《毛泽东选集》(第二卷),人民出版社1991年版,第663页。

②中共中央文献研究室、中央档案馆编:《建党以来重要文献选编(1921—1949)》(第二十五册),中央文献出版社2011年版,第196页。

③中共中央文献研究室、中央档案馆编:《建党以来重要文献选编(1921—1949)》(第二十五册),中央文献出版社2011年版,第66页。

④中共中央文献研究室、中央档案馆编:《建党以来重要文献选编(1921—1949)》(第二十五册),中央文献出版社2011年版,第284页。

⑤中共中央文献研究室、中央档案馆编:《建党以来重要文献选编(1921—1949)》(第二十五册),中央文献出版社2011年版,第734页。

有制,实行按劳分配,防止贫富悬殊和两极分化,实现"农民共同富裕",促进人民的经济公平。政治方面,发扬民主精神,建立人民民主专政,采取人民代表大会制度来保障人民权利的实施,实现人人政治地位平等;建立民主政治协商的新型政党关系,实现党派之间的平等;主张民族平等与民族团结,建立民族区域自治的民族政策,实现民族平等;建立法律面前人人平等的法律制度,实现人人法律地位的平等。社会方面,普及教育,使人人享有受教育机会;注重社会保障事业,建立社会保障体系;坚持统筹兼顾,促进人民公平就业;主张代际公平和男女平等,实现人民在社会领域的权利公平。

总之,毛泽东的社会主义公平观发源于中国传统文化,继承了马克思主义科学社会主义的理论,在带领中国人民进行新民主主义革命的实践探索中形成,并在新中国成立后付诸政治、经济、社会、文化等各个领域的实践,实现了不断丰富和提升。从推进我国公平进程的角度来看,毛泽东的社会主义公平观是一个科学的理论体系,有着丰富、深刻的理论内容和强大的实践张力,不仅全面切实推进了我国的公平进程,也丰富和发展了马克思主义的科学社会主义公平思想。

二、公平性是社会主义革命和建设时期共同富裕思想的核心要义

社会主义革命和建设时期的共同富裕思想是在社会主义公平观指导下,推进中国特色的公平实践过程中创造性地提出来的,其中公平性是共同富裕思想的核心。

(一)毛泽东关于社会主义公平观的理论论述

1. 以公有制为制度基础,谋求经济公平

马克思主义认为,在生产资料私有制的基础上,人和人之间只能是一种剥削与被剥削、压迫与被压迫的关系,其结果必然是两极分化。毛泽东对生产资料私有制的认知与马克思、恩格斯所持的理念一脉相承,他也认为中国人受压迫受奴役是封建社会制度下的生产资料私有制导致的,生产资料私有制是造成社会剥削,导致中国人社会经济关系不公平、不平等的最重要经济根源,只有消灭生产资料私有制,进行生产资料私有制变革,才能实现社

会公平。所以他非常重视变革生产资料的所有关系。

废除封建土地所有制是实现经济公平的前提。早在革命初期，毛泽东就认识到农村的两极分化是土地私有制导致的。他在1925年的《中国社会各阶级的分析》中就指出，农村的一些雇农"不仅无土地，无农具，又无丝毫资金，只得营工度日。其劳动时间之长，工资之少，待遇之薄，职业之不安定，超过其他工人"①。因此农村的两极分化情况严重，大多数农民都处于贫困线以下。毛泽东深刻了解这一国情，并且极力推动"平均地权"以彻底改变土地私有制，坚持"中国的经济，一定要走'节制资本'和'平均地权'的路"②，他指出，"一个'平'字就包括了没收、分配两个意义"③，只有平均地权才能解决农村的根本问题。所以在实践中，中国共产党不仅在新民主主义革命时期积极推动土地所有制改革，在新中国成立后更是及时通过《土地改革法》，有领导、有步骤、有秩序地推动土地改革，到1953年春，全国除若干少数民族聚居的地区，都彻底废除了在中国延续数千年之久的封建土地所有制。

新中国成立后，通过对农业、手工业、资本主义工商业的三大改造，进行了一场彻底改变生产资料私有制的深刻社会变革。毛泽东认为，只有"逐步地实现社会主义工业化和逐步地实现对手工业、对于资本主义工商业的社会主义改造的同时，逐步地实现对于整个农业的社会主义改造，即实行合作化，在农村中消灭富农经济制度和个体经济制度，使全体农村人民共同富裕起来"④。通过三大改造，到了1956年，社会主义性质的经济在国民经济中的比重占到了90%以上，这表明"三大改造"消灭了私有制，生产资料公有制已经在我国建立起来了。

毛泽东认为："把全体私有制和资本主义私有制废除了，社会上就剩下工人阶级、农民阶级和知识分子。整个民族只有到那个时候才更有前途，更有发展希望。"⑤可见，他所强调的公平社会，首先就是要消灭生产资料私有

①《毛泽东选集》（第一卷），人民出版社1991年版，第8页。
②《毛泽东选集》（第二卷），人民出版社1991年版，第679页。
③《毛泽东文集》（第一卷），人民出版社1993年版，第235—236页。
④《毛泽东文集》（第六卷），人民出版社1999年版，第437页。
⑤《毛泽东文集》（第六卷），人民出版社1999年版，第500页。

制。通过对生产资料私有制的社会主义改造,我国基本实现了生产资料公有制,使人民群众拥有了基本的经济权利,都成为社会主义生产资料的主人,实现了起点上的公平。

2. 以社会主义制度为基础,谋求政治公平

毛泽东曾经说过:"中国历代的农民,就在这种封建的经济剥削和封建的政治压迫之下,过着贫穷困苦的奴隶式的生活。农民被束缚于封建制度之下,没有人身的自由。地主对农民有随意打骂甚至处死之权,农民是没有任何政治权利的。地主阶级这样残酷的剥削和压迫所造成的农民的极端的贫穷和落后,就是中国社会几千年在经济和社会生活上停滞不前的基本原因。"[1]我们从这里可以明显地看出,毛泽东对公平的认识不仅仅停留在经济层面,而且也囊括了政治公平的基本思想。以毛泽东为代表的中国共产党人将社会公平与社会主义制度紧密相连,领导人民进行了社会主义革命,建立了以公有制为基础的社会主义制度,为促进公平奠定了根本政治基础。

毛泽东很早就为自己也为中国共产党确立了历史使命:"为争取民族和人民的自由与平等而奋斗。"[2]他也确立了奋斗目标:"经过人民共和国到达社会主义和共产主义,到达阶级的消灭和世界的大同。"[3]他还指明了政治道路:"我们的将来纲领或最高纲领,是要将中国推进到社会主义社会和共产主义社会去的,这是确定的和毫无疑义的。"[4]这是以毛泽东为代表的中国共产党人对公平社会的最高谋划。

列宁曾指出:"民主意味着在形式上承认公民一律平等,承认大家都有决定国家制度和管理国家的平等权利。"[5]毛泽东非常认同这个观点,1945年在同黄炎培的谈话中就指出:"我们已经找到新路,我们能跳出这个周期律。这条新路,就是民主。""只有让人民起来监督政府,政府才不敢松懈。只有人人起来负责,才不会人亡政息。"[6]新中国成立后,毛泽东十分推崇通

---

①《毛泽东选集》(第二卷),人民出版社 1991 年版,第 624 页。
②《毛泽东文集》(第二卷),人民出版社 1993 年版,第 166 页。
③《毛泽东选集》(第四卷),人民出版社 1991 年版,第 1471 页。
④《毛泽东选集》(第三卷),人民出版社 1991 年版,第 1959 页。
⑤《列宁选集》(第四卷),人民出版社 1995 年版,第 201 页。
⑥黄炎培:《八十年来》,文史资料出版社 1982 年版,第 149 页。

过民主保障人民群众的各项权利,认为"劳动者管理国家、管理军队、管理各种企业、管理文化教育的权利""是社会主义制度下劳动者最大的权利,最根本的权利"。"没有这种权利,劳动者的工作权、休息权、受教育权等等权利,就没有保证。"①他从制度建设方面着手,先"用宪法这样一个根本大法的形式,把人民民主和社会主义原则固定下来"②,再从所有制、分配制度、工资制度、教育制度、医疗卫生制度等方面进行社会主义具体制度的广泛设计,为实现社会公平奠定了重要的制度基础。

毛泽东不仅强调政治生活中要公平,还强调要把政治公平贯穿在人们生产生活的各方面:"人们在劳动中的关系,应当是平等的关系,是领导和群众打成一片的关系。"③毛泽东追求政治公平,把政治公平作为重要的基石,这体现了一个坚定的马克思主义者的崇高理想。

3. 以大同社会为终极目标,谋求最广泛的社会公平

毛泽东不仅是一位坚定的伟大的马克思主义者,还是一位非常执着的理想主义者。他的理想不仅仅是实现经济公平和政治公平,而且要进一步实现更大范围的社会公平,他的社会公平是与传统大同理想相契合的共产主义理想。

在早期接受以儒家经典为主的私塾教育的过程中,受中国传统文化的熏陶和影响,毛泽东对《礼记·礼运》中描绘的"天下为公"的大同社会充满了向往,并确立了"大同者,吾人之鹄也"④的伟大志向,开始把建立大同社会作为他的人生目标和社会理想。随着马克思主义在中国的广泛传播,毛泽东接受了马克思主义,选择了社会主义和共产主义道路,他的社会理想转变为共产主义。这个共产主义社会其实就是他早年所向往的大同社会。他曾指出,国民革命的终极目标"是要消灭全世界的帝国主义,建设一个真正平等自由的世界联盟(即孙先生所主张的人类平等,世界大同)"⑤。"经过人

① 《毛泽东文集》(第八卷),人民出版社1999年版,第129页。
② 《毛泽东文集》(第六卷),人民出版社1999年版,第328页。
③ 中共中央文献研究室编:《毛泽东传》(第四卷),中央文献出版社2011年版,第1798页。
④ 《毛泽东早期文稿(1912.6—1920.11)》,湖南出版社1990年版,第89页。
⑤ 《毛泽东文集》(第一卷),人民出版社1993年版,第25页。

民共和国到达社会主义和共产主义,到达阶级的消灭和世界的大同。康有为写了《大同书》,他没有也不可能找到一条到达大同的路。唯一的路是经过工人阶级领导的人民共和国。"①这里清晰地表达了他关于通过发展社会主义进入共产主义是实现大同社会的唯一途径的观点。

新中国成立后直至晚年,毛泽东始终主张实现大同社会的理想。毛泽东从来没有放弃对大同的追求和探索,即"经过人民共和国到达社会主义和共产主义,到达阶级的消灭和世界的大同"②。"空想社会主义中的一些理想,我们要实行。"③大同社会就是一个无阶级、无国家,实现人人在更高层面公平的理想社会。实现大同理想,实际上也意味着人人平等,在经济上取得共同富裕的生活。

(二)社会主义革命和建设时期共同富裕思想的主要内涵

毛泽东一生都在追求把中国"从帝国主义列强和经济贫困的双重历史灾难中拯救出来,以建立一个自由、平等和富强的公正社会"④,这个社会就是一种极大公平的社会,是一个没有两极分化、人人富裕的社会。正是因为心中一直存有这个理想,毛泽东在新中国成立初期率先提出了共同富裕,他的共同富裕思想内涵丰富,主要包括以下内容。

1. 变革旧的生产关系是实现共同富裕的根本前提

毛泽东的共同富裕思想以变革旧的生产关系为根本前提,提出要实现"资本主义绝种,小生产也绝种"⑤。只有消灭私有制,变革旧的生产关系,建立生产资料公有制,才能解放和发展生产力,为共同富裕的实现创造基本前提。"生产关系包括生产资料所有制、劳动生产中人与人的关系、分配制度这三个方面的内容。"⑥

在生产资料的所有制方面,变私有制为社会主义公有制,变封建地主阶

①《毛泽东选集》(第四卷),人民出版社 1991 年版,第 1471 页。
②《毛泽东选集》(第四卷),人民出版社 1991 年版,第 1471 页。
③李锐:《毛泽东的早年与晚年》,贵州人民出版社 1992 年版,第 246 页。
④薛广洲:《毛泽东与中西哲学融合》,人民出版社 2004 年版,第 258 页。
⑤张启华、张树军主编:《中国共产党思想理论发展史》(上卷),人民出版社 2011 年版,第 782 页。
⑥《毛泽东文集》(第八卷),人民出版社 1999 年版,第 135 页。

级土地所有制为农民土地所有制,消除封建剥削制度。广大农民获得土地,提高他们的劳动积极性,才能为创造未来的幸福生活提供基本的前提。"农业和手工业由个体的所有制变为社会主义的集体所有制,私营工商业由资本主义所有制变为社会主义所有制,必然使生产力大大获得解放。这样就为大大地发展工业和农业的生产创造了社会条件。"①

在人与人的关系方面,变剥削与被剥削的关系为公平的社会主义劳动关系,建立平等的人际关系。毛泽东强调:"人们的工作有所不同,职务有所不同,但是任何人不论官有多大,在人民中间都要以一个普通劳动者的姿态出现。"②

在分配制度方面,变不公平的分配关系为公平合理的分配关系,在社会主义制度下,建立更加公平合理的分配制度。按照"既反对平均主义,也反对过分悬殊"的总体思路,坚持统筹兼顾和按劳分配的具体原则。毛泽东指出:"在分配问题上,我们必须兼顾国家利益、集体利益和个人利益。"③坚持按劳分配:"社会主义的原则是'各尽所能,按劳分配';共产主义的原则是'各尽所能,按需分配'。"④

2.走社会主义道路是实现共同富裕的制度保证

美国学者罗斯·特里尔在谈到毛泽东关于富裕和社会主义关系问题时说过:"在毛看来,富裕和社会主义是一枚硬币的两面。"⑤要实现共同富裕,"只有联合起来,向社会主义大道前进,才能达到目的"⑥。毛泽东强调,社会主义是实现共同富裕的制度保证。

首先,社会主义是农民共同富裕的制度保证。"过去我们同农民在土地革命基础上建立起来的那个联盟,现在农民不满足了。对那一次得到的利益,他们有些忘了,现在要有新的利益给他们,这就是社会主义。""如果没有新东西给农民,就不能帮助农民提高生产力,增加收入,共同富裕起来。

①《毛泽东文集》(第七卷),人民出版社1999年版,第1页。
②《毛泽东文集》(第七卷),人民出版社1999年版,第355页。
③《毛泽东文集》(第七卷),人民出版社1999年版,第221页。
④中共中央文献研究室编:《建国以来重要文献选编》(第十一册),中央文献出版社1995年版,第605页。
⑤[美]罗斯·特里尔:《毛泽东传》,胡为雄、郑玉臣译,中国人民大学出版社2006年版,第292页。
⑥《毛泽东文集》(第六卷),人民出版社1999年版,第429页。

……要巩固工农联盟,我们就得领导农民走社会主义道路,使农民群众共同富裕起来,穷的要富裕,所有农民都要富裕,并且富裕的程度要大大地超过现在的富裕农民。"①

其次,社会主义是实现共同富裕的光明大道。新中国成立后,为了尽快使全体人民共同富裕起来,让人民更加深刻了解和感受到社会主义制度的优越性,毛泽东反复强调:"坚定不移地走社会主义道路,让社会主义制度的优越性更大化地表现出来,是中国的必经之路,更是我国农业发展的必经之路。"②社会主义道路"是全体农民富裕和生产迅速发展的光明大道"③。

最后,社会主义更有利于国家发展和富强。在毛泽东的思想中,走社会主义道路还是资本主义道路是一个根本问题。他认为只有社会主义才能促进国家的发展,"资本主义道路,也可增产,但时间要长,而且是痛苦的道路"④。"为什么要搞公私合营,要搞社会主义?就是为了便于把国家发展起来,社会主义比私有制度更有利于发展国家的经济、文化,使国家独立。"⑤"现在我们实行这么一种制度,这么一种计划,是可以一年一年走向更富更强的,一年一年可以看到更富更强些。"⑥

3. 坚持合作社是共同富裕的实现机制

要实现共同富裕就要避免两极分化,就要引导农民走合作化、集体化的道路。以毛泽东为代表的中国共产党人自始至终认为,只有以合作社为组织形式才能使亿万农民摆脱贫困,最终走上共同富裕的康庄大道。"只要合作化了,全体农村人民会一年一年地富裕起来"⑦,合作化是实现共同富裕的最佳战略方式。我们共产党就是要"领导农民走社会主义道路,使农民群众共同富裕起来,穷的要富裕,所有农民都要富裕"⑧。

①中共中央文献研究室编:《建国以来毛泽东文稿》(第五册),中央文献出版社1991年版,第415页。
②国家农业委员会办公厅编:《农业集体化重要文件汇编》(上册),中共中央党校出版社1981年版,第206页。
③国家农业委员会办公厅编:《农业集体化重要文件汇编》(上册),中共中央党校出版社1981年版,第210页。
④《毛泽东文集》(第六卷),人民出版社1999年版,第299页。
⑤《毛泽东文集》(第七卷),人民出版社1999年版,第177页。
⑥《毛泽东文集》(第六卷),人民出版社1999年版,第496页。
⑦中共中央文献研究室编:《建国以来重要文献选编》(第七册),中央文献出版社1993年版,第308页。
⑧中共中央文献研究室编:《毛泽东著作专题摘编》(上),中央文献出版社2003年版,第838页。

1955 年底,毛泽东就曾预计:"全国农村的半社会主义的合作化到一九五六年下半年就可以实现。合作社由半社会主义到全社会主义的转化,也可以提前在一九五九年至一九六〇年完成。"①1958 年,伴随着"大跃进"的如火如荼开展,"政社合一、工农商学兵五位一体、农林牧副渔结合"的理想模式——人民公社的基本组织形式应运而生。其基本特征有:"第一,实行高度公有化的单一的所有制。第二,限制和逐步消灭商品,产品实行平均分配。第三,逐步取消社会分工,形成一个自给自足的封闭型共同体。第四,按照军队组织建立人民公社的内部结构,实行军事共产主义生活。第五,实行共产主义的道德规范。毛泽东把人民公社作为向共产主义直接过渡的一个阶段。"②

从农业合作社到人民公社的演变,无疑是对共同富裕实现机制认识的强化与提升。如果说,农业合作社只是开辟了中国农村的社会主义发展道路,初步建立了中国农村共同致富的雏形,那么 1958 年人民公社的出现和实践,则已经是人民共同富裕生活模式在现实生活中的生动体现。

(三)公平性是社会主义革命和建设时期共同富裕思想的核心

毛泽东强调,要实现共同富裕,必须在变革旧的生产关系基础上,实现社会主义公有制,在具体实施上坚持以公有为主的合作社制度。共同富裕思想是社会主义公平观的终极目标,公平性成为共同富裕实现的核心目标。

第一,推崇生产资料公有制,关注起点公平。毛泽东认为,消灭私有制、消灭剥削、实现公有制是实现公正的起点和目标。为建立社会主义制度,毛泽东十分重视社会主义公有制的建立,为建立和巩固我国的社会主义制度,在社会主义革命和建设实践中,坚持从我国的具体实际出发,反对照搬苏联模式,克服各种困难,自主设计探索了"一化三改造"的方针,完成了一场社会革命的"伟大的历史性胜利",基本实现了生产资料公有制。

第二,反对两极分化和绝对平均主义,坚持过程公平。正是因为强调了

①中共中央文献研究室编:《建国以来毛泽东文稿》(第五册),中央文献出版社 1991 年版,第 482—483 页。

②何云峰:《毛泽东:一个真诚的理想主义者》,《社会科学战线》2006 年第 5 期。

以改造私有制度、建立公有制为实现共同富裕的制度前提，在实现共同富裕的实践过程中，毛泽东主张反对两极分化，走"先均后富，均中求富"的实现路径。毛泽东一直很重视防止两极分化和平均主义，"20世纪50年代，在工资制实行初期，毛泽东就再三强调供给制的好处，屡屡批评靠拉大差距调动生产积极性的办法，提议取消高政高干的特殊待遇，并促成国务院针对高级干部降薪方案的实施，目的均是缩小分配差距"①。在农村，毛泽东提倡农业合作化，提出要通过"消灭富农经济制度和个体经济制度"②来防止农村出现两极分化现象。他也强调要反对绝对平均主义："所谓平均主义倾向，即是否认各个生产队和各个个人的收入应当有所差别。而否认这种差别，就是否认按劳分配、多劳多得的社会主义原则。"③"反对平均主义，是正确的；反过头了，会发生个人主义。过分悬殊也是不对的。我们的提法是既反对平均主义，也反对过分悬殊。"④

第三，坚持人民利益的价值标准，最终实现全体人民的公平。马克思主义认为："过去的一切运动都是少数人的或者为少数人谋利益的运动。而无产阶级的运动则是绝大多数人的，为绝大多数人谋利益的独立运动。"⑤毛泽东社会主义公平观的鲜明特点就是以人民利益为公平的主要衡量标准："正确和错误的标准自然是马克思主义，但人民利益同样是标准。"⑥毛泽东坚持"全心全意为人民服务"，他认为"共产党人的一切言论行为，必须以合乎最广大人民群众的最大利益，为广大人民群众所拥护为最高标准"。⑦"我们是以占全人口百分之九十以上的最广大群众的目前利益和将来利益的统一为出发点的，所以，我们是以最大和最远为目标的革命的功利主义者，而不是只看到局部和目前的狭隘的功利主义者。"⑧

①肖贵清、李伟斌：《毛泽东的公正思想及其当代价值》，《毛泽东研究》2015年第6期。
②《毛泽东文集》（第六卷），人民出版社1999年版，第437页。
③《毛泽东文集》（第八卷），人民出版社1999年版，第11页。
④《毛泽东文集》（第八卷），人民出版社1999年版，第130页。
⑤《马克思恩格斯文集》（第二卷），人民出版社2009年版，第42页。
⑥《毛泽东文集》（第三卷），人民出版社1996年版，第282页。
⑦《毛泽东选集》（第三卷），人民出版社1991年版，第1031页。
⑧《毛泽东选集》（第三卷），人民出版社1991年版，第1096页。

纵观毛泽东的伟大革命生涯,无论是在战火纷飞的革命战争年代,还是在热火朝天的和平建设年代,他都极其关注和重视社会公平性问题。所以尽管毛泽东的共同富裕思想内涵非常丰富,但其核心思想在于通过消除生产资料私有制消灭剥削,实现人人起点公平,反对两极分化,坚持过程公正,最终实现全体人民公平。可见,公平性是其中相对稳定的内核,是毛泽东共同富裕思想价值诉求的内在本质。

三、公平性追求与防止两极分化的思想发展

毛泽东在追求共同富裕的过程中,极力追求社会公平,公平性是他共同富裕思想的本质内核,在其追求共同富裕的实践道路上反映出一些具体的思想,其中,防止两极分化思想正是他这种共同富裕思想在实践上的具体典型反映。他在追求社会公平、实现共同富裕的过程中,始终把防止两极分化作为自己坚定的政治目标和坚守的最后底线。他有着深刻的防止两极分化的思想,并在现实中推进了中国人民实现共同富裕的历史进程。

毛泽东防止两极分化思想的提出,经历了一个长期的由宏观到微观的发展过程。毛泽东早年就对旧中国人压迫人、人剥削人的现象深恶痛绝,对贫富差距悬殊、两极分化的问题格外地重视和警觉。他曾经说过:"生活问题要整个解决,不可个别解决。大众的利益应该首先顾及放在第一位。"[1]新民主主义革命初期,毛泽东积极投身中国革命,在确立了马克思主义的信仰之后,坚持要"建立独立、自由、民主和统一的中国",这是毛泽东追求共同富裕、防止两极分化的宏观表现。在他看来,在没有建立起独立、自由、民主和统一的国家之前,人民要幸福,国家要富强,是毫无现实可能性的。

新中国成立后,毛泽东为了防止两极分化、实现共同富裕,首先关注的是社会主义公有制体系的建立。他认为,实行以公有制为基本标志的社会主义是实现共同富裕的光明前途,不仅于国家非常有利,而且于全体人民非常有利。在以毛泽东为代表的中国共产党人的领导下,我国逐步建立起了

---

[1]《初心 红色书信品读》编写组编著:《初心 红色书信品读》,人民出版社2018年版,第181页。

社会主义公有制体系。先是在新民主主义革命过程中接管和没收官僚资本，在此基础上建立社会主义性质的国营经济，然后进行社会主义改造。1952年，毛泽东提出了过渡时期的总路线："从中华人民共和国成立，到社会主义改造基本完成，这是一个过渡时期。""党在过渡时期的总路线的实质，就是使生产资料的社会主义所有制成为我国国家和社会的唯一的经济基础。"①"逐步地实现社会主义工业化和逐步地实现对于手工业、对于资本主义工商业的社会主义改造的同时，逐步地实现对于整个农业的社会主义改造，即实行合作化，在农村中消灭富农经济制度和个体经济制度，使全体农村人民共同富裕起来，我们认为只有这样，工人和农民的联盟才能获得巩固。"②所以在城市中的广大工业、商业和个体手工业改造完成以后，我国实行的是国家所有制，又叫全民所有制。其次他还关注集体所有制。这主要体现在他对人民公社"一大二公"的重视，几经反复后，广大农村确立了人民公社"三级所有，队为基础"的体制，广大农民实行公有制，又称为集体所有制。在毛泽东看来，全民和集体这两种所有制形式，是防止两极分化的根本制度保证。

社会主义制度建立后，为了防止两极分化，毛泽东高度关注与所有制形式紧密联系的社会成员之间的分配问题。在分配制度方面，他坚持的是按劳分配的原则。他指出，"按劳分配和等价交换这样两个原则，是在建设社会主义阶段内人们绝不能不严格地遵守马克思列宁主义的两个基本原则"③。他批评，"穷队富队拉平的平均主义分配方法，是无偿占有别人的一部分劳动成果，是违反按劳分配原则的"④。另外他也肯定公共食堂和供给制："公共食堂和托儿所、幼儿园必须办好。"⑤"供给制范围不宜过宽。实行供给制并不是使人们的生活清一色。……无论在目前和将来，在供给的范围内，必须注意尽可能使社员有适当选择的自由。"⑥他还批判资产阶级法权

---

① 《毛泽东文集》（第六卷），人民出版社1999年版，第316页。
② 《毛泽东文集》（第六卷），人民出版社1999年版，第437页。
③ 中共中央文献研究室编：《建国以来毛泽东文稿》（第十册），中央文献出版社1996年版，第8页。
④ 中共中央文献研究室编：《建国以来毛泽东文稿》（第八册），中央文献出版社1993年版，第62页。
⑤ 中共中央文献研究室编：《建国以来毛泽东文稿》（第七册），中央文献出版社1992年版，第541页。
⑥ 中共中央文献研究室编：《建国以来毛泽东文稿》（第七册），中央文献出版社1992年版，第571—572页。

（即资产阶级权利），将市场机制和商品货币关系视为资产阶级法权，反对过分悬殊。这些既表现了毛泽东对经济活动中所谓资本主义因素的警惕，又表现了他对人们交往关系中等级制、官僚主义作风的否定。从宽泛意义上来讲，这些都是毛泽东防止两极分化思想的内容。

四、重视合作社在实现共同富裕中的过程性作用

在毛泽东的思想中，两极分化与共同富裕是相互对立的。要实现共同富裕就要避免两极分化，就要引导农民走合作化、集体化的道路。以毛泽东为代表的中国共产党人自始至终认为，只有以合作化为组织形式才能使亿万农民摆脱贫困，最终走上共同富裕的康庄大道。"只要合作化了，全体农村人民会要一年一年地富裕起来"，合作化是实现共同富裕的最佳战略方式。我们共产党就是要"领导农民走社会主义道路，使农民群众共同富裕起来，穷的要富裕，所有农民都要富裕"[1]。合作社思想是中国共产党合作化思想中最具特色和价值的内容之一，是马克思主义中关于合作制的理论与中国革命建设时期合作社运动相结合的产物，在探索共同富裕过程中起着至关重要的作用。

合作社思想是在中国共产党领导中国革命和建设的各个不同阶段不断深化与逐渐完善的，它形成于土地革命时期，发展于抗日战争与解放战争时期，并在新中国成立后成熟并全面展开实践。在井冈山革命时期，我党就提出发展合作社是苏区根据地经济建设的中心任务之一，明确指出"我们的经济建设中心是发展农业生产，发展工业生产，发展对外贸易和发展合作社"[2]，还大力提倡要组织发展多种合作社形式，"帮助奖励群众创造合作社，如生产合作社、消费合作社、信用合作社等"[3]。具体就是要"组织农业生产合作社，没收反革命的及富农多余的牛力、耕具帮助雇农耕种"[4]，要"普遍地发展消费合

---

① 中共中央文献研究室编：《毛泽东著作专题摘编》（上），中央文献出版社2003年版，第838页。
② 《毛泽东选集》（第一卷），人民出版社1991年版，第130页。
③ 许毅主编：《中央革命根据地财政经济史长编》（下册），人民出版社1982年版，第12页。
④ 《毛泽东选集》（第三卷），人民出版社1991年版，第931页。

作社，……使群众能够廉价地买进白区的必需品，高价卖出苏区的产品"，要组织"耕田队、收割队扩大生产"①，并认为"信用合作社是农民的迫切需要"②，只有这样才能把"合作经济和国营经济配合起来，经过长期的发展，将成为经济方面的巨大力量，将对私人经济逐渐占优势并取得领导地位"③。

在抗日战争时期和解放战争时期，毛泽东结合边区合作社的实际发展情况，先后写了《经济问题与财政问题》《论合作社》《组织起来》等一系列关于通过合作社发展经济的文章，他立足于新民主主义理论，放眼于新民主主义社会，论述了新民主主义合作社的性质、特征、组织形式、战略地位等内容，为中国农业经济指明了努力"向着现代化和集体化的方向发展"④。他坚持认为"合作社"是"党和边区政府在经济上将农民群众组织起来的最重要形式和必由之路"⑤，是"工农劳苦群众抵抗商人富农资本剥削，增进工农利益，巩固工农联盟的一种经济组织，一种有力的武器"⑥。抗战时期，党领导下的边区曾为此在实践上做过可贵的探索，"在陕北的安塞县，就出现了一个社会主义性质的农业生产合作社"⑦。这种合作社是"为了发展农业生产，必须劝告农民在自愿原则下逐步组织为现时经济条件所许可的以私有制为基础的各种生产和消费的合作团体"⑧，这种合作社的组织形式是多样的，有"流通领域的消费合作社、供销合作社等；生产领域的变工队、扎工队、互助社等"⑨。"组织合作社，生产力就会获得迅速的发展，如果不从个体劳动转移到集体劳动的生产方式的改革，则生产力不能获得进一步的发展。因此，建立在以个体经济为基础的劳动互助组织，就非常需要了，只有这样，生产

---

①许毅主编：《中央革命根据地财政经济史长编》（下册），人民出版社1982年版，第605页。

②许毅主编：《中央革命根据地财政经济史长编》（下册），人民出版社1982年版，第320页。

③《毛泽东选集》（第一卷），人民出版社1991年版，第133页。

④《毛泽东选集》（第四卷），人民出版社1991年版，第1432页。

⑤中国社会科学院经济研究所中国现代经济史组编：《第一、二次国内革命战争时期土地斗争史料选编》，人民出版社1981年版，第461页。

⑥许毅主编：《中央革命根据地财政经济史长编》（下册），人民出版社1982年版，第121页。

⑦《毛泽东文集》（第六卷），人民出版社1999年版，第420页。

⑧《毛泽东选集》（第四卷），人民出版社1991年版，第1312页。

⑨王占阳：《毛泽东的建国方略与当代中国的改革开放》，吉林人民出版社1993年版。

力才可以大大提高。"①而且,要实现工业化发展就要依赖于农业合作化,"社会主义工业化是不能离开农业合作化而孤立地去进行的"②。

新中国成立之后,毛泽东一直关注农业生产合作事业。在新中国成立之初,他就敏锐洞察到,土地改革之后农村由于一些因素出现了"新的穷人""新的贫农",为了减少或者消灭农村中出现的"新的穷人",毛泽东就提出,"个体农民,增产有限,必须发展互助合作"③,并要求农民组织起来,走合作化道路。只有这样,农民的生活水平才能一步一步地提高起来,农民才能一天一天地富裕起来。后针对农村中出现的农民卖地——革命胜利果实丧失,出现两极分化现象,毛泽东进一步指出:"现在农民卖地,这不好。法律不禁止,但我们做工作,阻止农民卖地。办法就是合作社。互助组还不能阻止农民卖地,要合作社,要大合作社才行。大合作社也可使得农民不必出租土地了。"④为了消除土地改革后农村出现的"新的穷人"的阶级分化现象,让全体农民共同富裕起来,毛泽东便"排除一切干扰",抓农业合作社建设,他指出,"发展合作社运动是限制农村中的资本主义和增加农业生产的主要办法"⑤。国民经济恢复之后,我党提出了过渡时期总路线,指出必须要按照社会主义原则对农业进行社会主义改造。而且,中国的农业合作化并非可以一蹴而就,"不是容易的事情","使合作社成为普遍的社会制度,必须经过长期的艰苦工作,才能一处一处和一步一步地做到"⑥。我党规划的中国农业合作化蓝图是分三步走,即第一步实现仅仅带有某些社会主义萌芽的农业生产互助组阶段,第二步实现半社会主义性质的农业合作社阶段,第三步进入完全社会主义性质的农业生产合作社阶段。

中国共产党之所以重视合作社,重视合作社在达到共同富裕中的过程

---

①《毛泽东选集》(第三卷),人民出版社1991年版,第251、256、931页。

②《毛泽东文集》(第六卷),人民出版社1999年版,第431页。

③《毛泽东文集》(第六卷),人民出版社1999年版,第299页。

④《毛泽东文集》(第六卷),人民出版社1999年版,第299页。

⑤国家农业委员会办公厅编:《农业集体化重要文件汇编》(上册),中共中央党校出版社1981年版,第205页。

⑥薄一波:《若干重大决策与事件的回顾》(上卷),中共中央党校出版社1991年版,第22页。

性作用,是因为他们坚信合作化就是社会主义道路,"合作社办好,走上正轨,是我们国家走向社会主义的关键"①。"社会主义道路是我国农业唯一的道路","农业的集体化,提供了农业发展的极大可能性,提供了农民群众共同富裕的可能性"。② 而且当时中国是一个人口多、底子薄、一穷二白的农业大国,要想建设一个工业化国家,必须依赖农业合作化。因为在生产力落后的情况下,将劳动者有序地组织起来,走合作化、集体化道路,不仅能发展生产力,也是马克思主义合作化理论在中国的最好实践,坚定走社会主义道路。而且现实也证明了,合作社对新中国的工业化具有巨大贡献。中国工业化发展道路的核心内容之一,就是以农业合作社和人民公社制度保障来实施"工占农利"的资本原始积累,即通过"剥夺"农村实现国家工业化所需要的资金、原材料的供给。另外很多研究也表明,合作社发挥了组织起来力量大的优越性,对新中国农民生活的改善是有一定成绩的。"在农业合作化高潮的几年中,我国的农业生产一直是向前发展的。1955 年农业获得丰收,总产值比上年增长 7.6%。其中,粮食增长 8.5%,棉花增长 42.6%。1956年,农业总产值比上年增长 5.0%。其中粮食增长 4.4%。1957 年,农业总产值比上年增长 3.6%。其中,粮食比上年增长 162.0%,棉花比上年增长13.5%。"③"人民公社在 20 世纪六七十年代的中国社会经济中起到了无可替代的作用","20 余年间,农业生产条件得到了根本改善,农业经济的各项指标均有大幅度的增长"。④ 这些事实充分说明,我国农业合作化运动的蓬勃发展是社会生产力发展的客观要求,也是广大农民摆脱贫困落后的迫切愿望。

中国共产党重视合作社在实现共同富裕中的过程性作用,既具有马克思主义理论在实践上的探索性,也带有一定的超前意识。我们提出的合作社是"相互扶持、互相救济、彼此增益的有效组织",它不同于旧式资本主义性质的合作社,也不同于那种传统上的农民为了生产自救组织的旧式合作

①申志诚主编:《刘少奇大辞典》,中央文献出版社 2009 年版,第 418 页。
②中共中央文献研究室编:《建国以来重要文献选编》(第十五册),中央文献出版社 1997 年版,第 613 页。
③刘海藩、万福义:《毛泽东思想综述》,中央文献出版社 2006 年版,第 154 页。
④辛逸:《实事求是地评价农村人民公社》,《当代世界与社会主义》2001 年第 3 期。

社,它是与社会主义商品经济、市场经济紧紧联系在一起的具有现代意义的新型合作社。中国共产党农业合作化思想及其实践,体现了中国共产党人在这个特定历史时期解决农业问题的思路和办法,旨在结束中国历史上几千年"皇权不下县"的局面,把长期以来处于政治生活边缘的广大农民纳入社会主义事业建设当中,促进社会公平和广大农民共同富裕的实现。

第三节　社会主义革命和建设进程中共同富裕实践的推进

以毛泽东为代表的中国共产党人不仅形成了较为系统的共同富裕思想体系,还在社会主义建设进程中结合中国的具体实际,开启了共同富裕实践探索先河,开辟了一条具有中国特色的共同富裕实践道路,为中国共产党共同富裕的实践探索起到了奠基性的作用。

一、以制度变革为前提,建立社会主义全民所有制体系

以毛泽东为代表的中国共产党人深知只有社会主义社会才能实现共同富裕,社会主义制度是实现共同富裕的制度前提。因此,以制度变革为实现共同富裕的前提,对我国生产资料所有制结构向社会主义所有制方向进行变革是当时中国共产党对实现共同富裕进行实践探索的首要方面。1953年,毛泽东就指出:"资本主义道路,也可增产,但时间要长,而且是痛苦的道路。我们不搞资本主义,这是定了的……"①我国是在经济落后的条件下进入社会主义的,在这种情况下如何建立适合中国国情的所有制结构,就成了我国社会主义革命和建设阶段面临的一个重要而又崭新的课题。生产资料公有制是社会主义建设的基础。毛泽东说:"如果我们学社会主义政治经济学,也可以从所有制出发。"②在中国共产党的领导下,我国对生产资料所有

①《毛泽东文集》(第六卷),人民出版社 1999 年版,第 299 页。
②《毛泽东文集》(第八卷),人民出版社 1999 年版,第 137 页。

制进行了几个不同阶段的调整和改革,逐步形成了适应当时社会生产力状况的社会主义所有制结构。

在国民经济恢复时期(1949—1952 年),中国共产党在农村领导全国农民进行全国性的废除封建土地制度的土地制度改革运动,把封建剥削的土地所有制改变成农民的土地所有制。1947 年 10 月,中共中央公布了《中国土地法大纲》,废除封建性及半封建性剥削的土地制度,实行耕者有其田的土地制度。1949 年中国人民政治协商会议第一次全体会议通过的《中国人民政治协商会议共同纲领》规定:“凡已实行土地改革的地区,必须保护农民已得土地的所有权。凡尚未实行土地改革的地区,必须发动农民群众,建立农民团体,经过清除土匪恶霸、减租减息和分配土地等项步骤,实现耕者有其田。”[1]按照其要求,在新解放区,政府先着力剿灭股匪,组织群众开展反霸斗争,推翻地主阶级,同时通过开展减租减息和退押运动,使广大农民获得经济利益。1950 年 6 月,中央人民政府又公布《土地改革法》,明确规定:“废除地主阶级封建剥削的土地所有制,实行农民的土地所有制,借以解放农村生产力,发展农业生产,为新中国的工业化开辟道路。”[2]土地改革主要是“依靠贫农、雇农,团结中农,中立富农,有步骤、有分别地消灭封建剥削制度,发展农业生产”[3]。此后,在全国的新解放区,开始了从发动群众、划分阶级,到没收征收和分配土地财产,最后复查再动员生产的土地改革运动。从1950 年冬到 1952 年底,全国约有 3 亿名无地少地的农民分得了约 7 亿亩土地和大量生产资料,广大的解放区基本完成了土地改革任务。这场农村土地所有制的改革,“使中国农村贫富状况发生两千多年来的一次大变局:地权由集中到分散,由悬殊到平均”[4],是一场消灭封建剥削制度的深刻社会变革,它从根本上消灭了封建地主土地所有制,建立了农民个体土地所有制。这一改革极大激发了农民的生产积极性,农民生产和收入快速增长,生活明

---

①韩俊编著:《中国农村土地调查》,上海远东出版社 2009 年版,第 87 页。

②陆学艺:《中国社会阶级阶层结构变迁 60 年》,《中国人口·资源与环境》2010 年第 7 期。

③郑要强:《土地改革——农民小康梦实现的使者》,《全国商情·理论研究》2011 年第 10 期。

④赵德馨:《1949—2002 年:走向共同富裕的两条思路及其实践经验》,《当代中国史研究》2007 年第 3 期。

显改善。"土地改革基本完成后的 1953 年,农民净货币收入比 1949 年增长 123.6%,每人平均净货币收入增长111.4%。农民的购买力有了成倍增长,1953 年比 1949 年增长 111%,平均每户消费品购买力增长一倍。1953 年同 1950 年相比,农民留用粮食增长 28.2%,其中生活用粮食增长 8.6%。"[①]城市通过利用、限制和初步的改组改造,将个体所有制改成集体所有制,毛泽东认为,"如果不进行从个体劳动转到集体劳动的第二个生产关系即生产方式的改革,则生产力还不能进一步发展"[②]。对个体手工业的指导、扶持和帮助,引导城市里的小商人和手工业作坊主走上了合作化道路,并建立了以手工业合作社为主的集体所有制;没收外国资本和官僚资本为国家所有,采用和平赎买的方式将资本家占有的生产资料变成国家的财产,实现国家资本主义经济的转变,建立了全民所有制经济。这样,"城市里拥有私有生产资料的人都交出了自己的生产资料,城市里所有家庭都从国家或集体经济组织获取收入(其形式或为工资或为定息),这使贫富差距大大地缩小"[③]。在这个阶段,通过各方面制度的改革形成了全民所有制、民族资本所有制、劳动者个体所有制和集体所有制四种主要形式的所有制结构。

在社会主义改造时期(1953—1956 年),对生产资料私有制的社会主义改造取得了决定性的胜利。按照过渡时期总路线的要求,进行了三大改造。其中,在农村通过建立互助组、初级农业生产合作社、高级农业生产合作社等形式对农民个体所有制进行改造,建立农村集体所有制。在城镇,对个体手工业、个体商业、个体建筑业、个体运输业等进行集体化改造。农民、手工业劳动群众个体所有的私有制,基本上转变为劳动群众集体所有制。通过实行委托加工、计划订货、统购包销、委托经销、代销、公私合营、全行业公私合营等一系列从低级到高级的多种改造形式,"头一步是变资本主义为国家资本主义","第二步由国家资本主义变为社会主义",[④]逐步实现民族资本

①胡承槐:《马克思主义中国化历史研究》,浙江人民出版社 2011 年版,第 179 页。
②《毛泽东选集》(第三卷),人民出版社 1996 年版,第 70—71 页。
③丁桂馨:《建国以来中国共产党追求共同富裕的基本思路与实践》,湖南科技大学博士学位论文,2008 年。
④《毛泽东文集》(第六卷),人民出版社 1999 年版,第 291、287 页。

主义工商业的国有化,将资本家所有的资本主义私有制基本上转变为国家所有即全民所有的公有制。这样,全民所有制和集体所有制这两种形式的社会主义公有制经济就在我国国民经济中处于绝对统治的地位。到1956年,社会主义公有制占比达到90%以上,表明生产资料公有制已经建立,社会主义公有制度基本确立。1957年之后,生产资料所有制的公有程度不断提高。特别是在农村,公有的范围随着农业生产合作社的规模不断扩大而扩大。先是将小社并为大社,接着将合作社变为农村人民公社,使合并前各合作社的群众由贫富不同变成一个人民公社的所有者,使贫农、中农、富农和地主的财富处于同一水平,中农、富农因为农业合作化,拥有的生产资料和获得的收入方式已经与其他农户没有差别。无论是富社的社员,还是穷社的社员,他们拥有的生产资料与收入方式都因人民公社化而趋同。[1]

在社会主义建设时期(1958—1978年),由于受到苏联实践的影响,我国不断进行所有制的调整和改革,不断追求"一大二公"的所有制结构,通过不断搞"穷过渡"和割资本主义尾巴的办法,大兴所有制"升级"和"过渡"之风,积极扩大国营经济规模,削弱集体经济,尽可能消灭个体经济,形成了较为单一的公有制的社会主义所有制结构。

总之,在社会主义革命和建设时期,通过所有制制度的调整与改革,中国共产党几乎将全部的生产资料由私有变为公有。在一定时期,生产资料公有制的确立解除了生产资料私有制对生产力发展的束缚,极大地调动了劳动者的积极性。同时,绝大多数生产资源掌握在国家手里,使执政的中国共产党能够有计划地开展生产、分配,既避免了资源的浪费,推动了社会主义现代化的发展,也为缩小贫富差距、防止贫富差距扩大奠定了制度基础,使得共同富裕的实现成为可能。

二、以工业化发展为基础,通过发展经济解决贫穷问题

新中国成立之初,中国经济基础十分薄弱,人民生活困难。改变贫困落

---

①赵德馨:《1949—2002年:走向共同富裕的两条思路及其实践经验》,《当代中国史研究》2007年第3期。

后的面貌是摆在中国共产党人面前的根本任务。毛泽东曾经指出:"我们的基本情况就是一穷二白。所谓穷就是生活水平低。为什么生活水平低呢?因为生产力水平低。"①1956 年 1 月,他在最高国务会议第六次会议上提出,"社会主义革命的目的是解放生产力",他认为社会主义只有快速发展,摆脱贫穷,改善人们的生活,才能显示社会主义制度的优越性。这为新中国通过发展经济解决贫困问题、推动社会发展指明了方向。

中国共产党重点关注的是如何通过社会主义现代化的发展改变人民贫困落后状态。毛泽东一直把实现社会主义现代化视为中国共产党的奋斗目标。1954 年 9 月,毛泽东在第一届全国人民代表大会上提出:"我国人民应当努力工作……准备在几个五年计划之内,将我们现在这样一个经济上文化上落后的国家,建设成为一个工业化的具有高度现代文明程度的伟大的国家。"②周恩来在这次会议上所作的《政府工作报告》中也明确指出:"我国的经济原来是很落后的。如果我们不建设起强大的现代化的工业、现代化的农业、现代化的交通运输业和现代化的国防,我们就不能摆脱落后和贫困,我们的革命就不能达到目的。"③

在具体实践中,中国共产党首先重视通过社会主义工业化建设来解决人民的贫困问题。他们意识到"中国落后的原因,主要是没有新式工业"④,要实现经济赶超和人民生活水平的提高,必须走一条工业化道路,实现工业化是从根本上消除贫困落后的关键,因此"我们共产党是要努力于中国的工业化的"⑤。实际上在新民主主义革命时期,我们党就明确了工业国的目标。1949 年 3 月的七届二中全会上,在政治报告中就明确了中国的发展方向是"由农业国转变为工业国"⑥。但实际上,新中国成立之前,工业仅占国民经济的 10%,而且大多集中于轻工业,重工业几乎空白,工业基础非常薄弱。

---

① 《毛泽东文集》(第八卷),人民出版社 1999 年版,第 216 页。
② 《毛泽东文集》(第六卷),人民出版社 1999 年版,第 350 页。
③ 《周恩来选集》(下卷),人民出版社 1984 年版,第 132 页。
④ 《毛泽东文集》(第三卷),人民出版社 1996 年版,第 146 页。
⑤ 《毛泽东文集》(第三卷),人民出版社 1996 年版,第 146 页。
⑥ 《毛泽东选集》(第四卷),人民出版社 1991 年版,第 1424 页。

中国真正意义上的工业化是从 1949 年开始的。1949 年的《共同纲领》明确规定,"中华人民共和国要发展新民主主义的人民经济,稳步地变农业国为工业国",这从根本大法的高度确定了我国工业化的目标。1953 年,我们开始第一个五年计划建设,大规模的工业化启动。党确立了在过渡时期的总路线:"要在一个相当长的时期内,逐步实现国家的社会主义工业化,并逐步实现国家对农业,对手工业和对资本主义工商业的社会主义改造。"①这期间,我国集中力量建设"一五"计划中的以苏联援助的 156 个大型工程为中心的 694 个项目,其中大多数是重工业项目,也有 106 个民用工业企业,部署在东北地区 50 个、中部地区 32 个,还有 44 个国防企业,部署在中西部地区 35 个,其中 21 个安排在四川和陕西两省。

1956 年,毛泽东在《论十大关系》讲话中又进一步强调,"重工业是我国建设的重点"②。"我国全部轻工业和重工业,都有约百分之七十在沿海,只有百分之三十在内地。这是历史上形成的一种不合理的状况。沿海的工业基地必须充分利用,但是,为了平衡工业发展的布局,内地工业必须大力发展。"③"新的工业大部分应当摆在内地,使工业布局逐步平衡,并且利于备战,这是毫无疑义的。但是沿海也可以建立一些新的厂矿,有些也可以是大型的。""好好地利用和发展沿海的工业老底子,可以使我们更有力量来发展和支持内地工业。如果采取消极态度,就会妨碍内地工业的迅速发展。"④所以,在毛泽东关于工业发展的思想指导下,开展了"三线建设",在内地建立了一大批行业比较齐全并初具规模的工业基地,还建立了一批铁路如襄渝铁路等,极大改善了内陆的交通状况。到 1957 年底,不仅电力、钢铁等基础性工业实现了巨大发展,而且开始建成了一批诸如汽车制造、飞机、有色金属冶炼等新的工业部门,以重工业为标志的工业化在我国取得了实质性发展。到了 1965 年前后,我国基本形成了现代工业体系,主要工业产品产量稳步增长。

---

①《毛泽东文集》(第六卷),人民出版社 1999 年版,第 316 页。
②《毛泽东文集》(第七卷),人民出版社 1999 年版,第 24 页。
③《毛泽东文集》(第七卷),人民出版社 1999 年版,第 25 页。
④《毛泽东文集》(第七卷),人民出版社 1999 年版,第 26 页。

在具体实践中,一系列的制度安排、实践推进都是围绕实现社会主义工业化的要求展开的。中国工业化道路的基本精神就是既要满足人民的物质文化生活需要,解决人民的贫困问题,又要进行社会主义建设,把生产力发展和人民生活改善结合起来。历史的发展证明,这是一条正确的富民强国路线,从"一五"计划开始到1976年的20多年中,中国经济的发展速度总体是比较快的。这一时期,我国建立起独立的、比较完整的工业体系和国民经济体系,从根本上解决了工业化"从无到有"的问题,为消灭贫穷奠定了重要的物质基础。

与此同时,中国共产党还关注如何依靠教育、科技促进经济发展,改变贫困落后的状况。毛泽东进一步把生产力的提高与教育、科技发展联系起来,明确提出了新中国发展生产和文化教育的历史任务,强调教育、科技现代化。1956年1月,在关于知识分子问题的会议上,毛泽东就明确提出,要进行"技术革命""文化革命","为迅速赶上世界科学先进水平而奋斗"。1957年3月,我们党提出要"将我国建设成为一个具有现代工业、现代农业和现代科学文化的社会主义国家"[①]。没有生产力的发展,就没有财富的增加,没有财富的增加就不可能消灭贫困;要发展生产力,必须依靠科技进步。

总之,以毛泽东同志为核心的党的第一代中央领导集体在对社会主义道路探索中形成了通过实现现代化,走中国自己特色的工业化道路,发展了教育和科学技术,改变了中国的落后和人民的贫困状况。通过探索和实践,中国过去贫穷落后的面貌发生了翻天覆地的变化。据统计:1949年,全国工农业总产值为466亿元,其中农业总产值为326亿元,工业总产值为140亿元;1978年,全国工农业总产值增长到5690亿元,其中农业总产值增长到1459亿元,工业总产值增长到4231亿元,经济建设尤其是工业化取得显著成就。1952—1978年,全国粮食产量由16392万吨增长到30477万吨,有效解决了人民的温饱问题。在此期间,我国人均GDP由119元增长到379元,人民生活条件得到显著改善。[②]

---

① 《毛泽东文集》(第七卷),人民出版社1999年版,第207页。
② 参见国家统计局历年《中国统计年鉴》。

三、以社会公平为目标,建立公平合理的分配制度

在 1956 年社会主义改造完成之前,我国的分配制度主要是以保障社会稳定、恢复国民经济需要为目的的。这个阶段的分配制度多种多样,并没有完全按照社会统一的制度安排。进入社会主义建设时期后,为了推动共同富裕的实践,以毛泽东为代表的中国共产党人坚持马克思主义按劳分配的原则,为防止两极分化和实现分配领域的公平性,在权利平等、按劳分配等不同层次的分配制度方面进行了有益的实践探索。

首先,在权利分配领域建立了人人平等的制度。在毛泽东的共同富裕思想中,公平、平等理念体现得极为明显。新中国成立后,1954 年颁布第一部宪法,用宪法的形式明确规定了人民应当享有的各种基本自由权利,人人平等。这个平等还体现在所有中国人,除了人民的敌人外,都可以通过各种途径参与国家事务,都有权监督国家机关工作人员,以及在教育、卫生等社会各领域的平等,消除社会分工。社会主义制度的建立实现了中国有史以来包容人口最多的政治、经济、文化权利的真实平等。

其次,在物质分配方面建立了反对平均主义、防止过分悬殊的按劳分配制度。以毛泽东为代表的中国共产党人肯定按劳分配原则,毛泽东曾提出要"保留适当的工资制度和待遇的适当差别,多劳多得,少劳少得"[①]。为此,中央在宏观层面出台了一系列法规文件。1954 年制定的《宪法》规定了按劳分配是社会主义原则。1956 年,第一届全国人民代表大会第三次会议通过《高级农业生产合作社示范章程》,规定在农业合作社实行各尽所能、按劳取酬、同工同酬,强调要正确规定各种工作的定额和报酬标准,实行按件计酬,这个时期农村的分配制度逐步向有按劳分配色彩的工分计酬制发展。1956 年,中共八大通过的党章也提出,在建成社会主义社会所有制过程中,应当逐步实现各尽所能、按劳取酬的原则。1958 年通过《关于人民公社若干问题的决议》,1962 年通过《农村人民公社工作条例修正草案》,也都指出了

[①]中共中央文献研究室编:《毛泽东年谱(1949—1976)》(第三卷),中央文献出版社 2013 年版,第 497 页。

社会主义要实行按劳分配的原则。1956 年,国务院颁发了《关于工资改革的决定》等文件①,国家开始进行工资制度改革,统一落实按劳分配制度。其中主要内容包括:全部实行货币工资标准;企业工人普遍实行八级工资制;对企业技术人员(尤其是技术水平较高的)加发技术津贴;推广并改进计件工资制,将奖金、津贴作为工资的补充等。在改革中还非常重视科技劳动者,为了鼓励科技劳动者,政务院于 1954 年颁布《有关生产的发明、技术改进及合理化建议的奖励暂行条例》,规定技术改进合理化建议所创造的价值到年终可以按照比例提取,作为奖励。1963 年,国务院又颁布《发明奖励条例》和《技术改进奖励条例》。这些都是尊重劳动和创造、贯彻按劳分配的直接体现。在微观具体操作方面,主要采用了按劳分配和平均分配相结合的方式。要"坚持各尽所能、按劳分配的原则,供给部分和工资部分三七开"②。分配"形式要多种,供给部分要少些,三七开或四六开,可以灵活些"③。这次工资制度改革是较为全面系统的,建立了我国个人收入分配制度的基本框架,在整个计划经济时期及改革开放后的一个相当长时期里基本上都是按这些规定实施的。④

与此同时,社会主义制度下存在着劳动差别,劳动报酬上也理所当然存在差别。搞平均主义,是违反按劳分配原则的。毛泽东早在 1942 年就指出:"平均主义的薪给制抹杀熟练劳动与非熟练劳动之间的区别,也抹杀了勤惰之间的差别,因而降低劳动积极性。"⑤后来他又指出,绝对平均主义思想,在"性质上是反动的、落后的、倒退的","我们必须批判这种思想"。⑥1959 年,毛泽东《在郑州会议上的讲话》中严厉批判了一些地方的共产风,

①王春正:《我国居民收入分配问题》,中国计划出版社 1995 年版,第 102 页。
②中共中央文献研究室编:《毛泽东年谱(1949—1976)》(第四卷),中央文献出版社 2013 年版,第 473 页。
③《毛泽东文集》(第八卷),人民出版社 1999 年版,第 81 页。
④杨德才、潘熙庆:《从"不患寡而患不均"到"既患寡又患不均"——中国共产党收入分配制度改革的历史演进及其经验总结》,《江苏行政学院学报》2021 年第 6 期。
⑤毛泽东:《经济问题与财政问题》,解放出版社 1944 年版,第 127 页。
⑥《毛泽东选集》(第四卷),人民出版社 1991 年版,第 1314 页。

认为那种"一平、二调、三收款"的做法超越了中国的发展阶段,造成了农民的恐慌,这是不能许可的。① 他指出:"所谓平均主义倾向,即是否认各个生产队和各个个人的收入应当有所差别。而否认这种差别,就是否认按劳分配,多劳多得的社会主义原则。……这当然是不对的。"②1962 年,关于对"大跃进"、人民公社化时期"吃大锅饭"、"刮共产风"等错误的反思与总结,毛泽东在中央工作会议报告上批示:"按劳分配和等价交换这样两个原则,是在建设社会主义阶段内人们绝不能不严格遵守的马克思列宁主义的两个基本原则。"③毛泽东强调要反对和防止在分配问题上的平均主义,也提出要防止过分悬殊的问题。他明确指出:"反对平均主义,是正确的;反过头了,会发生个人主义。过分悬殊也是不对的。我们的提法是既反对平均主义,也反对过分悬殊。"④

最后,建立兼顾个人利益与集体利益、国家利益的分配格局。虽然建立了社会主义制度后,个人、集体和国家的根本利益是一致的,但是这三者之间存在着一定的利益矛盾。这些利益矛盾如果处理得当,就能调动各方的积极性,促进社会公平,最终走向共同富裕。毛泽东主张"在分配问题上,我们必须兼顾国家利益、集体利益和个人利益"⑤,他指出:"公与私是对立的统一,不能有公无私,也不能有私无公。我,历来讲公私兼顾,早就说过没有什么大公无私,又说过先公后私。个人是集体的一分子,集体利益增加了,个人利益也随着改善了。"⑥如果光顾某一个方面,"都是不利于社会主义的"⑦。而且,这三者之间也不是同等分量的。毛泽东指出,"要讲兼顾国家、集体和个人,把国家利益、集体利益放在第一位,不能把个人利益放在第一位"⑧。虽然毛泽东重视国家利益和集体利益,国家利益、集体利益要高于和

①中共中央文献研究室编:《建国以来毛泽东文稿》(第八册),中央文献出版社 1993 年版,第 67 页。
②中共中央文献研究室编:《建国以来毛泽东文稿》(第八册),中央文献出版社 1993 年版,第 70 页。
③中共中央文献研究室编:《建国以来毛泽东文稿》(第八册),中央文献出版社 1993 年版,第 8 页。
④《毛泽东文集》(第八卷),人民出版社 1999 年版,第 130 页。
⑤《毛泽东文集》(第七卷),人民出版社 1999 年版,第 221 页。
⑥《毛泽东文集》(第八卷),人民出版社 1999 年版,第 134 页。
⑦《毛泽东文集》(第七卷),人民出版社 1999 年版,第 28、31 页。
⑧《毛泽东文集》(第八卷),人民出版社 1999 年版,第 136 页。

优先于个人利益,但是他同样重视国家利益和集体利益的增加最终要促进人民群众的共同富裕。他强调,"一切空话都是无用的,必须给人民以看得见的物质福利"①。"国家要积累,合作社也要积累,但是都不能过多。我们要尽可能使农民能够在正常年景下,从增加生产中逐年增加个人收入。"②他还关注地方与中央的分配:"应当在巩固中央统一领导的前提下,扩大一点地方的权力,给地方更多的独立性,让地方办更多的事情","中央要巩固,就要注意地方的利益"。③"正当的独立性,正当的权力,省、市、地、县、区、乡都应当争。"④

总之,在社会主义革命和建设时期,经过持续的理论联系实际的探索,我国形成了具有当时特色的、兼顾效率与公平的具有社会主义性质的分配制度。

四、统筹兼顾保障民生,建立社会主义福利制度

作为无产阶级政党,中国共产党在领导共同富裕实践中始终重视民生,把社会福利事业作为实现共同富裕的重要工作,在社会主义革命和建设时期,在借鉴苏联社会保障制度的基础上,根据我国自己的国情不断探索,逐步建成了适应当时发展的、具有一定中国特色的社会主义福利制度。

1949 年,新中国成立,深受封建主义、帝国主义、官僚资本主义三座大山的压迫,持续多年的战争对国民经济造成严重破坏,经济损失严重,人民生活困难重重,社会矛盾十分尖锐,急需中国共产党着手进行适合当时国情的社会福利制度建设。当时党和政府一度具有理想的愿望,期冀对所有贫困人口进行福利救济,但鉴于当时经济薄弱的实际情况,无力实现这个理想。为此,以毛泽东为代表的中国共产党人将贫困民众发动起来通过"生产自救""以工代赈"的方式实施福利救济。毛泽东坚持统筹兼顾、福利与生产并

①《毛泽东文集》(第二卷),人民出版社 1993 年版,第 467 页。
②《毛泽东文集》(第七卷),人民出版社 1999 年版,第 221 页。
③《毛泽东文集》(第七卷),人民出版社 1999 年版,第 31 页。
④《毛泽东文集》(第七卷),人民出版社 1999 年版,第 33 页。

举,他指出,"我们的方针是统筹兼顾、适当安排。无论粮食问题,灾荒问题,就业问题,教育问题,……都要从对全体人民的统筹兼顾这个观点出发,就当时当地的实际可能条件,同各方面的人协商,作出各种适当的安排"①,要鼓励、引导和帮助人民群众"组织起来,向一切可以发挥自己力量的地方和部门进军,向生产的深度和广度进军,替自己创造日益增多的福利事业"②。

首先,从宏观层面颁布了一系列有关社会福利的法律,建立了管理社会福利事业的机构,先后召开专题会议,发布指示从社会福利、社会救助、社会优抚等方面指导全国开展各方面的社会主义福利制度规范建设。1949年9月,《中国人民政治协商会议共同纲领》颁布,规定:"革命烈士家属和革命军人家属,其生活困难者应受国家和社会优待。参加革命战争的残废军人和退伍军人,应由人民政府给以适当安置,使能谋生立业。"中国人民政治协商会议决定成立内务部(民政部的前身)来全面负责社会福利事业,内务部下设多个分支部门,其中社会司主要负责社会救济、社会福利、流浪妇女改造和社会团体登记等具体事务。③ 同时,在各大行政区设立民政部,在各省、自治区、直辖市设立民政厅,大城市设民政局,专区、县设立民政处、科等,民政机构开始遍布全国。1950年,第33次政务会议通过了《关于救济失业工人的指示》,明确提出了对城市失业工人进行救济的范围、标准、资金来源。1950年,《革命工作人民伤亡褒恤暂行条例》《革命军人牺牲、病故褒恤暂行条例》《革命烈士家属革命军人家属优待暂行条例》出台。1951年,劳动部和中华全国总工会共同制定颁布了《劳动保险条例》以及《关于劳工工资和劳保福利制度问题的报告》,对职工的生活待遇和在医疗、疾病、工资水平、探亲休假、养老退休等方面享有的福利做出了具体规定,形成了早期社会福利制度的基本框架。④ 1952年颁布的《工会法》明确规定,工会有改善工人群众的物质生活、建立文化生活的各种设施的责任。1954年9月,《宪法》颁

①《毛泽东著作选读》(下册),人民出版社1986年版,第783页。
②《毛泽东文集》(第六卷),人民出版社1996年版,第231页。
③孟明达主编:《中华人民共和国民政部大事记(1949—1986)》,中国社会出版社2004年版,第3页。
④李玲:《中国社会保障制度的60年及其公平性研究》,《福建论坛(人文社会科学版)》2009年第11期。

布，规定："中华人民共和国劳动者在年老、疾病或者丧失劳动能力的时候，有获得物质帮助的权利，国家举办社会保险、社会救济和群众卫生事业，并且逐步扩大这些设施，以保证劳动者享受这种权利。"1956 年 6 月，一届人大三次会议通过了《高级农业生产合作社示范章程》，规定："农业生产合作社对于缺乏劳动能力或者完全丧失劳动能力、生活没有依靠的老、弱、孤、寡、残疾的社员，在生产上和生活上给以适当的安排和照顾。"1957 年，《关于职工方面若干问题的指示》颁布。1958 年，国务院公布《国务院关于工人职员退职处理的暂行规定》……。这些规定的颁布和内务部的成立，推动着我国的社会主义福利制度逐渐朝着正式化和制度化的方向发展。

其次，通过一系列具体的措施对社会福利进行整顿和改造，逐步推进城市社会福利、农村社会福利和军人优抚等方面的制度建设。如：《关于城市救济福利工作报告》规定了旧有福利设施的改造、私立救济福利单位的管理等，在改造旧有官办慈善事业福利机构与新建机构的基础上，推动城镇社会福利制度的发展；通过农业集体化的推进，依托农村集体经济和国家救助，在农村为了解决农村社会福利问题开辟了五保制度，五保制度也成为中国农村社会福利制度中的一个亮点，据统计，1958 年，全国农村享受五保的有413 万户、519 万人[1]；建立社会优抚安置制度，针对军人及其家属建立对应的社会保障制度。

随着社会主义改造的基本完成，中国进入社会主义建设时期，开始大规模建设社会主义事业，社会福利事业迅速发展，社会保险、各类人群社会救助等方面都逐步进入规范化管理，进入了一个相对规范的时期。1956 年，我国企业劳动保险的范围扩大到了商业、外贸、金融、民航、粮食、供销合作社、石油、地质、水产、国营农牧场、造林等 13 个产业和部门，参与保险的职工人数也达到了 700 万人。[2] 1958 年，民政工作更是将社会福利放在首位，社会救助和社会福利逐步分开。[3] 城市中老年人、贫困群众、残疾人、妇女儿童的

①宋士云：《新中国农村五保供养制度的变迁》，《当代中国史研究》2007 年第 1 期。
②刘俊卿：《关于我国社会福利制度建设的思考》，天津大学博士学位论文，2010 年。
③严运楼：《中国共产党社会福利建设史》，上海交通大学出版社 2019 年版，第 40 页。

帮扶救助工作得到重视,全国开始兴办各种类型的社会福利机构。[1] 1958年,中共八届六中全会通过《关于人民公社若干问题的决议》,规定要为那些没有子女可以依靠的老人提供条件较好的敬老院。之后开始迅速大办敬老院,截至1958年底,全国已有150万多家敬老院,收容了300多万名老人。[2] 1959年,国家相继创办一系列的社会福利机构,专门收养孤老残幼人群——无依无靠、无收入与无劳动能力的老人、儿童和残疾人等弱势群体。[3] 据统计,到1963年底,全国城市社会福利事业单位共有1660个,其中:社会福利院489个,养老院237个,儿童福利机构732个,精神病人福利院202个;收养人员共124321人,其中老人43510人,儿童52865人,残疾人27946人;福利生产单位共1371个,安置残疾职工9606人,年产值达到14004万元。[4]

社会福利制度建设取得了长足的进步,尤其是城镇职工福利进一步完善,农村五保制度和合作医疗制度的建立成为中国社会福利事业史上的里程碑[5],在社会救灾、民政福利等方面也都有了明显发展。城市社会福利建设主要围绕单位福利展开,颁布、通过了《工会法》《职工生活困难补助办法》《户口登记条例》《国务院关于工人、职员回家探亲的假期和工资待遇的暂行规定》《关于国营、公私合营、合作社营、个体经营的企业和事业单位的学徒的学习期限和生活补贴的暂行规定》《国务院关于精简职工安置办法的若干规定》等一系列法律法规和行政规定,形成了国家统揽一切事务,通过单位向职工提供全面福利的具有集体主义色彩的福利体系。在城市,国家一方面通过"高就业、低工资、高福利"的方式,在企业、机关、事业单位等陆续建立了一整套终身就业、单位提供各种社会福利和服务的政策体系,另一方面对于城市中无生活来源的未就业人员及孤寡老人、孤残儿童、残疾人

①苏昕、李伟嘉:《中国共产党领导社会福利建设的理论基础与百年实践》,《西南民族大学学报(人文社会科学版)》2021年第6期。
②邓大松、刘昌平等:《中国社会保障改革与发展报告2019》,人民出版社2020年版,第343页。
③成海军:《计划经济时期中国社会福利制度的历史考察》,《当代中国史研究》2008年第5期。
④王子今、刘悦斌、常宗虎:《中国社会福利史》,武汉大学出版社2013年版,第281页。
⑤严运楼:《中国共产党社会福利建设史》,上海交通大学出版社2019年版,第1163页。

等,通过民政福利的方式进行社会救助。农村社会福利制度则是通过农业生产合作社来组织实施,采用补缺型集体福利模式,继续发展五保制度。1956年,《高级农村生产合作社示范章程》颁布,规定对老弱病残孤寡等社员给予社会福利照顾。农村逐渐形成了依靠集体经济、发展农村五保制度和农村合作医疗制度共同构成的政策体系。所以,社会福利制度表现出小范围全面保障与大范围身份本位并存的特征。[①] 在这个时期还积极探索了农村合作医疗制度,建立了中国农村的赤脚医生系统。以集体经济为基础,合作医疗的费用由农民、集体和医生三方共同出资,农民每人每年出资2角,再从集体公益金中提取15%～20%作为补贴,医生收入主要是医疗收入和药品利润。当时由于政府大力推行,大多数农民都选择了加入合作医疗。相较于1958年之前的社会救灾工作,这一时期的社会救灾工作进一步规范。1963年,《关于生产救灾工作的决定》和《认真贯彻农村人民公社工作条例,进一步做好农村社会救济工作》的出台,集中体现了这个时期社会救灾的进一步规范化。1959年,中共中央下发了内务部党组关于社会福利生产企业的请示报告,国家计委《关于社会福利生产统一纳入地方计划的通知》,甚至一度提出"民政部门的主要任务是搞福利"[②],民政福利也有了规范化的发展。在这个阶段形成了由单位职工福利、社会民政福利、农村五保制度、农村合作医疗制度等构成的福利制度体系。

　　总之,在社会主义革命和建设时期,中国共产党始终以人民为中心,坚持共同富裕的原则进行社会主义福利制度建设,在很大程度上实现了为经济和政治服务,使得当时的新生政权得到巩固,社会环境更加稳定,调动了人民积极性进行社会主义建设,推动了当时的生产发展和经济体制改革,符合当时的时代要求和时空背景,逐步建成了包含社会保障、社会救助、社会医疗和社会福利服务在内的社会主义福利制度体系。

---

①岳经纶、方珂：《从"社会身份本位"到"人类需要本位"：中国社会政策的范式演进》,《学术月刊》2019年第2期。

②常宗虎：《聆听历史的教诲——近50年来中国社会福利史的三点启示》,《中国民政》2001年第4期。

第四节 为实现共同富裕奠定了根本的政治前提和制度基础

在社会主义革命和建设时期,以毛泽东为代表的中国共产党人开启了对共同富裕思想和实践探索的先河。党领导全国各族人民有步骤地实现从新民主主义到社会主义的转变,迅速恢复国民经济并开展有计划的经济建设,进行对生产资料私有制的社会主义改造,建立社会主义公有制,推进社会主义现代化建设,为我国走社会主义共同富裕道路奠定了根本政治方向和制度基础。

一、确立了共同富裕的根本政治方向

政治方向是指阶级、政党、政治集团及其成员前进的政治道路及其发展指向,也指人们的政治理想、革命信念和奋斗目标。它具有鲜明的阶级性、实践性和时代性。无产阶级政党的政治方向就是为实现共产主义而奋斗,就是坚持马克思主义的自觉性。中国共产党是无产阶级政党,从成立那一天起,就始终坚持自己的政治方向。毛泽东在陕北公学的讲演中,形象地描绘了我们党政治方向的含义,就是打倒帝国主义,实现民主政治,在民主政治建立以后,就要"升学"进入"社会主义"大学,也就是走社会主义道路。在《新民主主义论》中,他又指出:"关于社会制度的主张,共产党是有现在的纲领和将来的纲领,或最低纲领和最高纲领两部分的。在现在,新民主主义,在将来,社会主义,这是有机构成的两部分,而为整个共产主义思想体系所指导。"①由此可见,在当时的历史条件下,中国共产党的政治方向就是在马克思主义的指导下,完成新民主主义革命,建立社会主义的新中国,最终实现共同富裕。

①《毛泽东选集》(第二卷),人民出版社1991年版,第686页。

　　我们确立根本的政治方向经过了一个多世纪的追寻。中国从 1840 年开始，受到西方列强的侵略，逐步变成一个半封建半殖民地的社会。在帝国主义、封建主义、官僚资本主义三座大山的残酷压迫下，中国人民处于饥寒交迫、毫无政治权利的水深火热之中。然而，英勇的中国人民从来不会在困难面前低头，也从来不会在外敌的侮辱下屈服。从 1840 年鸦片战争起，到 1945 年抗日战争胜利，再到 1949 年新中国成立，整整一个多世纪的历史就是中国人民抗争的历史、革命的历史。这场波澜壮阔的革命时间之长、道路之曲折、斗争之残酷、牺牲之巨大，在世界革命史上也是绝无仅有的。

　　在中国共产党诞生之前，中国经历了太平天国运动、义和团运动、辛亥革命等，这一次又一次的革命斗争当中都贯穿着同一条主线，即反对帝国主义和封建主义，寻求正确的革命道路与政治方向。其中，太平天国运动虽然比以前任何一次农民战争都有着更多的新内容，但最终还是由于农民意识的局限性，在革命道路的追寻上只能求助于虚无缥缈的宗教，其领导者借助宗教语言来表明他们的革命目的和方向。由于缺乏正确的政治方向，在内部分裂与中外反动势力疯狂反扑下，太平天国运动最终失败了。同样，辛亥革命虽然推翻了封建王朝统治，结束了中国长达 2000 多年的封建帝制，建立了资产阶级民主共和国，使民主、共和的观念深入人心。但在帝国主义和封建主义的压迫下，胜利果实被大地主、大资产阶级头子袁世凯所窃取，中国的半封建半殖民地的社会性质并没有改变，中国人民依然生活在水深火热之中。辛亥革命的失败证明了，中国资产阶级不能完成领导民主革命的任务，建立资产阶级共和国对于半封建半殖民地的中国来说不是正确的政治方向。

　　这段历史正如毛泽东所说："在一个很长的时期内，即从一八四〇年的鸦片战争到一九一九年的五四运动的前夜，共计七十多年中，中国人没有什么思想武器可以抵御帝国主义。旧的顽固的封建主义的思想武器打了败仗了，抵不住，宣告破产了。不得已，中国人被迫从帝国主义的老家即西方资产阶级革命时代的武器库中学来了进化论、天赋人权论和资产阶级共和国等项思想武器和方案，组织过政党，举行过革命，以为可以外御列强，内建民国。但是这些东西也和封建主义的思想武器一样,软弱得很,又是抵不住,败下阵来,宣告破产了。"①中国共产党正是从这些革命的成败当中找到了真理,开始把马克思主义与中国的具体实际相结合,逐步形成了正确的政治方向,即坚持走由新民主主义通向社会主义道路。中国共产党从成立的那一天起,就明确地把政治方向放在第一位,始终加以坚持。正是有着对政治方向的坚定信仰与不懈追求,中国革命才能在艰苦卓绝的环境中取得成功。

在新中国成立之后,中国共产党迅速恢复国民经济,完成三大改造,建立社会主义制度,进行社会主义现代化建设,先后制定促进社会主义建设的国家发展路线、方针、政策,为共同富裕的探索奠定了根本政治基础,确立了根本政治方向。胡锦涛在党的十七大报告中对社会主义革命和建设时期做出了这样的评价:"我们要永远铭记,改革开放伟大事业,是在以毛泽东同志为核心的党的第一代中央领导集体创立毛泽东思想,带领全党全国各族人民建立新中国、取得社会主义革命和建设伟大成就以及艰辛探索社会主义建设规律取得宝贵经验的基础上进行的。新民主主义革命的胜利,社会主义基本制度的建立,为当代中国一切发展进步奠定了根本政治前提和制度基础。"②

二、奠定了共同富裕的根本制度基础

在历史唯物主义的理论视域中,制度反映的是人与人之间的社会关系,是社会关系的结构化和规范化。一个社会的根本制度则反映了该社会的社会关系发展的历史水平和基本性质,也是我们区别不同社会形态的根本标志。在社会主义革命和建设时期,以毛泽东为代表的中国共产党人在特定的历史条件下建立了适合中国国情的社会主义基本制度,虽然后期经历了一些曲折,但是仍然取得了很大的成就,为新的历史阶段进一步探索共同富裕奠定了基本制度基础。

---

① 《毛泽东选集》(第四卷),人民出版社 1991 年版,第 1513—1524 页。
② 中共中央文献研究室编:《十七大以来重要文献选编》(上),中央文献出版社 2009 年版,第 6 页。

　　新中国成立后,在恢复建设的同时,中国共产党彻底推翻了中国的封建土地制度。1950 年 6 月,中央人民政府颁布施行《土地改革法》,明确规定了"废除地主阶级封建剥削的土地所有制,实行农民的土地所有制,借以解放农村生产力,发展农业生产,为新中国的工业化开辟道路"[1]。进行土地改革,"使中国农村贫富状况发生两千多年来的一次大变局:地权由集中到分散,由悬殊到平均"[2]。彻底消灭地主土地所有制,从根本上解放农村生产力,激发广大农民的生产积极性,促进农业的迅速恢复和发展。

　　短短几年恢复建设之后,中国共产党随即带领人们开始向社会主义过渡。1953 年提出过渡时期总路线后,社会主义工业化和社会主义改造并举,采取比较科学和符合中国实际的政策,用赎买的方法,分步骤、分阶段实施对农业、手工业和资本主义工商业的社会主义改造。到 1956 年 6 月,全国加入农业合作化的农民占农民总数的 92%,个体手工业者加入各种合作化的占其从业人员的 90%,私营工业已有占产值 99% 和占职工总数 98% 的企业实现了公私合营,私营商业也有 68% 的户数和 74% 的从业人员实现了改造。这意味着中国共产党没有采取疾风暴雨式的阶级斗争方式,没有经过大的社会动荡,就基本完成了社会主义三大改造,实现了社会政治制度的更新,完成了生产关系的全新改造,创造性地实现了由新民主主义到社会主义的平稳过渡,走出了一条具有中国特色的社会主义改造之路。社会主义三大改造基本完成,建立起了独立的、比较完整的工业体系和国民经济体系,确立了生产资料公有制的社会主义基本制度。

　　在社会主义改造完成前后,在当时特殊的历史背景下,由于缺乏社会主义国家建设经验,中国共产党在苏联的直接帮助下开始了大规模地照搬苏联社会主义模式的社会主义建设,156 个关系到国计民生的重点项目全面启动。毛泽东坦率地讲过:"因为我们没有经验,在经济建设方面,我们只得照

---

①陆学艺:《中国社会阶级阶层结构变迁 60 年》,《中国人口·资源与环境》2010 年第 7 期。
②赵德馨:《1949—2002 年:走向共同富裕的两条思路及其实践经验》,《当代中国史研究》2007 年第 3 期。

抄苏联,特别是在重工业方面,几乎一切都抄苏联,自己的创造性很少。"①他说,在"三大改造完成以后,发觉统得太死,不行,着手改进体制"②。在经济建设的过程中,毛泽东等中国共产党人很快发现苏联模式的弊端,如国民经济比例失调、管理体制高度集中等。毛泽东后来说:新中国成立后,"三年恢复时期,对搞建设,我们是懵懵懂懂的。接着搞第一个五年计划,对建设还是懵懵懂懂的,只能基本上照抄苏联的办法,但总觉得不满意,心情不舒畅"③。苏共二十大以及波匈事件发生后,毛泽东更加强调要以苏联经验为鉴戒,探索适合中国国情的社会主义建设道路。

在社会主义制度的建设和完善过程中,中国共产党中央领导人对社会主义制度是需要不断调整和完善的达成了共识。如毛泽东修改的关于1960年的国民经济的报告稿就指出:"根据生产力迅速发展的要求,对生产关系和上层建筑进行不断的改革,就为生产力的不断发展开辟了广阔的道路。而生产力的不断发展,又迫使生产关系和上层建筑不能不进行不断的改革。"④在1959年发表的《马克思列宁主义在中国的胜利》一文中,刘少奇指出:"社会主义制度不是一成不变的凝固的东西。有领导地改变旧秩序,建立新秩序,就是充分发挥和发展社会主义制度的优越性。而要这样做,就要依靠人民群众,同一切束缚生产力发展的传统的习惯势力作斗争,不断地调整生产关系和上层建筑,使之适合社会生产力发展的需要。"⑤同年,周恩来在《伟大的十年》一文中也指出:"社会主义生产关系和适应于这种生产关系即经济基础的上层建筑在建立起来以后,还是处于不断发展和不断完善的过程中,不能是固定不变的。为着适应生产力继续向前发展的要求,生产关系的各个方面随时需要进行调整,随之,建立在这种经济基础上的上层建筑

---

① 中共中央文献研究室编:《建国以来毛泽东文稿》(第十册),中央文献出版社1996年版,第35页。

② 薄一波:《若干重大决策与事件的回顾》(上卷),中共中央党校出版社1991年版,第414页。

③ 《毛泽东文集》(第八卷),人民出版社1999年版,第117页。

④ 中共中央文献研究室编:《建国以来毛泽东文稿》(第九册),中央文献出版社1996年版,第109页。

⑤ 中共中央文献研究室编:《建国以来重要文献选编》(第十二册),中央文献出版社1996年版,第561—562页。

的各个方面也随时需要革新","才能保证生产力的不断高涨"。①

中国共产党就是在这样的过程中对社会主义制度的建立和完善进行了艰辛的探索,并取得了一些宝贵的成果。经过几十年的努力,中国初步建立了符合中国特色的社会主义基本制度。1956 年 8 月 21 日,在对党的八大政治报告稿的批语和修改中,毛泽东指出:"不可能设想,社会主义制度在各国的具体发展过程和表现形式,只能有一个千篇一律的格式,我国是一个东方国家,又是一个大国。因此,我国不但在民主革命过程中有自己的许多特点,在社会主义改造和社会主义建设的过程中也带有自己的许多特点,而且在将来建成社会主义社会以后还会继续存在自己的许多特点。"②尽管这个时期的社会主义制度有不完善的地方,但是毫无疑问,这个阶段的探索都为共同富裕的实现奠定了基本制度基础。

三、存在遗憾和局限

社会主义建设时期,我们对共同富裕道路进行了艰辛探索,虽然取得了符合中国实际的共同富裕之路的初步成果,但是由于时代、认识和实践的局限,后期的探索并没有使生产力和人民的生活水平以其应有的速度得到提高,在探索过程中出现了一些偏差,留下了一些遗憾和教训,值得我们反思和深思。

首先,过分注重公平性、防止两极分化而导致共同贫穷。

在新中国成立之后,虽然经过多年的建设,我们在实现共同富裕的道路上取得了一定的成就,人民的物质、文化水平都得到了提高,但是与同时期其他国家相比较,人民生活水平提高的幅度并不大。根据相关统计数据,1952 年,中国经济总量占世界的比重很小,1978 年才达到 1.8%。③"一九七八年全国平均每人占有的粮食大体上还只相当于一九五七年,全

---

① 中共中央文献研究室编:《建国以来重要文献选编》(第十二册),中央文献出版社 1996 年版,第604—605 页。

② 中共中央文献研究室编:《建国以来毛泽东文稿》(第九册),中央文献出版社 1996 年版,第 143 页。

③ 张满林、蔡春霞:《经济学原理》,中国经济出版社 2010 年版,第 221 页。

国农业人口平均每人每年的收入只有七十多元,有近四分之一的生产队社员收入在五十元以下,平均每个生产大队的集体积累不到一万元,有的地方甚至不能维持简单再生产。"①邓小平曾经也对1978年前的生产力发展水平有过这样的批判:"从一九五八年到一九七八年整整二十年里,农民和工人的收入增加很少,生活水平很低,生产力没有多大发展。"②因此,从这个角度上分析,经过那么多年的发展,我们非但没有实现共同富裕,反而导致了共同贫穷。

产生这种后果有几个原因,其中之一就是在后期对共同富裕的认识出现了偏差。在当时的共同富裕思想中,公平性是核心内容。所以认为社会主义的共同富裕就是人民在没有差别基础上的共同富裕,一旦出现一些差距,甚至于还只是出现这种差距可能扩大的趋势,就会被认为是两极分化,要进行杜绝和防止。而事实上,中国在社会主义初级阶段出现的这种"两极分化"只是在公有制基础上实行按劳分配导致的收入差距,与生产资料私有制条件下的两极分化是有本质区别的。马克思主义认为,两极分化是资本主义私有制的产物,本质上是资本主义生产关系的反映。马克思还指出,在共产主义的第一阶段,社会消费品还只能实行按劳分配,"因此,在提供的劳动相同、从而由社会消费基金中分得的份额相同的条件下,某一个人事实上所得到的比另一个人多些,也就比另一个人富些"③的现象是不可避免的。我国历史学家薄一波也曾评述过:"土改后的农村出现两极分化是难以避免的,它是商品经济发展的必然结果。两极分化的出现,虽有消极的一面,但在当时的情况下主要的还是有利于推进生产力的发展。"④由此可见,在公有制基础之上,因为实行按劳分配所产生的贫富差距不能称为两极分化。如果在生产资料公有制的基础上,因为实行按劳分配出现了很大的贫富差距,可以通过国家财政税收、社会保障等多种手段有效地调节和控制,而不是单

①中共中央文献研究室编:《三中全会以来重要文献选编》(上册),人民出版社1982年版,第166页。
②《邓小平文选》(第三卷),人民出版社1993年版,第115页。
③《马克思恩格斯选集》(第三卷),人民出版社2012年版,第364页。
④薄一波:《若干重大决策与事件的回顾》(上卷),中共中央党校出版社1991年版,第207页。

纯一味地防止、杜绝,提倡平均主义。

原因之二是虽然坚决批判反对平均主义,但是反对平均主义不彻底。毛泽东一生追求大同社会,内心对平均主义所体现出来的那种公平充满着渴望。在社会主义建设时期的毛泽东就经常怀念延安时期供给制的好处,当听说一些人民公社吃饭不要钱时他感觉很兴奋:"无论谁人,都有饭吃。"①后期他由于自己的错误认识,极力推行供给制和吃饭不要钱等平均主义分配制度。历史事实证明了,平均主义"严重压抑了企业和广大职工群众的积极性、主动性、创造性,使本来应该生机盎然的社会主义经济在很大程度上失去了活力"②,其最终结果只能导致共同贫穷。邓小平也曾指出:"我们坚持走社会主义道路,根本目标是实现共同富裕,然而平均发展是不可能的。过去搞平均主义,吃'大锅饭',实际上是共同落后,共同贫穷,我们就是吃了这个亏。"③

其次,过于重视生产关系而导致重视生产力未能始终贯彻。

毛泽东对生产力在实现共同富裕中的基础性作用有着非常清醒的认识,但遗憾的是,这一重视生产力的认识未能在追求共同富裕的实践中贯彻始终。早在党的七大,毛泽东就指出:"中国一切政党的政策及其实践在中国人民中所表现的作用的好坏、大小,归根到底,看它对于中国人民的生产力的发展是否有帮助及其帮助之大小,看它是束缚生产力的,还是解放生产力的。"④中国共产党应该自觉追求"解放中国人民的生产力,使之获得充分发展的可能性","在若干年内逐步地建立重工业和轻工业,使中国由农业国变为工业国"。⑤ 在新中国成立之后,毛泽东也非常重视生产力。在《关于正确处理人民内部矛盾的问题》中,毛泽东就指出:"我们的根本任务已经由解

---

①中共中央文献研究室编:《毛泽东年谱(1949—1976)》(第三卷),中央文献出版社 2013 年版,第 425 页。
②中共中央文献研究室编:《十二大以来重要文献选编》(中),中央文献出版社 1986 年版,第 50 页。
③《邓小平文选》(第三卷),人民出版社 1993 年版,第 155 页。
④《毛泽东选集》(第三卷),人民出版社 1991 年版,第 1079 页。
⑤《毛泽东选集》(第三卷),人民出版社 1991 年版,第 1081 页。

放生产力变为在新的生产关系下面保护和发展生产力。"①1957 年，毛泽东在一次讲话中将生产力的比较充分的发展作为社会主义根本建成的标志之一："在我国建立一个现代化的工业基础和现代化的农业基础，从现在起，还要十年至十五年。只有经过十年至十五年的社会生产力的比较充分的发展，我们的社会主义的经济制度和政治制度，才算获得了自己的比较充分的物质基础（现在，这个物质基础还很不充分），我们的国家（上层建筑）才算充分巩固，社会主义社会才算从根本上建成了。"②

但后期由于"以阶级斗争为纲"等"左"的思想的影响，毛泽东曾一度认为"我们胜利只有七年。我们政权专政的职能，只剩百分之十了。由于没有那样多的反革命分子，所有专政的范围缩小了"③。但是毛泽东又很快认为阶级斗争仍然是国家的主要矛盾，1957 年，在中国共产党全国宣传工作会议上，他说："在我国，巩固社会主义制度的斗争，社会主义和资本主义谁战胜谁的斗争，还要经过一个很长的历史时期。"④后来又提出修正主义，毛泽东在 1964—1965 年先后指出："中国出了修正主义的中央，要顶住"；"党是可以变化的。中国也有两种前途，一种是坚决走马列主义的道路，社会主义的道路，一种是走修正主义的道路"；"如果中央出了修正主义，应该造反"。⑤后期坚持"以阶级斗争为纲"，自然就无法重视发展生产力了。

由于忽视社会发展的自然规律、对社会公平的过度追求，以及对生产关系反作用的夸大等，毛泽东在晚年未能始终做到以重视生产力、发展生产力为工作重心，结果不但阻碍了社会共同富裕的实现，也给社会稳定造成了混乱。

最后，追求共同富裕急躁冒进，急于求成。

①《毛泽东文集》（第七卷），人民出版社 1999 年版，第 218 页。
②中共中央文献研究室编：《建国以来重要文献选编》（第十册），中央文献出版社 1994 年版，第 491 页。
③中共中央文献研究室编：《毛泽东年谱（1949—1976）》（第五卷），中央文献出版社 2013 年版，第 633 页。
④《毛泽东文集》（第七卷），人民出版社 1999 年版，第 268 页。
⑤中共中央文献研究室编：《毛泽东年谱（1949—1976）》（第五卷），中央文献出版社 2013 年版，第 359、517、534 页。

新中国成立之后,以毛泽东为代表的中国共产党人对中国经济文化较为落后的国情,对社会主义建设的长期性和艰苦性是有着非常清醒并且实事求是的认识的。毛泽东在新中国成立初指出:"要有几十年时间,经过艰苦的努力,才能将全体人民的生活水平逐步提高起来。"①在对农业进行社会主义改造时,毛泽东就曾告诫全党:"盲目急躁的冒险主义是根本要不得的。"②1954 年 6 月,毛泽东在中央人民政府委员会第三十次会议上又指出:"大约需要十个五年计划的时间来完成社会主义现代化强国的建设。"③1961 年在《大兴调查研究之风》中,他又指出:"现在看来,搞社会主义建设不要那么十分急。十分急了办不成事,越急越办不成,不如缓一点,波浪式地向前发展。这同人走路一样,走一阵要休息一下。军队行军有大休息、小休息,劳逸结合,有劳有逸。两个战役之间也要休息整顿。"④1962 年,毛泽东在扩大的中央工作会议上的讲话中曾指出,要建成社会主义"没有一百多年的时间,我看是不行的。也许只要几十年,例如有些人所设想的五十年,就能做到。果然这样,谢天谢地,岂不甚好。但是我劝同志们宁肯把困难想得多一点,因而把时间设想得长一点"⑤。

后来,毛泽东希望快速改变中国贫穷落后的现状,实现共同富裕,但是缺乏社会主义建设经验,加上复杂的国际背景,以及人民的热切期望,又受到"左"倾思想的干扰,因而在对共同富裕的追求上有些急于求成。"我国人民应该有一个远大的规划,要在几十年内,努力改变我国在经济上和科学文化上的落后状况,迅速达到世界上的先进水平。"⑥为了使中国快速赶超资本主义,他进而发动了"大跃进"和人民公社化运动,不切实际地提出"苦战三年,基本改变全国面貌"⑦,甚至提出:"看来,共产主义在我国的实现,已经不

---

① 中共中央文献编辑委员会编:《毛泽东著作选读》(下册),人民出版社 1986 年版,第 775 页。
② 中共中央文献研究室编:《建国以来重要文献选编》(第四册),中央文献出版社 1993 年版,第 667 页。
③《毛泽东文集》(第八卷),人民出版社 1999 年版,第 302 页。
④《毛泽东文集》(第八卷),人民出版社 1999 年版,第 236 页。
⑤《毛泽东文集》(第八卷),人民出版社 1999 年版,第 302 页。
⑥ 中共中央文献编辑委员会编:《毛泽东著作选读》(下册),人民出版社 1986 年版,第 718 页。
⑦ 中共中央文献研究室编:《建国以来毛泽东文稿》(第七册),中央文献出版社 1992 年版,第 636 页。

是什么遥远将来的事情了，我们应该积极地运用人民公社的形式，摸索出一条过渡到共产主义的具体途径。"①在探索共同富裕道路的过程中，各种主客观的因素使得我们党在急躁冒进、急于求成中产生了失误的教训，影响了我们党共同富裕理想的实现。

综上所述，从新中国成立到改革开放前夕，以毛泽东为代表的中国共产党人领导中国人民迅速修复了战争的创伤，完成了伟大的社会主义革命，进行了一场中华民族有史以来最为广泛深刻的社会变革，确立了社会主义制度，实现了一穷二白、人口众多的东方大国大步迈向社会主义大国的伟大飞跃。在整个社会主义革命和建设时期，中国共产党对共同富裕思想的实践探索是一个非常好的开端，虽然其间经历了一段曲折，但是党在这个时期的探索过程中取得了很多独创性的理论成果和巨大非凡的实践成就。所以不管从理论还是实践的角度，不管是从过去还是现在，抑或是将来的角度来看，这个阶段的艰辛探索为我们在新时期推进共同富裕，开创中国特色社会主义建设提供了宝贵经验、理论准备和物质基础。

---

① 中共中央文献研究室编：《建国以来重要文献选编》（第十一册），中央文献出版社1995年版，第450页。

第三章

改革开放进程中共同富裕理论
与实践的重要发展

社会主义革命和建设时期实现了中国共产党对共同富裕的最早探索，以公平性为核心要义的共同富裕思想和实践为实现社会主义共同富裕奠定了根本政治前提与制度基础。在改革开放进程中，以邓小平同志为核心的党的第二代中央领导集体在总结前人经验教训的基础上，重新认识社会主义本质，从而构建起了以发展性为核心要义的共同富裕思想，解决了共同富裕探索中的一系列重大理论和实践问题，推进了中国特色社会主义共同富裕理论与实践的重要发展，为共同富裕的实现提供了重要的体制保证和物质条件。

第一节　社会主义发展观与共同富裕思想的理论发展

一、社会主义本质的再思考及其价值

（一）社会主义本质的提出

改革开放和社会主义现代化建设新时期的共同富裕思想源于社会主义发展观的变化，而社会主义发展观的变化又源于对社会主义本质的再思考。社会主义本质论有着宏大的理论视野，也是对社会主义理论和社会主义实践经验、教训的总结提炼，蕴含着邓小平对社会主义的长期思考和探索。

第一，社会主义五百年的大视野是社会主义本质论的主要理论渊源。

空想社会主义者们最早提出了社会主义的概念，但因其缺乏科学的基础，很难付诸实践。如何将社会主义科学化成为时代课题，马克思创造性地提出了唯物史观，进而找到了使资本主义灭亡的社会力量、经济根本以及实现社会主义的革命的正确道路，社会主义开始由空想转变为科学。在科学社会主义发展史上，恩格斯在《共产主义原理》中回答"这种新的社会制度应当是怎样的"问题时,最早对社会主义做出设想,提出了"私有制也必须废除,代替它的是共同使用全部生产工具和按共同协议来分配产品,即所谓的财产共有"①。后来,马克思、恩格斯在《哥达纲领批判》《社会主义从空想到科学的发展》等作品中,再一次描绘了未来社会主义社会的蓝图构想。恩格斯曾经指出:"我所在的党没有提出任何一劳永逸的现成方案。我们对未来的非资本主义社会区别于现代社会特征的看法,是从历史事实和发展过程中得出的确切结论;脱离这些事实和过程,就没有任何理论价值和实际价值。"②列宁对社会主义的认识比马克思、恩格斯更接近实际,列宁的认识分两个阶段:一是在十月革命前,他的设想和马克思、恩格斯的设想几乎没有差别,都认为"生产资料公有和按劳分配"③就是社会主义的特征。二是十月革命胜利后,经过曲折探索,列宁根据建立和建设社会主义国家的成功实践,将马克思、恩格斯关于社会主义社会的理论进行了发展。但由于列宁在世时,俄国尚且处于"过渡时期",所以"社会主义将来是个什么样子,什么时候达到完备的形式——这些我们不知道"④。此后,斯大林从生产关系和上层建筑角度谈论了社会主义的标准,而对生产力发展水平和人民的富裕程度等等未曾提及。

新中国成立以后,社会主义建设成就斐然,但因为照搬"老大哥"的做法,搞苏联模式,我国在对社会主义的认识问题上也发生过偏差。"左"的指导思想和忽略生产力发展的做法形成了"社会主义＝公有制＝计划经济＝消灭阶级＝消灭商品经济"等思维的藩篱。走过弯路之后才知道,不打破这个藩篱,不进行思想的解放,经济就会停滞不前,人们的思维因循守旧,社会主义社会就难以摆脱贫困,更无法充分体现出优越性。

无论是马克思、列宁还是毛泽东,在社会主义的探索中,基本上都是从两种主义的区别和两种社会制度比较的视角来论证社会主义主要特征

①《马克思恩格斯全集》(第一卷),人民出版社1975年版,第286—287页。
②《马克思恩格斯全集》(第三十六卷),人民出版社1975年版,第419—420页。
③《列宁选集》(第三卷),人民出版社1972年版,第62页。
④《列宁全集》(第三十四卷),人民出版社1985年版,第60—61页。

的,而对社会主义本质则缺乏论述。改革开放以后,邓小平反复提出和思考"什么是社会主义? 怎样建设社会主义?"这两个基本理论问题,在1992年初的南方谈话中,邓小平对社会主义本质进行了系统性阐述,他明确指出:"社会主义本质,是解放生产力,发展生产力,消灭剥削,消除两极分化,最终达到共同富裕。"①邓小平第一次将共同富裕提到社会主义本质的高度,这是科学社会主义史上对共同富裕历史地位的最高评价,标志着中国共产党人对社会主义本质的认识、对共同富裕的认识达到了一个新的高度。

第二,我国社会主义建设的经验教训是社会主义本质论的实践基础。

对社会主义建设道路的探索不是一蹴而就的,也不是一帆风顺的,是一个经风历雨的过程。"社会主义＝公有制＝计划经济＝消灭阶级＝消灭商品经济"等思维的藩篱存在了较长时间,致使一些社会主义国家集中力量发展重工业,忽视轻工业和人民生活水平的提高,这种情况同样也出现在我国。生产力的发展停滞不前,社会主义的发展动力缺失,使我国社会主义实践走了弯路。邓小平在全面总结我国社会主义建设正反两方面经验教训时,找到了忽视发展生产力这个根本偏误,这个偏误使得我国社会主义优越性得不到体现,反而造成生产力发展缓慢,人民的物质文化生活得不到改善,摆脱不了贫穷落后的面貌。就连改革开放之后,这些旧的思想的藩篱仍然在发挥着消极作用。有人把经济特区看成"新的殖民地",把搞市场经济说成是搞资本主义,等等。反对的理由很简单,马克思主义理论未曾论及,社会主义实践从未有过,所以就不是社会主义。因此,若是不突破这些教条式的理解,打破这些旧的思想的藩篱,改革开放的政策就没有办法坚持下去,大力发展生产力就会沦为一句空话,人民生活水平更谈不上提高,共同富裕也就无从谈起,现代化建设的蓝图更是无法绘就。于是,对社会主义进行再认识、再思考显得尤为重要,这些重大理论问题摆在全党面前,也摆在了邓小平的面前。

①《邓小平文选》(第三卷),人民出版社1993年版,第373页。

(二)社会主义本质论的再思考

社会主义本质论是邓小平理论最为重要的组成部分,也是共同富裕思想的根本前提。这一理论是对社会主义建设实践的再思考,也是对科学社会主义理论的再思考。

通过对旧世界的批判,马克思、恩格斯阐述了社会主义和资本主义的本质区别。他们认为:社会主义条件下实行无产阶级专政,社会主义条件下实行按劳分配原则,社会主义条件下对生产进行有计划的指导和调节,社会主义促进人的自由而全面的发展。此后,得益于理论和实践的快速发展,世界社会主义运动在19世纪末20世纪初进入高峰期。尤其是十月革命成功后,列宁领导创建了世界上第一个社会主义国家。伴随着列宁建立、建设崭新的社会主义国家的实践,科学社会主义理论也得到了迅速发展。新的理论观点包括:国家政权建设和执政党建设必须加强,劳动生产率是社会主义取得最终胜利的法宝,合作社的形式有利于结合个人利益和国家利益,等等。1949年,经过中国人民长期的艰苦奋斗,新中国应运而生。以毛泽东同志为核心的党的第一代中央领导集体经过实践探索,对社会主义的本质特征形成了一些十分重要的新的认识:社会主义条件下逐步实现生产资料公有制,社会主义社会的主要矛盾是人民群众日益增长的物质文化需要与不能满足人民需要的落后的社会生产状况之间的矛盾,社会主义建设的根本任务是保护和发展生产力①,等等。这都为社会主义本质论和中国特色社会主义理论的形成和发展打下了坚实的基础。

可以说,社会主义本质论并非主观猜想,而是对马克思主义理论的再思考,既有理论根据,更有现实实践基础。社会主义本质论有两层含义:一是"解放生产力,发展生产力",这是根本任务;二是"消灭剥削,消除两极分化,最终达到共同富裕",这是根本目标。根本任务牢牢把握了"生产力"这个发展的根本要素,根本目标则深刻阐明了社会主义的生产关系,充分肯定了社会主义公有制和按劳分配的根本原则。

---

① 《毛泽东文集》(第七卷),人民出版社1999年版,第218页。

（三）社会主义本质论的价值

社会主义本质论是具有划时代意义的，这一理论全面总结和辩证继承了马克思、恩格斯、列宁、斯大林、毛泽东关于社会主义的理论和实践的成果，对于我们坚定走社会主义道路，完善社会主义基本制度并推进改革开放和现代化建设都具有重大的理论价值和实践价值。

第一，社会主义本质论是新的科学认识论。

邓小平明确提出："讲社会主义，首先就要使生产力发展，这是主要的。只有这样，才能表明社会主义的优越性。社会主义经济政策对不对，归根到底要看生产力是否发展，人民收入是否增加。这是压倒一切的标准。空讲社会主义不行，人民不相信。"[①]"社会主义是个很好的名词，但是如果搞不好，不能正确理解，不能采取正确的政策，那就体现不出社会主义本质。"[②]社会主义本质论实现了三个相统一：一是生产力和生产关系相统一，彻底明确了以往忽略生产力发展的现实误区，指出了解放生产力是社会主义制度不断完善和体现优越性的重要法宝，而且还要通过改革进一步发展生产力和变革社会关系；二是根本任务和根本目标相统一，根本任务即"解放生产力，发展生产力"，根本目标即"消灭剥削，消除两极分化，最终达到共同富裕"，根本任务以根本目标为导向，任务明确，目标清晰；三是发展阶段和终极目标的相统一，既有解放和发展生产力的阶段性目标，还提出了阶段性的实现步骤，以及实现共同富裕的终极目标。

邓小平说："社会主义财富属于人民，社会主义的致富是全民共同致富。社会主义的原则，第一是发展生产，第二是共同致富。我们允许一部分人先好起来，一部分地区先好起来，目的是更快地实现共同富裕。正因为如此，所以我们的政策是不使社会导致两极分化，不会导致富的越富，贫的越贫。"[③]这就是新的历史背景下邓小平对于社会主义认识论的中国化和再科学化，这一认识的转变突破了以往存在于人们脑海中的藩篱，使得中国人开

---

①《邓小平文选》（第二卷），人民出版社1994年版，第314页。
②《邓小平文选》（第二卷），人民出版社1994年版，第313页。
③《邓小平文选》（第三卷），人民出版社1994年版，第172页。

始有意识地开辟中国特色社会主义道路，在科学社会主义发展史上深深地烙上中国特色。认识的改变、思想的进步往往是实践进步的前奏，邓小平对社会主义的这一新的科学认识极大地促进了我国社会主义现代化事业向前发展。

第二，社会主义本质论对探索怎样建设社会主义具有重要的实践价值。

邓小平关于社会主义本质的认识尊重和继承了以往关于社会主义本质的论述，也针对改革进程中出现的种种问题进行了总结和思考，所以，这一理论的提出对探索怎样建设社会主义具有重要的实践价值。社会主义本质论的实践价值主要体现在一个纠正、一个防止和一个摒弃：一是纠正了过去单纯关注公有制和计划经济，而忽视了建设社会主义的最终目标是要实现共同富裕及人的全面发展；二是防止了改革开放过程中非公有制经济所带来的弊端，指明要消除两极分化，走共同富裕的道路；三是摒弃了计划经济就等于社会主义的错误观念，社会主义也可以搞市场经济，计划和市场都是调节经济发展的手段而已，如此便从根本上解决了姓"资"姓"社"的争论。

社会主义本质论在理论和实践上都坚持了守正创新。守正即坚守社会主义的国家性质，抓住生产力这个核心发展要素，坚持把公有制作为社会主义经济制度的基础，继续维护公有制和按劳分配的主体地位，在此基础上，根据实际情况，来完善和发展以公有制为主体的所有制结构；创新即不照搬外国的做法，走自己的路，建设有中国特色的社会主义道路，坚持公有制为主体，但也要多种所有制并存，坚持按劳分配为主体，也要多种分配方式并存，分阶段实现共同富裕。

二、发展性是改革开放和社会主义现代化建设新时期共同富裕思想的核心要义

（一）中国特色社会主义共同富裕思想形成的背景和渊源

建立在社会主义本质论基础上，中国特色社会主义共同富裕思想开始形成，其中有着深刻的思想渊源、时代背景和现实条件。

　　首先,中国特色社会主义共同富裕思想继承并发展了马克思列宁主义、毛泽东思想。

　　从唯物史观出发,马克思、恩格斯强调生产力及其发展是社会发展进步的基础,也是实现共同富裕的物质基础。马克思指出,生产力及其发展有其内在规律性,人们进行活动必须尊重现有的生产力基础,不能超越生产力的发展阶段:"人们不能自由选择自己的生产力——这是他们的全部历史的基础,因为任何生产力都是一种既得的力量,是以往的活动的产物。可见,生产力是人们应用能力的结果,但是,这种能力本身决定于人们所处的条件,决定于先前已经获得的生产力,决定于在他们以前已经存在、不是由他们创立而是由前一代人创立的社会形式。后来的每一代人都得到前一代人已经取得的生产力并当作原料来为自己新的生产服务"。① 马克思、恩格斯在《共产党宣言》中指出:"在资产阶级社会里,活的劳动只是增值已经积累起来的劳动的一种手段。"② 在《1857—1858 年经济学手稿》中,马克思写道:当工人群众自己占有自己的剩余劳动时,"社会生产力的发展将如此迅速,以致尽管生产将以所有人的富裕为目的,所有人的可以支配的时间还是会增加。因为真正的财富就是所有个人的发达的生产力"③。恩格斯还强调:"社会生产,不仅可能保证一切社会成员有富足的和一天比一天充裕的物质生活,而且还可能保证他们的体力和智力获得充分的自由的发展和运用。"④ 马克思、恩格斯未对共同富裕这一概念进行明确集中的阐述,但他们关注工人群众的现实生活的论述,显然蕴含着共同富裕的早期设想。

　　列宁和斯大林也提出过一些重要的共同富裕思想,列宁把提高劳动生产率视为根本任务,并提出社会生产和分配要为所有劳动者创造美好生活。列宁参加革命的重要初衷就是要建立一个理想的社会。1903 年,列宁在《告贫苦农民》中即设想,在一个理想的社会中,应该所有人共同劳动,共同享

①《马克思恩格斯选集》(第四卷),人民出版社 1995 年版,第 532 页。
②《马克思恩格斯全集》(第一卷),人民出版社 1995 年版,第 481 页。
③《马克思恩格斯全集》(第三十一卷),人民出版社 1995 年版,第 104 页。
④《马克思恩格斯全集》(第三卷),人民出版社 1995 年版,第 757 页。

受:"不应该有穷有富,大家都应该做工。共同劳动的成果不应该归一小撮富人享受,应该归全体劳动者享受。"①早在 1902 年,列宁在《俄国社会民主工党纲领草案》中指出:"工人阶级要获得真正的解放,必须进行资本主义全部发展所准备起来的社会革命,即消灭生产资料私有制,把它们变为公有财产,组织由整个社会承担的社会主义的产品生产代替资本主义商品生产,以保证社会全体成员的充分福利和自由的全面发展。"②

十月革命胜利后,列宁强调了提高劳动生产率和发展生产力对于实现共同富裕的重要性。列宁指出:"当无产阶级夺取政权的任务解决以后,必然要把创造高于资本主义的社会结构的根本任务提到首要位置,这个根本任务就是:提高劳动生产率。"③"共产主义就是利用先进技术的、自愿自觉的、联合起来的工人所创造的较资本主义更高的劳动生产率。"④因而,对于无产阶级政党及其领导的政府而言,"提高劳动生产率是根本任务之一,因为不这样就不可能最终地过渡到共产主义"⑤。"只有社会主义才可能广泛推行和真正支配根据科学原则进行产品的社会生产和支配,以便使所有劳动者过最美好、最幸福的生活。"⑥列宁指出:"显然,为了完全消灭阶级,不仅要推翻剥削者即地主和资本家,不仅要废除他们的所有制,而且要废除任何生产资料私有制,要消灭城乡之间、体力劳动者和脑力劳动者之间的差别。这是很长时期才能实现的事业。要完成这一事业,必须大大发展生产力。"⑦这与马克思、恩格斯强调生产力的基础作用的思想是一致的,对中国共产党所坚持的以生产力发展为基础推进共同富裕的实现的思想也起到了重要启发作用。

斯大林在列宁思考的基础上提出了要消灭贫困,斯大林指出:"社会主

①《列宁全集》(第七卷),人民出版社 1986 年版,第 112 页。
②《列宁全集》(第六卷),人民出版社 1986 年版,第 193 页。
③《列宁选集》(第三卷),人民出版社 1995 年版,第 490 页。
④《列宁选集》(第四卷),人民出版社 1995 年版,第 17 页。
⑤《列宁选集》(第三卷),人民出版社 1995 年版,第 727 页。
⑥《列宁选集》(第三卷),人民出版社 1995 年版,第 546 页。
⑦《列宁选集》(第四卷),人民出版社 1995 年版,第 11 页。

义不是要大家贫困,而是要消灭贫困,为社会全体成员建立富裕的和文明的生活。"①并且,斯大林认识到,实现共同富裕需要高度发达的生产力作为基础:"社会主义只有在高度的劳动生产率基础上,……只有在产品和各种消费品丰裕的基础上,只有在社会全体成员都过着富裕而有文化的生活的基础上,才能获得胜利。"②毛泽东是中国共产党共同富裕思想的奠基者,虽然他对如何实现共同富裕进行的制度设计存在一些偏差,但整体来看,毛泽东的探索既推动了共同富裕的实践,也对中国共产党共同富裕理论的形成起到了奠基的作用。

综上所述,马克思、恩格斯所说的"所有人的富裕""一切社会成员有富足和一天比一天充裕的物质生活",和列宁、斯大林所说的"使所有劳动者过上最美好、最幸福的生活"、毛泽东所说的"使全体农村人民都富裕起来",究其内涵都是对社会主义共同富裕道路的思考和实践,他们都紧紧围绕人民幸福和生活富足来阐述社会主义社会的美好图景,这些探索正是邓小平共同富裕思想的主要理论来源,邓小平的共同富裕思想就是在此基础上的继承和发展。

其次,中国特色社会主义共同富裕理论也是对中国传统文化中的小康和大同思想的继承发展。

中国是一个文明从未中断的国家,在几千年的文明发展中,中国的先哲和思想家、政治家虽然没有明确提出共同富裕概念,但一些相关概念也构成了中华文明的重要内容,也成为中国共产党共同富裕思想的重要渊源。夏禹即提出"政在养民""厚生",《尚书·大禹谟》有记载:"禹曰:'於! 帝念哉! 德惟善政,政在养民。水、火、金、木、土、谷惟修,正德、利用、厚生惟和,九功惟叙,九叙惟歌。戒之用休,董之用威,劝之以九歌,俾勿坏。'"传统民本思想的集大成者孟子提出了"民为贵,君为轻,社稷次之",并提出"诸侯之宝三:土地、人民、政事"(《孟子·尽心下》)。汉文帝、景帝采纳贾谊"民为国本"之思想,即"闻之于政也,民无不为本也。国

---

① 《斯大林选集》(下卷),人民出版社1979年版,第337页。
② 《斯大林选集》(下卷),人民出版社1979年版,第375—376页。

以为本,君以为本,吏以为本。故国以民为安危,君以民为威侮,吏以民为贵贱。此之谓民无不为本也"(《新书·大政》)。唐太宗李世民清醒地认识到"民可载舟,亦可覆舟"(《贞观政要·教戒太子诸王》)的民本思想,所以,他强调"为君之道,必须先存百姓,若损百姓以奉其身,犹割股以啖腹,腹饱而身毙"(《贞观政要·君道》)。黄宗羲提出"天下为主,君为客"(《明夷待访录·原君》),"盖天下之治乱,不在一姓之兴亡,而在万民之忧乐"(《明夷待访录·原臣》)。这种民本君客的思想是超越时代的,另外,中国人一直追求着小康生活、天下为公的大同世界,这种对于美好生活和理想社会的追求与中国特色社会主义共同富裕思想联系更为紧密。

(二)中国特色社会主义共同富裕思想的核心要义

发展性是中国特色社会主义共同富裕思想的核心要义。无论是"社会主义最根本的任务就是发展生产力"的重大命题的提出,还是"改革是根本动力"和发展社会主义市场经济,以及"部分先富带共富帮后富""坚持公有制为主体的同时,可以实行多种形式的所有制"等关于社会主义建设重要论述,都是中国特色社会主义建设具有发展性的创新。

第一,在实现共同富裕的物质基础问题上,发展性理论提出了"社会主义最根本的任务就是发展生产力"的重大命题。

邓小平牢牢抓住了生产力这个核心要素,在这一点上与毛泽东没能够始终在理论和实践上坚持发展生产力形成鲜明对比,邓小平指出:"马克思主义的基本原则就是要发展生产力。社会主义的首要任务是发展生产力,逐步提高人民的物质和文化生活水平。"[1]"社会主义时期的主要任务是发展生产力,使社会物质财富不断增长,人民生活一天天好起来,为进入共产主义创造物质条件。社会主义原则,第一是发展生产,第二是共同富裕。"[2]邓小平认为发展生产力就是社会主义的中心任务,这是马克思主义的基本

---

①《邓小平文选》(第三卷),人民出版社1993年版,第116页。
②《邓小平文选》(第三卷),人民出版社1993年版,第172页。

原则,也是迈向共同富裕的前提条件,由此发展性地提出"社会主义最根本的任务就是发展生产力"这一重大历史命题,这对于我国摆脱落后状态,转移工作重心,推进改革开放和社会主义现代化建设,实现"世纪大逆转",充分展现社会主义制度的优越性都产生了关键性的意义。邓小平曾说:"坚持社会主义,首先要摆脱贫穷落后状态,大大发展生产力,体现社会主义优于资本主义的特点。要做到这一点,就必须把我们整个工作的重点转到建设四个现代化上来,把建设四个现代化作为几十年的奋斗目标。"①奋斗方向找对了,社会主义的优越性就体现了;根本任务明确了,中国这辆高速行驶的列车就开足马力,一往无前了。

第二,在实现共同富裕的动力问题上,发展性理论提出了"改革是根本动力"的思想。

根据马克思历史唯物主义的论断,人类社会的发展进步是由两层动力来推动的:社会基本矛盾运动属于第一层动力,这也是人类社会发展的根本动力,横贯于人类社会历史发展的各种形态;第二层动力是解决社会基本矛盾的路径和方法,是推动社会发展的直接动力,从属于第一层动力。

那么,究竟阶级斗争是推动我国社会发展进步的根本动力,还是改革是推动我国社会发展的根本动力呢? 对这个问题的回答将直接影响到社会主义的实践。毛泽东在社会主义建设时期,曾经也意识到在推进生产力发展过程中存在经济管理体制中的所有制过于单一的问题,其实已经触及了解决根本动力的问题,但遗憾的是,毛泽东的改革思想后来发生了重大转变,以阶级斗争为纲,阶级斗争被视为社会发展的根本动力,最终酿成"文化大革命"。作为中国改革开放的总设计师,邓小平对社会主义改革的认识和实践既有对毛泽东的继承部分,又有针对实际情况的发展部分。邓小平把改革称为中国的第二次革命,强调"改革是社会主义制度的自我完善"②,认为"改革是根本动力","为了发展生产力,必须对我国的经济体制进行改革,实

---

①《邓小平文选》(第三卷),人民出版社1993年版,第224页。
②《邓小平文选》(第三卷),人民出版社1993年版,第142页。

行对外开放的政策"①。革命是解放生产力,改革也是解放生产力。"中国不走这条路,就没有别的路可走。只有这条路才是通往富裕和繁荣之路。"②这一重大论断的提出深刻阐明了改革就是我国社会发展进步的第二层动力,就是我们必须一以贯之的根本路径,也是我们通往繁荣的必走之路。邓小平的改革开放思想为我国大力发展生产力和推进社会主义现代化进程找到了关键突破口,直接加快了我国改革开放的进程、现代化建设的步伐,这也为实现共同富裕找到了根本动力。

第三,在实现共同富裕的路径选择问题上,发展性理论提出了"社会主义也可以搞市场经济"。

邓小平不拘泥于理论,而是从社会主义建设的实际情况出发,以强大的改革魄力去探索发展社会生产力之路,提出了"社会主义也可以搞市场经济"的理论。邓小平认为,社会主义与资本主义的本质区别不在于是计划多一点还是市场多一点,"说市场经济只存在于资本主义社会,只有资本主义的市场经济,这肯定是不正确的。社会主义为什么不可以搞市场经济,这个不能说是资本主义"。"市场经济不能说只是资本主义的。社会主义也可以搞市场经济。"③1992 年春,邓小平冲破重重阻力,在南方谈话中继续强调:"计划经济不等于社会主义,资本主义也有计划;市场经济不等于资本主义,社会主义也有市场。计划和市场都是经济手段。"④这些论断冲破了社会主义就必须搞计划经济,不能搞市场经济的错误思想藩篱,极大地推进了我国经济体制从计划经济向市场经济的根本转变,也对社会主义为什么可以搞市场经济进行了全面系统、透彻清晰的回答,更为党的十四大把建立社会主义市场经济体制确定为我国经济体制改革的目标这一历史性突破奠定了理论基础,以此为标志,我国终于走上了社会主义建设和发展的光明大道。

第四,在关于实现共同富裕的基本制度条件问题上,发展性理论提出了

①《邓小平文选》(第三卷),人民出版社 1993 年版,第 138 页。
②《邓小平文选》(第三卷),人民出版社 1993 年版,第 149—150 页。
③《邓小平文选》(第二卷),人民出版社 1994 年版,第 236 页。
④《邓小平文选》(第三卷),人民出版社 1993 年版,第 373 页。

在坚持公有制为主体的同时,可以实行多种形式的所有制的思想。

实现共同富裕的基本制度条件只能是走社会主义道路,绝对不能改变社会主义制度这个大前提。邓小平指出:"社会主义有两个非常重要的方面,一是以公有制为主体,二是不搞两极分化"[①],"坚持公有制为主体,又注意不导致两极分化,这就是坚持社会主义"[②]。这一点是邓小平对毛泽东的继承,发展性在于邓小平同时也指出:"我们的制度是以公有制为主体的,还有其他经济成分。"[③]根据这种认识,邓小平认为,社会主义不能搞单一的公有制,现代化建设和共同富裕的实现要在坚持公有制为主体的同时,实行多种形式的所有制。正是在邓小平这一思想的指导下,非公有制经济长期存在和发展的政策在我国制定,并通过党的十五大报告上升到国家基本经济制度的高度,即"公有制为主体、多种所有制经济共同发展,是我国社会主义初级阶段的一项基本经济制度"[④]。与我国基本经济制度相配套的基本分配制度也相应完善,即实行按劳分配为主体、多种分配方式并存的基本分配制度。基本经济制度和基本分配制度的建立,调动了各方面的积极性,使得探索一部分先富的共同富裕路子有了政策支持和制度保障,从而开辟了一条建设有中国特色社会主义共同富裕的道路。

第五,在实现共同富裕的具体路径问题上,发展性理论提出了部分先富,进一步带共富帮后富的思想。

毛泽东曾经提出过平均发展、同步富裕的做法,但已经被实践证明是失败的。邓小平在总结经验教训的基础上指出:"我们坚持走社会主义道路,根本目标是实现共同富裕,然而平均发展是不可能的。过去搞平均主义,吃'大锅饭',实际上是共同落后,共同贫穷,我们就是吃了这个亏。"[⑤]同步富裕必须建立在生产力极其发达,物质财富极其丰富的基础上,而这不符合现实情况,违背了当时的国情。所以,平均发展、同步富裕是走不通的。由此,

①《邓小平文选》(第三卷),人民出版社 1993 年版,第 138 页。
②《邓小平文选》(第三卷),人民出版社 1993 年版,第 138—139 页。
③《邓小平文选》(第三卷),人民出版社 1993 年版,第 172 页。
④《中国共产党第十五次全国代表大会文件汇编》,人民出版社 1997 年版,第 21 页。
⑤《邓小平文选》(第三卷),人民出版社 1993 年版,第 155 页。

邓小平提出:"我的一贯主张是,让一部分人、一部分地区先富起来,大原则是共同富裕。一部分地区发展快一点,带动大部分地区,这是加速发展、达到共同富裕的捷径。"①"一部分地区有条件先发展起来,一部分地区发展慢点,先发展起来的地区带动后发展的地区,最终达到共同富裕。"②"沿海地区要加快对外开放,使这个拥有两亿人口的广大地带较快地先发展起来,从而带动内地更好地发展,这是一个事关大局的问题。内地要顾全这个大局。反过来,发展到一定的时候,又要求沿海拿出更多力量来帮助内地发展,这也是个大局。那时沿海也要服从这个大局。"③邓小平设计的部分先富,先富带动后富,最终实现共同富裕的思想是对平均主义的克服,实质上是认识到了实现共同富裕是要分阶段、分先后的。在实现共同富裕的步骤问题上所反映出来的,其实是邓小平立足中国国情,对实现共同富裕的非均衡性的科学认识。我国处于社会主义初级阶段的基本国情决定了必须要在坚持社会主义制度的前提和充分体现社会主义制度优越性的条件下经过一些阶段的跨越式发展,才能为实现共同富裕创造必要的物质基础,"历史常常是跳跃式地和曲折地前进的"④。这就是邓小平所说的,我们的经济发展应该是波浪式的前进、螺旋式的上升。他指出:"可能我们经济发展规律还是波浪式前进。过几年有一个飞跃,跳一个台阶,跳了以后,发现问题及时调整一下,再前进。""看起来我们的发展。总是要在每一个阶段,抓住时机,加速搞几年,发现问题及时加以治理,尔后继续前进。"⑤这就是一种符合我国社会主义初级阶段国情的非均衡性战略。

三、发展性追求与"一部分人先富"思想的重要创新

马克思、恩格斯设想的社会主义制度是脱胎于高度发达的资本主义社会、建立在高度发达的生产力基础和物质财富基础之上的社会主义社会,自

①《邓小平文选》(第三卷),人民出版社 1993 年版,第 166 页。
②《邓小平文选》(第三卷),人民出版社 1993 年版,第 373—374 页。
③《邓小平文选》(第三卷),人民出版社 1993 年版,第 277—278 页。
④《马克思恩格斯文集》(第二卷),人民出版社 1993 年版,第 603 页。
⑤《邓小平文选》(第三卷),人民出版社 1993 年版,第 368、377 页。

然不会出现阶段性的贫困化问题。但是，现实情况是我国社会主义社会脱胎于资本主义尚未充分发展的社会，所以，消灭贫困、发展生产力就成为我们这样的社会主义国家的当务之急。"平均发展、同步富裕"已经被历史证明是理想化的、行不通的。邓小平在总结经验教训的基础上提出"一部分人先富"思想，这是对马克思主义理论的原创性贡献。邓小平认为，部分先富是符合社会主义原则的，他说："不让提高劳动生产率，不鼓励劳动有贡献的人，不让他们多收入一点，不让那些在艰苦劳动条件下劳动的人多收入一点。这是违反马克思主义，违反社会主义原则的。"①"让一部分先富起来，其目的是起到示范效应、创造物质基础，更好地带动其他人致富，这样，就会使整个国民经济不断地波浪式地向前发展，使全国各族人民都比较快地富裕起来。"②但是，大前提是坚持社会主义制度，坚持公有制的主体地位不动摇，不能允许出现新的资产阶级。邓小平对此指出："不同地区总会有一定的差距，这种差距太小不行，太大也不行。如果仅仅是少数人富有，那就会落到资本主义去了"。③ 邓小平"一部分人先富"思想体现出他的战略自信，也体现了邓小平的警觉和清醒，他告诫中国共产党在中国特色社会主义建设过程中始终要防止两极分化和退回资本主义，不能忘记推进共同富裕事业。

根据邓小平的论断，允许"一部分人先富"思想至少包含了三层含义。

一是允许一部分人、一部分地区先富起来，目的是带动大部分人、大部分地区共同富裕起来。就个人而言，鼓励那些学历高、有技术、懂得经营管理的人先行致富，走在前列，成为共同富裕的领头羊、排头兵，充分调动他们的积极性和创造力，允许他们按照多种生产要素分配，使劳动、知识、技术、管理和资本的活力竞相迸发，让一切创造财富的源泉充分涌流，形成致富光荣、带动他人致富更光荣的良好社会氛围。就地区而言，我国东部沿海地区交通便利，起步较早，经济基础较好，人口素质高，可以先行先试。邓小平因

①中共中央文献研究室编：《邓小平思想年谱（1975—1997）》，中央文献出版社 1998 年版，第 39 页。
②《邓小平文选》（第二卷），人民出版社 1994 年版，第 152 页。
③中共中央文献研究室编：《邓小平思想年编（1975—1997）》，中央文献出版社 2011 年版，第 716 页。

而提出了关于实现共同富裕的"两个大局"的有关思想,要求在沿海地区加快开放的过程中内地要顾全大局,同样发展到一定的时候,沿海要帮助内地发展,这时沿海也要服从这个大局:"沿海地区要加快对外开放,使这个拥有两亿人口的广大地带较快地先发展起来,从而带动内地更好地发展,这是一个事关大局的问题。内地要顾全这个大局。反过来,发展到一定的时候,又要求沿海拿出更多力量来帮助内地发展,这也是个大局。那时沿海也要服从这个大局。"①国家通过政策扶持沿海开放城市或创办经济特区等方式,使得像深圳经济特区和东部沿海城市都得到了迅速的发展,一改落后的面貌,这也就为帮助和带动落后地区创造了条件。邓小平认为,让一部分人和一部分地区先富起来就会产生良好的示范作用、帮带作用。示范作用就是指率先致富的一部分人和一部分地区会在社会上形成示范效应,大家争先恐后,争相效仿,如此一来,就会影响身边的人和邻近的地区,使后来的人和后发展的地区获得经验教训与致富路子。帮带作用主要体现在税收的调节作用,先富的一部分人和地区向国家缴纳税收,国家再通过财政的调节支持与帮扶落后地区和人民走上致富之路,还可以通过慈善捐赠、投资等方式惠及落后地区和个人。

二是致富的正当途径是勤劳致富和合法经营,而不是不劳而获或非法致富。社会主义市场经济是法治经济,它要求社会的一切经济活动都必须以市场法则为依据,任何经济主体和个人都受市场法则、法律、法规的约束与监督。一方面,邓小平多次强调,致富不是罪过,劳动致富光荣。在鼓励个人致富的过程中,邓小平十分注重保护先富起来的人的合法权益,反对政治打压。邓小平强调:"我认为要允许一部分地区、一部分企业、一部分工人农民,由于辛勤努力成绩大而收入先多一些,生活先好起来。"②"我们提倡按劳分配,对有特别贡献的个人和单位给予精神奖励和物质奖励,也提倡一部分人和一部分地方由于多劳多得,先富起来。""辛勤努力成绩大""有特别贡献""多劳多得"③,这些关于"一部分先富起来"的表述,充分体现了我国

①《邓小平文选》(第三卷),人民出版社1993年版,第277—278页。
②《邓小平文选》(第二卷),人民出版社1994年版,第152页。
③《邓小平文选》(第二卷),人民出版社1994年版,第258页。

仍然处在社会主义初级阶段,劳动仍然是谋生的手段,辛勤劳动也自然应当是致富的手段。合法经营,依法勤劳致富不仅是合理的,而且是光荣高尚的。另一方面,邓小平所说的部分先富应该是科技致富、合法致富、勤劳致富,而不是通过损害国家、社会和他人利益,投机取巧而致富。允许先富并不等于允许为达到富裕的目的而不择手段,先富者的收入来源的合法性、合理性都需要接受政府的监控,如推行存款实名制、征收利息税等手段。只有监管到位,合理合法,整顿和取缔不劳而获和非法致富,才能减少一部分人先富起来所带来的负面社会效应,从而真正激励其他人产生通过合理合法手段致富的愿望,保障社会主义市场经济运行的正常秩序。对此,党的十五大根据邓小平的这些思想明确提出了要保护合法收入,取缔非法收入,整顿不合理收入。

三是共同富裕是社会主义的本质要求,社会主义绝对不允许出现两极分化的马太效应。1990 年 7 月 3 日,邓小平在视察北京市亚运会场馆等市政建设工程时指出:"我们实行改革开放,这是怎样搞社会主义的问题,作为制度来说,没有社会主义这个前提,改革开放就会走向资本主义,比如说两极分化。中国有十一亿人口,如果十分之一富裕,就是一亿多人富裕,相应地有九亿多人摆脱不了贫困,就不能不革命啊! 九亿多人就要革命。所以,这个只能搞社会主义,不能搞两极分化。"[1]在 1992 年南方谈话中,他指出:"如果富的愈来愈富,穷的愈来愈穷,两极分化就会产生,而社会主义制度就应该而且能够避免两极分化。"[2]邓小平把是否出现两极分化和资产阶级作为衡量我们改革政策正确与否的重要依据,富裕先后、富裕程度高低的底线应固定于"不搞两极分化"和"不允许产生新的资产阶级","社会主义的最大优越性是共同富裕,如果搞两极分化,民族矛盾、区域间矛盾、阶级矛盾都会发展,相应的,中央和地方的矛盾也会发展,就可能出乱子"[3]。我们"就走了邪路"[4],改革开放就会以失败而告终,共同富裕也就因此幻灭。邓小平对

---

①中共中央文献研究室编:《邓小平思想年谱(1975—1997)》,中央文献出版社 1998 年版,第 450 页。
②《邓小平文选》(第三卷),人民出版社 1993 年版,第 373-374 页。
③《邓小平文选》(第三卷),人民出版社 1993 年版,第 364 页。
④《邓小平文选》(第三卷),人民出版社 1993 年版,第 111 页。

两极分化问题是有预估的,他说:"社会主义制度就应该而且能够避免两极分化。解决的办法之一,就是先富起来的地区多交点利税,支持贫困地区的发展。当然,太早这样办也不行,现在不能削弱发达地区的活力,也不能鼓励吃'大锅饭'。什么时候突出地提出和解决这个问题,在什么基础上提出和解决这个问题,要研究。可以设想,在本世纪末达到小康水平的时候,就要突出地提出和解决这个问题。到那个时候,发达地区要继续发展,并通过多交利税和技术转让等方式大力支持不发达地区。不发达地区又大都是拥有丰富资源的地区,发展潜力是很大的。总之,就全国范围来说,我们一定能够逐步顺利解决沿海同内地贫富差距的问题。"①

综上所述,可以看出,让"一部分人先富"并不是社会主义改革的最终目的,而只是改革阶段性的路径,这一路径是完全服从于共同富裕这一社会主义的本质要求的。邓小平理论的精髓就是"解放思想,实事求是",而这一精髓表现在社会主义初级阶段的经济领域中,就是鼓励大家通过诚实劳动来提高收入,让"一部分人先富",走好共同富裕的第一步,为国家繁荣发展、全体人民实现共同富裕夯实物质基础。因此,让"一部分人先富"成为邓小平经济思想的精髓,也是邓小平对马克思主义理论的原创性贡献。

四、从"先富"到"共富"的理论逻辑展开

马克思在《哥达纲领批判》中第一次明确地把未来的共产主义社会划分为两个阶段:"第一阶段"即列宁所言的社会主义阶段。"高级阶段"即共产主义社会。马克思指出:"在共产主义社会高级阶段,在迫使个人奴隶地服从分工的情形已经消失,从而脑力劳动和体力劳动的对立也随之消失之后;在劳动已经不仅仅是谋生的手段,而且本身成了生活的第一需要之后;在随着个人的全面发展,他们的生产力也增长起来,而集体财富的一切源泉都充分涌流之后,——只有在那个时候,才能完全超出资产阶级权利的狭隘眼界,社会才能在自己的旗帜上写上:各尽所能,按需分配!"②马克思对于共产

---

①《邓小平文选》(第三卷),人民出版社1993年版,第374页。
②《马克思恩格斯选集》(第三卷),人民出版社1995年版,第305—306页。

主义社会建立的阶段性理论给我们以很大的启示意义,人类社会的发展是一个复杂的过程,有其内在的规律性,而共同富裕作为社会主义的本质要求,也是我国改革开放的根本目标。其实现的长期性和艰巨性我们要有所预见,不可能一蹴而就,一建即成,尤其在一个拥有十几亿人口的大国实现共同富裕,更是不可能一步到位。我们也需要分阶段、分步骤完成,这是一个循序渐进的过程。邓小平提出的"先富—先富带后富—最终实现共同富裕"的从"先富"到"共富"的理论逻辑是符合经济发展规律的,也是符合人类社会的发展规律的。

毛泽东对共同富裕的探索及制度设计既有成功的地方,也有失误之处,特别是其强调单一的计划经济体制、建立单一的社会主义公有制,以及大搞平均主义,跑步进入共产主义等"左"的做法在实际上不利于共同富裕的更好实现。"平均发展,同步富裕""均中求富"的路线已经被历史证明是走不通的。平均主义的局限性就在于没有考虑到事物的发展具有不平衡性且存在主客观的差异性,每个人和每个地区一样,都具有事物发展的特殊性,共同步伐、同时富裕是超现实的想法,也是不可能实现的。邓小平说:"我们坚持走社会主义道路,根本目标是实现共同富裕,然而平均发展是不可能的。过去搞平均主义,吃'大锅饭',实际上是共同落后,共同贫穷,我们就是吃了这个亏。改革首先要打破平均主义,打破'大锅饭',现在看来这个路子是对的。"[1]于是,邓小平在 1978 年 12 月 13 日的中央工作会议上的重要讲话中提出:"在经济政策上,我认为要允许一部分地区、一部分企业、一部分工人农民,由于辛勤努力成绩大而收入先多一些,生活先好起来。一部分人生活先好起来,就必然产生极大的示范力量,影响左邻右舍,带动其他地区、其他单位的人们向他们学习。这样,就会使整个国民经济不断地波浪式地向前发展,使全国各族人民都能比较快地富裕起来。"[2]1992 年,邓小平南方谈话时,再次回顾说:"走社会主义道路,就是要逐步实现共同富裕。共同富裕的

---

① 《邓小平文选》(第三卷),人民出版社 1993 年版,第 155 页。
② 《邓小平文选》(第二卷),人民出版社 1994 年版,第 152 页。

构想是这样提出的:一部分地区有条件先发展起来,一部分地区发展慢点,先发展起来的地区带动后发展的地区,最终达到共同富裕。"①这就是邓小平提出的现实可行的从"先富"到"共富"的路径选择。这条路径是实现共同富裕的必由之路,也是紧紧围绕我国国情所制定的符合发展实际的正确方针,更是加速我国社会发展最终达到共同富裕的绿色通道。在邓小平的制度设计里,部分先富要带动共同富裕的实现,这是大原则,也是实现共同富裕的捷径,他多次强调指出:"我的一贯主张是,让一部分人、一部分地区先富起来,大原则是共同富裕。一部分地区发展快一点,带动大部分地区,这是加速发展、达到共同富裕的捷径。""鼓励一部分地区、一部分人先富裕起来,也正是为了带动越来越多的人富裕起来,达到共同富裕的目的。"②总的来说,邓小平在进行共同富裕的制度设计时,实行的是非均衡发展战略与防止两极分化相结合的策略,既考虑到社会主义初级阶段的基本国情,将发展生产力作为社会主义的主要任务:"马克思主义的基本原则就是要发展生产力。……社会主义的首要任务是发展生产力,逐步提高人民的物质和文化生活水平。"③也对防止两极分化保持了高度警惕,强调部分先富最终的目的是要为实现共同富裕服务:"现在有些地区,允许早一点、快一点发展起来,但是到一定程度,国内也好,地区也好,集体也好,就要调节分配,调节税要管这个。"④

邓小平的共同富裕构想里面,部分先富要为最终实现共同富裕服务,部分先富是手段和策略,共同富裕则是根本目的和最终目标,这是理解邓小平共同富裕思想必须明确的方面。

邓小平从"先富"到"共富"思想有其内在的理论逻辑。

首先,"先富"到"共富"是一个量变到质变的过程。"先富"和"共富"是实现共同富裕过程中的两种状态,"共富"从"先富"开始,"先富"是为了"共富"。社会主义的本质要求是最终达到共同富裕,而共同富裕的实现过程中

---

①《邓小平文选》(第三卷),人民出版社 1993 年版,第 373—374 页

②《邓小平文选》(第三卷),人民出版社 1993 年版,第 142、166 页。

③《邓小平文选》(第三卷),人民出版社 1993 年版,第 116 页。

④中共中央文献研究室编:《邓小平年编(1975—1997)》,中央文献出版社 2004 年版,第 1317 页。

是要经历一部分先富的阶段的。量变只有在一定的范围和限度之内,事物才能保持其原有的性质,这就要求我们要在"先富"的过程中坚持适度原则,坚持社会主义制度,坚持公有制为主体的大前提不能变,维护社会主义市场经济的正常秩序,依法依规,允许一部分人和地区先行先试,率先富裕起来。任何事物的发展都必须从量变开始,没有一定程度的量的积累,就不可能有事物性质的变化,就不可能实现事物的飞跃和发展,所以还要重视"先富"人群和地区物质财富的积累,为"共富"做好准备,并不失时机地促成飞跃,达到"共富"。质变是量变的必然结果,是规律性的、不以人的意志为转移的,那么,在进行量的积累时就要充满必胜的信心和信念,不能因为量变的漫长和艰辛而放弃或失去信心,"先富"是暂时的量变,"共富"是最终的质变。这就要求我们要有"咬定青山不放松"的决心和毅力,以"不破楼兰终不还"的勇气和担当实现中国特色共同富裕的理想。

其次,"先富"与"共富"还是局部与整体的关系。"先富"是局部,"共富"是整体。"共富"包括"先富","先富"是"共富"的一部分。一部分人、一部分地区先富起来,是前提。只有搞好这个前提才能通过不断积累和扩展,并积极带动后富,最后达到整体共富。"先富"与"共富"之间又是存在对立的矛盾关系。"先富"属于长期存在的较低层次的不合理现象,"共富"属于高层次的尚未实现的人类理想。按照我们常规的理解,在还存在私有经济的社会主义初级阶段,"先富"群体可能会出现不仅不帮助"后富",甚至还为富不仁、欺压剥削的情况,成为"后富"贫穷的原因。这就有可能会导致马太效应的出现,根本上阻碍达到"共富"这个最终目标。此时,"先富"与"共富"就存在对立的矛盾关系。针对可能出现的这对矛盾,必须真正地使"先富"的前提服务于"共富"的目标,最后走向"共富"。

邓小平对"先富"进行了如下的规定:第一,"先富"不是哪一部分人、哪一个地区的特权,任何人、任何地区都可以先富裕起来,先富的机会对任何人都是均等的,"农村、城市都要允许一部分人先富裕起来"。"共同致富,我们从一开始就讲,将来总有一天要成为中心课题。"①第二,"先富"的手段应

---

①《邓小平文选》(第三卷),人民出版社1993年版,第23、364页。

当是诚实劳动和合法经营。要让合法经营者、取财有道者先富。要毫不手软地取缔和打击非法收入,保护合法收入,调节过高收入。第三,加强对分配问题的宏观调控,始终防止两极分化。邓小平指出:"至于不搞两极分化,我们在制定和执行政策时注意到了这一点。"①但是在建设社会主义市场经济过程中,"发展起来以后的问题不比不发展时少"。这就要求我们在改革开放的整个过程中始终坚持社会主义方向,一旦发现偏离社会主义方向的情况,国家机器就应出面干预,把它纠正过来,防止出现两极分化的情况。要始终坚持公有制为主体,坚定不移地走共同富裕道路,"经济发展到一定程度,必须搞共同富裕"②。

第二节　中国特色社会主义共同富裕的战略架构

一、"三步走"战略思路的擘画

邓小平关于"三步走"战略思路的擘画是经历了多个阶段的。最早是在1984年10月,在会见参加中外经济合作问题讨论会的中外代表时,邓小平用简明的"两步走"来概括中国的中长期发展战略,他说:"我们第一步是实现翻两番,需要二十年,还有第二步,需要三十年到五十年,恐怕是要五十年,接近发达国家的水平。"③1987年4月,邓小平在会见西班牙客人格拉时,对"三步走"战略构想进行了完整的论述,他指出:"我们原定的目标是,第一步在80年代翻一番。以1980年为基数,当时国民生产总值人均只有二百五十美元,翻一番,达到五百美元。第二步是到本世纪末,再翻一番,人均达到一千美元……我们制定的目标更重要的还是第三步,在下世纪用三十

---

①《邓小平文选》(第三卷),人民出版社1993年版,第139页。
②中共中央文献研究室编:《邓小平思想年编(1975—1997)》,中央文献出版社2011年版,第690页。
③《邓小平文选》(第三卷),人民出版社1993年版,第79页。

年到五十年再翻两番,大体上达到人均四千美元。做到这一步,中国就达到中等发达的水平。"①1987 年 8 月,邓小平明确指出:"我国经济发展分三步走,本世纪走两步,达到温饱和小康,下个世纪用三十年到五十年的时间再走一步,达到中等发达国家水平。"②1987 年 10 月,邓小平又对"三步走"的奋斗目标做了简明的概括,并提出了三个有质的区别的目标,他指出:"我们的第一个目标是解决温饱问题,这个目标已经达到了。第二个目标是在本世纪末达到小康水平,第三个目标是在下个世纪的五十年内达到中等发达国家水平。"③至此,邓小平提出的分三步走、经过两个翻番、依次实现三个目标的设想就更加完善和规范化了。邓小平提出的"三步走"、实现现代化的奋斗目标和战略部署载入了 1987 年党的十三大报告。1989 年 6 月,邓小平在一次讲话中将上述战略目标称为"发展战略的'三部曲'"④。

我国各民族人民在党中央的坚强领导下,遵循邓小平的"三步走"战略部署,通过努力奋斗,在社会主义现代化建设方面取得了举世瞩目的伟大成就。第一步战略目标于 1987 年提前完成,GDP 翻两番的第二步战略目标于1995 年提前完成,并在 20 世纪末基本上达到了总体小康水平。

邓小平指出,这个宏伟战略的实现具有伟大意义:"第一,是完成了一项非常艰巨的,很不容易完成的任务;第二,是真正对人类作出了贡献;第三,就更加能够体现社会主义制度的优越性⋯⋯这不但是给占世界总人口四分之三的第三世界走出了一条路,更重要的是向人类表明,社会主义是必由之路,社会主义优于资本主义。"⑤邓小平的"三步走"战略目标还具有四个重要的特点:一是坚持实事求是,一切从实际出发。同以往我们曾经制定过的看似宏伟却不切实际的目标相比,小康的目标显得更加低调,且符合我国实际,遵循了实事求是的思想,邓小平甚至直接说"还是落后的"。二是目标具体、量化且科学,与国际接轨。这也是从未有过的。邓小平首次采用 GDP 这

①《邓小平文选》(第三卷),人民出版社 1993 年版,第 226 页。
②《邓小平文选》(第三卷),人民出版社 1993 年版,第 251 页。
③《邓小平文选》(第三卷),人民出版社 1993 年版,第 256 页。
④《邓小平文选》(第三卷),人民出版社 1993 年版,第 305 页。
⑤《邓小平文选》(第三卷),人民出版社 1993 年版,第 224—225 页。

一综合性指标,而不是像过去那样以某几种主要产品作为衡量现代化水平的尺度。因为产量的增长有两种方式,可以是提高劳动生产率,也可以是大搞运动拼人力。例如1958年的全民大炼钢铁运动,不仅不能称为进步,反而是向原始生产方式的倒退。三是以改善人民生活为基本遵循。过去,我们在经济建设上的失误之一是全面学习苏联只重视重工业的发展,忽视轻工业的发展,对改善人民生活注意不够,以致多年来人民生活并未得到多大改善。邓小平用"小康型"这样的语言来描述现代化目标,使人们更生动、直观地认识到国家发展战略目标同人民生活息息相关,也体现我们党的新认识:改善人民生活是社会主义生产的目的。四是克服了对于社会主义优越性的盲目性。以往,我们对社会主义社会的自信带有盲目性。邓小平认为:"现在虽说我们也在搞社会主义,但事实上不够格。只有到了下世纪中叶,达到了中等发达国家的水平,才能说真的搞了社会主义,才能理直气壮地说社会主义优于资本主义。现在我们正在向这个路上走。"①由此可以看出,邓小平实事求是地认为,社会主义优越性并非在社会主义初始阶段就已实现,而是需要不断努力奋斗才能体现出来的。邓小平带领中国人民抛开了幻想,分析了客观情况,认清了现实,开始了新的奋斗。

邓小平的"三步走"战略思想对我国社会主义现代化建设影响深远:一方面清晰地指明了民生目标是由温饱到小康,再到发达,做到了改善民生,"得道多助",赢得了民心,积累了物质基础;另一方面彻底根除了急躁冒进的"左"倾思想的束缚,并进一步描摹了国民经济未来发展的蓝图。如此一来,便为社会主义现代化建设夯实了群众基础、物质基础,还为继续推进改革开放扫清了思想上的阻碍。所以,邓小平的"三步走"战略目标大大提升了实现共同富裕目标的具体现实性和指导性,而且在本质上确定了我国社会主义现代化建设的战略步骤。

邓小平的"三步走"战略,向世界展示了中国社会主义现代化建设的蓝图。"三步走"的战略构想坚持了实事求是,尊重了中国人民要首先解决温

①《邓小平文选》(第三卷),人民出版社1993年版,第225页。

饱问题这个客观实际,立足于社会主义初级阶段的基本国情,又体现出中国共产党为人民谋幸福、为民族谋复兴的初心使命,是非常务实稳进的中长期战略构想。邓小平的"三步走"战略反映了近代以来落后的中华民族奋勇前进、追赶超越的雄心壮志和不懈奋斗。中华文明绵延数千年,领先世界几千年,但近代以来,中华民族经历了百年的屈辱和落后,中国已经到了再不发展就要被开除"球籍"的地步了。早在党的十一届三中全会召开前夕,邓小平就提出了追赶"亚洲四小龙"和西方发达国家的设想。1992年初,邓小平在南方谈话中又明确地提出:"要抓住有利时机,加快我国经济的发展,'力争隔几年上一个台阶',一些发达地区要力争用20年的时间赶上'亚洲四小龙'。"①邓小平的"三步走"战略着眼的目标是建设富强、民主、文明的社会主义现代化国家。邓小平不管是在社会主义精神文明建设方面,还是在科技文化发展和社会主义民主政治建设方面,都提出了非常多的宝贵思想与主张,这就说明"三步走"战略目标的指向是全局性的和全方位的。

二、全面建设小康社会的战略部署

全面建设小康社会的战略部署是对邓小平的"三步走"战略目标的遵循,是党中央在全面总结我国现代化建设前两步战略目标和实践经验的基础上,科学规划了第三步发展战略后提出的21世纪头20年的奋斗目标和战略部署,是实现总体小康到全面小康转变的关键一招,是对中国特色社会主义共同富裕阶段性目标的重新规划,也是中国特色社会主义共同富裕事业取得的重要进展。1997年,党的十五大召开,这次大会有两项任务对于全面建设小康社会的提出起到了关键性作用,一是大会提出了社会主义初级阶段的基本纲领,即"建设有中国特色社会主义的经济、政治、文化的基本目标和基本政策,有机统一,不可分割"②。"有机统一,不可分割"其实已经指出

①全国邓小平生平和思想研讨会组织委员会编著:《邓小平百周年纪念——全国邓小平生平和思想研讨会论文集》(上),中央文献出版社2005年版,第153页。
②《江泽民文选》(第二卷),人民出版社2006年版,第18页。

了建设中国特色社会主义需要全面协调,方方面面都要兼顾。这就是党的十五大提出社会主义初级阶段基本纲领的关键之处。二是大会提出了我国现代化建设的"小三步走"发展战略,即"展望下世纪,我们的目标是,第一个十年实现国民生产总值比二〇〇〇年翻一番,使人民的小康生活更加宽裕,形成比较完善的社会主义市场经济体制;再经过十年的努力,到建党一百年时,使国民经济更加发展,各项制度更加完善;到世纪中叶建国一百年时,基本实现现代化,建成富强民主文明的社会主义国家"①。"小三步走"战略提出了21世纪分阶段实现第三步战略目标的具体步骤,为全面建设小康社会的提出奠定了重要的基础。到了十五届五中全会前夕,中央已经开始考虑提出"全面建设小康社会"。2000年6月9日,江泽民在全国党校工作会议上谈到国内形势时说:"我国社会主义现代化建设将进入一个新的发展时期。""我们要在胜利完成第二步战略目标的基础上,开始实施第三步战略目标,全面建设小康社会并继续向现代化目标迈进。"②2000年10月8日,江泽民在党的十五届五中全会召集人会议上的讲话中提出了全面建设小康社会的要求,指出:"必须不断提高人民生活水平。这是我们全部工作的根本出发点,也要处理好改革、发展、稳定关系的结合点。'十五'计划是我国人民生活总体上进入小康阶段的第一个五年计划,要按照全面建设小康社会的要求,把提高人民收入水平和生活质量摆在重要位置。"③党的十五届五中全会通过的《关于制定国民经济和社会发展第十个五年计划的建议》进一步明确指出:"从新世纪开始,我国将进入全面建设小康社会,加快推进现代化的新的发展阶段。"④党的十五届五中全会召开时,尚未进入21世纪,全会也未对全面建设小康社会作进一步展开论述。

全面论述全面建设小康社会是在进入21世纪以后召开的党的十六大。早在2002年1月的十六大报告起草组会议上,江泽民就对全面建设小康社

①《江泽民文选》(第二卷),人民出版社2006年版,第4页。
②《江泽民文选》(第三卷),人民出版社2006年版,第419页。
③中共中央文献研究室编:《江泽民论有中国特色社会主义(专题摘编)》,中央文献出版社2002年版,第113页。
④中共中央文献研究室:《十五大以来重要文献选编》(中),人民出版社2001年版,第1633页。

会作了大致的描绘："基本完成工业化"，"经济更加发展、民主更加健全、科教更加进步、文化更加繁荣、社会更加和谐、人民生活更加殷实"。[①] 据此，党的十六大报告的主题就定为"全面建设小康社会，开创中国特色社会主义事业新局面"。党的十六大于 2002 年 11 月召开，作为进入 21 世纪后第一次党的全国代表大会，着眼于我国中长期远景规划，提出了全面建设小康社会的奋斗目标，并作出具体的战略部署，形成了比较系统的全面建设小康社会的思想，党的十六大报告指出："经过全党和全国各族人民的共同努力，我们胜利实现了社会主义现代化建设'三步走'的第一步、第二步，人民生活总体上达到小康水平。这是社会主义制度的伟大胜利，是中华民族发展史上一个新的里程碑。""必须看到，我国正处于并将长期处于社会主义初级阶段，现在达到的小康还是低水平的、不全面的、发展很不平衡的小康，人民日益增长的物质文化需要同落后的社会生产之间的矛盾仍然是我国社会的主要矛盾。"[②]报告明确指出："综观全局，二十一世纪头二十年，对我国来说，是一个必须紧紧抓住并且可以大有作为的重要战略机遇期。根据十五大提出的到二〇一〇年、建党一百年和新中国成立一百年的发展目标，我们要在本世纪头二十年，集中力量，全面建设惠及十几亿人口的更高水平的小康社会，使经济更加发展、民主更加健全、科教更加进步、文化更加繁荣、社会更加和谐、人民生活更加殷实。"[③]于是，全面建设小康社会的目标成为我国 21 世纪头 20 年的行动指南和奋斗目标被完整地确立起来。江泽民的新"三步走"战略目标所提到的全面建设小康社会和基本实现现代化都是指向共同富裕这个最终目标的。全面建设小康社会是共同富裕的重要发展阶段，现代化是实现邓小平所构想的初级阶段共同富裕的前提条件。江泽民的新"三步走"战略，是对邓小平"三步走"战略部署的坚持与发展，使实现共同富裕的阶段任务更加清晰，也使中国特色社会主义共同富裕事业不断稳步前进。

其实，从我国社会发展状况来看，20 世纪末、21 世纪初时，我国就已经

---

① 《江泽民文选》（第三卷），人民出版社 2006 年版，第 413—414 页。
② 中共中央文献研究室：《十六大以来重要文献选编》（上），中央文献出版社 2005 年版，第 14 页。
③ 《江泽民文选》（第三卷），人民出版社 2006 年版，第 542—543 页。

进入了小康社会,2001 年,中国的 GDP 达到 95933 亿元,比 1989 年增长近两倍,年均增长 9.3%,经济总量已经跃居世界第六,人民生活水平总体上实现了温饱向小康的时代性跨越,超额实现了"三步走"战略的前两步目标。那为何还要提出全面建设小康社会这个阶段性目标呢?

全面建设小康社会的提出是有着深厚的历史背景和战略考量的。

首先,党中央做出了我国进入小康社会的客观认知和科学判断。

江泽民在党的十六大报告起草组会议上直接指出:"我们现在的小康,总的来说,还是低水平的、不全面的、发展很不平衡的小康。"①横向比较,我国人均 GDP 不仅比不上西方发达国家,甚至连条件比较好的发展中国家都比不上,差距明显。从当时的经济数据来看,2000 年我国 GDP 达到 89404亿元,人均 GDP 超过 856 美元,我们的人均 GDP 只相当于当年世界排名第一的挪威的 2.29%,排名第二的日本的 2.32%,排名第三的美国的 2.44%,排名第四的瑞士的 2.49%,还属于中下收入水平的国家。纵向比较,我国内部发展也不平衡,西部不如东部发展得好,山区不如平原地区发展得好,农村不如城市发展得好。江泽民深知:没有西部地区的小康就没有全国的小康,没有农村地区的小康就没有全国的小康。

1992 年,江泽民在党的十四大报告中提出了区域经济合理布局和健康发展的目标,明确指出国家应该统筹规划,支持中西部地区发展:"应当在国家统一规划指导下,按照因地制宜、合理分工、各展所长、优势互补、共同发展的原则,促进地区经济合理布局和健康发展。中西部地区资源丰富,沿边地区还有对外开放的地缘优势,发展潜力很大,国家要在统筹规划下给予支持。"②1993 年 9 月,江泽民在中南、西南十省区经济工作座谈会上的讲话指出:"对于地区间存在的发展上的差距,要有一个全面认识和科学态度。既要看到这种差距是历史形成的客观存在,消除它需要一个历史过程,不是一朝一夕可以办到的;又要看到在发展过程中,这种差距是要逐步缩小的。办法就是通过一部分人、一部分地区先富起来的带动和促进作用,通过国家的

---

① 《江泽民文选》(第三卷),人民出版社 2006 年版,第 416 页。
② 《江泽民文选》(第一卷),人民出版社 2006 年版,第 234 页。

宏观调控和地区自身的努力,在共同发展生产力的基础上,使这种差距逐步得到缩小,最终达到共同富裕。"①

1994 年,江泽民在福建考察工作时的讲话坚持和发展了邓小平的"两个大局"的思想,强调东部地区要顾全大局,更多地支持西部地区的发展,促进各地区共同富裕的实现:"在沿海地区相对发展得快一些的情况下,不但中央要给予支持,内地的中西部地区也要顾全大局,给予积极支持,沿海地区发达起来了,就越有实力支持内地的发展,就越能发挥带动作用;在中西部地区加快发展步伐的情况下,同样不但中央要给予支持,沿海先发达起来的地区也要顾全大局,更多地支持中西部地区的发展,中西部地区发展起来了,又可以支持沿海地区更快更好地发展。各个地区最终都要达到共同繁荣、共同富裕。"②

1999 年 6 月,江泽民在西北地区国有企业改革和发展座谈会上发表的讲话中强调了要不失时机地实施西部大开发战略,指出:"逐步缩小地区之间的发展差距,实现全国经济社会协调发展,最终达到全体人民共同富裕,是社会主义的本质要求,也是关系我国跨世纪发展全局的一个重大问题。""实施西部地区大开发,是一项振兴中华的宏伟战略任务。实现了这个宏伟战略,其经济、文化、政治、军事和社会的深远意义,是难以估量的。全党同志和全国上下必须提高和统一认识。没有西部地区的稳定就没有全国的稳定,没有西部地区的小康就没有全国的小康,没有西部地区的现代化就不能说实现了全国的现代化。"③1999 年 9 月,十五届四中全会将实施西部大开发上升到党和国家的战略高度。此外,在努力解决"三农"问题、缩小城乡差距方面,江泽民明确表示:"没有农民的小康,就不可能有全国人民的小康。"④1998 年 9 月 25 日,江泽民在《全面推进农村改革,开创中国农业和农

①中共中央文献研究室编:《江泽民论有中国特色社会主义(专题摘编)》,中央文献出版社 2002 年版,第 170 页。
②中共中央文献研究室编:《江泽民论有中国特色社会主义(专题摘编)》,中央文献出版社 2002 年版,第 171 页
③《江泽民文选》(第二卷),人民出版社 2006 年版,第 340、344 页。
④《江泽民文选》(第一卷),人民出版社 2006 年版,第 259 页。

村工作新局面》中指出,农民收入关系农村全面小康的实现,进而也关系到全国全面小康的实现:"增加农民收入是一个带有全局性的问题,不仅直接关系到农村实现小康,还直接关系到开拓农村市场,扩大国内需求,带动工业和整个国民经济的增长,从长远看还可以影响农产品的供给。现在农民收入增长缓慢的问题越来越突出,必须引起高度重视。"①他还强调:"要继续抓好扶贫开发工作,促进各地区经济协调发展,最终实现共同富裕。"②2000年11月28日,江泽民在《当前经济工作需要把握的几个问题》中对解决农民增收缓慢的问题再次强调:"现在的突出问题是农民收入增长缓慢。农民收入问题直接关系到国民经济发展的全局。如果农民增产不增收,生产积极性受到影响,粮食供给形势就可能发生逆转。农民收入和农村购买力上不去,扩大内需的方针就难以真正落实,经济发展出现的好的形势也难以保持。广大农民不能富裕起来,全面建设小康社会的目标就不可能最终实现。"③

其次,党中央将共同富裕的实现分解为几个不同的阶段性目标,稳扎稳打,以调动广大人民群众的积极性,避免奔跑过程中的盲目性和无目标感。

1987年10月,邓小平对"三步走"的奋斗目标作了简明的概括,并将其分为三个有质的区别的目标,他指出:"我们的第一个目标是解决温饱问题,这个目标已经达到了。第二个目标是在本世纪末达到小康水平,第三个目标是在下个世纪的五十年内达到中等发达国家水平。"④第一个和第二个目标都顺利实现了,但第三个目标却要到21世纪中叶,整个跨度有50年的时间,这50年中缺少一个阶段性的目标来凝聚全国人民奋斗意志,因此,"不少同志在讨论中提出,从现在起到本世纪中叶基本实现现代化这五十年,时间跨度比较大,能否划出一段时间,提出一个鲜明的阶段性目标,也就是以本世纪头二十年为期,明确提出全面建设小康社会的目标"⑤。将共同富裕的实现分解为几个不同的阶段性目标,这样就有了更加清晰的阶段划分,使

①中共中央文献研究室编:《十五大以来重要文献选编》(上),人民出版社2000年版,第533页。
②中共中央文献研究室编:《十五大以来重要文献选编》(上),人民出版社2000年版,第534页。
③江泽民:《论"三个代表"》,中央文献出版社2001年版,第82页。
④《邓小平文选》(第三卷),人民出版社1993年版,第256页。
⑤《江泽民文选》(第三卷),人民出版社2006年版,第414页。

人民有了奔头,有了确切的目标,步步为营,稳扎稳打,有利于调动广大人民群众的积极性,也避免了奔跑过程中的盲目性和无目标感,使共同富裕的目标得以随着经济社会的发展而逐步实现。如此一来,就把第三个目标分为了 21 世纪头 20 年的全面建设小康社会和 21 世纪中叶达到中等发达国家水平,这也为后来提出的"两个一百年"奋斗目标的阐述奠定了基础。

与总体小康相比,全面小康是一个有着十分完整目标体系的小康,而且要求更高,突出体现在"全面"两字。全面建设小康社会,就是要使目前的小康社会从低水平发展到更高水平,从不全面发展到更全面,从不平衡发展到比较平衡,为实现现代化打下坚实的基础。

全面建设小康社会的战略部署结合新的实际,继承邓小平"三步走"战略部署的重要创新,具有深远的发展意义。其一,从基本小康到全面小康,更加强调社会建设和民生建设。新中国成立以来,我们党第一次把社会建设提到重要战略地位的高度是在 1995 年 9 月,党的十四届五中全会在制定九五计划和二〇一〇年远景目标的建议中,强调"要把社会发展放在重要战略地位"①。全会通过的《中共中央关于制定国民经济和社会发展"九五"计划和二〇一〇年远景目标的建议》指出:"社会发展的总体要求是:保持社会稳定,推动社会进步,积极促进社会公正、安全、文明、健康发展。主要任务是:控制人口增长,提高生活质量,扩大劳动就业,完善社会保障,加强环境保护。为了促进社会全面发展,必须在发展社会生产和提高劳动生产率的基础上增加城乡居民收入,实行鼓励储蓄、适度消费的政策;根据社会事业的不同类型,建立与社会主义市场经济相适应的、各具特色的运行机制,实行地方政府为主的管理体制;鼓励和吸引社会各界广泛参与社会事业发展,多渠道筹措发展资金;注意搞好经济发展政策与社会发展政策的协调。"②其二,着眼于继续巩固与发展小康水平和质量。总体小康并不意味着全面实

---

① 中共中央文献研究室:《中共十三届四中全会以来历次全国代表大会中央全会重要文献选编》,中央文献出版社 2002 年版,第 373 页。

② 中共中央文献研究室:《中共十三届四中全会以来历次全国代表大会中央全会重要文献选编》,中央文献出版社 2002 年版,第 361 页。

现了小康,总体小康存在不稳固、低水平、不均衡的情况,只有进一步全面建设小康社会,才能在总体小康的基础上达到更高水平、更高质量的小康社会,使得社会的发展和进步以及物质财富的增加惠及全体人民。

三、"五个统筹"与科学发展的战略决策

统筹兼顾思想是马克思主义世界观和方法论的具体应用,统筹兼顾是马克思主义的思想方法和工作方法,浸润着马克思主义哲学意蕴。

首先,统筹兼顾的哲学基础源于马克思主义关于社会发展的系统、整体、协调、联系的思想。马克思主义认为,人类社会是一个相互联系的有机整体,一切事物及其内部诸要素之间都相互作用、相互影响、相互制约,一切事物的发展变化都是系统演进的过程。

其次,统筹兼顾思想还是对唯物辩证法的具体实施。唯物辩证法的重要特征是将系统思维和矛盾思想相结合,使二者相得益彰。马克思主义哲学跨越时空,仍然是科学的世界观和方法论,仍然是统筹我国经济社会协调发展的哲学依据。

最后,统筹兼顾符合人类社会发展的内在逻辑,统筹兼顾思想就是解决当前中国经济社会发展的逻辑准绳。同时,统筹兼顾也是我们党在革命、建设、改革的长期实践中形成的一条宝贵经验。中国共产党苦难辉煌、艰辛探索中国特色社会主义道路的历程,实际上也是坚持和运用统筹兼顾方法论的历程。党的十六大以来,以胡锦涛同志为总书记的党中央提出了科学发展观等重大战略思想。党的十六届三中全会首次提出了"五个统筹"的思想。党的十七大明确指出科学发展观的根本方法是统筹兼顾,要求充分调动各方面的积极性贯穿于建设中国特色社会主义事业的全局和全过程。党的十八大提出全面贯彻落实科学发展观的基本要求是全面协调可持续,全面贯彻落实五位一体总体布局,即经济、政治、文化、社会、生态文明五个方面的建设,同时必须全面自觉地把统筹兼顾作为深入贯彻落实科学发展观的根本方法,这是对"五个统筹"理论的进一步升华。这充分说明统筹兼顾是我们深刻领会和正确运用科学发展观必须把握的精髓和关键。所以说,

统筹兼顾是深入理解科学发展观的一把钥匙。

真正做到统筹兼顾,把这种方法运用到我国推进改革开放与实现社会主义现代化的方方面面,需要我们对统筹兼顾的方法有一个科学的认识和把握。首先,统筹兼顾要做到总揽全局,通盘规划。要把中国特色社会主义事业和党的建设新的伟大工程看作一个整体,坚持"一个中心,两个基本点"。其次,统筹兼顾要做到着眼现实,善谋长远。这就要求我们把当前的发展和长远发展结合起来,把当前的利益和长远的利益结合起来,既要促进社会主义经济发展,同时也要注意保护生态环境。再次,统筹兼顾还要多管齐下,狠抓重点。我们要把党和国家的各项事业看作辩证统一的整体,坚持全面发展还要学会抓主要矛盾和矛盾的主要方面。最后,统筹兼顾还要顾全各方,总体平衡。平衡是相对的,不平衡是绝对的,这就需要我们把握经济社会发展中平衡与不平衡的辩证关系,既善于调动各方面发展的积极性,又努力实现均衡发展,注重发展的协调性和稳定性。

"五个统筹"和科学发展观的首次结合是胡锦涛在党的十六届三中全会上提出的,并将"五个统筹"作为科学发展观的根本要求。"五个统筹"即统筹城乡发展、统筹区域发展、统筹经济社会发展、统筹人与自然和谐发展、统筹国内发展和对外开放。"五个统筹"成为深化改革和扩大开放的重要战略方针,是党和国家领导经济社会发展工作的基本政策取向与行为导向。"五个统筹"坚持了全面性和重点性的统一、目标和手段的统一、现实性和长远性的统一、人与自然的统一、科学性和价值性的统一。真正做到"五个统筹",最大限度地兼顾各个方面,其结果必然就是全面、协调、可持续发展,就是社会和谐、人与自然和谐。所以,"五个统筹"使科学发展观更加具体、更具可操作性,同时也使科学发展观具备了明确的切入点和实现途径。[①] 从这个意义上说,"五个统筹"可以说是深化改革与促进经济社会发展的重要的实践方式,与妥善处理经济发展中产生的突出问题以及平衡各方面利益关系联系紧密,是科学发展观中全面、协调、可持续发展理念的具体体现。

---

① 冯刚:《科学发展观高校读本》,人民出版社 2009 年版,第 110 页。

第一,统筹城乡发展,即贯彻工业反哺农业、城市帮扶农村的方针。城乡二元经济结构是当时城乡发展的现状,城乡居民收入差距不断拉大,"1978 年城乡居民收入比为 2.57:1(以农村居民收入为 1),1985 年为 1.86:1,1994 年达到顶峰,城乡居民收入比为 2.86:1。1997 年达到新谷底,城乡居民收入比为 2.47:1,2001 年突破历史最高点 2.90:1,2002 年达到 3.11:1"①。党中央深刻认识到,"三农"问题是"始终关系着党和国家工作全局的根本性问题"②,推动农村经济社会全面发展需要形成城乡经济一体化新格局。胡锦涛认为:"实现发展成果由人民共享,必须实现好、维护好、发展好占我国人口大多数的农民群众的根本利益。"③针对这种情况,党中央下大力气建设社会主义新农村,2005 年 10 月,党的十六届五中全会通过《中共中央关于制造国民经济和社会发展第十一个五年规划的建议》,提出按照"生产发展、生活宽裕、乡风文明、村容整洁、管理民主"的要求,扎实推进社会主义新农村建设。2006 年,全面取消了延续 2600 多年的农业税,全国每年减轻农民负担 1350 亿元。2004 年,开始针对农民的直接补贴、良种补贴、农机具补贴、农业生产资料综合直补政策,到 2010 年,"四补贴"金额已经达到 1345 亿元。"十一五"期间,城镇居民人均可支配收入和农村人均纯收入年均分别实际增长 9.7% 和 8.9%,2010 年农村居民收入涨幅自 1998 年以来首次超过城市居民,达到 10.9%。④ 由此可见,统筹城乡发展取得明显成效。

第二,统筹区域发展,根据国家统计局的统计,改革开放以来,由于多方面的因素,地区发展的差距呈现不断拉大的趋势:"2004 年,辽宁、吉林、黑龙江地区生产总值分别实现 6872.7 亿元、2958.21 亿元、5303 亿元,增长均超过 10 个百分点,实现 2000 年以来最大增幅,但占全国的比重仍在继续下降,由 2002 年的 11.1% 下降到 2004 年的 9.3%。数据显示,1980

①国家统计局:《中国统计年鉴 2008》,中国统计出版社 2008 年版。
②中共中央文献研究室编:《十六大以来重要文献选编》(中),中央文献出版社 2006 年版,第 62 页。
③中共中央文献研究室编:《十六大以来重要文献选编》(中),中央文献出版社 2006 年版,第 277 页。
④中共中央宣传部理论局:《从怎么看到怎么办》,学习出版社、人民出版社 2011 年版,第 21、99 页。

年广东经济总量是辽宁的二分之一,2001 年东北三省经济总量却只有广东的 62%。"①针对这种情况,党中央高瞻远瞩,全局谋划,深入推进西部大开发,全面振兴东北地区等老工业基地,大力促进中部地区崛起,积极支持东部地区率先发展,实施区域发展总体战略,逐步缩小区域发展差距,形成东中西相互促进、优势互补、共同发展的区域发展新格局。到 2008 年,中西部和东北地区国内生产总值增速全面超过东部。2009 年,东、中、西和东北地区国内生产总值增速同比分别增长 10.7%、11.7%、13.4%、12.5%,西部地区增速继续处于领先地位,中部和东北地区增速继续快于东部。中国经济四大板块逐渐成形,区域协调发展取得明显成效。②

第三,统筹经济社会发展,即推进经济发展的同时要更加注重社会发展,加快社会事业发展,不断满足人民群众在精神文明和安全健康等方面的需求,实现经济发展与社会进步的有机统一。胡锦涛提出的科学发展观不仅对实现经济社会的协调发展做出了新的制度安排,而且非常明确地强调以人为本是其核心,这赋予了中国特色社会主义道路新的时代内涵,那就是要让人民过上幸福富裕的生活。

第四,统筹人与自然和谐发展,改革开放以来,经济发展领域的效率优先直接导致了生态环境的破坏和自然资源的过度使用,这是不可持续的发展方式,人与自然、人与资源的矛盾日益扩大。构建社会主义和谐社会,促进人与自然和谐发展是应有之义,解决人与自然的矛盾就必须走生态环境保护,资源节约型、环境友好型的生态治理之路,切实处理好人、经济建设、资源利用、生态环境保护之间的和谐关系,增强可持续发展的能力。

第五,统筹国内发展和对外开放,就是既要注重国内快速发展,又要注重营造良好的国际环境,既要发挥好发展的主观能动性,又要调动外部的客观有利因素,推动国内国际相结合、相协调,共同服务于社会主义社会的发展。党的十七大报告在"五个统筹"的基础上,进一步提出要统筹中央和地

①国家统计局:《中国统计年鉴 2008》,中国统计出版社 2008 年版。
②中共中央宣传部理论局:《七个怎么看》,学习出版社、人民出版社 2010 年版,第 13—14 页。

方关系,统筹个人利益和集体利益、局部利益和整体利益、当前利益和长远利益,统筹国内国际两个大局。这些阐述丰富了统筹兼顾方针的科学内涵,拓展了统筹兼顾应考虑的对象和范围。

四、效率与公平关系演变的三个阶段

(一)效率与公平的含义及其关系原理

效率与公平的含义及其关系历来是政治学、经济学、社会学、社会哲学等关注的重点问题。效率主要是一个经济学概念,它是指单位时间里投入产出之比。生产高效率就是指用最短的时间、最少的资源成本,生产出最多的产品。阿瑟·奥肯认为,"对经济学家来说,就像对工程师一样,效率,意味着从一个给定的投入量中获得最大的产出"[①]。马克思在《资本论》中认为,"劳动生产力的提高,在这里一般是指劳动过程中的这样一种变化,这种变化能缩短生产某种商品的社会必需的劳动时间,从而使较少量的劳动获得生产较大量使用价值的能力"[②]。从这一层面可以看出,马克思所认为的劳动生产力提高的过程实质就是指劳动效率的提高,效率就是用最短的社会劳动时间创造最大的使用价值的商品的过程。同时,效率还指配置效率,或称为经济效率,是指在一定投入和技术的条件下经济资源得到最大限度的利用。萨缪尔森说:"效率是经济学所要研究的一个中心问题。效率意味着不存在浪费。"[③]也就是说,如果资源配置得当,效率就会提高;反之,则效率会降低。

公平是一个牵涉政治、经济、道德等多领域的、广泛的社会学范畴。如果从公平的范围大小来看,可分为狭义的公平和广义的公平。狭义的公平主要指经济层面的公平,它是指国家通过赋税制度和社会保障制度对社会财富的调节与二次分配。狭义的公平可以在优先提升效率的基础上进行和

---

①[美]阿瑟·奥肯:《平等与效率:重大的抉择》,王奔洲等译,华夏出版社 2010 年版,第 2 页。
②[德]马克思:《资本论》(第一卷),人民出版社 2004 年版,第 427 页。
③[美]保罗·A.萨缪尔森、威廉·D.诺德豪斯:《经济学》,高鸿业等译,中国发展出版社 1992 年版,第 45 页。

完成。而广义的公平,除经济层面的含义外,还具有政治、伦理、社会等方面的蕴义。但在效率与公平关系的语境下来理解公平,其主要是存在于经济领域的以权利公平、机会公平、规则公平为主要内容的公平和分配结果的公平。前者指的是参与经济活动的生产要素提供者的机会均等和不同生产要素的产权主体获得的收入大致公平。后者指社会成员收入分配的绝对公平和实际上的真公平,即允许限度内的差异化的相对公平。

效率与公平的关系一直是经济学界长期探讨争鸣并将长期持续下去的问题,这一问题被称为经济学中的哥德巴赫猜想。美国经济学家阿瑟·奥肯在《平等与效率》中指出,在保持效率和保证公平之间存在着难题:“我们无法在保留市场效率这块蛋糕的同时又平等地分享它”,“为了效率就要牺牲某些平等,并且为了平等就要牺牲某些效率”。① 如何处理效率与公平的关系,对社会发展和社会稳定关系重大,也是困扰社会主义经济学家和社会主义国家的决策者们的难题。匈牙利经济学家亚诺·科尔内就曾经指出:“许多社会主义经济的决策困境正好是由这两个不同价值体系的抵触而引起的。”②新中国成立之后,毛泽东对如何处理效率与公平的关系进行了摸索,提出了均中求富、统筹兼顾的思想。后来经过实践的证明,均中求富是不符合我国国情的,导致了共同落后和共同贫穷。

改革开放以来,效率与公平的关系更加受到关注和研究,各界基本上认同效率与公平是一对辩证统一的关系。二者是相互影响相互促进又相互制约的关系。

首先,二者的促进不是单方面的而是相互的。从公平对效率的促进来看,社会的公平机制能够激发人的积极性,提高效率。没有公平的效率是不能长久维持的效率,这种不稳定的效率通常不可能成为一种社会制度的治世良策,任何不公平、不正当的效率都是不能长久维持的,也是一切合法政府所不允许的。那么,要想获得稳定的效率,就是要建立一个公平的社会制

---

① ［美］阿瑟·奥肯:《平等与效率:重大的抉择》,王奔洲等译,华夏出版社2010年版,第2、106页。
② ［匈］亚诺什·科尔内:《矛盾与困境:关于社会主义经济和社会的研究》,沈利生等译,中国经济出版社1987年版,第105—106页。

度,保障人民权利与义务的平等,按照贡献分配权利,按照权利承担义务,才能最大限度地调动绝大多数人的劳动积极性,从而促进社会总效率的提高。所以,绝对不能把效率与公平割裂开来,不能追求无公平的效率,也不能追求无效率的公平。

从效率对公平的促进来看,效率是公平发展的动力,效率越高,就越能推动公平的发展。第一,效率为公平提供物质基础,是公平的物质前提和基础,效率是实现和维持一定的公平形式的重要保障,效率本身不一定能够直接带来公平,但它是实现社会公平的前提和基础,没有效率就没有真正的公平,物质基础越好,越能促进分配的公平;第二,效率也是衡量公平的准绳,通常对一个社会公平与否的评价,关键不是看它是否符合某种人为标准,而是要看它能否带来持久的社会经济效益。效率越高说明社会越公平,相反,长期的低效率,必然说明了公平的失败。

其次,两者的对立也不是单方面的而是相互的。过犹不及,过于注重效率就会制约公平,在市场机制的作用下,按照不同的生产要素主体对市场贡献的大小进行劳动成果的分配,可以充分调动不同生产要素主体的生产积极性,因而能够提升效率,这是提高效率的合理方式。但是,过于注重效率则会导致社会成员之间即生产要素主体之间的收入差距的拉大,甚至会出现两极分化的马太效应,这就制约并破坏了社会公平。反过来,过于注重公平也会制约效率。社会公平的实质是平等,在经济领域特别指的是收入分配的平等,但是如果过于追求收入分配的平等,就会走向平均主义的极端,过度的平均主义性质的公平容易造成"大锅饭"现象和"干多干少一个样",这就不利于调动社会成员的生产劳动的积极性,因而制约了经济效率的提高。

综上所述,我们一定要在社会主义现代化建设过程中有效把握效率与公平的辩证统一关系。首先,效率和公平都是我国改革发展过程中所追求的基本价值,二者同等重要,不可弃其一。其次,我们要正确处理好二者之间的关系,不仅要从理论上深入分析二者之间的辩证统一关系,而且要在实践中进行具体历史的把握,使二者形成良性互动,在平衡发展中不断推动我国改革和社会主义现代化建设,进而最终实现共同富裕。

(二)改革开放以来效率与公平关系演变的三个阶段

中国共产党始终追求的价值之一就是公平。但是,中国是由新民主主义社会过渡到社会主义初级阶段的,因此,在建设社会主义的过程中,随着客观情况的变化,中国共产党的公平效率观也是不断调整变化的。我国在社会主义建设初期,向苏联学习,实行高度集中的计划经济,在这种经济体制下,实行的是结果平均主义的"大锅饭"的分配制度,造成了"干多干少一个样"的状况,这种分配制度重视分配结果的平等,却未顾及过程中的效率问题,在物质财富并不是很丰富的社会主义初级阶段,容易挫伤劳动生产的积极性,实际上导致了共同落后、平均的贫穷。改革开放之后,在总结经验教训的基础上,我国对平均主义的分配制度进行了深入的改革,平均主义的分配制度逐步被打破,效率一时成为中心目标,但收入分配关系和分配格局的巨大变化带来的利益矛盾也逐渐凸显出来。改革开放以来,效率与公平关系的演变大致经历了三个阶段:第一个阶段是"兼顾效率与公平""提高效率是前提""效率优先、兼顾公平";第二个阶段是明确提出"初次分配注重效率""再分配注重公平";第三个阶段是"兼顾效率与公平""更加注重社会公平""更有效率、更加公平"。

第一阶段,"兼顾效率与公平""提高效率是前提""效率优先、兼顾公平"。十一届三中全会是我国社会主义发展史上的重大转折,以邓小平同志为核心的党第二代中央领导集体作出实行改革开放的伟大决定,从此,"一个中心"确定下来,那就是以经济建设为中心,把经济建设作为党和国家的工作重心。邓小平指出:"社会主义的本质是解放生产力,发展生产力,消灭剥削,消除两极分化,最终实现共同富裕。"①他将解放和发展生产力放到了社会主义本质的高度,而且是实现共同富裕的前提条件;换句话说,就是只有解放和发展生产力,才能真正体现社会主义制度的优越性,才能最终实现共同富裕,才能最终实现社会公平。这种表述就说明了此阶段的中心任务

①《邓小平文选》(第三卷),人民出版社1993年版,第373页。

是提高经济发展的效率,这一点是要暂时先于公平的。明确了这一阶段效率与公平的关系是效率优于公平的会议是党的十四届三中全会,会议通过了《中共中央关于建立社会主义市场经济体制若干问题的决定》,进一步强调了效率的优先性,确切提出建立以按劳分配为主体,多种分配制度并存的制度,体现"效率优先、兼顾公平"的原则。① 1989 年召开的党的十三届四中全会上,江泽民提出:"兼顾效率与公平。运用包括市场在内的各种调节手段,既鼓励先进,促进效率,合理拉开差距,又防止两极分化,逐步实现共同富裕。"②虽然此阶段效率优先,但也兼顾了公平,并不是完全忽视公平。

第二阶段,明确提出"初次分配注重效率""再分配注重公平"。1997年,党的十五大报告指出:"坚持效率优先,兼顾公平,有利于促进资源优化配置,促进经济发展,促进社会稳定。"③改革开放之初,强调了效率的优先性,此时期提出"效率优先"原则具有一定合理性,极大地推动了我国市场经济体制的建立和现代化的进程,但是,随着改革开放的不断深入和机制体制的不断完善,继续坚持效率优先就会产生一系列的负面效应,贫富差距拉大,中西部发展不平衡等已经显现出来。由此,2002 年,党的十六大报告明确提出:"初次分配注重效率,发挥市场的作用,鼓励一部分人通过诚实劳动、合法经营先富起来。再分配注重公平,加强政府对收入分配的调节职能,调节差距过大收入。"④这是一种新型的表述,包含了两层含义:一是初次分配市场调节占主导,注重效率;二是再分配由政府调节占主导,注重公平。这一阶段较前一阶段来说,有两个方面的进步:一是在效率优先的前提下更加重视公平问题;二是层次化表达,用初次分配和再分配两个维度来处理效率与公平的关系。

第三阶段,"都要兼顾效率与公平""更加注重社会公平""更有效率、更加公平"。2004 年,党的十六届四中全会上,胡锦涛提出建设"社会主义和

---

①《中共中央关于建立社会主义市场经济体制若干问题的决定》,《人民日报》1993 年 11 月 17 日。
②《江泽民文选》(第一卷),人民出版社 2006 年版,第 227 页。
③中共中央文献研究室编:《十五大以来重要文献选编》(上),人民出版社 2000 年版,第 24 页。
④江泽民:《全面建设小康社会,开创中国特色社会主义事业新局面——在中国共产党第十六次全国人民代表大会上的报告》,人民出版社 2002 年版,第 2 页。

谐社会"的概念,这就把社会建设摆在了突出的历史位置,社会的和谐更加需要公平的维系。随后,党的十六届六中全会进而提出"在经济发展的基础上,更加注重社会公平。"[1]2007年,党的十七大报告也明确阐述了"初次分配和再分配都要处理好公平与效率的关系,再分配更加注重公平"[2]。党的十八大报告指出:"实现发展成果由人民共享,必须深化收入分配制度改革","初次分配和再分配都要兼顾效率和公平,再分配更加注重公平"[3]。综上可以看出,和谐社会建设摆上了历史的日程,已经成为制定我国分配政策的极大的影响因素和目标,社会公平问题空前凸显,党和政府对于社会公平更加重视,所以,提出了不管是初次分配还是再分配,都要处理好效率与公平的关系,但是再分配要更加重视公平。

五、初次分配与再分配及其关系的厘定

收入分配是民生之源,是改善民生、实现发展成果惠及人民最重要、最直接的方式。合理的收入分配制度是社会公平的重要体现。改革开放以来,我国在公有制为主体、多种所有制共同发展的基本经济制度的基础上建立起以按劳分配为主体、多种分配形式并存的分配制度,这基本与我国国情、发展阶段相适应,体现了社会主义本质属性的必然要求,维护了社会公平正义,促进了社会和谐稳定,为逐步实现共同富裕奠定了物质基础。就分配次序而言,我国的分配包括初次分配、再分配等环节。厘清初次分配和再分配的概念及其关系,有助于我们更好地理解我国的分配政策和分配原则。

在初次分配领域中,我国着重以按劳分配为主体。初次分配指生产成果在各种生产要素之间按贡献进行分配的过程,是整个收入分配制度中最具基础性的组成部分,一般指的是社会成员通过自身劳动、资本、技术(知

---

①《中共中央关于构建社会主义和谐社会若干重大问题的决定》,《人民日报》2006年10月19日。
②胡锦涛:《高举中国特色社会主义伟大旗帜 为夺取全面建设小康社会新胜利而奋斗——在中国共产党第十七次全国人民代表大会上的报告》,人民出版社2007年版,第38—39页。
③胡锦涛:《坚定不移沿着中国特色社会主义道路前进 为全面建成小康社会而奋斗——在中国共产党第十八次全国代表大会上的报告》,人民出版社2012年版,第36页。

识）、管理等生产要素投入，为社会生产活动作出贡献之后所获得的收益。具体来说，初次分配具有以下特点：首先，初次分配是劳动者的原始收入来源，属于起点收入。其次，初次分配注重发挥市场机制，政府一般采取间接调控，而非直接干预。初次分配有力地调动了各种要素的发展积极性，推动了我国长期以来的经济增长。在初次分配中，生产要素的价格由市场机制决定，受供求关系影响，各要素所有者按其提供的生产要素的价格和对生产的贡献程度获得相应的报酬，由此形成初次分配关系中效率和公平的最佳组合状态。当然，我国初次分配的体制机制仍有许多不尽如人意之处，主要表现为劳动者报酬在初次分配中占比过低，就业机会公平仍有诸多不足之处，各行各业之间、企业内部收入差距较大，市场经济中存在不正当竞争，从而破坏市场经济正常的运行秩序，影响劳动者的劳动积极性等。根据国际经验，在我们这样一个 14 亿多人口的发展中大国，如果初次分配差距过大，通过再分配来调节就显得相当困难。所以，党的十七大报告指出："逐步提高居民收入在国民收入分配中的比重，提高劳动报酬在初次分配中的比重。创造条件让更多群众拥有财产性收入。"①因此，完善初次分配机制是收入分配制度改革的一个方向，初次分配和再分配都要兼顾效率和公平。

作为国民生产总值分配的另一个重要环节，再分配是在初次分配的基础上进行的，相比于市场机制在初次分配中的主导地位，再分配则主要是以政府为主体进行的，表现为国家通过税收、社会保障和转移支付等方式对初次分配结果进行调节的过程。例如，党的十八届三中全会通过的《中共中央关于全面深化改革若干重大问题的决定》要求完善一般性转移支付增长机制，重点增加对革命老区、民族地区、边疆地区、贫困地区的转移支付。通过这种直接的致富行为，从而起到调整收入差距、实现社会公平分配的功能。对比初次分配，再分配主要具有以下特点：首先，再分配目的是保障社会公平，是对初次分配的结果进行再调整和再分配，以缩小区域间、行业间和居

---

① 胡锦涛：《高举中国特色社会主义伟大旗帜 为夺取全面建设小康社会新胜利而奋斗——在中国共产党第十七次全国人民代表大会上的报告》，人民出版社 2007 年版，第 38—39 页。

民间的收入差距,维护社会稳定。其次,再分配以政府调节为主导,政府属于直接参与和调整。而在初次分配中,政府一般不直接参与初次分配过程。党的十七大报告指出:"初次分配和再分配都要处理好效率和公平的关系,再分配更加注重公平。"①

政府在再分配的过程中发挥着举足轻重的作用,政府作用发挥的好坏将直接决定着社会公平正义目标实现程度。所以,要着力解决收入分配差距较大问题,维护社会公平正义,必须健全再分配调节机制,重点加大再分配调节力度,推动形成合理有序的收入分配格局。

初次分配政策和再分配都属于国家调整国民收入分配的政策手段,共同构成了国民收入分配的政策体系框架,两者相互补充并且互为条件,但同时又担负着各自独特的政策取向和调节重点。初次分配和再分配关系的厘定主要反映在两者的区别和联系上。

首先,初次分配政策与再分配政策的区别。一是政策主导机制不同。初次分配的主导机制是要充分尊重市场机制的调节作用,利用市场这个"无形的手"来实现劳动者起点型收入的获得,侧重于按照贡献多少获得相应的劳动报酬,这是一种非直接的调控手段。与初次分配政策不同的是,再分配政策则是由政府主导且直接参与国民收入分配,侧重在初次分配的结果上进行再分配,参与形式更多元,参与范围更广,参与力度更强。二是政策重点不同。虽然初次分配和再分配都要兼顾效率与公平,但再分配需要更加注重公平。所以,初次分配的重点是为劳动和收入的合法化、合理化以及规范的市场竞争提供体制机制的保障,使其井然有序,欣欣向荣。而再分配的重点则是削峰补谷,建立健全社会公平正义的体制机制。三是政策目标不同,初次分配的主要目标是通过合理的分配来更好地激励劳动者诚实劳动,合法经营,营造风清气正的劳动致富的良好氛围。而再分配是直接导向共同富裕的,目的是调高提低,平衡贫富,防止两极分化,缩小区域差异,充分体现社会主义制度的优越性。

---

① 胡锦涛:《高举中国特色社会主义伟大旗帜 为夺取全面建设小康社会新胜利而奋斗——在中国共产党第十七次全国人民代表大会上的报告》,人民出版社 2007 年版,第38—39 页。

其次,初次分配政策与再分配政策都是针对国民收入分配进行的政策调控,二者相互联系的具体表现在以下几个方面:一是初次分配政策是再分配政策制定和实施的基础与前提条件。初次分配是在市场机制的作用下按照生产要素获得相应的劳动报酬;再分配是在初次分配的基础上,以政府为主体的二次分配。初次分配的结果是再分配政策制定和实施的必要考量,只有这样,再分配的政策才更具针对性,针对性越强则可行性就越强,可行性越强则更能服务于国民经济的健康发展。初次分配过程中出现的城乡差距问题需要采取向农村倾斜的政策,区域差距问题需要采取财政帮扶、东西协同发展的政策,这些都可以通过再分配的政策来处理和解决问题。二是再分配政策是对初次分配政策的调整和补充。国民收入分配单靠初次分配政策根本解决不了效率与公平的关系,必须同时靠再分配政策中政府强有力的“有形的手”来进行宏观调控,针对初次分配政策落实过程中的不足和问题,尤其是在初次分配的前提和基础上,对分配结果进行再调整和再规范,以确保既不影响劳动生产率的提高并促进社会经济的发展,又能最大限度地保障社会公平,维护社会稳定。三是初次分配政策和再分配政策都需要处理好效率和公平的关系。初次分配政策与再分配政策一起共同作为调整国民收入分配的手段,都需要处理好效率与公平的关系,它们各有侧重地发挥着自己独特的作用。没有效率的公平会导致共同落后和贫穷,没有公平的效率会导致两极分化,产生新的资产阶级,违背社会主义的本质要求。因此,初次分配政策与再分配政策都必须辩证地处理好效率和公平的关系,以效率促公平,以公平保效率。

综上所述,初次分配政策与再分配政策也是一对辩证统一的关系,它们既相互联系又相互区别,它们是一个硬币的两面,对于我国社会经济的发展和实现共同富裕的目标来讲,缺一不可。所以,我们既要认识到初次分配政策与再分配政策互为条件、相互补充的关系,也要明确两者之间政策重点和政策目标等的不同,从而有针对性地认识和解决现实中存在的问题。

第三节 中国特色社会主义共同富裕方略 举措的展开

一、全面建设小康社会的战略展开

（一）从"总体小康"到"全面小康"的决策提升

小康是中国百姓千年来最美好的梦想，也是人类社会不断追求的理想社会。小康蕴含着中华民族对安定幸福生活的无限向往，小康社会是中华民族自古以来追求的理想社会状态。小康一词最早出现在《诗经·大雅·民劳》："民亦劳止，汔可小康。惠此中国，以绥四方。"这里的小康是休息、安乐之意，与作为社会理想的小康在意义上是不同的。小康作为理想社会模式被载于西汉时期成书的《礼记·礼运》，其描绘了大同社会与小康社会的图景：大同社会是一个财产公有、社会文明、社会保障健全、社会安定有序的最高理想社会；小康社会描述的是一个随社会规模的扩大，由氏族社会向生产分工的文明社会转化，在土地私有制基础上建立起来的"天下为家"、靠"礼"维持的理想社会。到了近代，小康成为通往大同的中间阶段。如晚清戊戌变法思想领袖康有为的《大同书》综合进化论学说，采取了"托古改制"的方式，主张通过变法维新，实现从"据乱世"进入"升平世"（小康）乃至"太平世"（大同）。小康一直是我国老百姓的社会理想。然而，对于存在阶级压迫和阶级剥削的社会来说，这只是一种奢望和梦想。

中国共产党自诞生之日起，就肩负起民族独立、人民解放和国家富强、人民幸福的历史使命。新中国成立和社会主义制度建立，为小康社会的实现奠定了根本政治前提和制度基础。在以毛泽东为代表的中国共产党人带领下，"站起来"的中国人民开展了社会主义建设的艰辛探索，逐步改变了"一穷二白"的贫穷落后状况，生活水平有了一定的提高。改革开放以后，邓小平强调"社会主义必须摆脱贫穷","贫穷不是社会主义","要充分体现社会主义制度的优越性","社会主义的本质,是解放生产力,发展生产力,消灭剥削,消除两极分化,最终达到共同富裕"。[①] 邓小平在 1979 年 12 月 6 日会见日本首相大平正芳时提出"小康之家",以此来诠释中国式现代化并指出,中国 20 世纪的目标是实现小康。党的十二大正式确定了这一奋斗目标,即从 1981 年到 2000 年工农业年总产值翻两番,人民物质文化生活达到小康水平。随着对小康社会认识的深化,我们党对其不断赋予新的内涵。邓小平提出的小康是"不穷不富,日子比较好过"[②],党的十二大之后,邓小平在调研的基础上进一步提出包括"温饱—小康—中等发达国家水平"在内的中国分"三步走"基本实现现代化的战略部署。党的十三大将实现小康正式列为"三步走"战略的第二个目标。

明者因时而变,知者随事而制。20 世纪末、21 世纪初,邓小平"三步走"战略目标的前两个目标已经完成,我国人民生活总体已经达到小康水平。站在新的历史起点上,党中央高瞻远瞩地开启了全面建设小康社会的新征程。

党的十五届五中全会作出"从新世纪开始,我国将进入全面建设小康社会,加快推进社会主义现代化的新的发展阶段"[③]的重大判断。2001 年 3 月 15 日,九届全国人大四次会议批准的《国民经济和社会发展第十个五年计划纲要》序言第一段重申了这一重大判断。党的十六大报告更是以"全面建设小康社会,开创中国特色社会主义事业新局面"为题,将在 21 世纪头 20 年全面建设小康社会作为实现现代化建设第三个战略目标必经的承上启下的发展阶段,对全面建设小康社会作出了部署。

从"总体小康"到"全面小康"的决策提升是有现实依据的。在总体上实现小康后,之所以要提出全面建设小康社会的目标,最根本是因为我国还只是刚刚跨入小康社会的大门,所达到的小康是低水平的、不全面的、发展

---

①《邓小平文选》(第三卷),人民出版社 1993 年版,第 373 页。
②《邓小平文选》(第三卷),人民出版社 1993 年版,第 109 页。
③中共中央文献研究室编:《十五大以来重要文献选编》(中),人民出版社 2001 年版,第 1369 页。

很不平衡的小康。党的十六大对邓小平"三步走"战略目标前两步所实现的小康作出了客观判断，江泽民指出："必须看到，我国正处于并将长期处于社会主义初级阶段，现在达到的小康还是低水平的、不全面的、发展很不平衡的小康，人民日益增长的物质文化需要同落后的社会生产之间的矛盾仍然是我国社会的主要矛盾。我国生产力和科技、教育还比较落后，实现工业化和现代化还有很长的路要走；城乡二元经济结构还没有改变，地区差距扩大的趋势尚未扭转，贫困人口还为数不少；人口总量继续增加，老龄人口比重上升，就业和社会保障压力增大；生态环境、自然资源和经济社会发展的矛盾日益突出；我们仍然面临发达国家在经济科技等方面占优势的压力；经济体制和其他方面的管理体制还不完善；民主法制建设和思想道德建设等方面还存在一些不容忽视的问题。巩固和提高目前达到的小康水平，还需要进行长时期的艰苦奋斗。"[1]从当时的经济数据来看，2000年，我国GDP达到89404亿元，按不变价格计算，比1980年增长了5.55倍，人均GDP超过856美元，比1980年增长了4.09倍，超额完成了人均国民生产总值比1980年翻两番的任务。但我们的人均GDP只相当于当年世界排名第一的挪威的2.29%，排名第二的日本的2.32%，排名第三的美国的2.44%，排名第四的瑞士的2.49%，还属于中下收入水平的国家。当时，农村居民人均纯收入和城镇居民人均可支配收入分别由1980年的191元、478元增加至2000年的2253元、6280元，城乡人民生活水平有了很大的提高。但是，这并未改变我国城乡二元经济结构，当时发达国家的农村人口在全国人口总数中只占百分之几，而我国农村人口在全国人口中的比重仍近70%，城市化发展空间还特别大。

从"总体小康"到"全面小康"的提出，深刻表明了我党经过对"三步走"战略目标的探索，进一步深化了对小康社会的认识。2004年3月，胡锦涛在中央人口资源环境工作座谈会上指出："不仅要重视经济增长指标，而且要重视人文指标、资源指标、环境指标和社会发展指标，坚持把经济增长指标同人文、资源、环境和社会发展指标有机地结合起来。"[2]总体小康重点在解

---

[1] 江泽民：《全面建设小康社会，开创中国特色社会主义新局面——在中国共产党第十六次全国人民代表大会上的报告》，人民出版社2002年版，第19页。
[2]《胡锦涛文选》(第二卷)，人民出版社2016年版，第170—171页。

决温饱问题和提高物质文明水平,这一目标现在已达到;全面小康是要达到包括经济、政治、文化、社会、生态等方面的目标,是"五位一体"的小康。

(二)全面建设小康社会的战略部署

党的十六大到十八大,中国共产党深入贯彻落实科学发展观,不断深化推进全面建设小康社会的战略部署,探索中国特色社会主义事业总体布局,统筹城乡、区域、经济社会、人与自然统筹和谐发展,国内发展和对外开放,构建和谐社会,促进小康社会全面均衡发展。全面建设小康社会,更重要、更难做到的是"全面"。"小康"讲的是发展水平,"全面"讲的是发展的平衡性、协调性、可持续性。到21世纪头20年全面建设小康社会,靠的是中国共产党的坚强领导,靠的是方方面面积极性的凝聚,靠的是国家发展的合力推动。

首先,全面建设小康社会的战略部署体现在党中央高屋建瓴的顶层设计上。党中央的顶层设计有着掌舵航向、凝聚人心、感召前进、引领未来的强大力量。改革开放的不断推进、经济社会的迅速发展,要求党中央的顶层设计也能因事而化,因时而进,因势而新。新中国成立到改革开放前,我国主要是以苏联为师,实行高度集中的计划经济体制,高度重视重工业的发展,忽视了精神文明的建设。改革开放早期,邓小平开始意识到:"我们现在搞两个文明建设,一是物质文明,一是精神文明。"[1]1986年9月,党的十二届六中全会审议通过的《中共中央关于社会主义精神文明建设指导方针的决议》中首次提到社会主义现代化建设的总体布局,指出:"我国社会主义现代化建设的总体布局是:以经济建设为中心,坚定不移地进行经济体制改革,坚定不移地进行政治体制改革,坚定不移地加强精神文明建设,并且使这几个方面互相配合,互相促进。"[2]1987年,党的十三大确定了"一个中心、两个基本点"的基本路线[3],同时确定了"三步走"战略目标。党的十六大将

---

[1]《邓小平文选》(第三卷),人民出版社1993年版,第156页。
[2]中共中央文献研究室编:《改革开放三十年重要文献选编》(上),中央文献出版社2008年版,第430页。
[3]《邓小平文选》(第三卷),人民出版社1993年版,第345页。

"发展社会主义民主政治,建设社会主义政治文明"明确为全面建设小康社会的重要目标,提出"不断促进社会主义物质文明、政治文明和精神文明的协调发展"①。2004 年 9 月召开的党的十六届四中全会提出构建社会主义和谐社会的任务。② 2005 年 2 月 19 日,胡锦涛在省部级主要领导干部提高构建社会主义和谐社会能力专题研讨班上指出:"我们党明确提出构建社会主义和谐社会的重大任务,就是要求全党同志在建设中国特色社会主义伟大实践中更加自觉地加强社会主义和谐社会建设,使社会主义物质文明、政治文明、精神文明建设与和谐社会建设全面发展。这表明,随着我国经济社会不断发展,中国特色社会主义事业总体布局更加明确地由社会主义经济建设、政治建设、文化建设三位一体发展为社会主义经济建设、政治建设、文化建设、社会建设四位一体。"③党的十七大报告把"四位一体"写入其中,指出:"要按照中国特色社会主义事业总体布局,全面推进经济建设、政治建设、文化建设、社会建设,促进现代化建设各个环节、各个方面相协调,促进生产关系与生产力、上层建筑与经济基础相协调。"④从"两手抓、两手都要硬"到"三个文明"协调发展,再到党的十七大明确"四位一体",步步紧跟时代潮流,不断围绕新情况、新问题给出新的理论和实践回应,步步为营,扎实推进了全面建设小康社会的进程,为全面建设小康社会的战略部署提供了高瞻远瞩、清晰明了的顶层设计。

其次,全面建设小康社会的战略部署体现在和谐社会的构建上。和谐是中国传统文化的核心价值,也是自古以来追求的一种理想的社会状态。以胡锦涛同志为总书记的党中央高举中国特色社会主义伟大旗帜,根据我国经济社会发展的新要求、新趋势和新特点,在全面总结我们党关于社会主义和谐社会建设理论成果和实践成果的基础上,系统地提出了社会主义和谐社会理论。党的十六届四中全会提出从全面建设小康社会全局出发建设社会主义和谐社会是一项重大战略任务⑤,再到党的十六届六中全会将构建

①中共中央文献研究室编:《十六大以来重要文献选编》(上),中央文献出版社 2011 年版,第 24、43 页。
②中共中央文献研究室编:《十六大以来重要文献选编》(中),中央文献出版社 2011 年版,第 286 页。
③《胡锦涛文选》(第二卷),人民出版社 2016 年版,第 274 页。
④中共中央文献研究室编:《十七大以来重要文献选编》(上),中央文献出版社 2013 年版,第 12 页。
⑤中共中央文献研究室编:《十六大以来重要文献选编》(中),中央文献出版社 2011 年版,第 314 页。

社会主义和谐社会明确为从中国特色社会主义事业总体布局和全面建设小康社会全局出发的重大战略任务。① 党中央明确指出:"我们要构建的社会主义和谐社会,是在中国特色社会主义道路上,中国共产党领导全体人民共同建设、共同享有的和谐社会。"②所以,和谐社会的建设推动了社会建设与经济建设、政治建设、文化建设协调发展,进而促进社会和谐进步,从而也就为全面建设小康社会提供了和谐进步的社会基础。

最后,全面建设小康社会的战略部署体现在统筹发展促进小康社会全面均衡发展上。20 世纪末、21 世纪初,我国就已经建成了小康社会,党的十六大深刻总结并客观分析了当时的小康社会,提出:"达到的小康还是低水平的、不全面的、发展很不平衡的小康,人民日益增长的物质文化需要同落后的社会生产之间的矛盾仍然是我国社会的主要矛盾"③,为巩固和提高已达到的小康水平,实现经济、社会和人的全面发展而提出的。党的十六大之后的 10 年,党和政府采取诸多措施,着力解决城乡、区域、经济社会、人与自然发展不协调的矛盾。党的十六届三中全会通过的《中共中央关于完善社会主义市场经济体制若干问题的决定》提出:"按照统筹城乡发展、统筹区域发展、统筹经济社会发展、统筹人与自然和谐发展、统筹国内发展和对外开放的要求,更大程度地发挥市场在资源配置中的基础性作用,增强企业活力和竞争力,健全国家宏观调控,完善政府社会管理和公共服务职能,为全面建设小康社会提供强有力的体制保障。"④从"五个统筹"的提出到全面落实,原来低水平、不全面、发展不均衡的小康社会不仅得到了巩固,还实现了均衡的发展,这就为全面建设小康社会奠定了坚实的基础。

二、推动共同富裕的分配制度建设

共同富裕是人类的美好理想和不懈追求,也是马克思主义的本质要求,

---

①中共中央文献研究室编:《十六大以来重要文献选编》(下),中央文献出版社 2011 年版,第 648 页。
②中共中央文献研究室编:《十六大以来重要文献选编》(下),中央文献出版社 2011 年版,第 650 页。
③中共中央文献研究室编:《十六大以来重要文献选编》(上),中央文献出版社 2011 年版,第 14 页。
④中共中央文献研究室编:《十六大以来重要文献选编》(上),中央文献出版社 2011 年版,第 465 页。

中国共产党是第一个明确提出共同富裕概念并将实现共同富裕提上历史进程并为之努力奋斗的执政党。中国特色社会主义共同富裕的战略框架是"三步走""全面小康""五个统筹"与科学发展,路径选择是要让一部分人先富起来,先富带动后富,最后实现共同富裕。为了调动广大人民的积极性,必须鼓励一部分地区、一部分人先富起来,先富带后富,承认个人、地区之间的差距,实现非均衡性的发展,以增强市场经济条件下的竞争性,刺激经济效率的提高,同时要保证差距的合理、合法、适度,兼顾社会公平,建立健全走向共同富裕的分配制度建设。

其实,我国经济体制改革是从收入分配制度改革起步的。改革开放前,"大锅饭"模式和严重的平均主义倾向导致了经济效率的低下和经济增长的缓慢,也导致了落后和贫穷。邓小平指出:"贫穷不是社会主义","社会主义必须摆脱贫穷","要充分体现社会主义制度的优越性","社会主义的本质,是解放生产力,发展生产力,消灭剥削,消除两极分化,最终达到共同富裕"。[1] 这些焕然一新的论断让中国人民眼前一亮。1978 年,党的十一届三中全会提出"按劳分配、多劳多得是社会主义的分配原则",推动了对收入分配体制改革的探索,从此打破平均主义,通过差异化的个人收入分配,让一部分人先富起来,激发了广大劳动者的积极性,为经济发展注入了生机和活力。形成有效的激励,从而提高劳动效率,推动经济增长,是当时收入分配改革的基本思路与目标。

1984 年,《中共中央关于经济体制改革的决定》首次提出要让一部分地区和一部分人通过诚实劳动和合法经营先富起来,然后带动更多的人走向共同富裕。1987 年,党的十三大提出实行以按劳分配为主体、其他分配方式为补充的分配制度。党的十四届三中全会提出"多种分配方式并存的制度"和"效率优先,兼顾公平"的分配原则。这一分配原则是以我国基本经济制度为基础的,充分调动了劳动者的积极性,推动了经济的持续快速增长。不可否认的是,"效率优先,兼顾公平"的分配原则在推动经济快速增长的同

---

[1]《邓小平文选》(第三卷),人民出版社 1993 年版,第 373 页。

时,不可避免地使收入差距开始扩大。邓小平对我国能否在消除两极分化的基础上实现效率和公平的统一,其实是表示过担忧的,他说:"少部分人获得那么多财富,大多数人没有,这样发展下去总有一天会出问题。分配不公,会导致两极分化,到一定时候问题就会出来。"①

差距扩大化所带来的后果主要有三个:一是"两个比重"不断下降,即居民收入在国民收入中的比重从67.6%降到60.4%,劳动报酬在初次分配中的比重从53.3%降到47.8%,而劳动报酬是居民收入的主要来源,这两个比重的降低说明了普通劳动者的收入提升缓慢。二是城乡之间、不同地区和职业之间的收入差距有扩大的风险,且居民收入扩大趋势明显。根据国家统计局的测算,1988年,全国居民收入分配的基尼系数为0.341,1990年为0.343,1995年为0.389,1999年为0.397,2000年为0.417。其中,2000年已经超过国际公认的警戒线0.4。如果不设法扭转局面,不仅会影响社会稳定,影响经济社会可持续发展,也会导致人民群众对执政党的不满,影响人民对实现共同富裕的信心。居民收入差距过大会严重抑制消费需求,除了影响社会稳定,更会导致有效内需不足,经济不可持续发展的风险增大。三是收入分配秩序不够规范,存在分配收入的不公平和获取财富的"灰色地带"。少数社会群体因为掌控大量资产和资源而轻而易举获得财富增值,还有少数群体利用法律制度的延后性钻空子,非法敛财,甚至个别领域出现了不劳而获和劳而不获的现象。

针对这些情况,2005年召开的党的十六届五中全会上,中国共产党首次提出"更加注重社会公平,使全体人民共享改革发展成果"。紧接着,2006年5月26日召开的中共中央政治局会议再次强调:"改革收入分配制度,规范收入分配秩序,构建科学合理、公平公正的社会分配体系,关系到最广大人民的根本利益,关系到广大干部群众的积极性、主动性、创造性的充分发挥,关系到全面建设小康社会、开创中国特色社会主义事业的全局,必须高度重视并切实抓好。"②2006年10月召开的党的十六届六中全会又把"完善

①中共中央文献研究室编:《邓小平年谱(1975—1997)》,中央文献出版社2004年版,第1364页。
②《研究改革收入分配制度和规范收入分配秩序问题》,《人民日报》,2006年5月27日。

收入分配制度,规范收入分配秩序"列为和谐社会六项制度之一,并提出了共同富裕在 2020 年的实现远景,会议通过的《中共中央关于构建社会主义和谐社会若干重大问题的决定》认为,社会主义和谐社会建设的核心任务之一就是要建立合理的分配格局,并指出:"城乡区域发展差距扩大化的趋势逐步扭转,合理有序的收入分配格局基本形成,家庭财产普遍增加,人民过上更加富足的生活;社会就业比较充分,覆盖城乡居民的社会保障体系基本建立","实现全面惠及十几亿人口的更高水平的小康社会的目标,努力形成全体人民各尽所能、各得其所而又和谐相处的局面"。① 同时强调,收入分配"更加注重社会公平"。

2007 年,党的十七大报告中,胡锦涛对深化收入分配制度、努力促进共同富裕的实现作了重要安排,强调:"深化收入分配制度改革,增加城乡居民收入。要坚持和完善以按劳分配为主体、多种分配方式并存的分配制度,健全劳动、资本、技术、管理等生产要素按共享参与分配的制度,初次分配和再分配都要处理好效率和公平的关系,再分配更加注重公平。逐步提高居民收入在国民收入分配中的比重,提高劳动报酬在初次分配中的比重。着力提高低收入者收入,逐步提高扶贫标准和最低工资标准,建立企业职工工资政策增长机制和支付保障机制。创造条件让更多群众拥有财产性收入。保护合法收入,调节过高收入,取缔非法收入。扩大转移支付,强化税收调节,打破垄断,创造机会公平,整顿分配秩序,逐步扭转收入分配差距扩大趋势。"②

2012 年,党的十八大报告指出:"实现发展成果有人民共享,必须深化收入分配制度改革,努力实现居民收入增长和经济发展同步、劳动报酬增长和劳动生产率提高同步,提高居民收入在国民收入分配中的比重,提高劳动报酬在初次分配中的比重。初次分配和再分配都要兼顾效率和公平,再分配更加注重公平。完善劳动、资本、技术、管理等要素按贡献参与分配的初次分配机制,加快健全以税收、社会保障、转移支付为主要手段的再分配

---

① 中共中央文献研究室编:《十六大以来重要文献选编》(下),中央文献出版社 2008 年版,第 651 页。
② 中共中央文献研究室编:《十七大以来重要文献选编》(上),中央文献出版社 2009 年版,第 30 页。

调节机制。"①

为了全面贯彻十八大精神,2013 年,《关于深化收入分配制度改革的若干意见》出台,启动了新时期收入分配制度改革。如此一来,推动共同富裕的分配制度建设已经基本成熟起来,我国的收入分配方式已由过去单一的按劳分配体制,转变为按劳分配为主体、多种分配方式并存,且能够做到在初次分配和再分配都要兼顾效率与公平,再分配更加注重公平,初步形成了与社会主义市场经济相适应的、维护公平正义、指向并推动共同富裕的收入分配制度。

三、全面免除农业税:实现小康和共同富裕的重大举措

全面免除农业税是一件载入中国历史的大事,是新中国成立后继土地改革、家庭联产承包责任制之后的中国农村第三次重大改革,是中央推行的一项重要惠农政策,也被视为彻底减轻农民负担的治本之策。2005 年 12 月 29 日,十届全国人大常委会第十九次会议经表决决定,《农业税条例》自 2006 年 1 月 1 日起废止。这意味着延续了 2600 余年的"皇粮国税"——农业税从此退出历史舞台,也意味着中国广大乡村农民负担从根本上得以历史性解除。

1. 全面免除农业税具有历史必然性

首先,全面免除农业税是社会经济发展的必然结果。中国是传统的农业生产大国,农业税作为税收的大头曾一度是国家财政收入的重要基石,尤其是新中国成立初期。1950 年,农业税曾一度占国家财政收入的 40% 左右,是国家财力的重要支柱;1980 年,改革开放初期,这一比例降至 5.5%;2004 年,全面免除农业税前,农业税收仅占财政收入的 1.15%。上述数据可以看出,随着我国经济结构的转变与升级,国民收入中的农业收入比重逐年下降,中国的经济已经具备了取消农业税而不至于影响国家发展全局的实力。

---

① 胡锦涛:《坚定不移沿着中国特色社会主义道路前进 为全面建成小康社会而奋斗》,人民出版社 2012 年版,第 34、36 页。

其次,全面取消农业税是构建社会主义和谐社会的必然举措。2004 年 9 月召开的党的十六届四中全会提出构建社会主义和谐社会的任务。社会和谐是中国特色社会主义的本质属性,是国家富强、民族振兴和人民幸福的重要保证。全面取消农业税可以增强农民的幸福感、获得感和尊严感。取消农业税对农民而言是政治和精神上的一次解放,由于我国二元经济结构的影响,农业税从本质上讲是农民的一种身份性义务。正如秦晖先生所言,农业税是"一种典型的'身份性贡赋'。只要脱不了'农村户口',农业税就如影随形地跟定你,活到老、缴到老"①。这种具有身份性义务的税种容易让农民产生经济上的剥夺感和政治上的不平等感、不幸福感。所以,全面取消农业税对于农民来说是中央施仁政、惠民生、重视"三农"问题的具体体现。

最后,全面免除农业税也是全面建设小康社会的必然要求。21 世纪初,我国正处于从"总体小康"迈向"全面小康"的起步阶段,城乡二元结构并未得到改变,城乡差距仍然较大。党中央深刻认识到,"三农"问题是"始终关系着党和国家工作全局的根本性问题"②,推动农村经济社会全面发展需要形成城乡经济一体化新格局。"小康不小康,关键看老乡。"老乡的日子过不好,就算不上什么小康,全面建设小康社会要做到"五个统筹",第一个统筹就是要统筹城乡发展,破除城乡发展的二元结构。全面免除农业税就是减轻农民负担、增加农民收入的惠民政策,有利于缩小城乡差距,推动全面建设小康社会,为最终实现共同富裕奠定基础。

2. 全面免除农业税影响深远,意义重大

首先,全面取消农业税有利于推进全面建设小康社会,推动实现共同富裕。免除农业税是对农村生产力的又一次解放,是中国数千年农业史上前无古人的创举,这也意味着我国工业反哺农业进程提速,共同富裕实践迈出了重要一步,给亿万农民带来了实实在在的利益,极大地减轻了农民的负

---

①孙自铎、田晓景、殷君伯主编:《中国农村改革 30 年来自改革发祥地的报告与思考》,安徽人民出版社 2009 年版,第 265 页。

②中共中央文献研究室编:《十六大以来重要文献选编》(中),中央文献出版社 2006 年版,第 62 页。

担,调动了农民的积极性。据统计,与 1999 年同口径相比,2006 年取消农业税后,全国农村税费改革每年减轻农民负担 1250 亿元,人均减负 140 多元,平均减负率达 80%,农民负担重的状况得到根本性扭转。这为缩小城乡差距、全面建设小康社会、构建和谐社会和推动实现共同富裕奠定了物质基础。

其次,全面取消农业税意味着"以农养政"时代的终结,这为乡镇政府职能转变提供了动力。农业税的取消使得基层政府长期以来错位充当向村民"要粮""要钱"的"国家代理人"角色彻底丢弃。以人为本、立党为公、执政为民,这些指导思想和执政理念将成为基层公务员队伍建设的指标,有利于基层政府转变职能,构建服务型政府。

再次,全面取消农业税有利于改善干群关系。20 世纪 90 年代,随着农村经济社会的发展,财力支出缺口不断增大,而基层财源却有所减少。农民不仅要缴纳农业税,还要承担许多维持基层运转和公共事业发展的费用,俗称"三提五统"。再加上各种乱摊派、乱收费、乱集资,农民负担越发沉重。繁重的税负严重限制了农民实际收入的增长,也挫伤了农民的生产积极性,恶化了干群关系,给社会带来各种不稳定因素,农业税的免除为农民减负,调和了干群关系,保障了农村社会的稳定。

最后,全面免除农业税赢得了民心。农业税的全面免除不仅仅减轻了农民的负担,更重要的是让农民感受到了温暖、重视,收获了肯定和尊重,得民心者得天下,打江山,守江山,守的是老百姓的心。农民对党和国家的政策的拥护与否将直接关系到执政根基问题。全面取消农业税体现了全体人民的共同意志得到了全体人民的拥护和支持。

四、大力开展基本公共服务建设与供给

党的十六大提出"统筹城乡协调发展",党的十六届六中全会通过的《中共中央关于构建社会主义和谐社会若干重大问题的决定》明确指出,"基本公共服务体系更加完备"是构建和谐社会的目标和主要任务之一。党的十七大报告指出:"必须在经济发展的基础上,更加重视社会建设,着力保障和

改善民生，推进社会体制改革，扩大公共服务，完善社会治理，促进社会公平正义，努力使全体人民学有所教、劳有所得、病有所医、老有所养、住有所居，推动建设和谐社会。"①另外，党的十七大报告还进一步要求"围绕推进基本公共服务均等化和主体功能区建设，完善公共财政体系"②。胡锦涛还在2010年全国劳动模范和先进工作者表彰大会上的讲话中明确指出，要通过各项建设尤其是社会保障体系建设、扶助制度建设等，使广大人民群众"不断享受到改革发展成果"。他指出："要切实完善社会保障体系，健全就业帮扶、生活救助、医疗互助、法律援助等帮扶制度，着重解决困难群众生产生活问题，在经济发展的基础上不断提高广大群众生活水平和质量，使他们不断享受改革发展成果。"③2012年，党的十八大报告在强调中国特色社会主义道路就是共同富裕道路的同时，将"必须坚持促进社会和谐"作为在新的历史条件下夺取中国特色社会主义新胜利必须坚持的基本要求之一，并提出要把改善民生放在更加突出位置。党的十八大报告深刻指出："社会和谐是中国特色社会主义的本质属性。要把保障和改善民生放在更加突出的位置，加强和创新社会管理，正确处理改革发展稳定关系，团结一切可以团结的力量，最大限度地增加和谐因素，增强社会创造活力，确保人民安居乐业、社会安定有序、国家长治久安。"④党的十八大报告还对基本公共服务、分配、就业社会保障等提出了具体目标："基本公共服务均等化总体实现。就业更加充分。收入分配差距缩小，中等收入群体持续扩大，扶贫对象大幅减少。社会保障全覆盖，人人享有基本医疗卫生服务，住房保障体系基本形成，社会和谐稳定。"⑤

综上所述，建立基本公共服务体系，推动基本公共服务均等化已经成为

①中共中央文献研究室编：《十七大以来重要文献选编》（上），中央文献出版社2009年版，第29页。

②韦晓宏、段根林：《中国特色社会主义经济理论大聚焦》，国防大学出版社2008年版，第173页。

③《胡锦涛在2010年全国劳动模范和先进工作者表彰大会上的讲话》，《人民日报》2010年4月28日。

④胡锦涛：《坚定不移沿着中国特色社会主义道路前进 为全面建成小康社会而奋斗》，人民出版社2012年版，第15页。

⑤胡锦涛：《坚定不移沿着中国特色社会主义道路前进 为全面建成小康社会而奋斗》，人民出版社2012年版，第18页。

服务型政府的重要职责,是构建社会主义和谐社会的内在要求,也是社会主义共同富裕实践中的重要举措。

基本公共服务是指一定经济社会条件下,为了保障全体公民最基本的人权,全体公民都应公平、平等、普遍享有的公共服务,是诸多公共服务中具有保障性质和平等色彩的服务类型。基本公共服务是以保障公民基本人权为主要目的、以均等化为主要特征、以公共资源为主要支撑的公共服务。所以,基本公共服务的提供具有无差别、均等化的特点。正是这个特点使它成为一种很好的促进公平的有效手段和促进社会和谐的平衡机制。

基本公共服务体系一般包括四项内容。第一,底线生存服务,包括就业服务、社会保障、社会福利和社会救助,主要目标是保障公民的生存权;第二,公众发展服务,包括义务教育、公共卫生和基本医疗、公共文化体育,主要目标是保障公民的发展权;第三,基本环境服务,包括居住服务、公共交通、公共通信、公用设施和环境保护,主要目标是保障公民起码的日常生活和自由;第四,公共安全服务,包括食品药品安全、消费安全、社会治安和国防安全等领域,主要目标是保障公民的生命财产安全。① 底线生存服务的重点放在完善就业政策和社会保障体系之上。在牢固树立就业是民生之本的观念,强化服务型政府促进就业的职能上下功夫。公众发展服务的重点放在完善义务教育体系和医疗卫生体系之上。在加大义务教育经费投入,保障教育服务均等化上下功夫。基本环境服务的重点放在加大公共设施建设和环境保护力度之上。在加大城乡公共设施建设,提升公共环境服务质量上下功夫。公共安全服务的重点是食品、药品、餐饮卫生安全和社会治安。在加强食品、药品、餐饮卫生监管,保障人民群众健康安全上下功夫。

现阶段建设基本公共服务的原则要做到四个相结合。第一,要做到发展经济和基本公共服务改革相结合。基本公共服务的发展不可能是一个自发的过程,而是一个需要全社会共同努力进行建设的过程。长期以来,发展与改革的政策目标主要集中在 GDP 的增长上,以 GDP 论英雄,甚至把 GDP

---

① 陈海威、田侃:《我国建立基本公共服务体系问题探讨》,《理论导刊》2007 年第 6 期,第 44—45 页。

增长作为衡量政绩的唯一标准。基本公共服务建设则在一定程度上被忽视了。在当前的发展中,我们应该树立"以经济建设为中心"与"更加注重基本公共服务建设"相统一的思想。第二,要做到基本公共服务制度安排与促进收入公平分配相结合。在从计划经济体制向市场经济体制转轨的进程中,伴随着经济的持续高速增长,出现了经济增长成果分享不均的现象,收入分配不平等、收入差距不断拉大成为影响社会和谐发展的重大问题。第三,要做到政府与市场相结合。政府与市场在推动经济和社会发展中均起着重要的作用,在基本公共服务体系建设中只有采取政府与市场两种不同的资源配置方式,充分发挥政府与市场的作用才能实现人类福祉的最大化。第四,要做到供给与需求相结合。实现基本公共服务供给和基本公共服务需求的动态平衡是政府公共服务的一个重要原则。要达到这个平衡,政府一方面应该随时掌握社会公共需求动态,全面了解公众需求;另一方面要树立正确的政绩观,对公众的需求做出及时、主动和负责的回应,尽量满足公众的各种需求和偏好。只有如此,政府基本公共服务与社会公共需求之间的平衡才可能实现。

五、在重效率发展基础上向重公平发展迈进

纵观改革开放和社会主义现代化建设新时期以来的共同富裕理论与实践的发展,党中央对于效率和公平关系问题的思考与决策贯穿始终。如何处理效率与公平的关系既是国民收入分配关系处理的基本和核心问题,也是改革开放以来收入分配制度改革的基本问题。对效率与公平关系的理解深刻影响着党中央的决策和部署。

改革开放以后,随着经济体制改革的不断推进,效率与公平的关系也不断在实践中演变发展,经历了一个长期调整和改进的过程。总体来说,改革开放以来,效率与公平的关系经历了三个阶段的发展。第一个阶段是"兼顾效率与公平""提高效率是前提""效率优先、兼顾公平";第二个阶段是明确提出"初次分配注重效率""再分配注重公平";第三个阶段是"都要兼顾效率与公平""更加注重社会公平""更有效率、更加公平"。三个阶段的演变

体现着我们党紧紧围绕我国政治、经济、文化、社会等发展的现实情况，对效率与公平关系问题作了相应的与时俱进的处理，是与中国特色社会主义建设进程的发展同频共振的，体现着党的理论认识与中国特色社会主义共同富裕实践进程的逻辑和历史的统一，是我们党根据我国社会主义初级阶段的基本国情，深入分析效率与公平关系基础上提出的中国式方案。这个中国式方案有着明显的发展脉络和规律，那就是在重效率的基础上向重公平迈进。

重效率是由我国社会主义初级阶段的基本国情决定的。1978 年 12 月 13 日，邓小平在中共中央工作会议闭幕会上发表了题为"解放思想，实事求是，团结一致向前看"的重要讲话，其中他讲道："为国家创造财富多，个人的收入就应该多一些，集体福利就应该搞得好一些。不讲多劳多得，不重视物质利益，对少数先进分子可以，对广大群众不行，一段时间可以，长期不行。革命精神是非常宝贵的，没有革命精神就没有革命行动。但是，革命是在物质利益的基础上产生的，如果只讲牺牲精神，不讲物质利益，那就是唯心论。"[①]"在经济政策上，我认为要允许一部分地区、一部分企业、一部分工人农民，由于辛勤努力成绩大而收入先多一些，生活先好起来。一部分人生活先好起来，就必然产生极大的示范力量，影响左邻右舍，带动其他地区、其他单位的人们向他们学习。这样，就会使整个国民经济不断地波浪式地向前发展，使全国各族人民都比较快地富裕起来。"[②]

邓小平的这些论断是对过去社会主义建设过程中没有效率基础上的平均主义的失败经验的总结，更是基于我国当时社会主义初级阶段的现实国情的清醒认识。解放和发展生产力、摆脱贫穷落后的面貌、提高人民物质生活水平成为迫在眉睫要解决的问题。在邓小平看来，部分先富、按劳分配、效率优先是符合社会主义原则的，他说："不让提高劳动生产率，不鼓励劳动有贡献的人，不让他们多收入一点，不让那些在艰苦劳动条件下劳动的人多收入一点。这是违反马克思主义，违反社会主义原则的。"[③]于是，在客观冷静分析我国社会主义初级阶段的基本国情后，邓小平提出"三步走"战略目

---

①《邓小平文选》（第二卷），人民出版社 1994 年版，第 146 页。
②《邓小平文选》（第二卷），人民出版社 1994 年版，第 152 页。
③中共中央文献研究室编：《邓小平思想年谱(1975—1997)》，中央文献出版社 1998 年版，第 39 页。

标:"第一个目标是解决温饱问题,这个目标已经达到了。第二个目标是在本世纪末达到小康水平,第三个目标是在下个世纪的五十年内达到中等发达国家水平。"①

在对效率与公平关系问题的处理上,从党的十四届三中全会到党的十六大都基本强调"坚持效率优先、兼顾公平"的方案,这是符合我们国家发展的现实的。对于社会主义现代化建设事业的快速发展起到了积极作用,极大地改善了人民群众的生活,提高了中国的国际地位,也为共同富裕的实现奠定了雄厚的物质基础。

向重公平迈进是由社会主义国家性质和共同富裕的最终目标决定的。公平正义是社会主义一个重要的价值目标,共同富裕是社会主义的本质。共同富裕的实现既需要以生产力的发展为基础,也需要将实现社会公平与正义放到更高的位置。过去的整体贫穷不是社会主义,同样,那种一部分人富裕、一部分人贫穷的社会状况,也绝不符合社会主义的本质要求。随着改革开放和社会主义现代化的不断推进,"坚持效率优先、兼顾公平"的方案也出现了现实困境,如居民收入差距的扩大化问题,城乡发展、地区发展不平衡等问题。针对这些情况,党的十七大提出初次分配和再分配都要处理好效率与公平的关系,再分配更加注重公平。党的十八大报告指出:"公平正义是中国特色社会主义的内在要求。要在全体人民共同奋斗、经济社会发展的基础上,加紧建设对保障社会公平正义具有重大作用的制度,逐步建立以权利公平、机会公平、规则公平为主要内容的社会公平保障体系,努力营造公平的社会环境,保证人民平等参与、平等发展权利。"②这就强调了对公平问题的重视,初次分配就要抓好,这是对以前的"效率优先,兼顾公平",以及"初次分配注重效率,再分配注重公平"政策的调整。也就是说,公平问题从初次分配就要抓好,再分配要更加重视公平问题,并且把公平问题放到中国特色社会主义的内在要求的地位来考虑。从中国特色社会主义

①《邓小平文选》(第三卷),人民出版社1993年版,第256页。
②胡锦涛:《坚定不移沿着中国特色社会主义道路前进 为全面建成小康社会而奋斗》,人民出版社2012年版,第14—15页。

事业和共同富裕的继续推进来看,让全体人民共享改革发展成果,由效率优先向重公平迈进是走出"坚持效率优先、兼顾公平"方案的现实困境的必然选择,是由我国社会主义国家性质和最终实现共同富裕的目标所共同决定的。

重效率基础上的公平是真正的公平。改革开放以前,由于我国实行的是"苏联模式",即高度集中的计划经济体制,所以,对于如何处理效率与公平的关系没有进行系统的理论研究,但从当时实行的"一大二公"、统包统配、吃"大锅饭"的政策上可以看出,一直是偏向公平的,即初次分配结果的平等,采用的是平均分配的"均贫富",但这种公平是没有效率基础的公平,最终造成了"干与不干一个样、干多干少一个样、干好干坏一个样",严重挫伤了劳动者的积极性,损害了效率,制约了生产力的发展,导致了共同贫穷。这就充分说明,没有效率基础的公平不是真正意义上的公平。改革开放以来,我们在重效率的基础上向重公平迈进,体现了阶段性目标和最终目标的统一。首先,最终目标的确定对阶段性目标的走向起到了制约作用。邓小平把是否出现两极分化和资产阶级作为衡量我们改革政策正确与否的重要依据,富裕先后、富裕程度高低的底线应固定于"不搞两极分化"和"不允许产生新的资产阶级",因为"社会主义的最大优越性是共同富裕,如果搞两极分化,民族矛盾、区域间矛盾、阶级矛盾都会发展,相应的中央和地方的矛盾也会发展,就可能出乱子"。[1] 我们"就走了邪路"[2]。共同富裕是我们的最终目标,这个最终目标的存在和坚持可以有效制约与防止我们走上邪路。其次,阶段性目标的完成对最终目标的实现起到了促进作用。改革开放以来,我国狠抓生产力发展,坚持效率优先,全面提升了国民经济水平,社会主义现代化建设在我国取得了举世瞩目的成就。2010 年,我国 GDP 超越日本,成为世界上仅次于美国的第二大经济体,中国人民实现了由站起来向富起来的伟大飞跃,人民生活水平得到了巨大的提升,实现了全面小康,基本公共服务得到了极大的改善,为更加稳步地迈进更加公平创造了基础和条

---

[1]《邓小平文选》(第三卷),人民出版社 1993 年版,第 364 页。
[2]《邓小平文选》(第三卷),人民出版社 1993 年版,第 111 页。

件。历史和实践证明,重效率基础上的公平是真正意义上的公平。

综上所述,处理好效率与公平关系的问题是对我党长期治国理政的重大考验,路径选择要坚持原则性和灵活性的统一。社会主义国家性质、社会主义本质要求和公有制的主体地位是原则性的问题,绝对不能动摇,动摇了,就会重蹈苏联的覆辙,最终导致亡党亡国。阶段性地坚持效率优先正是坚持了这一原则才没有走上改旗易帜的"邪路",反而使得社会主义的优越性极大地体现;灵活性就是要在可控范围内、在坚持大前提下实行有限度的侧重,如何判断这种灵活性的可行性呢? 只要这种灵活性的发挥有利于发展社会主义社会的生产力,有利于增强社会主义国家的综合国力,有利于提高人民的生活水平,就是可行的,我们就可以尝试和探索。

第四节　为实现共同富裕创造了重要的体制保证和物质条件

中国特色社会主义共同富裕理论与实践的重要发展,是对马克思科学社会主义的共同富裕理论和社会主义革命和建设时期中国共产党对共同富裕理论与实践的继承和发展,是承前启后、继往开来的重要时期的重要探索,也为新时代共同富裕理论与实践的新阶段和创新发展作了理论铺垫、实践准备。

时代是思想之母,实践是理论之源。伟大时代呼唤伟大理论,伟大时代孕育伟大理论。中国特色社会主义共同富裕理论与实践蕴含于中国特色社会主义理论与实践,是邓小平理论、"三个代表"重要思想和科学发展观在共同富裕理论与实践层面的探索和创新。

改革开放新时期,中国特色社会主义共同富裕理论与实践为实现社会主义共同富裕提供了重要的体制保证。改革开放后,我们党深刻总结正反两方面历史经验,认识到贫穷不是社会主义,打破传统体制束缚,允许一部分人、一部分地区先富起来,推动解放和发展社会生产力,发出了"走自己的路、建设中国特色社会主义"的伟大号召,从此走上了中国特色社会主义道路,建立了中国特色社会主义制度,这是当代中国发展进步的根本制度保障。另外,"让一部分先富起来,先富带动后富"共同富裕路径选择、"三步走"战略思路的擘画、全面建设小康社会的战略部署与展开、效率与公平关系认识的不断演进以及共同富裕分配制度的建设等都是符合中国国情,顺应时代潮流,有利于保持党和国家活力以及调动广大人民群众和社会各方面积极性、主动性、创造性,有利于解放和发展社会生产力、推动经济社会全面发展,有利于维护和促进社会公平正义、实现全体人民共同富裕的重要体制机制创新。

改革开放新时期,中国特色社会主义共同富裕理论与实践为最终实现社会主义共同富裕提供了重要的物质条件。中国特色社会主义建设和发展时期,社会主义制度的优越性充分彰显,尤其是改革开放以来,我们实现了从生产力相对落后的状况到经济总量跃居世界第二的历史性突破,综合国力持续增强,国际地位显著提升,实现了人民生活水平从温饱不足到总体小康,再到全面小康的历史性跨越。所有这一切都为我们实现共同富裕提供了重要的物质基础和发展动力。

第四章

中国特色社会主义新时代共同富裕
理论与实践的创新发展

　　共同富裕作为人类社会的价值追求,作为中国人民热切期盼的生活样态,经过社会主义建设和社会主义改革两个时期的重要探索与实践后,已经有了重要的基础。到中国特色社会主义新时代,历史进入了实现共同富裕的新阶段。在这一历史时期,在社会主义革命和建设时期以公平性为核心要义的共同富裕思想和改革开放与社会主义现代化建设新时期以发展性为核心要义的共同富裕思想基础上,以习近平同志为核心的党中央创造性地构建了以共享性为核心要义的共同富裕思想,由此推动新时代共同富裕理论与实践进入新阶段,实现创新发展,并带领中国人民向着实现共同富裕目标继续前进。

第一节　社会主义共享观与新时代共同富裕思想的理论创新

一、新时代社会主义公平正义思想的发展

　　(一)理论基础:马克思主义社会公平正义思想的承典塑新

　　马克思主义在批判旧世界、创造新世界的过程中及中国共产党在改造旧中国、创立新中国的伟大实践中产生了丰富的社会公平正义思想,为新时代公平正义思想的产生奠定了理论根基。

　　马克思主义创始人在指导工人运动和创立唯物史观过程中,揭示了资本主义社会存在的不公平现象并深入挖掘其社会历史根源。《共产党宣言》提出:"资本主义社会虽然创造了巨大的生产力、创建了现代大都市、开创了世界市场,但实质上并没有消灭阶级对立","它是用公开的、无耻的、直接的、露骨的剥削代替了由宗教幻想和政治幻想掩盖着的剥削"。[①]《共产党宣言》全面揭露了无产阶级遭受的不公平的待遇、农村和殖民地民族所处的不

---

①《马克思恩格斯选集》(第一卷),人民出版社1995年版,第273—275页。

公平地位及存在的两极分化现象。马克思主义主张将劳动作为衡量公平的根本尺度和实现公平的基本途径,并强调生产力发展才是按劳分配在多大程度上实现的最终决定力量,"权利永远不能超出社会的经济结构以及由此经济结构所制约的社会的文化发展"①。马克思主义把每个人的自由发展是一切人的自由发展的条件的共产主义社会作为实现社会公平的目标。

以毛泽东同志为核心的党的第一代中央领导集体从理论和实践方面就促进社会公平正义提出许多真知灼见,主要集中在政治、经济、教育、医疗卫生等方面。在政治方面,提出了人民民主专政理论,保障人民基本权利。在《论人民民主专政》中,毛泽东提到:"人民是什么? 在中国,在现阶段,是工人阶级、农民阶级……团结起来,组成自己的国家……对于人民内部则实行民主制度,人民有言论集会结社等项的自由权。选举权,只给人民……"②在经济方面,致力于实现分配领域的公平,注重社会产品的公平分配,防止两极分化。毛泽东提出国家、集体、个人利益三结合的原则,使劳动者公平地参与社会产品的分配:"国家和工厂、合作社的关系,工厂、合作社和生产者个人的关系,这两种关系都要处理好。为此,不能只顾一头,必须兼顾国家、集体和个人三方面","拿工人讲,工人的劳动生产率提高了,他们的劳动条件和集体福利就需要逐步有所改善"。③ 在教育方面,毛泽东反对带有特权的教育,提倡大众教育并注重教育的实用性。如针对农村教育提出:"文化教育规划,包括识字扫盲、办小学、办适合农民需要的中学,中学里增加一点农业课程,出版农民需要的通俗读物和书籍,发展农村广播网、电影放映队、组织文化娱乐等。"④在医疗卫生方面,本着"一切为了人民健康"的思想,采取预防为主的方针,面对大多数人,重点向农村倾斜。

党的十一届三中全会以后,邓小平提出了一系列关于促进社会公平正义的重要论断,主要集中在解放发展生产力、实现共同富裕、反对霸权主义

---

① 《马克思恩格斯全集》(第一卷),人民出版社 1963 年版,第 22 页。
② 《毛泽东选集》(第四卷),人民出版社 1991 年版,第 1475 页。
③ 《毛泽东选集》(第五卷),人民出版社 1977 年版,第 267—288 页。
④ 《毛泽东选集》(第六卷),人民出版社 1996 年版,第 475 页。

和维护世界和平等方面。就解放发展生产力而言,邓小平强调,生产力的发展是社会主义发展的基础,并提出"科学技术是第一生产力"的著名论断。他强调,"搞社会主义,一定要使生产力发达,贫穷不是社会主义"①。就实现共同富裕而言,邓小平强调要坚持按劳分配,不搞平均主义,兼顾效率和公平,以效率促公平,允许一些地区、一部分人先富起来,先富带后富,最终达到共同富裕,并将共同富裕上升到社会主义的本质高度。他同时强调,注重物质文明建设的同时,要搞好精神文明建设:"我们要建设的社会主义国家,不但要有高度的物质文明,而且要有高度的精神文明。"②就反对霸权主义和维护世界和平而言,邓小平强调,国际社会成员无论在政治、经济、社会等制度面存在怎样的差异,都应当是平等的一员,任何国家不能对其他国家谋求任何特权,不能搞霸权主义,中国要坚定地维护世界和平与发展,必须反对霸权主义,"如果十亿人的中国不坚持和平政策,不反对霸权主义,或者是随着经济的发展自己搞霸权主义,那对世界也是一个灾难,也是历史的倒退"③。这些思想奠定了新时代社会公平正义理论发展的重要基础。

以江泽民同志为核心的党的第三代中央领导集体提出了要把社会公平正义问题作为涉及全社会的重要战略问题加以解决,主要表现在创新按劳分配理论、收入差距的合理性及衡量社会公平的标准等方面。在创新按劳分配理论方面,江泽民提出要"确立劳动、资本、技术和管理等生产要素按贡献参与分配的原则,完善按劳分配为主体,多种分配方式并存的分配制度。坚持效率优先,兼顾公平,既要提倡奉献精神,又要落实分配政策,既要反对平均主义,又要防止收入悬殊,初次分配注重效率,再分配注重公平"④。把按劳分配与按生产要素分配相结合,极大地丰富了马克思主义按劳分配理论,也体现出让社会成员更多享有平等和发展的机会。在收入差距的合理性方面,江泽民强调,由于个人能力与贡献是有差别的,加上生产要素参与

①《邓小平文选》(第三卷),人民出版社1993年版,第225、158页。
②《邓小平文选》(第二卷),人民出版社1994年版,第367页。
③《邓小平文选》(第三卷),人民出版社1993年版,第158页。
④《江泽民文选》(第三卷),人民出版社2006年版,第550页。

分配,会导致收入差距的扩大,但不会出现差距悬殊,只要人们的收入是通过诚实劳动、合法经营获得,即使收入存在一定的差距,也是公平的,但他同时强调,由机会和规则不平等而引发的收入差距则是不合理的:"不同职业,不同单位,不同行业,不同地区之间缺乏平等的竞争规则和竞争环境,劳动者在竞争中缺乏同样的机会……由此而引发的收入差距显然是不合理的。"①在衡量社会公平的标准方面,江泽民提出要将是否有利于社会生产力发展和社会进步作为标准:"从理论上讲,以平等权利为基础的社会公平受到社会经济文化发展的制约……衡量社会公平的标准,必须看是否有利于社会生产力发展和社会进步。"②这一论断明确了社会公平的衡量指标,即只要能够促进生产力发展和社会进步就是实现了社会公平,这也启示我们政策和行动的出发点与落脚点要集中在大力发展社会生产力和实现社会不断进步上。

党的十六大以来,以胡锦涛同志为总书记的党中央在全面建设和谐社会的进程中创立了科学发展观。从以人为本的核心立场和加强党的建设的高度,创新了社会公平正义理论,提出了追求社会公平正义是中国共产党的政治基因。胡锦涛将社会公平正义看作社会主义制度的本质要求和社会主义国家制度的首要价值,主要体现在以发展促进社会公平正义、社会公平正义的保障体系、制度建设与社会公平正义等方面。关于以发展促进社会公平正义,胡锦涛强调解决我国经济社会发展面临的许多问题和矛盾,关键要靠发展。坚持科学发展,就是要以人为本,坚持城乡、区域、东中西部、经济和社会的协调发展。用发展的成果,尤其是经济发展的成果惠及人民,切实解决人民群众的问题,彰显公平正义,如"在经济发展基础上,逐步提高最低生活保障和最低工资标准,认真解决低收入群众的住房、医疗和子女就学等困难问题"③。关于社会公平正义的保障体系,胡锦涛强调要"依法逐步建立

---

①《江泽民文选》(第一卷),人民出版社 2006 年版,第 49 页。
②《江泽民文选》(第一卷),人民出版社 2006 年版,第 48 页。
③胡锦涛:《在省部级主要领导干部提高构建社会主义和谐社会能力专题研讨班上的讲话》,《人民日报》2005 年 6 月 7 日。

以权利公平,机会公平,规则公平和分配公平为主要内容的社会公平正义保障体系"①。这既表明要注重起点、过程和结果的公平,也体现出了形式与内容相结合的公平理念。这就需要把不断消除人民参与经济发展、分享经济发展成果的障碍,作为"四个公平"的出发点和落脚点。关于制度建设与社会公平正义,胡锦涛强调制度是社会公平正义的根本保证。抓好制度建设对促进社会公平正义具有不可替代的作用,尤其是要坚持和完善公有制为主体,多种所有制经济共同发展的经济制度和人民民主专政的政治制度,不断改进收入分配、社会保障、住房、医疗卫生、教育及就业等民生领域的体制机制。

党的十八大提出,倡导富强、民主、文明、和谐,倡导自由、平等、公正、法治,倡导爱国、敬业、诚信、友善,积极培育和践行社会主义核心价值观。公正成为社会层面的价值取向,并进入了社会治理的宏大视野,成为凝聚社会共识的价值源泉。以习近平同志为核心的党中央着力推进改革,明确指出我们推进改革的根本目的是让国家变得更加富强,让社会变得更加公平正义,让人民生活得更加美好,改革既要向增添发展新动力方向前进,也要往维护社会公平正义方向前进。

党的十八届五中全会提出的创新、协调、绿色、开放、共享的新发展理念,是习近平总书记的一系列重要讲话精神的重要组成部分,这个理念不仅是对中国特色社会主义理论最新的发展,也是社会主义本质的体现。原来我们注重发展而忽略了共享,在发展过程中遇到了城乡发展不平衡、资源浪费、收入差距扩大等一系列问题,在新情况、新的历史背景下,我们不仅要发展,还要注重共享,共享和发展的理念仍是马克思主义理论的重要组成部分,是当代马克思主义理论的新发展。

（二）历史参照：中国传统文化中社会公平正义思想的现实转换

中国传统文化中蕴涵着丰富的社会公平正义思想,中国社会历来有"不

---

① 胡锦涛：《在省部级主要领导干部提高构建社会主义和谐社会能力专题研讨班上的讲话》,《人民日报》2005 年 6 月 7 日。

患寡而患不均"的观念，从诸子百家的平等观念，到封建社会时期的公平思想，再到近代资产阶级民主革命的大同理念，都为新时代社会公平正义思想的形成提供了十分重要的思想来源。

在诸子百家的平等观念中，以孔子、老子、墨子和韩非子最为典型。孔子的核心思想是"仁"和"礼"，主张"克己复礼"，强调不断进行自我反省，提高道德修养，约束规范自己的行为，用礼让的态度来调节矛盾，可以达到仁的境界："仁远乎哉？我欲仁，斯仁至矣。"（《论语·述而》）孔子在教育方面主张"有教无类""因材施教"，目的是打破学在官府的局面，人们没有差别，都可以接受教育，同时按照不同的人群教授不同的内容，这对于推动古代教育起到了积极作用，也为今天如何促进教育公平提供了借鉴。教育平等如此，社会平等更是至关重要，孔子认为要实现社会稳定有序，就要防止财富差距悬殊："丘也闻有国有家者，不患寡而患不均，不患贫而患不安。盖均无贫，和无寡，安无倾。"（《论语·季氏》）在老子思想体系中，"道"是最重要的概念，"道法自然"体现出万物平等观，尤其是人与人的平等及财富和人格的平等。老子认为："天之道，损有余而补不足；人之道则不然，损不足以奉有余。"（《老子》第七十七章）社会中有权者向无权者实施压迫，富贵者剥削贫困者，造成了社会不平等和贫富差距。老子对这种现象极为不满，提出了"无为而治"的社会治理方式，其包含着"省苛事、薄赋敛、均贫富"的思想。墨子思想的核心是"兼爱"，他站在平民的立场强调人人平等，无差别地爱社会一切人，不应该有亲疏、上下、贵贱的分别："天下之人皆相爱，强不执弱，众不劫寡，富不侮贫，贵不傲贱，诈不欺愚。"（《墨子·兼爱中》）而天下之所以大乱是由于人们不相爱。这与儒家有等级的爱区别开来。这一思想也反映出人类追求平等、强调人性尊严的道德要求，这种"民本"思想与今天的"以人为本"理念有着紧密的联系。韩非子的核心思想是"法治"，强调依法治国，并提出了一整套的理论和方法，提倡在法律面前人人平等："法不阿贵，绳不挠曲。法之所加，智者弗能辞，勇者弗敢争。刑过不避大臣，赏善不遗匹夫。"（《韩非子·有度》）这对于消除权贵特权、维护法律权威产生了积极影响。韩非子同时倡导按照法律办事，"定分止争"表达的就是从法律上明确物的所有权,可以避免纷争。这种"法治"思想与今天坚持让法治成为守护公平正义的最后一道防线有着内在的关联。

在漫长的封建社会时期,也产生了诸多公平思想。东汉的王符、明清时期的李贽及太平天国的《天朝田亩制度》等都对社会公平正义有着一定的见解,尽管有些思想有其历史局限性,但它们之间却有着某种互补性,为新时期社会公平正义思想提供了深厚的精神内涵。王符一生的思想精粹集中在他的《潜夫论》中,其中务本篇中的富民安民思想具有积极意义:"凡为治之大体,莫善于抑末而务本,莫不善于离本而饰末。夫为国者以富民为本,以正学为基。"(《潜夫论·务本》)他强调只有富民才能民心安乐,顺应天心,万事大吉:"凡人君之治……以天为本……天以民为心,民安乐则天心顺。"(《潜夫论·本政》)他提出,富民的方法在于让民众安心勤于生产,而民众安心则在于社会安稳,政治清明,不打扰民众生产的时间:"夫富民者,以农桑为本"(《潜夫论·务本》);"民为国基,谷为民命,日力不暇,谷何由盛"(《潜夫论·叙录》)。农民运动反映了中国古代对"均贫富"的渴望,是实践的主力军。唐末农民起义军领袖王仙芝自称"天补平均大将军",元末农民起义军主张"摧富益贫",到了太平天国时期,这一思想发展到极致。其颁布的《天朝田亩制度》规定:"凡分田,照人口,无论男女,人多则分多……凡天下田,天下人同耕……务使天下共享……大福,有田同耕,有饭同食,有衣同穿,有钱同使,无处不均匀,无人不饱暖也。"[①]这表现出的是一种绝对平均主义思想,幻想在分散的小农经济基础上实行均贫富,虽最终未能实现,但这种美好的愿望和思想仍有一定的积极意义。

近代资产阶级民主革命时期,一批有识之士在救亡图存的道路上产生了一些社会公平正义思想。康有为的《大同书》、谭嗣同的《仁学》、孙中山的三民主义都包含了不同形式的平等思想。作为资产阶级维新派的代表人物,康有为侧重平等价值,而梁启超侧重自由价值。康有为在《大同书》中,描绘了一个理想社会场景,当然也是一种空想社会状态。他提出平等的标

---

① 中国史学会主编:《太平天国》(第一册),上海人民出版社1957年版,第321—326页。

准或境界是消除人与人之间的差别,尤其是男女间的差别,消除贵族特权和贫富差距,"全世界人皆平等,无爵位之殊,无舆服之异,无仪从之别"(《大同书·辛部》),"无贵贱之分,无贫富之等,无人种之殊,无男女之异……无所谓君,无所谓国,人人皆教养于公产,外户不闭,不知兵革"①。这描绘的太平盛世其实表现出的是绝对平等观念,因而也难以实现。孙中山将"天下为公"作为最高理想,在三民主义中,尤其是民权主义和民生主义中处处体现了社会公平思想。民权主义提出"今者由平民革命以建国民政府,凡为国民皆平等以有参政权。大总统由国民公举。议会以国民公举之议员构成之,制定中华民国宪法,人人共守"②,这明确表达了广大人民在国家政治生活中的平等权利,即享有选举权和参政权。《中华民国临时约法》提出"中华民国之主权,属于国民全体",这在中国历史上第一次以法律的形式将人民的权利平等进行界定和保障。孙中山从西方社会贫富分化导致的严重后果认识到保障民生的重要作用,将民生看作政治中心、经济中心和社会中心,甚至认为"民生主义就是社会主义,又名共产主义,即是大同主义"③。而提出"平均地权"和"节制资本",目的是解决好农民的土地问题,而土地分配关系着社会财富的公平问题,关系着广大人民的切身利益。同时也要消除城市中的贫富不均现象,防止私人垄断,孙中山的社会公平思想实质上反映的是社会政治上的平等,是一种起点而非结果的平等,也是一种弘扬利他主义的道德平等。

习近平继承和创造性地对待中国传统文化,注重使中华民族最基本的文化基因与当代文化相适应,与现代社会相协调。他认为实现中国传统文化的创新性发展,关键在于促进中国传统文化与时代精神的结合,赋予传统文化新的时代内涵,比如社会主义核心价值观所强调的爱国、友善、诚信、公正、和谐等理念,就是把中国传统文化所强调的"讲仁爱、重民本、守诚信、崇正义、尚和合、求大同"的传统价值理念与当今时代特征和我国实际相结合

①康有为:《孟子微·礼运注·中庸注》,中华书局 1987 年版,第 240 页。
②孙中山:《革命与共和:孙中山读本》,天津人民出版社 2017 年版,第 39 页。
③《孙中山全集》(第十卷),中华书局 1986 年版,第 566 页。

发展而来的,是中国传统价值观的创新性发展。同时,习近平在外交活动中,积极阐释中国"和"文化理念,在世界和地区事务中主持公道、伸张正义,承诺中国将积极承担更多国际责任,同世界各国共同维护人类良知和国际公理,更加积极有为地参与热点问题的解决。

(三)现实依据:中国社会发展凸显出的公平公正问题的实践关照

中国社会主义社会已经处于新时代,但仍然处于初级阶段。新时代社会公平正义观,正是立足于新时代基本国情这一前提条件下形成的。改革开放40多年,我国经济社会发生了巨大变化,但随着现代化进程加快和改革向纵深发展,社会不公平问题开始显现。收入分配差距、就业、教育、住房、医疗卫生、社会保障、食品安全、安全生产、执法司法等问题较为突出,这些事关全面改革和现代化进程的重要问题成为新时代社会公平正义思想的现实依据。

收入分配是民生之源,事关百姓经济利益。现实中,我国收入分配领域还存在很多问题:一是分配格局不合理。劳动报酬在初次分配中所占比重和居民收入分配在国民收入分配中所占的比重都偏低,影响了劳动者生产的积极性和主动性。二是分配关系不合理。地区之间、行业之间、城乡之间及群体之间的收入差距依然存在并有扩大趋势。三是分配秩序有待调整。垄断行业发放的福利津贴较多,国企领导层和职工之间的收入差距较大。

就业是民生之本,事关百姓的生活质量。现实中,我国在就业方面还存在很多问题:一是就业压力仍然较大。我国人口众多,劳动力总量大,加上就业岗位有限,导致就业压力增大。二是结构性矛盾突出。大学生就业最为典型,庞大的毕业生数量与社会需要的技术型、应用型、综合型人才的缺乏形成强烈对比。农民工就业问题依旧复杂,频繁发生的用工荒在一定程度上反映出劳动力市场的结构性弊端。三是劳动者综合素质不高。劳动力市场不完善,就业信息不畅通,加上社会需要的人才和岗位与劳动者自身素质和能力之间的脱节,出现了"此处有劳动力无岗位,别处有岗位无劳动力"现象。

教育是民生之基，事关国民素养。现实中，我国教育领域还存在很多问题：一是教育资源分布不均。区域之间、城乡之间、不同学校之间的教育资源分布差异较大，优质资源不断向发达地区集聚，落后、贫困、偏远地区的教学硬件、师资配置、生源质量等相对较差。二是对特殊群体的教育问题重视不够。留守儿童、进城务工人员子女、残疾学生等，他们除了要接受良好的教育之外，更需要社会的关怀和认同。三是素质教育和应试教育的分离。在提倡素质教育的前提下，应试教育还会继续存在，如何把二者有机结合起来，促进学生全面发展是重要课题。

安居乐业是人们对美好生活的追求，住房问题事关百姓冷暖。现实中，我国在住房方面还存在很多问题：一是商品房价格上涨，价格偏高。一部分群众自身技能缺乏，就业不充分，收入水平低，加上保障房建设效率低、缺口大等，面临住房困难。二是住房分配不合理且有福利化倾向。由于收入差距的存在，少数人占据多数房子，空房率不断攀升，同时一些部委、央企及高校建设或分配带有福利性质的住房，引发社会议论。三是住房支持政策不完善。就土地政策和财政政策来说，土地供应的规模和结构有待调整，财政向保障房倾斜不到位，同时非营利机构参与保障房建设的支持体系缺乏。

病有所医是人们对生命权的底线守护，医疗卫生事关百姓安康。现实中，我国在医疗卫生方面还存在很多问题：一是医疗卫生资源总量不足，质量不高，分布不均衡。医疗卫生资源主要集中在北京、上海、广州等大城市，农村和城市之间，各省份之间的差异很大，这也是挂号难、看病贵的一个重要原因。二是医疗卫生服务体系协同不足，很难应对人民的慢性疾病，尤其是医防机构的分设方面，乡镇卫生院的服务能力不高，社会力量办医处于试点阶段。三是医患冲突时有发生且引发了群体事件。患者家属对医疗效果期望过高，加上医患纠纷中医院和卫生主管部门的应对措施不力及社会舆论的失真，让本可以协商解决的矛盾演变成破坏性的对立冲突，给社会造成的负面影响较大。

社会保障是民生之安，关系到每一个人、每一个家庭的幸福。现实中，我国社会保障领域还存在很多问题：一是统筹层次低，覆盖面小，地区差异大。大部分地区仍停留在市级统筹甚至还有一部分是县级统筹,没有实现国家要求的省级统筹。另外,作为社会保障主体的社会保险没能覆盖全体人民,养老保险也只是针对国有企业、城镇集体企业等,其他非城镇单位从业人员及广大农村从业人员都不在保障范围内。二是基金监管不到位,运用低效。主要是社会保险基金保值增值不理想,各级政府社会保障财政责任模糊,加上参与基金管理的部门有多个,导致基金管理混乱。三是养老保险存在资金缺口。在社会统筹与个人账户相结合的社会养老保险制度下,已经退休职工的养老金由国家承担,实际账户并没有资金,现阶段只能挪用在职职工个人账户中的资金,但长期以来,不断透支个人账户填补社会账户,导致个人账户的空账。

人们对美好生活的要求越来越高,而美好生活最为关键的是良善的政治生活、和谐的社会生活。伴随着我国人民物质生活水平的不断提高,在新时代人们的政治热情也不断高涨,对政治生活和社会生活领域中的公平、正义、民主、法治有了更高的期待和要求,人民对社会公平正义的呼唤成为人民美好生活需要的一个最为重要的方面。不可否认,社会生产力水平较低的情况下,公平正义也是民众的基本需要,只是在生产力水平提升的情况下这种需要变得更为突出。新时代的社会主要矛盾,成为新时代关于公平正义思想的实践根据。对此,党的十九大报告指出:"人民美好生活需要日益广泛,不仅对物质文化生活提出了更高要求,而且在民主、法治、公平、正义、安全、环境等方面的要求日益增长。"①

二、实现人民对美好生活奋斗目标的确立

(一)"美好生活"奋斗目标确立的现实依据

"美好生活"奋斗目标的形成和提出与实践情况和时代背景有着密不可分的关系,是立足和着眼于当下中国的社会现实语境的,有着坚实的实践之

---

① 习近平:《决胜全面建成小康社会 夺取新时代中国特色社会主义伟大胜利——在中国共产党第十九次全国代表大会上的报告》,人民出版社 2017 年版,第 117 页。

基和现实的存在依据。

1. 中国特色社会主义进入新时代的时代要求

习近平在党的十九大报告中指出："经过长期努力，中国特色社会主义进入了新时代，这是我国发展新的历史方位。"[1]新时代下的"新"需求表现在以下五个方面：

新时代新在我国城乡居民消费需求不断升级。随着我国人民收入水平的持续上升，人民生活水平和生活质量不断提高。我国居民消费结构升级明显：不再满足于低质低价的地摊货，进而追逐高品质的商品和服务。我国居民消费结构实现了由生存型向发展型、享受型的升级。

新时代新在我国人民政治民主需求日渐强烈。中国特色社会主义进入新时代，人民美好生活需要日益广泛，不仅对物质文化生活提出了更高要求，而且人们的政治参与需求也日益增长。具体表现为我国人民的法治、公平、正义、安全意识以及民主精神、民主意识不断增强。例如，人民积极利用微信公众号、微博等新形式，积极发表自己的观点，加强与政府的沟通交流。面对新时代人民对美好生活的向往，应更加关注人民的政治民主需求，扩大公民有序政治参与，保障人民的政治权利。

新时代新在我国人民群众文化需求日益增长。新时代背景下，我国人民在精神文化方面也有了更高的追求，人民日益增长的精神文化需求也呈现多样化、个性化、多层次等新的特点。人民的生活好不好，日子美不美，文化发展是一个重要的衡量标准。只有大力推进社会主义先进文化建设，繁荣社会主义文化事业，为人民提供丰富的精神食粮，才能满足人民过上美好生活的新期待。

新时代新在我国人民群众社会保障需求日趋多样。我国在改革开放后，允许一部分人先富起来，导致当今社会贫富差距逐渐拉大。除了收入差距扩大的问题外，我国人民在劳动就业、教育事业、公共服务、医疗卫生等方面也提出了更高的要求。这些问题如果得不到及时解决，就会发展成为社

---

[1] 习近平：《决胜全面建成小康社会 夺取新时代中国特色社会主义伟大胜利——在中国共产党第十九次全国代表大会上的报告》，人民出版社 2017 年版，第 10 页。

会危机。因此,要从当代西方社会治理危机的行为中总结经验、汲取教训,满足人民日益增长的社会保障需求。

新时代新在我国人民群众生态环境需求日益增长。过去,我国为了快速发展经济,满足人民的物质文化需要,使生态环境遭到了破坏。在国家的发展战略中,也总是强调加强经济建设,忽视了生态文明建设。随着环境破坏程度的日益提高,我国丰富的自然资源优势已不存在。人们开始意识到,保护生态环境已经到了刻不容缓的地步。当前,广大人民群众热切期盼更好的生态环境质量和优质生态产品。因此,我国要吸收、借鉴西方国家改善环境的经验,在全球生态文明建设中发挥更大的作用,满足人民日益增长的美好生态环境需求。

2. 解决新时代社会主要矛盾的现实需要

习近平指出:“中国特色社会主义进入新时代,我国社会主要矛盾已经转化为人民日益增长的美好生活需要和不平衡不充分的发展之间的矛盾。”①基础物质文化的需求已经无法满足新时代人民的生活需求,在生活水平不断提升的背景下,人民对社会生活各层面都有了全新要求。人民对美好生活需求的日益增长必须具备能够满足人民生活需求的各种产品,而实现该目标的前提是我国已经过渡到较高水平的社会发展进程。然而,基于我国当前发展实际,人民实现美好生活的需求受到社会发展不平衡的制约,而满足人民美好生活需求的前提就是最大限度地解决不平衡不充分的发展问题,这也成为中国社会面临主要矛盾的主要方面。以习近平同志为核心的党中央科学精准地定位主要矛盾,全面展现了我国经济步入新发展阶段后的新变化和新特征,明确了我国未来一段时期内经济发展的关键任务。目前,我国已经逐步过渡到新时代阶段,人民不断增长的美好生活需要依托经济发展而得以满足,并且我们要在使人民需求得到满足的基础上,实现经济高质量、稳步有序发展。

根据当前的社会发展实际,我国仍然面临严峻的发展不平衡、不充分问

①习近平:《决胜全面建成小康社会 夺取新时代中国特色社会主义伟大胜利——在中国共产党第十九次全国代表大会上的报告》,人民出版社2017年版,第11页。

题,并突出地体现在地区、产业、城乡、供需和人民收入不平衡等方面。面对人民对高品质产品和服务的需求,没有及时调整供需之间的矛盾,而产生了供给效果不佳的问题。我国东部、中部和西部地区的发展差距不断扩大,其中处于经济发展困境的就是中部地区,而东西部地区差距也呈现出日益扩大的发展态势。并且,我国的各大城市圈发展也存在一定差距,比如在我国京津冀地区,河北的整体发展明显落后于北京与天津。我国产业发展的不平衡体现为相较于发达国家,我国在现代服务业与先进制造业方面较为落后,无法匹配我国经济的快速发展。而城乡发展不平衡体现为我国的社会事业发展落后,城乡社会经济发展存在较大差距,没有匹配相平衡的基础公共服务。

所谓不充分发展指的是国家没有全力推动生产力发展,并未高效利用现有资源和能源。不充分具体表现为在公共民生工程、生产力和科技发展、资源能源利用等维度,我国没有充分发展与人民切身利益相关的住房、就业、医疗等民生事业,还未完全解决一系列民生问题。但是,我国在长期发展中所形成的不平衡、不充分发展格局,需要耗费大量的时间精力、采取切实可行的应对措施才能逐步改变,很难在短时间内完全扭转。针对所面临的日益严峻的不平衡不充分发展问题,我们必须制定切实可行的应对措施,从而使该难题得以有效解决。我国各地区要实现平衡充分发展,缩小各区域之间的潜在差距,必须全面贯彻落实习近平提出的区域整体发展战略,在有效落实京津冀、环渤海经济带和长江经济带发展战略的过程中,加快推动区域协调有序发展,使我国传统区域的发展获得源源不断的力量支撑。针对我国城乡地区之间的差距,习近平重点强调施行乡村振兴战略,以加快推动新农村建设,确保人民群众对美好生活的追求落到实处。针对我国各大产业发展的差距,习近平认为要大力推动新兴产业发展,推动传统产业发展水平不断提升,通过全面落实新发展理念,使发展不平衡不充分问题得以有效解决,促使我国发展水平和经济效益稳步提升。综上,新时代背景下,美好生活的目标是建立在解决社会主要矛盾的基础上的。

3. 牢记新时代党的历史使命的必然要求

习近平指出："中国共产党的初心和使命，就是为中国人民谋幸福，为中华民族谋复兴。"[①]中国共产党自成立以来，就以提高人民的生活水平为出发点，努力让人民群众过上幸福美好的生活。这一初心激励着中国共产党人为实现中华民族伟大复兴的初心使命不懈奋斗。在革命、建设、改革的各个历史时期，党的历代领导集体都对实现人民美好生活进行了理论创新，并在各项具体工作中检验和发展理论。进入新时代，习近平接过历史的接力棒，不忘来时走过的路，继续带领人民创造美好生活。习近平指出，广大党员要用行动诠释新时代共产党人的初心和使命，为实现人民对美好生活的向往而奋斗。习近平在全党召开了"不忘初心、牢记使命"主题教育活动，目的就是使广大党员坚定初心为人民，牢记使命勇向前。习近平指出，广大共产党人要"守初心、担使命、找差距、抓落实"。守初心就是守住为人民美好生活服务的初心，以初心引领使命。担使命就是在为民族谋复兴的过程中敢于担当、敢于挑战，勇敢地迎接人民对美好生活的向往所带来的挑战。找差距是关键，就是要对照人民对美好生活的新期待，找到广大党员、领导干部、方针政策存在的差距，用行动弥补差距。抓落实是根本，就是在实现人民美好生活的实践过程中狠抓落实，做到人民利益无小事。

中国共产党在实现"为人民谋幸福、为民族谋复兴"目标的过程中，明确了人民在新时代对美好生活的追求。在时代发展日新月异的背景下，人民的需要也逐步呈现出多层次的特点，中国共产党对初心使命的坚守与人民需求层次升级的作用力相互融合，推动人民朝着美好生活的方向努力前进。中国共产党人在持续坚守初心使命中，不断实现人民对美好生活的追求，逐步优化人民的生活品质和需求，推动人民生活过渡到新发展历程。同时，新时代的中国共产党人要继续坚守初心使命，要牢记"初心和使命是我们走好新时代长征路的不竭动力"[②]。除此之外，在新时代的社会背景下，要加快构

---

①习近平：《决胜全面建成小康社会 夺取新时代中国特色社会主义伟大胜利——在中国共产党第十九次全国代表大会上的报告》，人民出版社2017年版，第1页。

②《国家主席习近平发表二〇二〇年新年贺词》，《人民日报》2020年1月1日。

建与之相关联的体制机制,促使人民美好生活的实现获得有力的制度支撑。习近平指出,中国共产党要围绕以人民为中心,依托自我革命,切实提升党的先进性建设水平和执政能力,加强锻造党员干部担当作为、主动奉献的干部素养。在人民追求美好生活的征程中,要不断提升中国共产党的影响力、领导力,使党和人民紧密联系、团结在一起,朝着更加美好的生活努力前进。"美好生活"目标的确立包含了教育共产党人不忘初心和使命的观点。

(二)"美好生活"奋斗目标确立的发展历程

如何实现人民美好生活是中国共产党人长期探索和思考的理论与实践问题,实现人民美好生活更是习近平始终坚持的从政理念和实践目标。"美好生活"话语经历了从一个带有形容词性和理想性的普通词语到党的奋斗目标的转变和发展历程。

1. "美好生活"奋斗目标的初步形成

梁家河是习近平"人民美好生活"思想形成的历史起点。多年的梁家河岁月使习近平对人生、对国家前途命运有了自己独到深入的思考,在现实中了解了人民的疾苦、期望和感情,了解了人民渴望的美好生活是什么样的,为"美好生活"奋斗目标的形成与发展奠定了历史基础和实践基础。

在河北正定任职期间,习近平始终把实现群众的美好生活愿望作为工作的目标和追求:"我们正定宁可不要'全国高产县'这个桂冠,也要让群众过上好日子。"①之后,习近平调任福建工作,其间,习近平始终坚持从实际出发,深入问题,深入基层,广泛深入地接触广大干部和群众,全面深入地考察和了解多方面问题与情况,关心民众疾苦和人民生活。在宁德期间,习近平积极开展群众信访"四下基层",认真了解实际情况,鼓励宁德发展多种经济,有效开展各项工作,带领宁德人民早日摆脱贫困。

转任浙江后,习近平实现人民美好生活的理念更加凸显出来。一是提出社会和谐安定在人民生活中占据重要位置,指出保证和维持社会和谐稳定同样是政绩,是人民生活幸福的保证,是为民造福的事情,一定得办好。

---

① 于文静:《中国人的饭碗任何时候都要牢牢端在自己手上》,《人民日报》2021 年 7 月 5 日。

二是提出"人人平安",建设"平安浙江"。平安是人民群众对于生活的朴实要求和朴素愿望,是人民美好生活的重要任务,必须有所作为。三是提出面对新形势下经济社会发展对于法治的新要求,要建设"法治浙江",用法治手段和法治方式调整、管理和保障社会生活的各个基本方面。四是首次提出了"绿水青山就是金山银山"的理念,强调生态环境是美好生活绕不开的问题,必须做好生态工作。

2007年,习近平调任上海市委书记,虽然工作时间较短,但始终关心和着力改善人民生活,指出"要千方百计帮助群众解决就业、就医、就学和住房等方面的现实问题,团结带领广大群众共建共享美好生活"①。习近平从整体和全局出发,对美好生活展开了更加全面的论述,思想理论更加成熟。

到中央任职之前,习近平先后在不同省份的不同岗位工作。虽然不同工作地区的行政级别各不相同,但不变的是,习近平始终关心人民群众的生活状况,坚持俯下身子,深入基层考察调研,深入了解人民真正的、实际的美好生活需要,耐心听取意见,努力为民服务,做改善人民生活的大事小事,始终以高瞻远瞩的战略思维从全局出发考虑和处理各类群众生活问题和社会发展问题,使各地的经济社会都得到了良好、快速的发展,有效提高了人民的生活质量和水平。长期、多地的工作经历以及人民美好生活的理念和情怀为习近平关于人民美好生活论述的生成与发展提供了深厚土壤,习近平在地方工作中的诸多实践、诸多论述都对当下社会经济发展和人民美好生活具有重要指导意义。

2."美好生活"奋斗目标的正式提出

2012年,党的十八届一中全会刚刚闭幕,在刚当选总书记,与中外记者见面时,习近平就庄严承诺:"一定不负重托不辱使命,坚定不移走共同富裕道路。""我们的人民热爱生活,期盼有更好的教育、更好的工作、更可观的收入、更良好的居住环境;期盼自己的孩子能成长得更好、工作得更好、生活得更好……人民对美好生活的向往就是我们的奋斗目标。"②他在主持十八届

---

① 缪毅容:《习近平、韩正等上海市领导深入社区调研民生工作》,《解放日报》2007年4月4日。
② 《习近平谈治国理政》,外文出版社2014年版,第4页。

中央政治局第一次集体学习时又强调:"共同富裕是中国特色社会主义的根本原则,所以必须使发展成果更多更公平惠及全体人民,朝着共同富裕方向稳步前进。"①这里,习近平一是表明了继续坚持走共同富裕道路的决心,二是明确了实现共同富裕是解放和发展生产力的一个重要目标,三是把切实改善民生、努力使人民过上美好幸福生活作为党的重要奋斗目标。从而,如何使人民对美好生活的向往变为现实,不断推进共同富裕,成为新一届中央领导集体治国理政的核心关切与党的一切工作的价值取向和根本标准。

在第十二届全国人民代表大会第一次会议上,习近平又对关乎人民切身利益的问题进行了强调:"我们要善于倾听人民的呼声,及时回应人民的期待……确保人民学有所教、劳有所得、病有所医、老有所养、住有所居;切实把最广大人民的根本利益实现好、维护好、发展好,使广大人民群众更多地更公平地享有发展成果,在经济社会不断发展的基础上,朝着共同富裕方向稳步前进。"②2014 年 9 月 30 日,习近平在庆祝中华人民共和国成立 65 周年的国庆招待会上强调,面向未来,我们必须与人民一道,为了人民,依靠人民,一起干事创业,我们一切工作的出发点和落脚点,就是始终为实现好、维护好、发展好最广大人民的根本利益,为实现全体人民的共同富裕而不懈努力。2014 年 10 月 17 日,习近平在全国社会扶贫工作电视电话会上再次指出,"消除贫困,改善民生,逐步实现全体人民共同富裕,是社会主义的本质要求"。③ 在 2016 年"七一"讲话中,他又强调:"带领人民创造幸福生活,是党始终不渝的奋斗目标。"④

在党的十九大报告中,习近平更是明确提出:"中国共产党的初心和使命,就是为中国人民谋幸福,为中华民族谋复兴。全党同志一定要永远与人民同呼吸、共命运、心连心……继续朝着实现中华民族伟大复兴的宏伟目标奋勇前进。"⑤这段话一是彰显了中国共产党实现伟大梦想的决心与毅力,二

①《习近平谈治国理政》,外文出版社 2014 年版,第 13 页。

②《习近平谈治国理政》,外文出版社 2014 年版,第 41 页。

③人民日报社评论部编著:《"四个全面"学习读本》,人民出版社 2015 年版,第 56 页。

④中央统战部编:《国是——民主党派中央参政议政工作案例选编》,民主与建设出版社 2017 年版,第 317 页。

⑤习近平:《决胜全面建成小康社会 夺取新时代中国特色社会主义伟大胜利——在中国共产党第十九次全国代表大会上的报告》,人民出版社 2017 年版,第 1 页。

是对未来的中国将会发展到什么程度、全体人民将会过上什么样的生活的问题给出了一个令人十分振奋的答案。报告中"房子是用来住的,而不是炒的"等如此接地气的话语,充分体现了中国共产党关心百姓生活,以实际行动补齐民生短板的真心,报告还提出了"实施乡村振兴战略"和"实施区域协调发展战略"等重大举措。

三、共享性是新时代中国特色社会主义共同富裕思想的核心要义

在党的十八届五中全会上,习近平提出"共享发展"的理念:"坚持共享发展,必须坚持发展为了人民、发展依靠人民、发展成果由人民共享,作出更有效的制度安排,使全体人民在共建共享发展中有更多获得感,增强发展动力,增进人民团结,朝着共同富裕方向稳步前进。"[1]共享性是习近平总书记关于共同富裕的重要论述的核心要义。在落实共同富裕的主体上坚持全民共享,明确了共同富裕以人民为中心的主体地位;在共同富裕的内容上进行了拓展,体现了共享的全面性;在推进共同富裕的过程中坚持共建与渐进的策略,体现了共享发展的持续性与过程性。

(一)全民共享:明确共同富裕的主体

全民共享,这是对共享的覆盖面而言的,也叫共享范围。共享发展理念的实质是坚持以人民为中心的发展思想,体现的是逐步实现共同富裕的内在要求。共同富裕建设必须包括全民富裕的共富范围,这个共富范围就是全体人民。中国特色社会主义制度的优越性、中国共产党的先进性,体现在坚持人民主体地位,顺应人民对美好生活的向往和追求。全体人民共同富裕是一个总体概念,是对全社会而言的。这里的人民是全体人民,不是少数人,也不是一部分人,而是全体人民群众。发展为了人民、发展依靠人民、发展成果由人民共享,这是发展的动力和目的,也是实现共同富裕的根本价值追求。

---

[1]《中国共产党第十八届中央委员会第五次全体会议公报》,人民出版社2015年版,第14页。

全民共享,明确共同富裕的主体是全体人民。习近平指出:"共享发展是人人享有,各得其所,不是少数人的共享,一部分人的共享。"①这就是说,共享是全体人民对经济社会发展成果的共享,不是少数人的享有。其一,共享发展的主体是全体人民,包括全体社会成员,破除种族、地域、性别、年龄、职业、阶层、信仰等歧视,使每一个个体都能够享受经济和社会发展成果,真正尊重每一个具体的现实的人的权利,实现以人民为中心的发展,强调了共享的全民普惠性。把人民群众作为共享发展的主体的这一思想充分体现了中国共产党人的初心使命和历史担当。其二,尊重人民的主体地位。人民的拥护和支持是中国共产党的执政之基。人民在推动经济社会发展中具有重要地位和意义,要始终把人民放在首位,必须始终坚守以人民为中心的共享的政治灵魂。其三,体现党全心全意为人民服务的宗旨。践行全心全意为人民服务的根本宗旨,就要维护好和实现好最广大人民的根本利益。人民群众是否在经济社会发展中享有成果、得到实惠,获得感、安全感和幸福感是否增强,直接反映着社会的发展程度。

(二)全面共享:拓展共同富裕的内涵

全面共享,这是对共享的内容而言的,也叫共享内容。全面共享就是要让全体人民共享中国共产党团结带领中国人民在经济、政治、文化、社会、生态等各方面所取得的全面辉煌成就,并且以全面的制度安排来保障全体人民享有各方面成果的合法权益。

共享不单纯是全体社会成员对社会财富的共享。人的发展的全面性和人的需求的多样性,决定了共享内容的全面性。改革开放成功与否与人民是否全面享有改革开放取得的成果密切相关。全部改革开放发展成果由全体人民全面共享就是要使全体人民共同掌握和支配社会财富,包括物质财富和精神财富,从而不断满足人民的美好生活需要。共享发展理念要求人民对各方面建设的发展成果的共同享有是全面的,人民通过共享物质财富和先进生产力满足物质方面的需要,通过享有政治权利和依法参与政治满

①《习近平谈治国理政》(第二卷),外文出版社 2017 年版,第 215 页。

足社会主义民主需要,通过参与文化活动、享受文化产品和服务满足文化需要,通过享有公共服务、接受教育、充分就业等条件满足社会需要,在享有天蓝水秀地绿气清的生活环境中满足生态需要。

共同富裕是全体人民共同富裕,是人民群众物质生活和精神生活都富裕。共同富裕建设既要促进物质的富足,也要强化精神的富有;既要推动经济的成果共享,也要维护社会的和谐安定;既要有外在的客观指标,也要有内在的人民评价。共同富裕建设要瞄准地区差距、城乡差距、收入差距等问题,统筹需要和可能,遵循经济社会发展规律,循序渐进地推进全面共富。共同富裕具有鲜明的时代特征和中国特色,实现生活富裕富足、精神自信自强、环境宜居宜业、社会和谐和睦、公共服务普及普惠是基本要求,要在这个基础上实现人的全面发展和社会的全面进步。在新时代,我们要通过推动全面共享,不断增强人民群众在奔向共富之路上的获得感、幸福感、安全感,从而实现共享改革发展成果和幸福美好生活的目标。

（三）共建共享:创新共同富裕的路径

共建共享,这是对共享的实现途径而言的,也叫共享路径。只有共建才有共享,没有人人参与的共建,就没有人人享有的共享。要在共建过程中推进共享过程,共享不是建好了再共享,也不是其他人建好了我共享,而是要在汇集群力、民智过程中实现人人参与、人人尽力、人人享有的局面。现阶段,共享建设需要在高质量发展中扎实推进,高质量始终是共建共享和共建共富的推动力与落脚点。共同富裕是社会主义的本质要求,它的实现不是虚无缥缈的口号,也不是超越阶段的好高骛远,而是中国共产党立足于新发展阶段,站在"两个一百年"历史交汇点上对人民的庄严承诺。在实现共同富裕的道路上,需要人人有所发挥、人人有所作为,并且根据现有条件把能做的事尽力先做起来,积小胜为大胜,积小成为大成,不断朝着共同富裕的目标迈进。推动共同富裕需要充分依靠人民群众,充分调动人民群众的积极性、主动性、创造性,举全党之力、全民之力把共富的"蛋糕"做大做强。

人民群众是改革发展成果的创造者和享有者。"谁来共建"决定了主体力量,是实现共建共享的先决条件;"共建什么"决定了着力维度,是实现共建共享的核心部分;"怎样共建"决定了方法路径,是实现共建共享的关键步骤。在共享发展理念中,共建与共享相互依存。共建为共享提供前提准备,共享是共建的目的。在创造经济社会发展成果中,必须充分发挥人民群众的热情和激情,在共同参与和共同建设中满足人民群众自身的美好生活需要。人民群众在社会发展中既是重要目的又是重要力量,因而,必须充分发挥和依赖人民群众的巨大力量,发动全体人民共同参与改革发展全过程,最终使人民群众在参与中创造,在创造中获得。必须尊重人民的首创精神,做到尊重劳动、尊重知识、尊重人才、尊重创造,充分发挥人民群众的主观能动性,让全国人民团结一致,共同参与到共建发展过程中来。只有实现人民群众共建,才能实现人民群众共享。要使人民群众获得平等参与社会共建的机会。人民群众参与共建,是人民群众获得公平发展权利和机会的体现,要充分扩大和实现人人参与、人人共建,在参与、共建的基础上使人人都有获得感和幸福感,实现公正共享。

凝聚全体人民共同发展的力量。我们要实现共同富裕,必须遵循共建共享原则,为此,我们要大力提升民众的参与度,发扬民主意识,集中民众智力,听取民众意见,最大限度地激发人民群众的创造力与创新能力,形成人人参与、人人尽责、人人享有发展成果的良好局面。我们始终要明确,共享离不开共建,共建是共享的前提与基础,只有坚持共建,并且长期稳定地坚持共建,共享才具有更持久的活力。

调动全体人民参与发展的积极性。共建共享是共享发展的路径与方法,也是调动全体人民参与发展的重要机制。人民要获得共建的成果,就必须参与到共建的工作中来。人民群众中不仅蕴藏着巨大的力量,而且蕴藏着无穷的智慧。中国梦与中华民族的伟大复兴依赖于人民群众的广泛参与,也依赖于执政者与人民群众的紧密合作。我们要善于团结一切社会主义事业的建设者,发挥大家的生产积极性,激发大家的创新创造能力,为推进共建共享作出努力。

要做好共建共享,首先,要团结最广大的人民群众。团结就是力量,人心齐了力量才足,要把人民群众作为社会主义发展的胜利军,相信群众、联系群众、团结群众。把广大群众更加紧密地团结在党的周围,在党的领导下,发挥人民群众最大的力量,形成全面建成小康社会、实现中华民族伟大复兴的强大合力。其次,共建共享要充分尊重人民群众的权利与努力。参与到社会发展过程中来是人民群众的使命,更是一种权利,每一个人都具有追求幸福、实现幸福的权利,也有通过自己努力实现这一目标的权利,无论是什么职业,无论出身如何,无论文化教育程度怎样,只要勤奋刻苦,通过正当合法的方式创造财富,干好自己的本职工作,就是为社会主义建设事业的发展贡献力量。随着我国经济社会发展进步,人民群众文化素质不断提高,创新能力不断增强。我们要尊重人民的创造精神,尊重知识并且尊重人才,鼓励大众创业、万众创新,最大限度释放人民的创造潜能,让一切创造社会财富的力量都激发出来。再次,共建共享还要做到充分调动人民的积极性主动性。我们已经进入社会发展的新阶段,各项发展都取得了巨大成绩,要再次实现大的突破并不容易,要获得更大、更具突破性的改变必将面临前所未有的机遇和挑战。我们必须充分尊重人民的主人翁地位,坚持人民当家作主的原则,在民主集中制的基础上集思广益,激发人民群众的积极性,听取民众的意见与建议,相信民众,尊重民众,鼓励每一个社会成员积极参与到社会主义建设事业中来,形成人人都参与、人人都发挥热情、人人都有收获的美好局面。最后,要相信人民群众。人民群众是自己命运的把握者,也是改变自己命运、实现自己梦想的主体,在信息、知识、教育越来越发达的今天,人民的认识水平越来越高。在这种情况下,我们要相信人民群众在认识到社会主义建设、共享发展理念的重要性之后,会积极主动地发挥自己的才能,努力投身到经济发展、社会建设的事业中去。所以我们要敢于相信人民,敢于给他们更多的自主性,让他们在自己的努力下,为共享发展理念的推进作出贡献。

（四）渐进共享:实现共同富裕的过程

渐进共享,是对共享的实现进程而言的,也叫共享进程。共享发展过程是一个由低级到高级、由不均衡到均衡的不断推进的过程。共享发展理念是立足于我国国情、经济社会发展水平提出的,符合我国发展实际的科学理念。共同富裕建设也要遵循"允许一部分人、一部分地区先富起来,先富带后富,最终实现共同富裕"的渐进过程和规律。当下,推进共同富裕的过程是立足于我国处于并将长期处于社会主义初级阶段,但已进入新发展阶段、贯彻新发展理念、构建新发展格局的新时期这一重大判断基础之上的,要在渐进过程中推动和化解发展的不平衡不充分问题。在推进共享和实现共富的道路上既不能裹足不前,也不能好高骛远,更不能口惠而实不至。要在做好顶层设计和制度安排的基础上实现共同富裕,在分好"蛋糕"的前提下满足人民对美好生活的需要。

立足于国情,合理设计发展格局。共享发展是一个不断展开的过程,其目的是实现人民的利益,凸显发展为人民的本质。要实现这一目标,我们必须抱有恒心与长期努力的准备,共享发展注定是一个渐进的过程。习近平强调:"一口吃不成胖子,共享发展必将有一个从低级到高级、从不均衡到均衡的过程。"①切不可以盲目下手,必须有一个宏观而准确的判断,将共享发展理念视为一个有机系统。从当前社会发展水平来说,我国仍处于并将长时间处于社会主义发展的初级阶段。生产力水平与社会生活水平仍处于相对较低的层次,整个社会的主要矛盾从长远来看仍然是人民日益增长的物质文化生活需要与落后的社会生产之间的矛盾,贫困人口仍占据一定的比例。从整个世界范围来说,我们仍属于发展中国家,将长期面临着发达国家与西方资本主义国家的压力。虽然和平与发展是当今世界的主题,但国际经济秩序与政治秩序尚处于不稳定状态,国际金融危机与地区冲突层出不穷,局部战争仍影响着整个世界的和平环境。国内社会与经济环境虽然取得了较大的发展,但经济布局与发展的失衡成为制约中国稳步发展的绊脚石。发展不平衡、不协调、不可持续问题仍然突出,粗放型的发展模式还没有得到根本性的转变,企业,特别是国有企业创新能力不强,部分行业产能过剩,城乡区域发展不平衡,以及环境问题仍然突出,生态环境恶化等仍将

———————————

① 中共中央文献研究室编:《习近平关于全面建成小康社会论述摘编》,中央文献出版社 2016 年版,第61 页。

是今后急需解决的问题。这些问题是社会发展必须解决的,这将是一个长期并且艰难的工程。

四、共同富裕是社会主义本质要求和中国式现代化的重要特征

共同富裕是社会主义的本质要求,是中国式现代化的重要特征,是习近平新时代中国特色社会主义思想的重要内容。习近平在 2021 年第 20 期《求是》杂志上发表重要文章《扎实推动共同富裕》,对共同富裕作出新的阐释:"我们说的共同富裕是全体人民共同富裕,是人民群众物质生活和精神生活都富裕,不是少数人的富裕,也不是整齐划一的平均主义,要分阶段促进共同富裕。"[1]

(一)社会主义本质论在新时代的赓续和拓新

习近平提出共同富裕是社会主义的本质要求,是对社会主义本质理论的新的阐释。2012 年 12 月,党的十八大召开后不久,习近平就提出:"消除贫困、改善民生、实现共同富裕,是社会主义的本质要求。"[2]一是从社会主义本质的整体上,凸显共同富裕是具有"归根结底"意义的"本质要求"。习近平在《关于〈中共中央关于制定国民经济和社会发展第十四个五年规划和二〇三五年远景目标的建议〉的说明》中指出:"共同富裕是社会主义的本质要求,是人民群众的共同期盼。我们推动经济社会发展,归根结底是要实现全体人民共同富裕。"[3]从整体上,以解放生产力、发展生产力为根本手段,以消灭剥削、消除两极分化为根本前提,凸显最终达到共同富裕的"本质要求"。二是从社会主义本质和从坚持以人民为中心的发展思想的双重意义上,凸显共同富裕是具有"奋斗目标"意义的"本质要求"。习近平指出:"让广大人民群众共享改革发展成果,是社会主义的本质要求,是社会主义制度优越性的集中体现,是我们党坚持全心全意为人民服务根本宗旨的重要体现。"[4]

---

① 习近平:《扎实推动共同富裕》,《求是》2021 年第 20 期。
② 中共中央文献研究室编:《十八大以来重要文献选编》(中),中央文献出版社 2016 年版,第 465 页。
③《中共中央关于制定国民经济和社会发展第十四个五年规划和二〇三五年远景目标的建议》,人民出版社 2020 年版,第 54 页。
④ 中共中央文献研究室编:《习近平关于社会主义社会建设论述摘编》,中央文献出版社 2017 年版,第 78 页。

在同坚持以人民为中心的发展思想的结合中，共同富裕由社会主义本质的基本内涵，跃升为社会主义的本质要求，充分体现了新时代坚持和发展中国特色社会主义的内在要求，赋予了社会主义本质理论以新的时代内涵。

（二）对新发展阶段社会主要矛盾发展趋势的深刻认识

共同富裕是社会主义的本质要求，是社会主要矛盾在新发展阶段作用的必然结果，是对新发展阶段根本目标的深刻把握。进入新发展阶段，新时代社会主要矛盾的变化愈加明显，满足人民日益增长的"美好生活"的需要，作为社会主要矛盾的目标性规定也更为明显。一方面，以"十四五"时期为开端的新发展阶段使得人民群众对"美好生活"各个方面的需要（其中包括物质、文化、民主、法治、公平、正义、安全、环境等方面的需要）在不断增长，愈加成为秉持人民至上，实现以人民为中心的发展思想的集中体现；另一方面，"美好生活"各个方面的需要作为社会"需求"，是由经济建设、政治建设、文化建设、社会建设和生态文明建设各方面"供给"的。与"需求"的不断增长相比较，"供给"能力和水平上的不平衡不充分，明显地成为矛盾的主要方面。在对我国发展不平衡不充分的突出问题的分析中，习近平提出了六个方面的突出问题，除了"创新能力不适应高质量发展要求，农业基础还不稳固"这两个突出问题外，其他四个突出问题是"城乡区域发展和收入分配差距较大，生态环保任重道远，民生保障存在短板，社会治理还有弱项"①。解决好这些不平衡不充分发展的突出问题，是处理好社会主要矛盾的关键，也是新发展阶段经济社会发展的重要任务。特别是习近平提到的后四个方面的突出问题，直接涉及美好生活需要的基本内涵，是实现共同富裕本质要求的主要方面。把实现共同富裕作为社会主义的本质要求，成为新发展阶段处理和解决好社会主要矛盾的基本路向和根本目标。

党的十八大以来，以习近平同志为核心的党中央把逐步实现全体人民共同富裕摆在更加突出的位置，采取了一系列有力和有效措施保障和改善

---

① 《中国共产党第十九届中央委员会第五次全体会议文件汇编》，人民出版社 2020 年版，第 6 页。

民生,扎实推进共同富裕。促进全体人民共同富裕,是以满足"美好生活"的需要为聚焦点的,也是形成新发展阶段的新的发展极和着力点的根据与立场。党的十九大对第二个百年奋斗目标作出的部署,一是在对2035年基本实现社会主义现代化远景目标的阐释中,明确提出达到"全体人民共同富裕迈出坚实步伐"的目标要求;二是在对2035年到21世纪中叶建成富强民主文明和谐美丽的社会主义现代化强国的战略目标中,明确提出达到"全体人民共同富裕基本实现"的要求。从"全体人民共同富裕迈出坚实步伐"到"全体人民共同富裕基本实现",擘画了在"第二个百年"实现共同富裕这一社会主义的本质要求的战略步骤和进军路线。党的十九届五中全会在提出新发展阶段实现第二个百年奋斗目标中,把促进全体人民共同富裕的本质要求摆在更加重要、更加突出的位置,向着更远的目标谋划共同富裕的目标。全会通过的《中共中央关于制定国民经济和社会发展第十四个五年规划和二〇三五年远景目标的建议》,不仅从战略目标上提出了共同富裕是社会主义的本质要求,而且还从发展规划上提出了实现共同富裕本质要求的完备方略,特别是强调了"扎实推动共同富裕,不断增强人民群众获得感、幸福感、安全感,促进人的全面发展和社会全面进步"的目标。在对逐步实现共同富裕本质要求的主要措施上,强调"完善工资制度,健全工资合理增长机制,着力提高低收入群体收入,扩大中等收入群体。完善按要素分配政策制度,健全各类生产要素由市场决定报酬的机制,探索通过土地、资本等要素使用权、收益权增加中低收入群体要素收入。多渠道增加城乡居民财产性收入。完善再分配机制,加大税收、社保、转移支付等调节力度和精准性,合理调节过高收入,取缔非法收入。发挥第三次分配作用,发展慈善事业,改善收入和财富分配格局"。在"第二个百年"启程之际,这些部署和措施的提出凸显了新发展阶段实现共同富裕本质要求的战略意义。

（三）对中国式现代化特征的深邃探索

共同富裕作为社会主义的本质要求,彰显了中国式现代化的显著特征。在对新发展阶段中国式现代化基本特征的概括中,习近平提出:"中国式现代化是人口规模巨大的现代化,是全体人民共同富裕的现代化,是物质文明和精神文明相协调的现代化,是人与自然和谐共生的现代化,是走和平发展道路的现代化。"①全体人民共同富裕作为中国式现代化的重要特征,凸显了共同富裕是全体人民的整体富裕,是人民群众物质生活和精神生活各方面的全面富裕,是以共建共治共享为过程的、要分阶段推进和实施的共同富裕,进一步丰富了共同富裕是社会主义的本质要求的内涵。共同富裕本身就是社会主义现代化的一个重要目标。美好生活的需要是共同富裕本质要求的写真,它具有两个方面的基本特征:一是美好生活涉及的需要的全面性,包括物质、文化、民主、法治、公平、正义、安全、环境等各个方面;二是美好生活涉及的需要在实现方式上的公共性、共享性。作为社会主义的本质要求,习近平指出:"共同富裕是全体人民的富裕,是人民群众物质生活和精神生活都富裕,不是少数人的富裕,也不是整齐划一的平均主义。"②共同富裕作为社会主义的本质要求,在中国式现代化过程中,呈现出以下四个方面特征:第一,共同富裕同中国式现代化相同,都是以中国特色社会主义制度为基础和前提的;第二,共同富裕的实现是有步骤的,具有逐步实现的过程性特征;第三,共同富裕具有涵盖美好生活各个方面的全面性特征;第四,共同富裕以形成共建共治共享社会治理制度为过程特征。

(四)对人类文明新形态内涵的精湛论证

习近平在党的十九大上对"第二个百年"中国特色社会主义发展形态探索中,提出了两个"全面"的观点:一是"全面建成社会主义现代化强国";二是"我国物质文明、政治文明、精神文明、社会文明、生态文明将全面提升"。这两个"全面"是对人的全面发展思想的新的概括,深化了共同富裕是社会主义的本质要求的意蕴,也深化了对中国社会发展形态的认识。在庆祝中国共产党成立100周年大会上的讲话中,习近平把两个"全面"融于中国特色社会发展形态认识之中,创造性地提出"我们坚持和发展中国特色社会主义,推动物质文明、政治文明、精神文明、社会文明、生态文明协调发展,创造

---

①习近平:《把握新发展阶段,贯彻新发展理念,构建新发展格局》,《求是》2021年第9期。
②中共中央党史和文献研究院编:《马克思主义中国化一百年大事记(1921—2021年)》,中央文献出版社2022年版,第482页。

了中国式现代化新道路,创造了人类文明新形态"①。共同富裕作为社会主义的本质要求,成为两个"全面"的重要标识,也成为人类文明新形态基本特征的集中体现。

共同富裕是社会主义的本质要求,也包含了共同富裕的"需要"对社会发展的基础性和牵引性的重要作用。新发展阶段是我们所处的社会主义初级阶段中的一个阶段,同时也是社会主义发展进程中的一个重要阶段,是在经过几十年积累、站到了新的起点上的一个阶段。习近平指出:"社会主义初级阶段不是一个静态、一成不变、停滞不前的阶段,也不是一个自发、被动、不用费多大气力自然而然就可以跨过的阶段,而是一个动态、积极有为、始终洋溢着蓬勃生机活力的过程,是一个阶梯式递进、不断发展进步、日益接近质的飞跃的量的积累和发展变化的过程。"②牢牢抓住全体人民共同富裕的社会主义本质要求,凸显这一过程的特点和作用,结合解放和发展生产力,消灭剥削、消除两极分化的社会主义本质的系统关系,对我国社会主义从初级阶段向更高阶段迈进将起到强有力的推进作用。

在纪念马克思诞辰 200 周年大会上的重要讲话中,习近平从马克思、恩格斯对未来社会的科学预见出发,对推进实现共同富裕提出了明确要求,指出:"马克思、恩格斯设想,在未来社会中,'生产将以所有的人富裕为目的','所有人共同享受大家创造出来的福利'。恩格斯结合马克思在《共产党宣言》、《哥达纲领批判》、《资本论》等著作中提出的一系列主张,阐明在社会主义条件下,社会应该'给所有的人提供健康而有益的工作,给所有的人提供充裕的物质生活和闲暇时间,给所有的人提供真正的充分的自由'。人民对美好生活的向往就是我们的奋斗目标。我们要坚持以人民为中心的发展思想,抓住人民最关心最直接最现实的利益问题……让发展成果更多更公平惠及全体人民,不断促进人的全面发展,朝着实现全体人民共同富裕不断迈进。"③

---

① 习近平:《在庆祝中国共产党成立 100 周年大会上的讲话》,《求是》2021 年第 14 期。
② 习近平:《把握新发展阶段,贯彻新发展理念构建新发展格局》,《求是》2021 年第 9 期。
③ 习近平:《在纪念马克思诞辰 200 周年大会上的讲话》,人民出版社 2018 年版,第 20—21 页。

(五)对中华民族伟大复兴主题的深入把握

在当代中国,"实现中华民族伟大复兴进入了不可逆转的历史进程"。在第一个百年,特别是改革开放的 40 多年间,我们逐渐从初步建设小康社会到全面建设小康社会,再到全面建成小康社会,在经济社会发展上取得了举世瞩目的伟大成就,这是中国共产党百年辉煌的华彩乐章。在庆祝中国共产党成立 100 周年大会上,习近平庄严宣告:"经过全党全国各族人民持续奋斗,我们实现了第一个百年奋斗目标,在中华大地上全面建成了小康社会,历史性地解决了绝对贫困问题,正在意气风发向着全面建成社会主义现代化强国的第二个百年奋斗目标迈进。"[1]

回溯百年历程,习近平把"全面建成了小康社会"和"解决了绝对贫困问题"作为中国共产党百年辉煌的最突出的成就,既是对百年辉煌的高度凝练,也是对第二个百年砥砺前行的深刻前瞻,凸显了"逐步实现共同富裕"本质要求的重大意义,体现了第二个百年推进实现共同富裕要求的决心和信心。习近平对第一个百年的伟大成就用"三个光荣",即"中华民族的伟大光荣""中国人民的伟大光荣""中国共产党的伟大光荣"作出高度评价;第二个百年的伟大成就必然是"全面建成社会主义现代化强国"和"逐步实现共同富裕",这也将是中华人民共和国成立 100 周年时实现第二个百年奋斗目标的"三个光荣"之所属。

习近平继承了中国共产党关于共同富裕的重要思想,明确指出:"消除贫困、改善民生、实现共同富裕,是社会主义的本质要求。"他深化了这一重要思想,将逐步实现共同富裕定义为中国特色社会主义的根本原则,强调"如果丢掉了这些,那就不成其为社会主义了"[2],并指出共同富裕是建设中国特色社会主义的重大任务,从社会主义制度优越性的角度阐发共同富裕是科学社会主义的重大原则。在党的十九届四中全会中,习近平明确将走共同富裕道路列为我国国家制度和国家治理体系的十三个显著优势之一。

---

①习近平:《在庆祝中国共产党成立 100 周年大会上的讲话》,《求是》2021 年第 14 期。
②中共中央宣传部编:《习近平总书记系列重要讲话读本(2016 年版)》,学习出版社 2016 年版,第 29—30 页。

共同富裕是社会主义最大的优越性,是体现社会主义本质属性、根本原则、价值目标的重大理论和现实问题。习近平对共同富裕的科学阐释包含以下几个方面的含义:其一,就实现主体和覆盖面来说,共同富裕是一个对全社会而言的总体概念,意味着全体人民的整体富裕,也指城市和农村、全国各地区全局上的总体富裕,而不是少数人、少数地区的富裕;其二,就实现内容来说,共同富裕与人的全面发展密切相关、高度统一,是物质生活与精神生活的共同富裕,同时也是促进人的全面发展的共同富裕;其三,就实现过程来说,共同富裕不是整齐划一的平均主义,不可能齐头并进,而是要在动态发展过程中持续推进,不断取得成效,最终实现全体人民共同富裕;其四,就实现时间来说,共同富裕不是"迅速"富裕,要细化阶段性共同富裕目标,制定阶段性行动纲要,循序渐进地实现共同富裕;其五,就实现途径来说,共同富裕不是"坐等"富裕,不是"等、靠、要",而是要创造致富机会与良好的致富环境,鼓励全体人民增强内生动力,通过勤劳创新致富;其六,就实现载体来说,在实现共同富裕的基本制度与体制机制下,要建立科学完善的教科文卫体、住房、社保、公共服务等社会保障体系,现阶段要将促进农民农村共同富裕作为重点。

第二节 新时代共同富裕实践的战略部署和政治承诺的提出

党的十八大以来,坚定不移走共同富裕的道路就是新时代党中央治国理政的核心基石之一。党的十九大、十九届五中全会以及中央财经委员会第十次会议更是旗帜鲜明地将"全体人民共同富裕取得更为明显的实质性进展"列为初步实现社会主义现代化的核心目标之一,并开始全面布局、全面谋划、全面开启共同富裕战略行动的纲领。这是新时代共同富裕部署的实质性进展和政治承诺的提出。

一、全面建成小康社会的战略部署

(一)全面建成小康社会战略部署的提出

2012 年 11 月,党的十八大正式确立了"全面建成小康社会"的奋斗目标。从"建设"改为"建成",虽只有一字之改,但却反映了我国进入一个新的发展阶段,任务、目标等都发生改变。会议总结了党的十六大以来的发展成就和经验,对全面建成小康社会提出了新的更高、更全面的要求,包括"经济持续健康发展、人民民主不断扩大、文化软实力显著增强、人民生活水平全面提高、资源节约型环境友好型社会建设取得重大进展"等五个方面,并根据经济发展的实际情况,提出了"两个翻番"的经济发展目标,全面建成小康社会的目标更明确,标准也更高了。新目标下,党中央保持警醒状态,以高度的责任感和使命感承担发展重任,向人民许诺,必如期全面建成小康社会。以问题意识准确对标发展难题,实事求是,精准施策,下大力气破解建设中的突出问题。

2013 年 11 月,党的十八届三中全会审议通过了《中共中央关于全面深化改革若干重大问题的决定》,习近平明确指出要进行"五位一体"的全面体制改革,以"全面深化改革"作为达成战略目标的新动力。2014 年 10 月,习近平在中共十八届四中全会指出:"全面建成小康社会、实现中华民族伟大复兴的中国梦必须全面推进依法治国。"[①]全面依法治国和全面深化改革共同作为实现战略目标的两大战略举措,如"车之双轮,鸟之两翼",辩证统一,相互促进,从而加快了全面建成小康社会的进程。2014 年 10 月,习近平在党的群众路线教育实践活动总结大会上,提出全面从严治党的要求,并对全面从严治党进行了部署。同年 11 月,习近平到福建考察调研,提出了"协调推进'三个全面'"。12 月,习近平又去了江苏调研。在这里,他首次提出了"四个全面"战略布局,把全面建成小康社会作为"四个全面"战略布局的总纲。此外,自 2012 年以来,习近平密切关注民生,走访慰问深山群

[①]中共中央文献研究室编:《十八大以来重要文献选编》(中),中央文献出版社 2016 年版,第 73 页。

众,密切关注当地扶贫形势。2013 年,习近平访问海南时提出"小康不小康,关键看老乡",强调农村特别是贫困地区小康不全面,要更加重视农业、农村和农民问题,缩小城乡发展差距。

2015 年 10 月,十八届五中全会召开,我国经济进入新常态,全会明确指出,如期实现全面建成小康社会奋斗目标,推动经济社会持续健康发展,必须遵循"六大原则"。"十三五"时期是全面建成小康社会的决胜阶段,"六大原则"关系到"四个全面"战略布局的协调推进,关系到我国经济社会持续健康发展,关系到社会主义现代化建设大局,必须牢牢把握,须臾不能动摇。自此,在"四个全面"重要战略布局指导下,我们在积极推动全面建成小康社会的进程中,结合"十三五"规划,适应经济发展新常态,贯彻"新发展理念",坚持"六大原则",推动社会各个领域全面协调发展。

（二）全面建成小康社会战略部署的推进

2017 年 10 月,习近平在党的十九大报告中,发出了"决胜"全面建成小康社会的动员令,他指出:"从现在到 2020 年,是全面建成小康社会的决胜期。"十九大报告把两个一百年奋斗目标贯通设计在中国未来 30 年的发展蓝图中,以"第一个百年奋斗目标"为起点,用两个 15 年时间,先实现基本现代化,最后把我国建设成为社会主义现代化强国,实现"第二个百年奋斗目标"。所以,全面建成小康社会就成为新的战略布局的重点,是实现社会主义现代化强国目标的承上启下的重要阶段,成败对下一阶段中国式现代化的进程至关重要,因此,十九大到 2020 年的三年,是全面建成小康社会决胜阶段,"决胜"也就是意味着我们要举全国之力,背水一战,成败在此一举。之前建设小康社会的过程中,党对社会各个方面的发展所作出的努力都是量的积累的过程,如今,全面建成小康社会进入决胜阶段,能否抓住质变机遇期,全面建成小康社会,就要看决胜期的奋斗。时间紧,任务重,我们只有加大力度,促进各方面协调发展,下大力气破解制约如期全面建成小康社会的重难点问题,才能完成任务,跨过这一道坎。习近平指出:"如今,制约全面建成小康社会最重要的任务还是发展生产力……补齐短板,全面建成小康社会。""要坚决打好'三大攻坚战',使全面建成小康社会得到人民认可、经得起历史检验。"因此,打赢"三大攻坚战"成为全面建成小康社会决胜期的战略重点。此外,十九大报告正式加入"乡村振兴战略",提出了发展的"七大战略"。战略问题是政党、国家的根本问题,从"科教兴国"到"军民融合发展",每一个战略都对中国的经济社会发展起到巨大的推动作用。"七大战略"是我们党为了把全面建成小康社会目标落到实地,从党和国家事业发展全局出发作出的重大战略决策。七大战略相辅相成,相得益彰,为统筹推进社会各项事业的发展提供了有力的战略支撑。

(三)全面建成小康社会为实现共同富裕奠定了基础

党的十九届五中全会充分肯定"十三五"时期我国经济社会发展取得的巨大成就,高度评价决胜全面建成小康社会取得的决定性成就,并提出"统筹推进经济建设、政治建设……的总体布局,协调推进全面建设社会主义现代化国家……战略布局"。"全面建成小康社会"转变为"全面建设社会主义现代化国家",成为引领新阶段发展的新的战略目标,意味着全面建成小康社会胜利收官。2021 年 2 月 25 日,全国脱贫攻坚总结表彰大会在北京隆重举行。习近平在大会上正式宣布:"农村贫困人口全部脱贫……完成了消除绝对贫困的艰巨任务。"①他站在党和国家事业发展全局的战略高度,充分肯定了脱贫攻坚取得的伟大成绩,深刻总结了脱贫攻坚的光辉历程和宝贵经验,深刻阐述了脱贫攻坚伟大斗争锻造形成的脱贫攻坚精神,对巩固拓展脱贫攻坚成果、走中国特色社会主义乡村振兴道路、促进全体人民共同富裕提出了明确要求,极大振奋了中华儿女追梦圆梦的决心和信心,极大激发了亿万人民接续奋斗的士气和干劲。脱贫攻坚战的全面胜利标志着我们党在团结带领人民创造美好生活、实现共同富裕的道路上迈出了坚实一大步。脱贫攻坚战的全面胜利为全面建成小康社会作出了关键性贡献。2020 年,全面建成小康社会取得决定性成就后,中国步入新发展阶段,迎来"后小康时代",目前处于"两个一百年"奋斗目标的历史交汇期,"十四五"时期是一个重要过渡期与成果巩固落实期,是实现新的更大发展的关键时期,习近平

---

① 习近平:《在全国脱贫攻坚总结表彰大会上的讲话》,《人民日报》2021 年 2 月 25 日。

在 2021 年春节团拜会上立足发展全局,为巩固全面建成小康社会成效和持续推进经济社会发展作出重要指示:"新的一年,我们要全面贯彻党的十九大和十九届二中、三中、四中、五中全会精神……巩固拓展疫情防控和经济社会发展成果,努力实现'十四五'时期发展开好局、起好步,以优异成绩迎接中国共产党成立 100 周年。"[①]

二、"五大建设"全面部署

党的十九届六中全会强调,要"坚持系统观念,统筹推进'五位一体'总体布局","全面深化改革开放,促进共同富裕","协同推进人民富裕、国家强盛、中国美丽"。党的十八大以来,中国特色社会主义进入新时代,中国特色社会主义事业"五位一体"总体布局正式形成,确定了"朝着共同富裕方向稳步前进"的总基调。习近平强调:"我们说的共同富裕是全体人民共同富裕,是人民群众物质生活和精神生活都富裕,不是少数人的富裕,也不是整齐划一的平均主义。"[②]共同富裕是中国特色社会主义的根本原则,与社会主义本质要求完全统一。共同富裕是全体人民的富裕,而不是一部分群体、一定区域的富裕,也不是仅指物质上的富裕,更不是"劫富济贫",平均式地实现"财富均等"。共同富裕既要达到一定的富裕程度、人民群众共享的广度,还要达到富裕公平发展的高度。实现共同富裕是中国共产党人的初心与使命,也是中国特色社会主义现代化建设的根本奋斗目标。实现共同富裕是中国特色社会主义事业"五位一体"总体布局的时代主题、根本要求和有机统一,也为统筹推进新时代"五位一体"总体布局下扎实推动共同富裕实现机制提供了现实路径。

(一)经济建设:为实现共同富裕奠定物质基础

发展才是社会主义,发展必须致力于共同富裕。马克思主义的历史唯物主义理论揭示出"社会物质生产力的不断发展"是人类从贫穷走向共同富

---

①习近平:《在二〇二一年春节团拜会上的讲话》,《人民日报》2021 年 2 月 11 日。
②中共中央党史和文献研究院编:《马克思主义中国化一百年大事记(1921—2021 年)》中央文献出版社 2022 年版,第 482 页。

裕的根本和基础。习近平明确指出:"发展依然是当代中国的第一要务,中国执政者的首要使命就是集中力量提高人民生活水平,逐步实现共同富裕。"经济富裕是共同富裕的首位目标,实现这个目标必须依靠发展生产力。高质量发展生产力既是推进共同富裕的内在动力和主要途径,也是推进共同富裕的根本要求。由此,应"坚持以高质量发展为主题,以供给侧结构性改革为主线,建设现代化经济体系,把握扩大内需战略基点",通过努力解放和发展生产力,消除横亘在实现共同富裕路上的"三座大山"(区域差距、城乡差距、收入差距),为中国特色社会主义政治建设、文化建设、社会建设及生态文明建设奠定坚实的物质基础。

(二)政治建设:为实现共同富裕提供政治保证

共同富裕是马克思主义的一个基本目标,实现共同富裕不仅是经济问题,而且是关系党的执政基础的重大政治问题。"中国特色社会主义政治制度深深扎根于中国社会土壤",只有社会主义制度才是实现共同富裕的沃土,才是保障共同富裕实现的根本政治前提。千百年来中国人民所追求的共同富裕的理想生活状态均未实现,直到中国共产党的横空出世。只有中国共产党才会、才能有其政治担当,团结带领中国人民为创造自己的美好生活而进行不懈奋斗。中国共产党是民族复兴使命的最佳担当者和最高政治力量。当下,要大力坚持党的全面领导,坚持以人民为中心的发展思想,统揽"四个伟大",做好顶层设计,坚持和完善党领导经济社会发展的体制机制,坚持和完善中国特色社会主义制度,为实现共同富裕提供政治保证。

(三)文化建设:为实现共同富裕奠定文化基础

共同富裕离不开文化软实力的支撑和推动。中华优秀传统文化是中华民族的文明基因,蕴藏着丰富的共同富裕理念,孕育了共同富裕内涵演变的历史文化根基。诸子百家思想中,儒家的"社会大同"、墨家的"兼爱天下"、农家的"并耕而食"、道家的"天人合一"、法家的"富国强兵"等,都是对理想社会的本真向往。这些思想和理念集中表达了人民对美好生活的向往,是赓续共同富裕思想的文化精神传承。由此,我们要增强文化自信,强化文化强国建设,通过建设高质量教育体系、强化精神文明建设,提升个体综合素质和文明程度,培育其改善生活品质的能力,为新时代开创党和国家事业新局面提供坚强思想保证与强大精神力量,为实现共同富裕和人的全面发展奠定坚实的文化基础。

(四)社会建设:为实现共同富裕坚持公平正义原则

社会和谐是社会主义本质属性,公平正义是中国特色社会主义的本质要求。实现共同富裕要坚持公平正义的原则,提高劳动报酬在初次分配中的比重,完善再分配机制,发挥好第三次分配作用,把"蛋糕"分好。"强起来"征程中的共同富裕必须统筹好发展和安全,始终坚持系统思维,加强系统集成,要能够不断满足日益增长的民主、法治、公平、正义、安全等方面的社会需求,不断提高人民生活品质、生活品位,不断增强人民群众获得感、幸福感、安全感,进而持续提升共同富裕的质量,让发展成果更多、更公平地惠及全体人民,不断促进人的全面发展,朝着实现全体人民共同富裕不断迈进。

(五)生态文明建设:为实现共同富裕守固生态底色

生态安全契合人民对美好生活的更多期待,生态环境保护是为民造福的百年大计。共同富裕,生态文明不能缺位;生态文明建设跟不上,共同富裕也不可持续。要牢固树立生态优先、绿色发展导向,拓展"绿水青山"和"金山银山"转化的多元效能,推进产业转型升级;围绕更好保障国家生态安全和能源安全、粮食安全、产业安全,加快调整产业结构,大力推进经济社会发展全面绿色转型;积极构建集山水田林湖草沙于一体的全域生态安全格局,最大限度用足用活"绿水青山"的综合价值效益,将其转化成推进共同富裕的催化剂,"更加自觉地推进绿色发展、循环发展、低碳发展,坚持走生产发展、生活富裕、生态良好的文明发展道路",在高质量发展中推进高水平保护,在高水平保护中实现高质量发展,为实现全体人民共同富裕,守固好最"绿"的生态底色。

三、"四个全面"的统筹协调推进

"四个全面"战略布局是新时代中国共产党治国理政的总方略,也是扫除实现共同富裕的障碍、实现人民美好生活的总抓手。"四个全面"战略布局一是明确了共同富裕现阶段的发展目标,即全面建成小康社会,共同富裕在本质上是一个历史概念,而全面建成小康社会则是共同富裕的一个现实阶段,全面建成小康社会表明离共同富裕更近了一步。二是明确了共同富裕的动力来源,即全面深化改革,共同富裕的第一标准是富裕,富裕要建立在生产力不断发展、物质财富极大积累的基础上,一旦物质基础积累到一定程度,共同富裕停滞不前,就会出现贫富差距扩大的情况,全面深化改革通过供给侧结构性改革、收入分配制度改革等,为经济持续高质量发展提供了源源不断的动力。三是明确了共同富裕的制度保证,即全面推进依法治国,共同富裕的实现需要相应的经济、政治、文化、法律制度来保障,任何一个领域的制度缺失都有可能影响共同富裕的进程和质量。四是明确了实现共同富裕的主要领导力量和依靠力量,即通过全面从严治党,更好地发挥党在推进共同富裕进程中的领导核心作用。"四个全面"战略布局解决了实现共同富裕现阶段的发展目标、动力来源、制度保证和主要领导力量等问题,为推进共同富裕开辟了新的发展前景。

(一)全面建成小康社会的核心是高度重视共同富裕

全面建成小康社会意味着高度重视共同富裕。在改革开放初期,建设小康社会的主要任务是解决温饱问题,在分配制度上鼓励一部分人先富起来,在分配原则上强调效率优先、兼顾公平。随着经济体制改革的不断深入和经济发展取得突出成果,整体温饱已经实现,向富裕跨越成为广大人民群众的新的要求和愿望。同时,遏制收入分配差距扩大趋势,切实贯彻公平正义原则,实现公平与效率的有机统一,成为党和国家迫切需要解决的重大课题。所有这些客观上要求将全面建成小康社会提到日程上来,其中心思想是更加注重共同富裕。

全面建成小康社会,为共同富裕助力,需要做大量的工作:要紧紧抓住经济建设这个中心,推动经济持续健康发展,进一步把"蛋糕"做大,为保障社会公平正义和实现共同富裕奠定更加坚实的物质基础;要努力实现居民收入增长和经济发展同步、劳动报酬增长和劳动生产率提高同步,使劳动者的收入水平在经济发展的基础上不断得到提高;要努力实现居民收入在国民收入分配中比重的提高和劳动报酬在初次分配中比重的提高,让国民财富的分配更多地向劳动者倾斜,初次分配和再分配都要兼顾效率和公平,再分配更加注重公平,使公平正义原则在收入分配中得到充分体现;要着力解决收入分配差距较大问题,把"蛋糕"分好,使发展成果更多、更公平地惠及全体人民,使全体人民在学有所教、劳有所得、病有所医、老有所养、住有所居上持续取得新进展。

(二)全面深化改革的核心是注重公平正义

全面深化改革要注重改革的系统性、整体性、协同性,核心是注重以共同富裕为目标的公平正义原则的实现。改革开放以来,我国经济社会发展取得巨大成就,为促进社会公平正义提供了坚实物质基础和有利条件。在新的历史发展阶段,全面深化改革必须坚持正确方向,既要避免走平均主义的老路,也要防止走严重两极分化的邪路,而是要走共同富裕的正确道路,通过全面深化改革,促进公平正义,增进人民福祉。正如邓小平所说:"社会主义的目的就是要全国人民共同富裕,不是两极分化。如果我们的政策导致两极分化,我们就失败了;如果产生了什么新的资产阶级,那我们就真是走了邪路了。"①一个时期以来,分配领域里贫富差距呈现扩大趋势,社会上存在大量有违公平正义的现象。特别是随着我国经济社会发展水平和人民生活水平不断提高,人民群众的公平意识、民主意识、权利意识不断增强,对社会不公问题的认识、关注和议论越来越强烈。如果这个问题不抓紧解决,不仅会影响人民群众对改革开放的信心,而且会影响社会和谐稳定。因此,全面深化改革必须以促进社会公平正义、增进人民福祉为出发点和落脚点,这是坚持我们党全心全意为人民服务根本宗旨的必然要求。

①《邓小平文选》(第三卷),人民出版社 1993 年版,第 95 页。

促进公平正义,着眼点是创造更加公平正义的社会环境,不断消除各种有违公平正义的现象,使改革发展成果更多、更公平地惠及全体人民。习近平指出:"如果不能给老百姓带来实实在在的利益,如果不能创造更加公平的社会环境,甚至导致更多不公平,改革就失去意义,也不可能持续。"①应该说,我国现阶段存在的有违公平正义的现象,许多是发展中的问题,是能够通过不断发展,通过制度安排、法律规范、政策支持加以解决的。当然,这一切都依赖于全面深化改革。我们要秉持全面深化改革的公正性原则,用公平正义这个最大公约数凝聚改革共识,形成改革合力。

实现社会公平正义是由多种因素决定的,最主要的还是经济社会发展水平。因此,要通过经济改革进一步解放和发展生产力,解放和增强社会活力,促进人的全面发展,激发全体人民的积极性、主动性、创造性,不断开拓生产发展、生活富裕、生态良好的文明发展道路,为社会发展与实现共同富裕创造更有利的物质和社会条件,充分体现中国特色社会主义制度的优越性。

(三)全面推进依法治国是实现共同富裕目标的重要保障

全面深化改革的核心在于实现公平正义,公平正义离不开法治,只有全面推进依法治国,才能真正推动全面建成小康社会和全面深化改革,为实现共同富裕提供重要的保障。

依法治国是维护社会主义制度的有力手段,是共同富裕的重要基础。共同富裕是社会主义的本质要求,是社会主义不同于其他私有制基础上社会形态的质的规定性。法律制度是经济基础的上层建筑,是服务于经济基础的。中国特色社会主义的基本经济制度是公有制为主体、多种所有制经济共同发展,这一基本经济制度已经在我国的宪法中得到明确申述。我国宪法以国家根本法的形式,确立了中国特色社会主义道路、中国特色社会主义理论体系、中国特色社会主义制度的发展成果,反映了我国各族人民的共同意志和根本利益。依法治国是党领导人民治理国家的基本方略,落实依

---

① 《习近平谈治国理政》,外文出版社2014年版,第96页。

法治国政治方略,就是要维护宪法的尊严,依宪法治理国家。依宪治国的首要任务是要维护我国业已建立的社会主义制度,维护中国人民实现共同富裕的制度基础。正如习近平所指出的那样:"中国特色社会主义制度是中国特色社会主义法治体系的根本制度基础,是全面推进依法治国的根本制度保障。"①依宪治国,就是要求我们着力落实这些宪法确立的制度和原则,让法治在中国特色社会主义制度基础上更好地发挥保障作用。毛泽东曾指出,我们社会主义的宪法,"结合了原则性和灵活性。原则基本是两个:民主原则和社会主义的原则"②。法治不是抽象的概念,法治总是以特定的制度为存在的基础的。依宪治国,就要坚持走社会主义道路,推动和建设中国特色社会主义,为实现共同富裕奠定坚实的物质基础和制度基础。依宪治国,也要坚决反对任何人、任何势力颠覆中国特色社会主义的企图,确保中国特色社会主义在宪法的保护下健康发展,不断完善。

依法治国是维护经济秩序的根本保证。在社会经济交往中,健全完备的法律制度有助于明确交易预期,有助于开展公平交易,有助于提高生产效率。大量经验事实表明,社会生产力的发展水平越高,生产社会化程度越高,对健全和完善法律制度的要求就越高。没有法律制度的调节和规范,经济和社会活动必然陷入无政府状态,人们之间的交往与交易会因为交易费用巨大而很难顺利进行。因此,只有全面加强依法治国,建立和健全法律法规,才能巩固社会主义基本经济制度和分配制度,才能实现全体人民的共同富裕,才能构建公平正义、诚信友爱、充满活力、安定有序、人与自然和谐相处的和谐社会。

(四)全面从严治党是实现共同富裕的根本保证

党的领导是中国特色社会主义最本质的特征,是维护全国各族人民根本利益和实现共同富裕的根本保证。全面从严治党,核心是加强党的领导。

---

① 中共中央办公厅:《中共中央关于全面推进依法治国若干重大问题的决定》,人民出版社 2014 年版,第 49 页。
② 《毛泽东文集》(第六卷),人民出版社 1999 年版,第 76 页。

邓小平指出："从根本上说，没有党的领导，就没有现代中国的一切"①，"中国由共产党领导，中国的社会主义现代化建设事业由共产党领导，这个原则是不能动摇的；动摇了中国就要倒退到分裂和混乱，就不可能实现现代化"②。习近平在《关于〈中共中央关于全面推进依法治国若干重大问题的决定〉的说明》中严肃指出："我国宪法以根本法的形式反映了党带领人民进行革命、建设、改革取得的成果，确立了在历史和人民选择中形成的中国共产党的领导地位。对这一点，要理直气壮讲、大张旗鼓讲。要向干部群众讲清楚我国社会主义法治的本质特征，做到正本清源、以正视听。"③这一重要论述表明，党的领导和社会主义法治是高度一致的，社会主义法治必须坚持党的领导，党的领导必须依靠社会主义法治。

全面从严治党有利于加强党的思想建设，确保党把实现共同富裕作为党领导全国人民建设中国特色社会主义的共同理想。中国共产党是马克思主义政党，中国共产党把马克思主义作为指导自己思想建设的理论基础，把建设社会主义和实现共产主义作为党的奋斗目标。为人民服务，实现共同富裕，是中国共产党作为执政党的最高执政理念，也是中国共产党得到全国各族人民拥护的强大政治基础。全面从严治党，就是要加强党的思想建设，用马克思主义武装全党的思想，始终把为人民服务作为党的最高宗旨，与人民群众保持血肉联系，团结带领全体人民为实现中华民族伟大复兴而努力奋斗。

全面从严治党要提高党的执政能力。中国共产党是中国特色社会主义的领导者，通过从严治党，提高党的执政能力，有助于解决党在执政实践中面临的困难。在现实生活中，存在着大量的有法不依、执法不严、违法不究的现象；在一些领导干部眼里，权大于法，权力凌驾于法律之上；整个社会还远没有形成自觉尊法学法守法用法的社会氛围，这些现象破坏了社会的公

---

① 《邓小平文选》（第三卷），人民出版社1993年版，第266页。
② 《邓小平文选》（第三卷），人民出版社1993年版，第267—268页。
③ 中共中央办公厅：《中共中央关于全面推进依法治国若干重大问题的决定》，人民出版社2014年版，第56页。

平正义,损害了共同富裕的思想基础和社会基础。全面从严治党,就是要在中国共产党领导下,坚持中国特色社会主义制度,贯彻中国特色社会主义法治理论,形成完备的法律规范体系、高效的法治实施体系、严密的法治监督体系、有力的法治保障体系,形成完善的党内法规体系;就是要推动依法治国、依法执政、依法行政协同前进,坚持法治国家、法治政府、法治社会一体化建设;就是要实现科学立法、严格执法、公正司法、全民守法,促进国家治理体系和治理能力现代化,建设社会主义法治国家。

四、实现全体人民共同富裕实质性进展的政治承诺

2020 年 10 月,党的十九届五中全会向着更远的目标谋划共同富裕,提出了"全体人民共同富裕取得更为明显的实质性进展"的 2035 年远景目标,这是中国共产党的政治承诺。习近平在《关于〈中共中央关于制定国民经济和社会发展第十四个五年规划和二〇三五年远景目标的建议〉的说明》中强调:"促进全体人民共同富裕是一项长期任务,但随着我国全面建成小康社会、开启全面建设社会主义现代化国家新征程,我们必须把促进全体人民共同富裕摆在更加重要的位置,脚踏实地,久久为功,向着这个目标更加积极有为地进行努力。"[1]

中国共产党历来都将共同富裕的目标达成作为自身不断奋斗的重要驱动力,中国共产党具有"愿景型政党"的鲜明特征,实现共同富裕的可期待目标,在新时代推动共同富裕的实质性进展是中国共产党的重要执政愿景之一。共同富裕不是虚无缥缈的概念性"指向"和目的模糊的简单性"号召",在中国特色社会主义制度下的共同富裕具有明确的目标指向,即实现全体人民的共同富裕:"我们说的共同富裕是全体人民共同富裕,是人民群众物质生活和精神生活都富裕,不是少数人的富裕,也不是整齐划一的平均主义。"[2]实现全体

---

[1]《中共中央关于制定国民经济和社会发展第十四个五年规划和二〇三五年远景目标的建议》,人民出版社 2020 年版,第 55 页。

[2]习近平:《扎实推动共同富裕》,《求是》2021 年第 20 期。

人民共同富裕为新时代推动共同富裕的实质性进展提供了明确的目标指向和奋斗路向。

(一)全民富裕:既要做大"蛋糕",又要分好"蛋糕"

习近平指出:"我们追求的发展是造福人民的发展,我们追求的富裕是全体人民共同富裕。"[1]一方面,要通过推动经济持续健康发展,把"蛋糕"做大,不断调动广大人民群众的积极性。"发展仍是解决我国所有问题的关键,只有推动经济持续健康发展,才能筑牢国家繁荣富强、人民幸福安康、社会和谐稳定的物质基础"[2],才能充分调动人民的积极性、主动性和创造性,举全国之力推进中国特色社会主义事业。另一方面,要通过创新制度安排,努力把"蛋糕"分好,扎实推动全体人民共同富裕。在经济发展过程中,要通过改革收入分配制度,逐步缩小地区、城乡和居民生活水平差距,不断满足全体人民在教育、收入、社保、医疗、就业等方面的民生需要,全力维护社会公平正义,扎实推动全体人民的共同富裕。

(二)全面富裕:实现物质生活和精神生活的双富裕

习近平指出:"只有物质文明建设和精神文明建设都搞好,国家物质力量和精神力量都增强,全国各族人民物质生活和精神生活都改善,中国特色社会主义事业才能顺利向前推进。"[3]实现全体人民共同富裕,"物质财富要极大丰富,精神财富也要极大丰富"[4]。这要求我们既要实现人民"仓廪实、衣食足"的物质富裕,也要实现人人知礼节、知荣辱的精神富裕,即物质生活和精神生活的双富裕,这其中回答了"何种富裕"的问题,体现了实现人的全面发展和社会文明进步的根本要求。党的十八大以来,党中央立足新发展阶段的基本国情,积极践行新发展理念,构建新发展格局,努力实现更有效

---

[1]中共中央文献研究室编:《习近平关于社会主义社会建设论述摘编》,中央文献出版社2017年版,第35页。

[2]中共中央文献研究室编:《习近平关于社会主义经济建设论述摘编》,中央文献出版社2017年版,第3页。

[3]《习近平谈治国理政》,外文出版社2014年版,第135页。

[4]《习近平谈治国理政》(第二卷),外文出版社2017年版,第323页。

率、更加公平、更高质量、更可持续的发展,为实现全体人民物质生活的富裕筑牢经济基础;通过建设社会主义文化强国,加强精神文明建设,积极发挥中华优秀传统文化的滋养作用,营造崇德向善的社会氛围,为实现全体人民精神生活富裕提振精神动力,进而推动物质生活富裕和精神生活富裕的有机统一。

(三)共建富裕:鼓励勤劳创新致富,实现人人共享

"幸福生活都是奋斗出来的,共同富裕要靠勤劳智慧来创造。"①从实现途径看,实现共同富裕的前提是要全体人民共同劳动、共同建设、共同创造及共同奋斗。这种方式既不是搞"平均主义",也不是搞"大锅饭",更不是搞"劫富济贫",而是通过倡导和鼓励全体人民勤劳致富、创新致富,让全体人民群众在人人参与、人人尽力、人人享有中实现人人富裕,共创美好生活。习近平多次强调,共建共享才能走向共富,回答了"如何富裕"的问题。回顾中国共产党的百年奋斗史,其在革命、建设和改革时期取得的巨大成就,归根结底是由全体人民不懈奋斗创造出来的。"人民是历史的创造者,是真正的英雄。"②共同富裕必须能够充分调动起广大人民群众的积极性、主动性和创造性,引导全体人民辛勤劳动,营造共建共享共富的发展环境。当前,要通过提高人民的受教育程度,增强人民的发展活力,给人民创造更加公平的条件,给更多人创造致富的机会;要通过"充分发扬民主,广泛汇聚民智,最大激发民力,形成人人参与、人人尽力、人人都有成就感的生动局面"③,努力使全体人民的获得感、幸福感、安全感更加充实,让全体人民在共建中各尽其能,在共享中各得其所,在共富中和谐相处。

(四)渐进富裕:坚持目标导向,逐步实现共同富裕

习近平指出:"共同富裕是一个长远目标,需要一个过程,不可能一蹴而就,对其长期性、艰巨性、复杂性要有充分估计,办好这件事,等不得,也急不

---

① 习近平:《扎实推动共同富裕》,《求是》2021 年第 20 期。
② 习近平:《在庆祝中国共产党成立 100 周年大会上的讲话》,《人民日报》2021 年 7 月 2 日。
③《习近平谈治国理政》(第二卷),外文出版社 2017 年版,第 215 页。

得。"①这科学回答了"何时富裕"的问题。党的十八大以来,中国特色社会主义进入新时代,基于我国社会主要矛盾发生的根本性变化,习近平作出"我国仍处于并将长期处于社会主义初级阶段的基本国情没有变"的正确判断,同时强调"我们不能做超越阶段的事情,但也不是说在逐步实现共同富裕方面就无所作为,而是要根据现有条件把能做的事情尽量做起来,积小胜为大胜,不断朝着全体人民共同富裕的目标前进"。② 为此,我国制定了共同富裕路线图,分阶段促进共同富裕:到"十四五"时期末,全体人民共同富裕迈出坚实步伐;到 2035 年,全体人民共同富裕取得更为明显的实质性进展;到 21 世纪中叶,全体人民共同富裕基本实现。《中共中央国务院关于支持浙江高质量发展建设共同富裕示范区的意见》指出,要积极发挥浙江共同富裕示范区的引领作用,探索借鉴可推广的有益经验,为逐步推进和实现共同富裕先行探路。

第三节　新时代共同富裕追求的创造性实践

一、脱贫攻坚战与全面小康奠定共同富裕的坚实基础

(一)脱贫攻坚是实现共同富裕的底线任务

脱贫攻坚是为了消除绝对贫困,解决贫困问题,是实现共同富裕的底线任务。消灭贫困,实现共同富裕,是世界性难题,也是中国共产党的初衷使命。党的十八大以来,党中央团结带领全国人民,中国历史上几千年来第一次摆脱了绝对贫困,创造了人类脱贫史上的奇迹。

习近平庄严承诺:全面建成小康社会,一个也不能少;共同富裕路上,一个也不能掉队。党中央把脱贫攻坚作为重中之重,鲜明承诺"决不能落

①习近平:《扎实推动共同富裕》,《求是》2021 年第 20 期。
②《习近平谈治国理政》(第二卷),外文出版社 2017 年版,第 214 页。

下一个贫困地区、一个贫困群众"①。党的十八届五中全会结束不到一个月，中央就紧接着召开了中央扶贫开发工作会议，拉开了新时代脱贫攻坚的序幕。

在习近平亲自挂帅、亲自部署、亲自督战下，党中央、国务院立足于我国国情，把握减贫规律，出台了一系列超常规政策举措，构建了一整套行之有效的政策体系、工作体系、制度体系，走出了一条中国特色减贫道路。在脱贫攻坚的伟大实践中，逐渐形成了以"七个坚持"为主要内容的中国特色反贫困理论：坚持党的领导，坚持以人民为中心的发展思想，坚持发挥我国社会主义制度能够集中力量办大事的政治优势，坚持精准扶贫方略，坚持调动广大贫困群众积极性、主动性、创造性，坚持弘扬和衷共济、团结互助美德，坚持求真务实、较真碰硬，从而为我国扶贫攻坚全面建成小康社会能够取得决定性胜利奠定了理论基础。

2021年2月25日，在全国脱贫攻坚总结表彰大会上，习近平庄严宣告："经过全党全国各族人民共同努力，在迎来中国共产党成立一百周年的重要时刻，我国脱贫攻坚战取得了全面胜利。现行标准下9899万农村贫困人口全部脱贫，832个贫困县全部摘帽，12.8万个贫困村全部出列，区域性整体贫困得到解决，完成了消除绝对贫困的艰巨任务。"②

脱贫摘帽不是终点，而是新生活、新奋斗的起点。在实现第一个百年奋斗目标之后，我国需要乘势而上开启全面建设社会主义现代化国家新征程，向第二个百年奋斗目标进军。根据"十四五"规划建议稿描绘的基本实现社会主义现代化远景目标，2035年在人均国内生产总值达到中等发达国家水平的同时，全体人民共同富裕取得更为明显的实质性进展。党的十九大报告提出，到2050年，全面建成社会主义现代化强国，全体人民共同富裕基本实现。由此可见，未来我国的现代化将是以共同富裕为底色的现代化，与西方国家现代化有着本质的不同。展望新征程，前方仍有不少硬骨头要啃，不少难关要攻克。扎实推动共同富裕，需要坚持按劳分配为主体、多种分配方

---

① 中共中央文献研究室编：《十八大以来重要文献选编》(中)，中央文献出版社2016年版，第56页。
② 《习近平在全国脱贫攻坚总结表彰大会上的讲话》，《人民日报》，2021年2月25日。

式并存,提高劳动报酬在初次分配中的比重,健全工资合理增长机制,着力提高低收入群体的收入,扩大中等收入群体;完善按要素分配政策制度,增加中低收入群体的要素收入;完善再分配机制,加大税收、社保、转移支付等调节力度和精准度;发挥第三次分配的作用,发展慈善事业。

(二)全面小康是实现共同富裕的重要基础

在庆祝中国共产党成立 100 周年大会上,习近平庄严宣告:"经过全党全国各族人民持续奋斗,我们实现了第一个百年奋斗目标,在中华大地上全面建成了小康社会,历史性地解决了绝对贫困问题,正在意气风发向着全面建成社会主义现代化强国的第二个百年奋斗目标迈进。"[1]

全面小康为实现共同富裕奠定物质基础。我国经济实力大幅提升。"中国国内生产总值从 1952 年的 679.1 亿元跃升至 2020 年的 101.6 万亿元,经济总量占全球经济比重超过 17%,稳居世界第二大经济体。人均国内生产总值从 1952 年的几十美元增至 2020 年的超过 1 万美元,实现从低收入国家到中等偏上收入国家的历史性跨越。制造业增加值多年位居世界首位,220 多种工业产品产量居世界第一,自 2010 年起连续 11 年位居世界第一制造业大国。中国已是全球货物贸易第一大国、服务贸易第二大国、商品消费第二大国、外汇储备第一大国,2020 年利用外资居全球第一。不断迈向共同富裕的 14 亿多人口,其中有超过 4 亿并不断扩大的中等收入群体,是全球最具成长性的超大规模市场,中国经济充满活力,具有巨大潜力和充足后劲。"[2]

全面小康为实现共同富裕奠定政治基础。人民民主不断扩大,人民享有广泛民主权利。在中国,国家一切权力属于人民。人民依法实行民主选举、民主协商、民主决策、民主管理、民主监督。人民民主有制度保障。以人民代表大会制度这一根本政治制度,中国共产党领导的多党合作和政治协商制度、民族区域自治制度、基层群众自治制度等基本政治制度为主要内容

---

①习近平:《在庆祝中国共产党成立 100 周年大会上的讲话》,《求是》2021 年第 14 期。
②国务院新闻办公室:《中国的全面小康》,《人民日报》2021 年 9 月 29 日。

的人民当家作主制度体系,为维护人民利益奠定了坚实制度基础。社会公平正义不断彰显。依法治国基本方略全面落实,依法治国、依法执政、依法行政共同推进,法治国家、法治政府、法治社会一体建设,司法体制机制改革深入推进,法治在体现人民利益、反映人民愿望、维护人民权利、增进人民福祉方面的作用更加彰显。

全面小康为实现共同富裕奠定文化基础。全面小康是物质文明和精神文明协调发展的小康,既是国家经济实力增强,也是国家文化软实力提升;既是人民仓廪实、衣食足,也是人民知礼节、明荣辱。党领导人民坚持走中国特色社会主义文化发展道路,增强文化自觉,坚定文化自信,建设社会主义文化强国,铸就了巍峨耸立的中华民族精神大厦。中国人民的精神生活更加丰富,精神面貌深刻改变,精神力量显著增强。

全面小康为实现共同富裕奠定环境基础。良好生态环境是最普惠的民生福祉,是全面小康最亮丽的底色。党既为当代计,也为万世谋,着眼于中华民族永续发展,提出了"绿水青山就是金山银山"理念,确立了节约资源和保护环境的基本国策,大力推进美丽中国建设,让辽阔大地山川更加秀美,人民生活的家园天更蓝、地更绿、水更清,地球家园增添更多"中国绿"。同时制定和实施严格的生态文明制度,污染防治攻坚战取得了显著成效,生态系统质量和稳定性不断提升。

二、支持浙江高质量建设共同富裕示范区的战略决策

党的十九届五中全会在关于制定"十四五"规划建议中,明确提出"支持浙江高质量发展共同富裕示范区建设",紧接着,中共中央和国务院联合发布了《关于支持浙江高质量发展建设共同富裕示范区的意见》。高质量发展建设共同富裕示范区是习近平亲自谋划、亲自定题、亲自部署、亲自推动的重大战略决策,是党中央、国务院赋予浙江的光荣使命,是落实中国共产党实现共同富裕实质性进展政治承诺的重要举措。

(一)浙江高质量发展建设共同富裕示范区的目标任务

为了全面落实《关于支持浙江高质量发展建设共同富裕示范区的意

见》，浙江紧紧围绕"四大战略定位"，按照"每年有新突破、5 年有大进展、15 年基本建成"目标安排压茬推进，率先在推动共同富裕方面实现理论创新、实践创新、制度创新、文化创新，加快取得突破性进展、打造标志性成果、创造普遍性经验。到 2025 年，推动高质量发展建设共同富裕示范区取得明显的实质性进展。

率先基本建立推动共同富裕的体制机制和政策框架。以数字化改革撬动共同富裕重大改革全面深化，制约高质量发展高品质生活的体制机制障碍有效破除，形成先富带后富、推动共同富裕的目标体系、工作体系、政策体系、评价体系。

率先基本形成更富活力、创新力、竞争力的高质量发展模式。人均地区生产总值达到中等发达经济体水平，新时代活力浙江基本建成，高水平创新型省份和三大科创高地建设取得重大进展，乡村振兴示范省高质量建成，产业升级与消费升级协调共进、经济结构与社会结构优化互促的良性循环加快构建，国内大循环的战略支点、国内国际双循环的战略枢纽基本建成。

率先基本形成以中等收入群体为主体的橄榄型社会结构。居民人均可支配收入与人均地区生产总值之比持续提高，中等收入群体规模不断扩大、结构持续优化、生活品质不断提升，城乡区域发展差距、城乡居民收入和生活水平差距显著缩小，低收入群体增收能力、生活品质和社会福利水平明显提升。

率先基本实现人的全生命周期公共服务优质共享。基本公共服务实现均等化，更高水平推进幼有所育、学有所教、劳有所得、病有所医、老有所养、住有所居、弱有所扶，基本建成学前教育、公共卫生、养老照料、体育健身等"15 分钟公共服务圈"，婴幼儿照护服务体系更加完善，高质量教育体系基本建成，技能人才占从业人员比例大幅提高，健康浙江基本建成，社会保障和养老服务体系更加完善，城镇住房保障受益覆盖率稳步提高，新时代社会救助体系全面建立，人人共享的数字社会加快形成。

人文之美更加彰显。新时代文化浙江工程深入实施，基本建成以社会主义核心价值观为引领、传承中华优秀传统文化、体现时代精神、具有江南特色的文化强省,国民素质和社会文明程度达到新高度。

生态之美更加彰显。基本建成美丽中国先行示范区,生态环境状况综合指数稳居全国前列,公众生态环境获得感显著增强,实施碳排放达峰行动,推动全面绿色转型取得明显成效,生态产品价值实现机制全面推行,生态文明制度体系率先形成。

和谐之美更加彰显。党建统领的整体智治体系基本建成,法治中国、平安中国示范区建设一体推进,清廉浙江建设纵深推进,基本形成活力和秩序有机统一的现代化社会,群众获得感、幸福感、安全感、满意度进一步提升。

(二)浙江高质量建设共同富裕示范区的"八大路径"

第一,突出科技创新、数字变革,探索经济高质量发展路径。更宽领域更高层次转入创新驱动发展模式,深入实施人才强省、创新强省首位战略,加快建设"互联网+"、生命健康、新材料三大科创高地和创新策源地。大力建设全球数字变革高地,深化国家数字经济创新发展试验区建设,建设具有全球影响力的数字产业集群和全球数字贸易中心,推动全民共享数字红利。探索"腾笼换鸟、凤凰涅槃"新路径,拓宽"绿水青山"和"金山银山"的转化通道,培育壮大新富民产业,培育更加活跃、更有创造力的市场主体,健全平台经济治理体系,形成支撑共同富裕的现代产业体系。统筹推动数字化改革和共同富裕,重塑政府、社会、企业和个人关系,以数字赋能推动政策集成化、精准化,探索构建数字化时代有利于共同富裕的新规则、新政策、新机制。

第二,突出山区跨越式高质量发展,探索缩小地区发展差距路径。念好新时代"山海经",以大湾区、大花园、大通道、大都市区建设为统领,以高质量就业为核心,创新实施山海协作升级版,系统性增强内生动力,超常规推动山区共同富裕。明确山区新目标定位,挖掘强化山区特色优势,加快建设诗画浙江大花园最美核心区,加快培育形成新发展格局中的新增长极,推动山区成为全省乃至全国人民的向往之地。开辟山区新发展路径,走出科技创新、数字化和绿色低碳的融合聚变之路,厚植特色、放大特色的快速裂变之路,基本形态整体提升的全面蝶变之路。实施山区新发展行动,推进招大引强、牵引型重大项目建设、"绿水青山"和"金山银山"转换促进、新型城镇化建设、乡村振兴和现代化建设、突破性集成改革推进、新时代山海协作、公共服务提质扩面等"八大行动"。构建山区新发展政策，分类引导、"一县一策"，为每个县量身定制发展方案和政策工具箱。同时，推动山海协作理念方法向省外拓展，用心用情加强东西部协作、对口支援和帮扶，打造对口工作升级版。

第三，突出农民农村共同富裕，探索缩小城乡发展差距路径。深入实施新型城镇化和乡村振兴战略，以农业转移人口和农村人口为重点，打好城乡一体化改革组合拳，畅通城乡经济循环，率先实现城乡一体化发展。深入实施市民化集成改革，以都市区和县城为主要载体提高人口承载与公共服务共享水平，深化户籍制度和新型居住证制度改革，打造"三权到人(户)、权随人(户)走"改革2.0版，有序推进农业转移人口全面融入城市。深入实施乡村集成改革，系统探索宅基地"三权分置"有效实现形式，建立健全集体经营性建设用地入市办法和增值收益分配机制，构建"新型农业经营主体＋'三位一体'合作经济组织"的现代农业经营体系，打开农民权益价值和农业价值空间。大力实施强村惠民行动，深化"两进两回"，实施科技强农、机械强农行动，健全村级集体经济收入增长长效机制，引导支持村集体在带动公共服务普及普惠上发挥更大作用。

第四，突出"扩中""提低"改革，探索缩小收入差距路径。实施居民收入和中等收入群体双倍增计划，扩大中等收入群体比重，增加低收入群体收入，合理调节高收入，取缔非法收入，率先在优化收入分配格局上取得积极进展。精准识别"扩中""提低"重点人群，分类制定针对性政策措施，推动更多低收入人群迈入中等收入行列，鼓励高收入人群和企业更多回报社会。系统探索"扩中""提低"实现路径，全面拓宽居民增收渠道，探索构建初次分配、再分配、三次分配协调配套的制度安排，加大普惠性人力资本投入，加强困难群体帮扶，推进公共服务优质共享，促进社会结构全面优化。创新构建"共性＋专项"的公共政策工具箱、"全面覆盖＋精准画像"的群体结构数据库，做实基础性工作。

第五,突出健全为民办实事长效机制,探索公共服务优质共享路径。以数字赋能、制度创新为动力,强化创新思维,加强基础性、普惠性、兜底性民生保障建设,稳步推动人的全生命周期公共服务优质共享。率先构建育儿友好型社会,多渠道降低生育、养育、教育成本,打造“浙有善育”名片。加快建设高质量教育体系,加快实现基础教育均衡、普惠性人力资本提升、高等教育普及、教育治理现代化,建成“伴随每个人一生的教育、平等面向每个人的教育、适合每个人的教育”,打造“浙里优学”名片。深入实施新时代浙江工匠培育工程,开展大规模高质量职业技能培训,打造“浙派工匠”名片。加强全民全生命周期健康服务,打造“健康大脑 + 智慧医疗”,健全整合型医疗卫生服务体系,超常规推进“医学高峰”建设,深化“三医联动”“六医统筹”改革,打造“浙里健康”名片。构建幸福养老服务体系,实施“养老机构跟着老人走”行动,试点长期护理保险制度,改革完善城乡居民基本养老保险制度,打造“浙里长寿”名片。完善住房供应和保障体系,扩大公租房、保障性租赁住房和共有产权住房供给,打造“浙里安居”名片。完善兜底救助体系,构建公共服务普及普惠幸福清单,实现兜底救助向“物质 + 服务”转变,打造“浙有众扶”名片。

第六,突出打造精神文明高地,探索精神生活共同富裕路径。提升文化软实力,塑造社会新风尚,以文化创新推动思想进步,以文明提升推动社会进步。守好红色根脉,大力弘扬伟大建党精神和红船精神、浙江精神,健全理论铸魂溯源走心体系,实施传承红色基因薪火行动,打造学习、宣传、实践党的创新理论的重要阵地。健全高品质精神文化服务体系,深入实施百亿文化设施建设工程,大力实施百城万村文化惠民工程,推进公共文化服务共享均等、可持续、高质量。打造江南特色的文化创新高地,深化文化研究工程,打造具有代表性的浙江文化符号和文化标识,实施新时代文艺精品创优工程,推进文化产业数字化战略,扩大高品质文化产品和服务供给。实施全域文明创建工程,推进新时代文明实践中心建设全覆盖,深化“最美浙江人”品牌培育行动,推进文明好习惯养成。加强舆论宣传引导,倡导共同富裕新理念。

第七,突出建设共同富裕现代化基本单元,探索共同富裕场景集成落地路径。努力将示范区建设目标任务转化为群众生活家园的功能场景,推动共同富裕从宏观到微观落地。全省域推进城镇未来社区建设,深入实施未来社区"三化九场景"推进行动,以未来社区理念实施城市更新改造行动,打造绿色低碳智慧的"有机生命体"、宜居宜业宜游的"生活共同体"、共建共治共享的"社会综合体"。全省域推进乡村新社区建设,以深化"千万工程"牵引新时代乡村建设,实现新时代美丽乡村达标创建全覆盖,建设万个新时代美丽乡村精品村,开展未来乡村建设试点,进一步推动城市公共设施向农村延伸、城市公共服务向农村覆盖、城市文明向农村辐射,形成农民共享现代文明生活的美好家园。

第八,突出一体推进法治浙江、平安浙江建设,探索统筹富民、惠民、安民路径。强化法治引领和保障作用,提高风险管控能力,构建舒心、安心、放心的社会环境。建立促进共同富裕的地方性法规及政策体系,深化"大综合、一体化"行政执法改革,深化法治政府建设,创新"信用+"治理体制,打造一流的法治化营商环境,完善社会公平保障体系。坚持和发展新时代"枫桥经验",深化"县乡一体、条抓块统"改革,健全党组织领导的自治、法治、德治、智治融合的城乡基层治理体系,建设社会治理共同体。完善风险闭环管控的大平安机制,依法消除影响平安稳定的重大风险隐患,守住不发生系统性风险底线。

三、建立推动共同富裕的体制机制和政策框架

实现共同富裕,不能仅停留在理论和哲学层面讨论,更要实现理论和具体制度设计的衔接,需要从市场、行政、社会、文化、技术等维度建立完善推动共同富裕的体制机制和政策体系。

(一)充分发挥市场机制,牢牢抓住经济发展之根本

发展是实现共同富裕的前提,在高质量发展中推进共同富裕,不仅要追求创新、协调、绿色、开放、共享的产业形态,更要让发展成果最大限度地惠及社会弱势群体,提高其收入水平,实现区域、城乡、群体之间差距缩小。提

高经济发展收敛性的措施包括:通过放宽市场准入,让各种所有制主体依法平等使用资源要素、公平公开公正参与竞争、同等受到法律保护;找准落后地区经济发展的比较优势,调整产业政策,与发达地区错位竞争或形成互补的产业链;重点发展附加值高但技术更新迭代相对缓慢的制造业和服务业,这样既能让企业保持较高利润率,同时也会促使政府或企业通过社会投资型政策优化劳动力的知识和技能,容易形成政府、企业和劳动者"三赢"格局;推动发达地区的治理体系和治理能力、管理经验、技术、人才、信息等要素向欠发达地区复制、推广、转移,从而帮助提升欠发达地区的发展与治理能力。

（二）充分发挥行政机制,紧紧围绕统筹协调之关键

继续巩固、发展以社会保险为主体的社会保障制度,扩大各项社会保险制度的覆盖面,完善社会救助、社会福利、优抚安置、住房保障在内的多层次社会保障体系。一是注重发挥社会保险与社会救助相结合的制度联动作用和整合效应,构筑起严密精准的社会保障网络体系;根据经济社会的实际发展状况合理提高社会保障各项制度的待遇,缩小城乡之间社会保障待遇的差距,建立与地方财政实力相适应的社会保障动态调节体系。二是面对人口结构的变化及社会保障的新形势、新发展,探索建立长期护理保障制度,探索多种形式的长期护理服务供给制度,鼓励市场与社会提供养老服务;增加对家庭及儿童福利的投入,肯定家庭养育孩童的社会性贡献,以积极的家庭社会政策来促进人口生育率的提高。三是针对当前新业态从业人员高流动性及劳动用工关系不明确的特点,积极探索为新业态从业人员建立相应的社会保险特别是职业伤害保障制度。

（三）充分发挥社会机制,激发共同富裕内生动力

第三次分配是由社会机制主导的资源配置活动,需要与初次分配、再分配一起成为协调配套的基础性制度安排。在推动共同富裕进程中,第三次分配是对初次分配和再分配的有益补充,它有利于激发共同富裕的内生动力,有助于缓解社会个体焦虑情绪并促进社会精神文明发展。第三次分配领域众多,其中推动共同富裕的主要路径包括:慈善捐赠能有效防止返贫现

象和缩小贫富差距;社会企业能促进区域发展和实现先富带后富;志愿服务能有效关注弱势群体及其社会资本积累;公益文化艺术的发展能促进人们的精神富裕。完善第三次分配推动共同富裕的制度机制,需要培育社会慈善主体,扩大第三次分配的体量和范围;积极引导社会主体参与提供基本公共服务;探索完善第三次分配推动共同富裕的创新机制,建立健全第三次分配回报社会的激励机制。

（四）充分发挥文化机制,同步推进物质富裕与精神富足

通过提升公共文化服务水平和健全现代文化产业体系,为市场与社会提供大量人民群众喜闻乐见和具有高雅趣味的文化产品,不断提升人们的文化品位和文明修养,也通过文明实践活动,营造良好的社会道德文化氛围,以社会融合和文化建设来减少收入差距带来的社会冲突,丰富共同富裕的精神内涵。值得注意的是,文化产业除了与精神生活紧密相连之外,本身也有丰富的创富功能与共富内涵,依托地方的文化类产品、文化旅游及民宿民俗文化等都可能带来创造财富的溢出效应。此外,文化还有潜在的、衍生的再分配功能,例如低收入群体通过农村生态游、民宿等致富。

（五）充分发挥数字治理机制,使之成为共同富裕的新支点

技术进步不仅可以全面提高生产力,构建现代产业体系,还可以提升公共服务的可及性和包容性。基于物联网和大数据技术搭建远程医疗服务、教育资源公共服务平台等,扩大高质量公共服务的辐射范围,打破地区间、城乡间因经济发展水平和治理资源差异而产生的公共服务获得性壁垒,拓展社会主体、市场主体参与公共服务供给的渠道,促进跨区域、跨城乡公共服务的合作与共享。与此同时,数字技术的应用有助于实现跨部门、跨层级数据信息识别、分析、预判,使公共服务支出更为精准、公平与高效。

四、三次分配的制度性安排与橄榄型社会分配结构的构建

党的十八大以来,以习近平同志为核心的党中央把逐步实现全体人民共同富裕摆在更加重要的位置,采取有力措施保障和改善民生。党的十九

届五中全会首次把"全体人民共同富裕取得更为明显的实质性进展"作为远景目标提出。为加快推进共同富裕,2021年8月17日召开的中央财经委员会第十次会议进一步对共同富裕作出全面而具体的部署。2021年中央经济工作会议则进一步提出,要正确认识和把握实现共同富裕的战略目标与实践途径。推进共同富裕,既要做大"蛋糕",也要分好"蛋糕"。因此,在实现共同富裕的进程中,优化收入分配制度居于十分重要的地位并发挥着极为重要的作用。

(一)收入分配制度是实现共同富裕的重要制度保障

习近平提出:"正确处理效率和公平的关系,构建初次分配、再分配、三次分配协调配套的基础性制度安排。"①从中可以看出,不断完善的收入分配制度是实现共同富裕的重要制度保障。

完善初次分配制度,提高分配效率。初次分配是生产要素根据其在生产中的贡献度取得报酬、参与分配的过程,这一过程通过市场完成。生产要素跨区域、跨行业、跨所有制畅通无阻地流动是提高资源配置效率、使各项要素获得平均报酬率的最有效途径。例如,当劳动要素相对于资本要素丰裕时,短期内单位劳动获得的报酬低于单位资本获得的报酬,市场很快反映出资本的稀缺性,并通过市场机制促进劳动密集型行业的发展,随着市场对劳动的需求增加从而推高劳动报酬,最终单位劳动和单位资本获得相同的报酬。反之亦然。因此,完善市场体系、提高初次分配的效率是实现共同富裕的重要前提。目前我国要素市场化改革滞后,阻碍了初次分配效率的提升,包括:劳动力市场改革滞后,城乡二元户籍制度引起与之关联的教育、医疗、就业等公共服务的较大差异,导致劳动力纵向流动障碍、同工不同酬现象的出现;金融市场改革不到位,金融供给侧居民投资渠道少从而储蓄率高,导致长期存款利率低于通货膨胀率,金融需求侧不同规模市场主体获得资金的成本和难易程度差异较大,这些都加剧了金融收益的分化;城市建设

---

① 中共中央党史和文献研究院编:《马克思主义中国化一百年大事记(1921—2021年)》,中央文献出版社2022年版,第482页。

用地在征收和出让环节市场化程度不同、城乡土地市场不统一等也导致居民财富差距拉大。

加大二次分配的调节力度。初次分配主要依靠市场调节,解决的是分配的效率问题,但仅依赖市场调节难以实现共同富裕,有时甚至会加大贫富差距,因为市场并不总是有效,比如垄断就会造成收入差距扩大。垄断虽然在很多情况下是市场竞争的结果,但发展到一定程度会损害市场效率并影响收入分配的公平性,垄断者会凭借较高的市场占有率通过掠夺性定价、不正当竞争等排挤中小企业,导致财富越来越向少数大企业集中;垄断企业在劳动力市场上形成买方垄断,会压低劳动所得;垄断企业通过垄断势力提高产品和服务的定价从消费者手中获得更多剩余,会扩大收入分配差距。公共服务均等化是二次分配调节的重要组成部分,也是实现共同富裕的重要保障。提升教育、医疗、文化等领域社会性支出的均等性,不仅可以在短期有效缩小收入分配差距,而且从长期来看,教育、医疗等公共服务的均等化有助于减少人力资本积累和未来就业机会的不平等,从而进一步缩小收入分配差距。

鼓励与扩充第三次分配。第三次分配主要是指企业和个人在自愿基础上以捐赠形式实现的收入转移。虽然第三次分配是自愿而非强制性的,在实现共同富裕的过程中起到补充作用,但必须重视其在实现共同富裕中的作用。根据马斯洛需求层次理论,人的需求从低到高分别是生理需求、安全需求、归属需求、尊重需求和自我实现需求,其中自我实现需求是人们达到富裕阶段以后的需求,包括道德、创造力等内容,捐赠等慈善公益行为正是人们在道德和公平方面的自我实现。发挥第三次分配在共同富裕中的积极作用,一是培育乐善好施的社会风气,释放企业和中高收入人群参与慈善公益事业的需求,让慈善捐助成为个人自我价值实现、企业履行社会责任的重要组成部分;二是推动第三次分配与二次分配中的税收政策相互衔接与配合,通过制定合理累进的遗产税、房产税、所得税、利得税或者对捐赠财物给予税收减免,来增强企业和中高收入人群的捐赠意愿。

（二）推动形成橄榄型分配结构

中央财经委员会第十次会议明确提出要"形成中间大、两头小的橄榄型分配结构"，同时提出了"鼓励勤劳致富""扩大中等收入群体比重，增加低收入群体收入，合理调节高收入，取缔非法收入""保护合法收入"的具体原则，其中的部分表述在党的许多重要文件和会议中曾分别出现。这些要求相互衔接，体现了市场与政府在实现共同富裕过程中应发挥的重要作用。

勤劳致富是优化收入分配结构的基础性原则。市场是实现共同富裕的基础性调节手段，这决定了勤劳致富是推进共同富裕的基础性原则。构建橄榄型分配结构，表明共同富裕不是平均主义，仍具有收入差距，这主要依靠市场来完成，因为各类劳动者在技能、学历、年龄、偏好等方面存在差异，有效的劳动力市场会识别和区分出这些差异。从微观主体看，无论从事什么行业，劳动者通过劳动在初次分配中获得报酬是共同富裕的基础，是劳动力市场对劳动者的正向激励，有效的市场通过报酬高低体现出劳动力的异质性，因此勤劳致富原则又是劳动力市场效率的表现，体现的是效率与公平的统一。从宏观看，勤劳致富就是物尽其用、人尽其才，鼓励各类生产要素得到充分利用，使宏观经济长期处于充分就业和潜在经济增长水平。

扩大中等收入群体比重是形成橄榄型分配结构的关键。首先，中等收入群体是支撑社会消费需求的中坚力量。在拉动经济增长的三驾马车中，消费所占的比重最大，对经济增长的影响最大。边际消费倾向递减规律表明，虽然低收入群体的边际消费倾向较强，但由于其收入过低，无法支撑宏观消费的增长，而高收入群体虽收入很高但其边际消费倾向很弱，也不能支撑宏观消费的持续增长。中等收入群体既有消费意愿又有支付能力，能够形成社会有效需求，拉动宏观经济实现持续增长。其次，庞大的中等收入群体能够为社会提供大规模高质量人力资本，促进经济实现创新发展。单个人力资本创新成功的概率很低且不确定性很大，但在宏观层面，在进行了大量高质量人力资本投资后，整体上成功的比例将会提高。如果收入分配差距过大，大部分低收入者及其家庭难以负担长期的高质量人力资本投资，少数富裕群体的人力资本投资又难以保证创新活动对人力资本规模的基数要求。所以,提升国家层面的创新能力需要解决数量巨大的劳动者如何进行长期人力资本投资的问题,扩大中等收入群体是解决这一问题的有效方案。

合理调节过高收入、增加低收入者收入是防止两极分化的必要举措。库兹涅茨曲线表明,当一个国家和地区经济发展水平较低时,收入分配差距会随经济增长而逐渐扩大,当经济发展到某一较高水平后,收入分配差距又会随经济增长逐渐缩小。值得注意的是,近来有越来越多的实证研究表明,库兹涅茨曲线后半段呈现的过程并不是自然发生的,最为著名的研究是法国经济学家托马斯·皮凯蒂在其《21世纪资本论》中给出的。他通过研究更长的历史时期发现,长期中资本的收益率始终高于劳动的收益率,不加制约的资本主义加剧了财富不平等现象,而且情况将继续恶化下去,如果不对收入分配进行干预,收入差距将会持续扩大甚至出现两极分化,而改变这一现象的主要手段是完善政府主导的再分配政策。因此,为防止两极分化并加快形成橄榄型分配结构,应合理使用遗产税、房产税、资本利得税、个人所得税、公共支出等再分配政策工具,通过调整和完善再分配制度合理调节过高收入并增加低收入者收入。合理调节过高收入是宏观经济保持良好运转的重要支撑,如果社会大部分收入集中在少数人手中,会造成宏观经济储蓄率过高而消费率过低,储蓄最终转化为投资,过高的投资与过低的消费无法匹配,最终导致产能过剩、投资效率低下等问题。增加低收入群体收入有助于扩大中等收入群体占比,目前我国低收入群体占总人口比重超过70%,而中等收入群体只占总人口的27%左右,增加低收入群体的收入,使更多低收入群体转变为中等收入群体,有利于形成橄榄型分配结构。

保护合法收入、取缔非法收入是形成橄榄型分配结构的重要保障。共同富裕的实现首先依赖于市场对资源配置的决定性作用,而市场经济的有效运转必须有完善的法治体系作为保障。完善社会主义市场经济相关的法律体系,一是可以明确、保护和提高要素所有者的收入,比如完善数据产权、知识产权等法律体系;二是可以明确和规范市场主体的市场行为,阻断套利、寻租行为,消除灰色地带,确保取缔非法收入有法可依;三是可以促进更多资源投入国家鼓励的行业,有助于形成既有利于创新又有利于缩小行业收入差距、增加社会总福利的市场结构。保护合法收入、取缔非法收入也是鼓励勤劳致富的有力支撑。若经济社会的合法收入无法得到保障，非法收入不予取缔，诚实劳动者的积极性会受到损害，不但不利于改善收入分配结构，还会影响经济长期向好发展。

五、推进基本公共服务从数量均等化向质量均等化发展

党的十九届五中全会把"全体人民共同富裕迈出坚实步伐"作为2035年国民经济和社会发展远景目标之一，其中将基本公共服务均等化作为实现共同富裕的重要内容。中央财经委员会第十次会议也把促进基本公共服务均等化作为扎实推动共同富裕的重要任务。这表明，实现共同富裕是促进基本公共服务均等化的价值目标，促进基本公共服务均等化是实现共同富裕的着力点。

（一）实现共同富裕是促进基本公共服务均等化的价值目标

习近平总书记关于共同富裕的重要论述从中国共产党的初心使命、社会主义现代化的发展逻辑和人民对美好生活的向往等高度，深刻揭示了共同富裕的本质内涵和时代特质：共同富裕体现了以人民为中心的价值理念。我们追求的发展是造福人民的发展，我们追求的富裕是全体人民共同富裕，必须把促进全体人民共同富裕作为为人民谋幸福的使命担当，不断夯实党长期执政的基础。共同富裕体现了公平共享的基本原则。共同富裕是在我们消除绝对贫困、决胜全面小康、迈向高质量发展前提下的共享型富裕，既不是少数人的富裕，也不是劫富济贫、整齐划一的平均主义，而是要让发展成果与全体人民共享、基本公共服务普及普惠。共同富裕体现了全面发展的系统性思维。共同富裕以实现人的全面发展为宗旨，不仅需要物质生活的富裕富足，而且也包括精神的自信自强、环境的宜居宜业、社会的和谐和睦、生活的美好幸福，涵盖政治、经济、社会、文化、生态的全要素。共同富裕体现了带动式发展的路径依赖。共同富裕是由局部到全部、部分到整体的带动式富裕。不是同时、同步、同等富裕。从时间序列看，实现共同富裕是一个客观的物质积累过程，需要分步骤、有秩序地进行。从空间布局看，是

一部分人、一部分地区先富起来,以先富带动后富,最终走向共富的过程。共同富裕体现了递进化发展的实现途径:共同富裕必然经历"温饱式—小康型—高品质"的梯度发展过程,不会一蹴而就,也不是同水平叠加,而是在高质量发展中实现高品质生活。

共同富裕的本质内涵为新时代推进基本公共服务均等化指明了价值目标和基本遵循。一是要以实现人民美好生活为宗旨,只有基于人的全面发展,构建惠及全体人民、贯穿全生命周期的基本公共服务公平共享体系,才能彰显共同富裕的人民性、普惠性。二是要以高质量发展为导向,只有在推进基本公共服务供给"补短板、强弱项"的基础上,以基本公共服务的标准化、数字化推动精细化、优质化,才能在更高水平上确保民生改善的质量,以民生富裕带动共同富裕。三是要以共建共享为原则。只有通过基本公共服务的多元参与和全过程协同,既尽力而为又量力而行,把保障和改善民生建立在经济发展和财力可持续的基础之上,才能实现人人都有劳动致富的权利、共同致富的机会和创新致富的环境,人人都能共享发展成果。

(二)促进基本公共服务均等化是实现共同富裕的着力点

共同富裕是以实现人的全面发展为宗旨,以高质量发展为前提,以基本公共服务均等化为着力点,以分配制度创新为动能,以先富带动后富为抓手,以全民共享为保障的幸福工程。基本公共服务均等化作为实现共同富裕的着力点,既是理论逻辑上的应然,也是实践逻辑中的必然。

基本公共服务均等化是实现共同富裕的逻辑前提。习近平指出,"要坚守人民情怀,紧紧依靠人民,不断造福人民,扎实推动共同富裕"①,同时要求把就业、收入分配、教育、社保、医疗、住房、养老、托育等基本公共服务问题统筹解决好。这表明实现共同富裕必须与基本公共服务统筹协调,促进基本公共服务均等化是实现共同富裕的前提条件,实现共同富裕是促进基本公共服务均等化的更高级形态。

①刘成友、姜峰、王梅、贾丰丰、刘雨瑞:《奋力谱写全面建设社会主义现代化国家的青海篇章》,《人民日报》2021 年 6 月 11 日。

基本公共服务均等化是实现共同富裕的坚实基础。促进基本公共服务均等化,实现共同富裕,都要求聚焦我国社会主要矛盾,着力解决发展不平衡不充分的问题。促进基本公共服务均等化旨在针对城乡之间、地区之间的基本公共服务供给不均等、有效性不足、获得感不够等问题,构筑保障民生的基线;实现共同富裕旨在针对城乡差距、地区差距、收入差距导致的贫富不均、社会分化等问题,构筑改善民生的高线。如果不能通过基本公共服务均等化缩小差距,保障全体人民公平享有基本生存权与发展权,实现共同富裕就会缺乏坚实基础。

基本公共服务均等化是实现共同富裕的关键环节。共同富裕的普惠性和全要素决定基本公共服务均等化既是共同富裕的构成要素,也是实现共同富裕的有效途径。从内容要素看,共同富裕体现为生活富裕富足、精神自信自强、环境宜居宜业、社会和谐和睦、公共服务普及普惠。基本公共服务涵括的教育、社保、医疗、住房、养老、扶幼等就是上述要素的具体构成。从结构要素看,共同富裕要以高质量发展、高品质生活为主轴,基本公共服务不仅是高品质生活的保障,也是高质量发展的基础。从制度要素看,共同富裕要在坚持和完善社会主义基本经济制度前提下,构建初次分配、再分配、三次分配协调配套的基础性制度安排,基本公共服务均等化是政府进行财富再分配的重要手段,有利于鼓励社会力量履行社会责任、投资公益慈善事业。

(三)推动共同富裕取得更为明显的实质性进展

从推进基本公共服务均等化到实现共同富裕,承载着中国共产党践行初心使命的不变决心,也展现了习近平始终将人民生活幸福美好视为"国之大者"的人民情怀与领袖智慧。这就需要我们创新基于共同富裕的基本公共服务制度体系,以促进基本公共服务均等化推动共同富裕取得更为明显的实质性进展。

一是健全基本公共服务均等化与实现共同富裕的有机衔接机制。要推动基本公共服务由普惠化解决人人享有的可及性问题,均等化解决人人平等享有的公平性问题,走向优质化解决人人满意享有的高质量问题。以实现共同富裕为价值目标,促进高质量经济发展与高品质公共服务的双轮驱动,加快基本公共服务均等化与实现共同富裕的共生共融。

二是要提升基本公共服务供需的精准性和有效性。要针对基本公共服务需求识别不精准导致供给低效或无效的短板,构建基本公共服务供需无缝衔接的运行机制,解决供需错位、供不应求或供非所求的结构性失衡。要建立基于全生命周期基本公共服务需求反馈机制,精准识别不同区域、人群、年龄对基本公共服务的需求,改"大水漫灌"为"精准滴灌",确保基本公共服务精准供给、优质有效。

三是要扎实推进基本公共服务的标准化和数字化。要贯彻落实《国家基本公共服务标准(2021 年版)》,因地制宜制定本地区基本公共服务具体实施标准。以标准化保障人人享有同等同质的基本公共服务。要借助大数据、区块链、人工智能等推进基本公共服务数字化、智能化改革,促进"城市大脑"与"社区微脑"的互通互联,让人民群众切实感知实现共同富裕的速度与温度。

四是要健全基本公共服务均等化与共同富裕实现程度的监测体系。针对推进基本公共服务均等化与共同富裕实现程度测度难、政策诊断反馈滞后等问题,构建基本公共服务均等化与共同富裕实现程度的动态监测体系,及时反馈提升基本公共服务均等化水平与实现共同富裕进程中的政策目标达成度、政策执行有效度、政策感知满意度等,适时监测我国基本公共服务均等化与实现共同富裕进程中的结构性短板弱项,实现精密智控、精细质控。

第四节 新时代共同富裕实践的特征及其对现实 问题的矫正

一、主导性:坚持党在推进共同富裕中的领导作用

坚持和加强党的领导作用,做好共同富裕的基础性制度构建。一是完善基本经济制度,坚持公有制为主体、多种所有制经济共同发展,积极探索

公有制的多种实现形式。二是建设高水平社会主义市场经济体制,推动有效市场与有为政府的更好结合,确保各要素平等参与收入分配。三是完善分配制度,坚持按劳分配为主体、多种分配方式并存,合理调节城乡、区域和不同群体间的分配关系。

坚持和加强党的领导作用,统筹好市场、政府和社会的不同主体作用,理顺分配机制。在初次分配中,政府做好相应的法律法规建设,确保劳动所得得到法律保护,确保低收入人群的收入支付得到有效保障。在二次分配中,要发挥政府主导作用,主要利用税收和社保两大调节工具确保分配公平,其中税收方面要完善个人所得税等税制,通过差异税率调节再分配、探索征收房地产税等,有效调节财富分布不均带来的收入分配不公平,社保方面要健全社会保障制度的目标、任务和措施。在三次分配中,则要发挥社会的作用,依靠社会道德推动企业和个人资源的慈善捐赠。

坚持和加强党的全面领导,统筹物质富裕与精神富裕。为解决好人民日益增长的美好生活需要和不平衡不充分的发展之间的矛盾,必须坚持和加强党的全面领导,强化经济社会发展中社会主义核心价值观的引领作用,为人民提供更为丰富多样和更高精神品位的文化产品与文化服务,加强爱国主义、集体主义、社会主义教育,发展公共文化事业,完善公共文化服务体系,不断满足人民群众多样化、多层次、多方面的精神文化需求,构筑强大精神家园,促进人民精神生活共同富裕。

坚持和加强党的全面领导,统筹共建与共享。共建是指实现共同富裕的主体,要依靠全体人民勤劳致富。共享是指实现共同富裕的客体,即经济发展的成果应当被全体人民共同享有。扎实推动共同富裕,不仅要在共享方面的分配机制改革上发挥党的全面领导这一政治优势,更要在共建方面通过加强党的全面领导激发全体人民的创造潜能。要实现全社会共建和全社会共享,必须坚持以人民为中心,给人民提供公平创富的条件,推动基本公共服务均等化,给更多人创造致富机会,畅通社会流动通道;增强人民的创富能力和本领,提高全社会人民的受教育程度,提高人民的就业创业能力;构建人民合法分享创富成果的保障,形成全社会勤劳致富的有效激励。

坚持和加强党的全面领导，保证共同富裕政策的连续性。我国处于并将长期处于社会主义初级阶段的基本国情，决定了共同富裕过程的长期性和艰巨性。只有依靠坚持和加强党的全面领导，才能够有效协调当前利益与长远利益，凝聚全社会关于共同富裕的共识。要依靠党的全面领导保证政策的整体性和连续性，既要做好系统推进，构建关于共同富裕的基础性制度安排，也要做好重点突破，针对我国城乡、区域和个体之间的分配差距以及民生领域短板等发展不平衡不充分问题，持续推动共同富裕：一是针对区域差距，要通过区域重大战略和区域协调战略解决区域发展再平衡问题。二是针对城乡差距，要通过巩固拓展脱贫攻坚成果，全面推进乡村振兴、加强农村基础设施和公共服务体系建设来实现城乡发展再平衡。三是针对个体分配差距，要依法保护合法收入，合理调节过高收入，清理规范不合理收入，坚决取缔非法收入，实现个体收入分配再平衡。四是针对民生短板，进一步完善社会救助体系，同时在教育、医疗、住房等领域构建基本的保障体系，不断推进共同富裕目标的实现。

二、整体性："实现共同富裕的路上一个都不能落下"

《中共中央关于党的百年奋斗重大成就和历史经验的决议》强调："新时代我国社会主要矛盾是人民日益增长的美好生活需要和不平衡不充分的发展之间的矛盾，必须坚持以人民为中心的发展思想，发展全过程人民民主，推动人的全面发展、全体人民共同富裕取得更为明显的实质性进展。"[1]共同富裕是全体人民的共同富裕，共同富裕的路上，"一个也不能掉队"。

党的十八大以来，党中央把逐步实现全体人民共同富裕摆在更加重要的位置上，采取有力措施保障和改善民生，打赢脱贫攻坚战，全面建成小康社会，为促进共同富裕创造了良好条件。共同富裕是"共同"与"富裕"的有机统一。共同富裕首先是富裕，这是前提，也是基础。富裕是以一定的生产力发展为基础，没有生产力的高度发达，就没有社会物质财富的极大丰富和

---

① 参见《中共中央关于党的百年奋斗重大成就和历史经验的决议》（http://www.gov.cn/zhengce/ 2021-11/16/content_5651269.htm）。

精神财富的不断积累,就无法实现全体人民的共同富裕。共同富裕是全体人民共同的富裕,是大家都有份的富裕,是"一个也不能掉队"的富裕。贫穷不是社会主义,少数人富裕、多数人贫穷不是社会主义,两极分化也不是社会主义,只有共同的富裕才是社会主义。"共同"是全体人民对于财富的占有方式,是相对于两极分化而言的;"富裕"是全体人民对于财富的占有程度,是相对于贫穷而言的。"共同"和"富裕"是有机统一的、不可分割的。

共同富裕路上,"一个也不能掉队",体现了富裕的整体性。西方国家能够解决富裕问题,但是很难解决"共同""整体"的问题,只能是实现一部分人富裕、少数人富裕,而多数人还是贫穷的,两极分化严重,这种情况并没有随着西方现代化进程而消除,反而有扩大之势,而中国式现代化是全体人民共同富裕的现代化。按照党的共同富裕路线图:到2035年,全体人民共同富裕取得更为明显的实质性进展;到21世纪中叶,全体人民共同富裕基本实现。可见,中国式现代化解决了西方现代化伴生的两极分化问题。而且,在中国式现代化进程中,坚持以人民为中心,始终把人的全面发展放在突出位置,就是要实现人的全面发展的现代化。

三、多元性:以精准扶贫为引领、多种扶贫方式共同推进

我国社会政治经济的不平衡发展,南北、东西差距较大,这就导致社会发展中的两极分化是一个必然要面对和克服的困难。要想在全国范围内实现共同富裕,势必要消除贫困;要想消除贫困,达到最终的共同富裕,必然要有过硬的政策措施的指导。精准扶贫是对共同富裕根本原则的有力回答,它抓住社会主义的本质核心即共同富裕根本原则,不让一个人在全面奔小康路上掉队。

中国打赢脱贫攻坚战,如期实现脱贫攻坚目标任务,在实现共同富裕的道路上迈出了坚实的一大步。同时,中国仍是世界上最大的发展中国家,仍面临人民日益增长的美好生活需要和不平衡不充分的发展之间的矛盾。解决发展不平衡不充分问题、缩小城乡区域发展差距、实现人的全面发展和全体人民共同富裕,仍然任重道远。

脱贫摘帽不是终点,而是新生活、新奋斗的起点。打赢脱贫攻坚战之后,中国将持续巩固拓展脱贫攻坚成果,做好同乡村振兴的有效衔接,实现"三农"工作重心的历史性转移。中国将立足新发展阶段,贯彻新发展理念,构建新发展格局,把解决好"三农"问题作为重中之重,坚持农业农村优先发展,走中国特色社会主义乡村振兴道路,以更有力的举措,汇聚更强大的力量,全面推进乡村振兴。

四、动态性:"扶上马送一程"

习近平指出:"对退出的贫困县、贫困村、贫困人口,要保持现有帮扶政策总体稳定,扶上马送一程。"①

"扶上马送一程",要保持原有政策举措稳定。脱贫攻坚是一项艰巨复杂的任务,不能一蹴而就、一劳永逸。做到脱真贫、真脱贫,主要政策措施不能急刹车。必须立足当前、着眼长远,在深入分析和科学论证的基础上,设立脱贫摘帽后过渡期,过渡期内,保持频道不换、靶心不散、力度不减,严格落实摘帽不摘责任、不摘政策、不摘帮扶、不摘监管"四个不摘"要求,继续执行对贫困县的主要扶持政策,进一步强化"造血"功能,激发贫困地区脱贫致富的内生动力。

"扶上马送一程",要保持工作队伍稳定。脱贫群众有最低生活保障还远远不够,各级政府和广大党员干部要做好思想准备,将扶贫工作常态化,融入到日常工作中。狠抓结合,严格落实"摘帽不摘责任、摘帽不摘政策、摘帽不摘帮扶、摘帽不摘监管"的要求,做到主要政策措施不能急刹车、驻村工作队不能撤,持久跟踪、关注帮扶脱贫户,随时随地上前帮一把。

"扶上马送一程",要加快建立防止返贫监测和帮扶机制。已脱贫人口自身"造血"功能并不强,边缘人口存在致贫风险,深度贫困地区尤须警惕因疫致贫、因疫返贫。这就要求我们把防止返贫也当成硬骨头来啃,因地制宜,精准施策,加快建立防止返贫监测和帮扶机制。坚持底线思维,增强工

---

① 习近平:《在决胜脱贫攻坚座谈会上的讲话》,人民出版社 2020 年版,第 11 页。

作的预见性和前瞻性,对已脱贫人口开展全面排查,加强对脱贫不稳定户、边缘易致贫户以及因疫情或其他原因收入骤减或支出骤增户的动态监测,及时采取针对性措施,进行精准帮扶,持续巩固"两不愁三保障"成果,坚决防止反弹。

五、在防止整齐划一的平均主义同等富裕中推进

习近平指出:"我们说的共同富裕是全体人民的共同富裕,是人民群众物质生活和精神生活都富裕,不是少数人的富裕,也不是整齐划一的平均主义,要分阶段促进共同富裕。"①共同富裕是社会主义的本质要求,是中国式现代化的重要特征,也是人民群众的共同期盼。实现共同富裕是一个在动态中向前发展的过程,不可能一蹴而就,也不可能齐头并进。

(一)不是整齐划一的平均主义同等富裕

共同富裕不是整齐划一的同等富裕,而是承认相对差异的共同富裕。"社会主义的特点不是穷,而是富。"共同富裕是在消除贫困、消除两极分化基础上的共同富裕,但绝对不是整齐划一、没有差别、大家生活水平都一样的平均富裕。按照马克思主义的观点,由于社会成员个体知识能力等条件限制,个人消费资料占有量必然是有差别的,这是社会主义社会共同富裕的特征。只有承认共同富裕的差别性、相对性,才能激发社会成员的劳动、创造的积极性,从而为更高层次的富裕准备条件。共同富裕不是同等富裕,不是简单粗暴的平均主义,分配原则仍然是各尽所能、按劳分配。目前我国仍处在社会主义初级阶段,仍采取按劳分配的原则,共同富裕不是鼓励不劳而获,而是在各尽所能的基础上实行按劳分配。

(二)先富带后富、帮后富,不搞"劫富济贫"

共同富裕要靠共同奋斗,这是根本途径。要鼓励勤劳致富、创新致富,鼓励辛勤劳动、合法经营、敢于创业的致富带头人,允许一部分人先富起来,先富带后富、帮后富,不搞"劫富济贫"。"先富带后富"是一个逻辑整体:既

---

① 习近平:《扎实推动共同富裕》,《求是》2021年第20期。

要鼓励"先富",激发发展活力;也要带动"后富",体现社会公平。改革开放以来,从提出"允许一些地区、一些人先富起来",到搞活乡镇企业和私营经济,从实行按劳分配为主体、多种分配方式并存的分配制度,到建立社会主义市场经济体制,一系列改革举措为经济快速增长创造了条件,激发了创造热情,点燃了创业激情,为更多人创造了致富机会。从长远来看,鼓励先富,最终目的是逐步实现共同富裕。企业既有经济责任、法律责任,也有社会责任、道德责任。必须看到,第三次分配不是"劫富济贫",也决不搞"逼捐",回报社会应建立在自觉自愿的基础上。高收入群体和企业积极主动投入民间捐赠、慈善事业,必将点亮道德之光,汇聚社会暖流,更好推动实现共同富裕。

(三)不是一蹴而就,也不是齐头并进的共同富裕

共同富裕是一个长期目标,具有长期性、艰巨性、复杂性。回溯历史,从认识到"贫穷不是社会主义"、先富带动后富,到打赢脱贫攻坚战、全面建成小康社会,再到向着"全体人民共同富裕取得更为明显的实质性进展"的目标迈进——在不同历史时期,我们党循序渐进,既尽力而为又量力而行,提出了前后连贯、与发展规律相契合的共同富裕实现路径。实践充分证明,只有坚持实事求是,才能在迈向共同富裕的康庄大道上行稳致远。

实现共同富裕是一个在动态中向前发展的过程,不可能一蹴而就,也不可能齐头并进。2021年《关于支持浙江高质量发展建设共同富裕示范区的意见》公布,旨在为全国推动共同富裕提供省域范例。之所以采取这种试点先行、稳步推进的方式,就是考虑到我国发展不平衡不充分问题仍然突出,各地区推动共同富裕的基础和条件不尽相同,需要选取部分地区先行先试、作出示范。由此可见,我们既要看到共同富裕是最终目标,因此要激发尽力而为的干劲、久久为功的韧性,也要认识到共同富裕是一项长期艰巨的任务,因此要有量力而行的理性、稳中求进的务实,不因目标长远而消极懈怠,也不因过程漫长而拔苗助长,既打好攻坚战,也打好持久战,这样才能逐步实现共同富裕。要坚持顶层设计和基层探索相结合,鼓励各地因地制宜,差别化探索实现共同富裕具体路径,允许部分地区先行先试,积累经验为其他

地区作出示范。要持续推进共同富裕,杜绝出现一些地区、一些群众今天致富明天返贫现象。要尽力而为、量力而行,把握规律、循序渐进,脚踏实地、久久为功,在实现中国式现代化过程中逐步解决好共同富裕问题。

六、在重数量向重质量发展转变中推进

改革开放以来,我们实现了从生产力相对落后的状况到经济总量跃居世界第二的历史性突破,实现了人民生活水平从温饱不足到总体小康、全面小康的历史性跨越。所有这一切都为我们实现共同富裕提供了重要的物质基础和发展动力。在全面建设社会主义现代化国家的新征程中,我们要不断推进更高水平的共同富裕,就必须以新发展理念为引领推进高质量发展。

首先,以创新为引领,推进高质量发展。习近平指出:"抓住了创新,就抓住了牵动经济社会发展全局的'牛鼻子'。"①要通过创新引领,不断促进发展方式的根本转变,着力解决影响国民经济发展的卡脖子问题,激活发展动力,深化供给侧结构性改革,不断提高劳动生产效率,从而创造更多高质量的公共产品,为提高收入水平和共同富裕提供更多可供分配的资源。

其次,通过协调发展破解生产力发展的难题。当代中国高质量发展就是要着力解决发展不平衡不充分的问题,为此,我们要加强顶层设计、统筹兼顾,充分考虑不同区域、不同行业、不同人群收入分配差异的特殊性,在资源配置、开发保护、绩效评价等方面加强统筹协调发展。从一定意义上讲,协调发展也是生产力,只有在党的全面领导下,不断强化整体协调性,我国的生产力水平无论是在质还是在量上都会有一个明显提升,我们也才能同步解决好共同富裕问题。

再次,将绿色发展作为共同富裕的题中之义。人的全面发展是建立在人与自然和谐发展基础上的,特别是基于中国特色社会主义制度的共同富裕,更应当把人的生命健康和安全放在首位,这就需要加快建设资源节约型、环境友好型、绿色低碳型社会,形成人与自然和谐发展的良好格局,进而

①中共中央文献研究室编:《习近平关于社会主义经济建设论述摘编》,中央文献出版社2017年版,第33页。

赋予共同富裕以新的时代内容。

又次,在高水平对外开放中提升共同富裕的水平。中国推进开放包容发展,既使本国经济社会取得了长足进步,更为全球和平与发展做出了极大贡献。面对百年未有之大变局,面对一些国家推行的单边主义霸凌主义,我们更要大力推进经济全球化,促进国际贸易和投资便利化,推动各国文明互学互鉴,进一步释放全球经济的整体活力,为造福全世界作出更大的贡献。

最后,注重在共享发展中提高共同富裕的质量。习近平深刻指出:"要坚持社会公平正义,排除阻碍劳动者参与发展、分享发展成果的障碍,努力让劳动者实现体面劳动、全面发展。"①共享经济是节约资源能源、优化资源配置、提升劳动者积极性的一个重要方式,我们要通过维护公平正义,打破一些部门和行业的垄断,扼制资本过度扩张和渗透,强化按劳分配体系的完整性,进一步优化调整国民收入分配格局,加大再分配调节力度,使发展成果更多惠及全体人民。

七、在防止落入福利主义陷阱中推进

习近平在《扎实推动共同富裕》一文中指出,促进共同富裕,政府不能什么都包,重点是加强基础性、普惠性、兜底性民生保障建设。即使将来发展水平更高、财力更雄厚了,也不能提过高的目标,搞过头的保障,坚决防止落入"福利主义"养懒汉的陷阱。放眼世界,"百年未有之大变局"伴随着各种危机,曾经的福利主义典范国家,中产阶层塌陷,贫富分化,社会撕裂,民粹主义泛滥。凡此种种无不警醒全党上下,社会主义现代化国家建设要从人类社会发展历史特别是百年党史中汲取经验教训,正确理解全体人民共同富裕发展目标,科学制定公共政策,引领社会共识,维护公平竞争,有效激发活力、保持动力,防止落入"福利主义"养懒汉的陷阱。

(一)推进全体人民共同富裕,要激发活力,尽力而为量力而行

社会主义国家的政府是人民的政府,是为人民服务的。在全面建成小

---

①中共中央文献研究室编:《习近平关于社会主义社会建设论述摘编》,中央文献出版社 2017 年版,第 26 页。

康的道路上,"一个都不能少",这是各级政府不可推卸的责任。"发展是解决我国一切问题的基础和关键",经济发展是国家长治久安的基础,经济不发展,国家民族的一切目标和人民期待都无从谈起。我国仍处于社会主义初级阶段,还是世界上最大的发展中国家,社会主义阶段的最根本任务就是发展生产力,社会主义的优越性归根到底要体现在它的生产力比资本主义发展得更快一些,水平更高一些,并且在发展生产力的基础上不断改善人民的物质文化生活。解放思想、实事求是的思考对今天而言仍旧具有十分重要的意义。

新时代改革开放进入深水区,社会对于公平正义的期待更加具体,更加明确。分蛋糕和做蛋糕哪个更重要呢? 表面上来看,分蛋糕直接关涉公平,但从根本上来看,分蛋糕和做蛋糕并不是二者取其一,做大蛋糕是前提,公平分配蛋糕是结果。发展是前提和关键,任何分配制度必须首先建立在做大蛋糕、有蛋糕可分的基础上。实现社会公平正义是由多种因素决定的,最主要的还是经济社会发展水平。所以,全面深化改革要坚持市场在资源配置中起决定性作用,激发经济活力,"让一切劳动、知识、技术、管理、资本的活力竞相迸发,让一切创造社会财富的源泉充分涌流"。

分好蛋糕、搞好分配制度改革是为了推进经济社会发展,而不只是为了完成消费。诚然,共同富裕不是少数人的富裕,但也不是整齐划一平均主义的同步富裕、同时富裕。对收入分配的调节首要考虑公平与效率的辩证统一。我国的社会保障体系是基础性的,既要考虑到人民群众的需要,也要考虑到现实可能,各种民生保障政策要面对现实,不能好高骛远,不能为了亮眼的数据或是政绩,抬高社会期待,作出不能兑现的承诺;我国的社会保障体系是普惠性的,要考虑到区域之间、城乡之间的发展差距,要有大局意识、整体观念,不能各自为政,人为造成不平衡;我国的社会保障体系是兜底性的,对于竞争的偶然失败者,社会保障要给他们提供兜底的物质支持,更要兜住他们东山再起的信心。对于失去生活能力的弱势群体,社会保障是最温暖的家园,兜得住病者恢复健康、弱者有尊严地生活和残障者自强不息的可能。社会保障不是施舍,而是给困难群体提供尊严生活的保障和机会,所以,政府不能什么都包,政府的扶助救助政策要适度,要符合经济发展水平的限度,量力而为,要符合社会扶助需求的满意度,适可而止,还要充分保证政策的效度,使得改革发展成果惠及每一个人。

(二)推进全体人民共同富裕,要保持动力,在动态中向前发展

"全体人民共同富裕是一个总体概念,是对全社会而言的",也就是说共同富裕不仅是经济问题、政治问题,也是社会问题。共同富裕是社会主义的本质要求,是中国式现代化的重要特征。从社会视角来看,推进全体人民共同富裕,要将公平正义置于社会之中来理解。对每一位劳动者来说,"一分耕耘,一分收获"是正义,能者多劳、多劳多得是公平,这是对劳动的基本尊重。新中国成立70多年来,党领导中国人民创造了世所罕见的两大奇迹,一个是经济快速发展,一个是社会长期稳定。这是中国特色社会主义制度体系蕴含的动力所创造的奇迹。放任的市场竞争会引起马太效应,造成社会竞争的失衡,我国社会主义市场经济体制在确立之初就这一现象有明确的反思和预判,不断健全的民生保障体系有效减少了过度竞争带来的不良后果。从保持发展动力的角度来看,社会保障是要有限度的,所谓过犹不及。推进全体人民共同富裕,要防止过度保障的"福利主义"倾向,这是唯物辩证法的基本认识。一如自然界的运动是由不平衡造成的,生产力的发展会表现为分工和差别的深化,从而成为推动社会变迁的力量,也就是说适度的竞争才能够保持社会发展的动力。社会保障体系作为市场竞争的"减压阀",不是用来消灭竞争,而是在实践中保持竞争的"度",保持社会发展的动力和活力。

增进民生福祉是发展的根本目的,推进全体人民共同富裕就是要不断增强人民群众的获得感、幸福感、安全感。增强人民群众的获得感,就要让劳动和创造带来收获,带来长久和稳定的满足;增强人民群众的幸福感,就要让生活充满活力,有付出,有成就,有奔头;增强人民群众的安全感,就要让生活有依靠,社会保障全面及时有效,让社会成员没有后顾之忧地投入竞争,保持生命力。坚持和完善收入分配制度,贯彻按劳分配和按生产要素分配相结合的初次分配制度,用好政府主导的二次分配,发挥好第三次分配的

作用,处理好公平和效率的关系,依法合理调节收入分配秩序,使全体人民朝着共同富裕目标扎实迈进。

（三）幸福生活是奋斗出来的,全体人民共同富裕要靠勤劳智慧来创造

"全部人类历史的第一个前提无疑是有生命的个人的存在",马克思、恩格斯在《德意志意识形态》中的观点对我们理解中国式现代化的启发在于,共同富裕是发展的范畴,是需要长期不懈奋斗的历史过程,全体人民共同富裕最终要落实在每一个人的现实生活之中。对于每个人来说,只有勤劳智慧才能真正体悟生活的意义和生命的价值,自己亲手摘下的果子更香甜,经过自己奋斗得来的一切才更有价值。所谓"玉汝于成",生活不仅要有美好的结果,更要有美好的创造过程,"如切如磋,如琢如磨"的奋斗本身就是幸福。

摒弃无发展式增长的内卷,是对过度竞争、不良竞争的纠偏和限制,是对奋斗的自省和发展的智慧体悟,但"躺平"则是放弃竞争,放弃奋斗,还没有经历生活,就放弃努力,也就等于放弃了生命奋斗的过程和意义。民生保障政策和社会保障体系应该为每个人奋斗提供坚实的物质保障和"从头再来"的底气,而不能成为"躺平"的借口。共同富裕要通过辛勤劳动、诚实劳动、创造性劳动来实现,鼓励勤劳创新致富,这是实现共同富裕的基本途径。"躺平"不仅会使人懒惰,也会消磨人的意志,使其失去生活的意义和生命的价值,不会给社会带来任何积极的影响。现代化强国不可能在"躺平"中实现,中华民族的伟大复兴也不会在"躺平"中实现。

第五章

共同富裕理论与实践演进的历史经验及其规律

中国共产党在百年奋斗征程中,始终带领中国人民在追求共同富裕的道路上不断前进,进行了深入的理论和实践探索,由此积累了丰富的实践经验,展示了共同富裕发展的演变规律,推进了共同富裕由理论到实践的飞跃,最终回答了中国特色社会主义"为什么要发展共同富裕""如何发展共同富裕"的重大时代问题,开创了社会主义现代化建设事业的新局面。其中宝贵的历史经验和深刻的演进规律,值得我们系统深入地进行总结。

第一节　共同富裕理论与实践演进的历史经验

一、坚持以人民为中心是共同富裕理论与实践推进的根本

(一)始终把紧紧依靠人民作为财富创造的根本动力

共同富裕首要的事情就是创造财富,只有建立丰厚的物质基础,才能解决国家及社会改革发展中的各种问题,才能切实维护社会和谐稳定,确保国家长治久安。共同富裕的财富生成蕴含着广泛的人民性,它的重要推动力源自广大的人民群众,马克思透过劳动看到了"财富的本质就在于财富的主体存在"①,揭示出"真正的财富就是所有个人的发达的生产力"②,指明财富就是人的创造天赋的绝对发挥,"工人阶级不仅是社会财富的生产者,而且是新的社会制度的创造者"③。中国共产党在唯物史观的大历史视角下,一以贯之了马克思关于财富创造者的思想观点,将"紧紧依靠人民"的内在逻辑贯穿于共同富裕理论与实践的发展全篇,在与不同发展主题的融合下形成独具时代特色的经验意涵。

---

①《马克思恩格斯全集》(第三卷),人民出版社 2002 年版,第 292 页。
②《马克思恩格斯全集》(第三十一卷),人民出版社 1998 年版,第 104 页。
③《马克思恩格斯选集》(第一卷),人民出版社 2012 年版,第 5 页。

在新民主主义革命时期,毛泽东提出"依靠民众则一切困难能够克服,任何强敌能够战胜,离开民众则将一事无成"①,开始放手发动群众开展了"打倒土豪乡绅,一切权利归农会"等一系列增加无产阶级平民收益的举措。在新中国社会主义建设时期,在人民的支持和拥护下,农村的社会主义改造得以顺利完成,开创了合作化的制度模式,消灭了个体经济和富农经济,促进了全体农村人民共同富裕。在改革开放新时期,邓小平将经济发展规律与人民首创精神进行有机结合,依靠人民创造了家庭联产承包制、"三步走"战略,找到了建设社会主义的共富之路。进入新时代后,习近平坚持把"发展为了人民、发展依靠人民、发展成果由人民共享"②放在一切工作首位,紧紧依靠人民的创造性劳动,焕发历史主动精神,奋力开拓小康建设新局面,实现人民对美好生活的向往。中国共产党将人的要素立于财富生成的首要位置,强调共同富裕的财富不仅是人民创造的,表现为"人为"的客观存在,而且生产出的财富为人民提供全面的发展空间,由人民共同享有,凸显出"为人"的价值目标,在"人为"与"为人"的辩证统一下,共同富裕财富创造的源头活水得以充分涌流。

(二)始终把坚定贯彻群众路线作为公平分配的重要法宝

群众路线是党在革命、建设和改革的长期实践中形成的根本工作路线,如果脱离"一切为了群众、一切依靠群众"这一逻辑主线,党的政策方针将无法反映群众的切实利益,无法得到群众内心的支持和认可,共同富裕将变为虚无缥缈的迷梦。中国共产党通过积累、提炼来源于群众实践的经验,全面掌握了广大群众的现实生存状况,看到了实然分配效率与应然需求之间的矛盾,使政党的决策趋向人民本位的方向。随着党对群众路线的场域深化、实践深入,社会利益得到妥善协调,利益主体间矛盾得到有效缓解,分配原则实现了由"具体的公平"到"效率优先,兼顾公平"再到"共享发展"的层次

---

①中共中央文献研究室编:《毛泽东军事文集》(第二卷),军事科学出版社、中央文献出版社 1993 年版,第 381 页。

②中共中央文献研究室编:《习近平关于社会主义社会建设论述摘编》,中央文献出版社 2017 年版,第 36 页。

化递进,为形成"中间大、两头小"的分配结构奠定了重要基础。分配制度实现了由"单一的按劳分配"到"多种分配方式并存"再到"初次分配、再分配、三次分配的协调联动",使制度设计体现出群众的自愿原则和道德准则,将民间的社会力量作为调节收入分配、推进共同富裕的环节之一,形成了对社会财富的有效监督,健全了制度的参与规范。在群众路线的深入贯彻下,弱势群体的利益表达越来越受到党和国家的重视,通过分配实践来整合不同社会利益需求逐步受到人民的赞成,获得合法性认同。由此国家不断扩大国有资本的支配领域,加大对公益性行业的投入力度。2018 年,国务院深入部署了国有资本投资、运营公司改革方案。十八届三中全会以来,中央企业和地方国有企业分别开展了 10 家和 122 家国有资本投资运营公司试点,国有资本收益上缴公共财政的比例逐步提高,2020 年将提高到 30%,高比例的公共资本使按劳分配的比重加大,产出的资本收益能够大规模地投入至民生事业中,有利于更加均等地分配物质财富。正是拥有了群众的无穷智慧和实践灵感,共同富裕的理论和实践才拥有更为丰饶的生长土壤,社会主义分配的守则和规范具备了合理性道义基础,日益走向完善和成熟。

(三)始终把践行为民宗旨作为成果共享的出发点和落脚点

从毛泽东"谦虚、谨慎、戒骄、戒躁,全心全意地为中国人民服务"的行动口号到邓小平"人民拥护不拥护""人民赞成不赞成""人民高兴不高兴""人民答应不答应"的执政标准,再到江泽民"始终代表最广大人民的根本利益"的重要思想、胡锦涛"权为民所用、情为民所系、利为民所谋"的执政纲要,直至习近平"把实现好、维护好、发展好最广大人民根本利益作为一切工作的出发点和落脚点"的执政旨归、"以人民为中心"理念和"江山就是人民,人民就是江山"的总结,这一以贯之的为民服务宗旨绘制出中国共产党的施政版图,而带领人民实现共同富裕深深熔铸在党的政治生命中,对于共同富裕理论与实践的践行体现在党全心全意为人民服务的执政宗旨中。一方面,党始终把满足人民群众的根本利益置于首位,以持续性的成果供给筑牢共同富裕发展根基。党带领人民建立了完整的工业体系和国民经济体系,在改革开放的浪潮下实现了全方位的经济转轨,经济成果丰富,成就瞩目。社会生产力水平的极大提高改善了人民的物质文化生活,进入新时代后高质量的绿色发展激发了经济社会的潜在动能,摒弃了人类中心主义的现代发展观,不断拓展代际性的发展利益,跨越时空界限,让人民享受到可持续的社会物质成果、精神文化产品,满足其优美生态环境需求、美好生活需要,全方位夯实共同富裕的基础。另一方面,党把以人民为中心的发展思想贯穿于治国理政的原则中,以科学的法律规范保障人民公平共享发展成果。通过设置系统化的法治监管,出台共同富裕司法保障意见,规范收入分配秩序,建立多层次社会保障体系,进一步推进社会服务均等化、公共性的资源整合,提升共同富裕的底线,保障人人共享发展成果。

二、坚持中国特色社会主义道路是共同富裕推进的方向

(一)这条道路是党和人民历经革命、建设、改革的长期实践探索的最终选择,为共同富裕指明航向

在百年探索的实践进程中,党带领人民开拓出马克思主义理论与中国革命实际相结合的新民主主义革命道路,逐步构建起从中国实际出发解决中国发展问题的社会主义改造和建设道路,最终形成了时代发展新课题与人类共同价值相融合的中国特色社会主义道路。正是中国共产党百折不挠的独立探索,才铸造出这条与人民、与历史、与时代共进的道路。实践证明,"只有社会主义才能救中国,只有中国特色社会主义才能发展中国,这是历史的结论、人民的选择"[1]。

一方面,中国共产党的领导为共同富裕的理论和实践提供了领导保障,使共同富裕有了正确前进方向。"中国特色社会主义最本质的特征是中国共产党领导,中国特色社会主义制度的最大优势是中国共产党领导。"[2]只有在党的集中统一领导下,共同富裕才能保持中国特色社会主义的性质与方

---

[1] 中共中央文献研究室编:《十八大以来重要文献选编》(上),中央文献出版社 2014 年版,第 110 页。
[2] 中共中央宣传部:《习近平新时代中国特色社会主义思想学习纲要》,学习出版社、人民出版社 2019 年版,第 68 页。

向,使全体人民根本利益的实现得到有效保障,能够发挥中国人民集中力量办大事的优势,把全国各族人民的力量牢牢凝聚在一起,像石榴籽那样紧紧地抱在一起,有利于一切人才和资源的调配工作,统筹规划人力、物力、财力,为践行共同富裕凝聚强大的发展合力,以应对共同富裕道路中出现的各种艰难险阻。

另一方面,中国特色社会主义沃土良壤为共同富裕提供了广阔的生长空间。别国的土壤无法栽培出共同富裕的果实,只有遵循中国特色社会主义道路,才能结出共同富裕理论与实践的硕果。资本主义发展道路下的人民富裕,看似具备了"从摇篮到坟墓"的利益关照,究其实质,则是资本主义固有的一种矛盾缓解方式,是缓和劳资关系的麻醉剂。中国特色社会主义的共同富裕实质性地普惠大众,代表着社会主义的本质要求,是通往共产主义的必经之路,旨在摆脱以物的依赖性为基础的人的独立性状态,以逐步实现人的全面发展的自由个性,让人民在通往富裕的康庄大道上施展才能。

(二)这条道路凝聚着党带领人民为共同富裕百年奋斗的历史经验,为通往共同富裕标示了最佳路径

中国特色社会主义道路在建立的过程中始终秉持着对共同富裕的理想追求,积累了大量追求共同富裕的历史经验。早在新中国成立之初,在迈向过渡时期国家资本主义之际,毛泽东就提出:"现在我们实行这么一种制度,这么一种计划,是可以一年一年走向更富更强的,一年一年可以看到更富更强些。而这个富,是共同的富,这个强,是共同的强。"[1]改革开放进程中,邓小平又指出:"社会主义与资本主义不同的特点就是共同富裕,不搞两极分化。创造的财富,第一归国家,第二归人民。"[2]他将共同富裕提到了社会主义本质的高度,并将其作为社会主义的最大优越性提了出来。党的十八大以来,共同富裕被列为中国特色社会主义的根本原则,党的大政方针不断彰显着共同富裕的目标。中央积极推动脱贫攻坚取得全面胜利,1亿左右人口

①中共中央文献研究室编:《毛泽东文集》(第六卷),人民出版社1999年版,第495页。
②《邓小平文选》(第三卷),人民出版社1993年版,第123页。

实现脱贫，中华大地全面建成了小康社会。百年风霜雪雨，百年大浪淘沙。深入总结和应用党和人民共同富裕百年奋斗的历史经验能够让国家有能力防范、化解发展带来的风险挑战。

相比于西方资本主义国家，我们拥有最先进的社会主义制度模式，这是寄生性与剥削性交织的资本主义体制无法超越和改变的现实。西方发展中固有的资本逻辑更是将一己私利凌驾于别国利益之上，对发展中国家征缴"碳关税"、实施资本抽逃、制裁打压，以榨取别国的人力、资源为代价谋取自身的发展。中国特色社会主义道路尊重各个国家及其人民发展的权利，社会主义制度也是通往共同富裕直至自由彼岸的唯一路径。中国共产党为推进共同富裕，从外延粗放型的发展模式中总结正反两方面教训，找到了惠及民生的高质量发展道路。这是在历经黄色文明、黑色文明之后建立的全新绿色发展方式，它是汇集生态理性与社会效益于一体、可以承载代际利益的高质高效发展模式，是实现共同富裕均衡性、包容性、可持续性的发展旨归。中国特色社会主义道路始终追求着更高层次的人民需要，立足更高水平的生产性实质，旨在摒弃物化、异化的虚假需求，注重除物质领域外的人的内在空间的发展，推进了良知、道德、文化、情怀的精神家园建设，将共同富裕的发展前景延伸至最广。

三、坚持理论创新是共同富裕推进的核心

习近平指出："我们党之所以能够历经考验磨难无往而不胜，关键就在于不断进行实践创新和理论创新。"[1]可以说，党的奋斗史就是一部理论创新史，理论创新是中国共产党砥砺前行的不竭动力。要使共同富裕持续取得新进展，永葆先进的发展理念和创新性的实践研究，首要任务是理论创新不能停顿，如果没有足够的创新理论为接续实践提供支撑，共同富裕会迷失方向，陷入曲折困境，停滞不前。

---

[1] 贺勇、赵成、王洲：《在新的赶考之路上向历史和人民交出新的优异答卷》，《人民日报》2022 年 10 月 18 日。

（一）中国共产党从生产力和生产关系的统一视角,通过社会主义与市场经济的创造性结合推进共同富裕的发展

纵观历史,马克思将消灭私有制、夺取无产阶级政权、增加生产力总量作为通向共产主义的指导方略。由于所有制关系的变革是一个长期的过程,不能一下子将私有制度废除,只有生产力发展到私有制远不能驾驭的程度,才能为新社会创造条件。恩格斯对此表明:"只能逐步改造现今社会,只有创造了所必需的大量生产资料之后,才能废除私有制。"①当前,世界还处在马克思主义所指向的历史时代,今天的资本主义还位于国家垄断资本主义阶段,社会主义居于初级阶段,在保守的现实条件下我们还不具备马克思对未来社会所期许的物质水平,而马克思、恩格斯也没有提出快速提高社会主义生产力的详尽方案。

为推进共同富裕财富的增加,本着"贫穷不是社会主义,社会主义要消灭贫穷"的重要论断,中国共产党从生产力和生产关系的统一视角,将社会主义与市场经济创造性结合,形成了社会主义市场经济的重大理论突破。1992 年,党的十四大提出要让市场在国家宏观调配下对资源配置起基础性作用,这一创新理论对开展共同富裕实践起到了重要的先导作用。"社会主义也可以搞市场经济"②首次将市场作为一种功能性、补充性手段嵌入至生产关系中。在社会主义制度与市场经济结合的过程中,出现了较之计划经济的崭新表现:"一是完成了生产力第一制动要素从生产资料向劳动者的转移,二是开启了现代市场经济生产要素配置从死劳动向拟劳动的拓展,三是创设了实现共同富裕的市场作用和政府作用相结合的模式。"③2013 年,党的十八届三中全会上,中央提出使市场在资源配置中起决定性作用,标志着党对于经济发展规律认识实现新突破。2014 年,习近平在主持十八届中央政治局第十五次集体学习时进一步提出:"在市场作用和政府作用的问题

①马克思、恩格斯:《共产党宣言》,人民出版社 2018 年版,第 85 页。
②《邓小平文选》(第二卷),人民出版社 1994 年版,第 236 页。
③余金成、李浩:《社会主义市场经济对共同富裕实现模式的创新》,《学习论坛》2021 年第 4 期。

上,要讲辩证法、两点论,'看不见的手'和'看得见的手'都要用好,努力形成市场作用和政府作用有机统一、相互补充、相互协调、相互促进的格局。"①党的十九届四中全会把社会主义市场经济体制上升为我国基本经济制度,社会主义市场经济规则体系的完善推动着共同富裕迈向新阶段。党的十九大报告要求,到2035年全体人民共同富裕取得更为明显的实质性进展,到2050年全体人民共同富裕基本实现。正是有了经济发展的强劲动力,有了创新理论的指导,共同富裕让中国才会如此有底气,有盼头。只有理论创新与具体实践相结合,才会产生巨大的动力效能,恰如"批判的武器不能代替武器的批判",只有用理论创新的最新成果指引共同富裕,才能为人民创造美好的幸福生活。

(二)中国共产党逐步对平均主义思想进行根本性扭转,确立了系统化的协调发展理念

自古以来,人们在追求共同富裕的过程中,往往会走入理论误区,产生对于共同富裕的曲解,以致形成平均主义思想,它曾积存于中国社会,一度被视为平均享有社会财富的基本原则。在古代,早期农民阶级倡导"均平""等贵贱,均贫富"的平均主义思想,强调"身份均等""财产均富"。到了近代,平均主义思想存在于革命时期的物质分配中,如苏区党政组织中发出"共同生产、共同消费"的口号,再如土地革命时期主张"地主不分田,富农分坏田"的绝对平均主义的分配原则出现在湖南许多地方农会中。新中国成立初期,经济体制中的平均主义也一度泛滥,特别是工资制和供给制的实施使生产资料无代价全部归公社所有,对社会经济造成严重损害。中共中央曾针对该问题制定一系列的政策,但未能从根本上解决平均主义的问题。改革开放后,中央决定要肃清平均主义,邓小平指出:"搞平均主义,'吃大锅饭',人民生活永远改善不了,积极性永远调动不起来。"②

党的十八届五中全会正式提出协调发展理念,成为引导经济社会持续

①《习近平谈治国理政》,外文出版社2014年版,第116页。
②《邓小平文选》(第三卷),人民出版社1993年版,第157页。

健康发展的关键,对平均主义进行了彻底的修正,实现了由"平均"向"协调"的理论飞跃。共同富裕不是少数人的富裕,也不是整齐划一的无差别富裕,协调发展"不是搞平均主义,而是更注重发展机会公平、更注重资源配置均衡"[①],"协调发展不等于平均用力,也不是眉毛胡子一把抓,而是在把握方向和全局的基础上,突出重点工作、聚焦重点任务,以重点突破带动整体推进"[②]。协调发展理念以立体化、综合化的系统性思维取代了用数量等分来表达发展结果的平面化、直观化的思维模式,从整个社会的系统性上去把握共同富裕的不同结构层次,辩证认识处于不同社会关系、相互联系的人的特殊性,深入把握发展的结构与质量的有机统一,在协调性均衡发展中实现共同富裕。

（三）中国共产党确立了共建共享的共同价值理念,建立起对"普世价值"的重新审视

西方所谓"普世价值"以自由主义为出发点,通过抽象的个人构建出权威的绝对价值体系,试图以价值独断论引领社会历史发展。它打着民主自由、维护人类利益的旗号蛊惑人民心智,利诱他国人民,背弃自己的国家信念。"普世价值"是兜售西方主流话语、维护资本主义霸权统治的话语工具。苏联和中东、北非地区的国家曾力图以"普世价值"为旗帜实现国家繁荣富强,在经历"颜色革命"之后,非但没有给人民带来福利,反而出现了经济的大幅度滑坡、社会分化加剧现象。如:格鲁吉亚独立后的贫困现象变得极为普遍,2002 年,格鲁吉亚90%—95%的家庭收入处于贫困线以下。吉尔吉斯斯坦耗尽苏联时期的家底,生产力大幅下滑,2002 年的人均 GDP 竟然低于1970 年。这就是"普世价值"所发生的作用,在"和平演变"之下不费吹灰之力把他国变为西方的附属国、资源供应机器,何来共同富裕之说?"普世价值"看不到人类认识与实践的发展性,无法掩盖少数人占有生产资料的剥削现实,使整个社会演变为抽象的社会,使社会主体演化为虚假的主体,成为

---

①《习近平谈治国理政》(第二卷),外文出版社 2017 年版,第 206 页。
②徐守盛:《"十三五"时期经济社会发展的制胜要诀——深入学习贯彻习近平同志关于协调发展的重要论述》,《人民日报》2016 年 6 月 6 日。

人民追求共同富裕的思想阻碍。

在践行共同富裕的进程中,中国共产党发展并形成了共同价值思想,这是人类通往共富之路的重大理念创新。和平、发展、公平、正义、民主、自由的全人类共同价值反映出世界各国人民的公共利益、共同理想和价值追求,是中国共产党人引领时代、贡献时代的伟大创见。[①] 共同富裕以共同价值为基准,打破了西方国家对于价值体系的垄断,凝结了全体人民普遍认同的价值理念的最大公约数。它所要解决的是共同性问题,所要实现的是全体人民的共同富裕,这种价值追求超越了意识形态的藩篱,突破了国家种族的界限。在共同价值的指引下,中国积极响应联合国提出、倡导的减贫计划,提出中非共同发展的"十大合作计划",大力建设"一带一路",帮助发展中国家有效缩小贫富差距,力图与欧亚大陆等的世界各国,构建互惠共赢的命运共同体,帮助绝大多数发展中国家通往共富。与"普世价值"统摄下的抽象社会不同的是,共同价值理念从历史发展动态中考察整个人类现实活动的规律,涵盖了人的"类本质"需求,在人的自然性与社会性的辩证统一下探索人人共富的实践路径。在探索的过程中,一方面,倡导根据人们的生理本能、真实需要满足人们的物质生存需要,这是共同富裕的前提保障和最低底线。另一方面,由于"人的本质不是单个人所固有的抽象物,在其现实性上,它是一切社会关系的总和"[②],因而共同富裕的实现能够将对抗性的社会关系转化为非对抗性关系,从根本上满足人民的共同利益需求,以此促进社会关系的和谐,调节、缓和社会矛盾。

四、坚持有序推进是共同富裕实践践行的路径

共同富裕是一个久久为功的长远目标,其实践是一个长期积累的量变过程。我们要对其长期性、艰巨性、复杂性有充分的把握和考量,不能操之过急、急于求成,要分步骤有秩序地践行,才能最终促成质变的飞跃。历史

[①] 杨增崇、赵月:《全人类共同价值与中国共产党历史使命的关系》,《社会主义核心价值观研究》2022年第8期。

[②] 《马克思恩格斯选集》(第一卷),人民出版社1995年版,第56页。

和实践证明,坚持有序推进是共同富裕发展的基本逻辑,符合生产力发展规律和我国国情的科学判断。

从横向上看,共同富裕坚持了顶层设计与区域探索上下联动的循序方法。中国的历史和国情决定了我国经济和社会发展的不平衡性将长期存在,我国的现代化是在落后西方发达国家上百年的情况下追赶形成的,是以最快的速度强力压缩形成的现代化,各个地区的发展速度和程度具有很大差别。共同富裕的推进必定有快有慢,如若采取传统的急救式拍板,套用单一的模式,在同一时期内以同步的速度推行无差别的共同富裕措施,这既不符合历史规律也不契合现实条件。急于求成的短期性理想化、空想化决策,依靠过去的经验办事都无法应对多元的利益冲突、社会发展积重难返的现实问题。因此,为了推进共同富裕的顺利开展,党和国家高度重视与整体协调性的顶层设计区域探索的实践先行,要求顶层设计的内部要素围绕共同富裕目标而形成阶段性的任务匹配,将共同富裕的顶层设计与区域探索相统一。一方面,区域探索的实践活动为党和人民制定顶层设计提供了建设经验与丰富材料。只有在进行共同富裕的实践摸索中,才能发现不同地区之间推行共同富裕必然的、多样性的联系,进而总结出一般性、普遍性的规律认识,得出依序推进、部分区域先行的发展论断,为顶层设计提供反映事物发展规律的多角度的研究材料。另一方面,顶层设计也为共同富裕的区域探索提供了直接的理论指导与方案构建。它及时顺应经济社会发展的重大变化,从辩证唯物主义高度实现"循序"与"渐进"的二者统一,在科学把握发展本质下对实践经验进行了高度浓缩、提炼而形成了有序推进的具体操作路径。在顶层设计与区域探索的耦合作用下,政府可以最大限度地实现各层次的统筹规划,高效快捷地实现资源集中,通过各地的因地制宜探索出有效路径进而总结经验,全面展开,以此形成上下联动、有序推进的路径方法。

由此,中央依据各地的发展特色和优势,在科学的思想方法与地方实践探索反馈的基础之上,分阶段、分地区形成了共同富裕的示范典型。如广东省形成了"规划到户、责任到人"的"双到"扶贫开发模式,上海市构建了延长产业链、提升价值链、完善利益链的"三链联动"的东西扶贫协作模式,苏南地区打造了独具"苏南模式"特色的现代化建设示范区,这些地区构建的成功范例使党和国家推进共同富裕循序式发展的思路与实践更为清晰,逻辑更为严密。尤其是 2021 年《浙江高质量发展建设共同富裕示范区实施方案(2020—2025 年)》的颁布使共同富裕的实践得到了实质性保障,力图将浙江全省建立为共同富裕改革探索的区域范例,有助于齐力推动人民高质量美好生活、人与自然和谐共生、中国式现代化的实现进程,勾勒出实现共同富裕的具体时间表与路线图,为全国推行共同富裕先行探路。这标志着党对于共同富裕的发展规律认识得更为深入,也呈现出共同富裕实践由浙江省辐射至全国的阶梯式递进的发展过程。

从纵向上看,共同富裕遵循了改革、发展、稳定三者有序的内在逻辑。从社会历史发展的纵向上来看,无论是改革、发展还是稳定,都是共同富裕建设在不同时期必须遵循的内在逻辑,三者是相互促进、相互联系的统一整体。改革是共同富裕的前进动力,发展是共同富裕保持前进趋势的关键,稳定是维持和推进共同富裕各要素的重要保障。改革、发展、稳定的有机结合使共同富裕的工作推进摒弃了头痛医头、脚痛医脚的做法,党和国家从改革发展稳定的齐驱并进下认识到发展的渐进性、循序性,针对不同的问题认清主要矛盾和次要矛盾,分步骤地破除各方面的体制机制弊端,保障共同富裕工作的逐步推开。在不同发展阶段下,三者对于推进共同富裕的作用各有侧重。改革开放前,国家根据以促进发展为主的总基调制定了一系列推进共同富裕的政策方针。1956 年《论十大关系》的发表要求汉族带动少数民族实现共同繁荣,"帮助各少数民族,让各少数民族得到发展和进步,是整个国家的利益"①,"我们要诚心诚意地积极帮助少数民族发展经济建设和文化建设"②,逐步地改变其落后状态,逐步地达到事实上的平等。针对三大产业的发展问题,国家先是提出"两条腿走路"方针,推进了工业与农业的并

①《毛泽东文集》(第六卷),人民出版社 1999 年版,第 312 页。
②中共中央文献研究室编:《毛泽东民族工作文选》,中央文献出版社 2014 年版,第 243 页。

举，而后着重于"以农业为基础，工业为主导"①的发展战略，逐步以工业的发展带动农业实现机械化，以缩小工业与农业、城市与乡村的差距。改革开放后，国家以改革为主线开始循序地推进共同富裕。1984年，《中共中央关于经济体制改革的决定》正式提出"允许和鼓励一部分地区、一部分企业和一部分人依靠勤奋劳动先富起来，才能对大多数人产生强烈的吸引和鼓舞作用，并带动越来越多的人一浪接一浪地走向共同富裕"②。由安徽省的局部试点推广至全国的农村家庭联产承包责任制实实在在地增加了农民收入，进一步缩小了城乡经济水平差距，经济特区的设立，以及沿海开放城市率先进行的经济改革试点工作，实现由沿海向内陆的层次递进式发展。

党的十八届三中全会将"全面深化改革"作为党在新的历史起点的科学指南，"要求把握全面深化改革的重大关系，处理好解放思想和实事求是的关系、整体推进和重点突破的关系、全局和局部的关系、顶层设计和摸着石头过河的关系、胆子要大和步子要稳的关系"③。统筹推进共同富裕领域的相关改革，大力推动城乡一体化改革、城乡社会保障体制建设、户籍制度改革和基本公共服务均等化，深化收入分配制度改革。让改革取得的重大发展成果，惠及广大人民，在经济社会稳定前行的基础上，朝着共同富裕方向稳步迈进。稳定一直是共同富裕实践中的底线，没有稳定的环境，什么都搞不成，已经取得的成果也会失掉，稳定是压倒一切的关键，是践行共同富裕改革与发展的重要前提。急于求成、操之过急的大规模式发展无视经济社会建设规律，将造成大量的资源浪费和国有资产流失，提高社会的不稳定性，严重制约共同富裕做大做强。我们曾经就出现过超前性的计划指令，对践行共同富裕造成了严重危害。由此，党和国家在共同富裕的实践过程中把改革的力度、发展的速度、社会的可承受度统一结合起来，先集中解决发展中的主要矛盾，再依次解决次要矛盾，只有在稳定的保障下才能按照矛盾发展的优先次序，妥善应对共同富裕实践中出现的各种新情况与新问题。

---

① 向群：《学习毛主席的社会主义建设理论》，人民出版社1977年版，第22页。
② 参见1984年10月21日的《人民日报》。
③ 中共中央文献研究室编：《十八大以来重要文献选编》（上），中央文献出版社2014年版，第461页。

五、坚持制度落实是共同富裕实践取得成效的保证

(一)社会主义基本经济制度夯实了共同富裕的物质根基

社会主义基本经济制度的确立将马克思主义政治经济学与中国特色社会主义创造性融合,它"能够迅速地发展生产力和发挥所有能发展成为社会主义的潜力,并向所有的人直观地清楚地证明:社会主义蕴藏着巨大的力量,人类现在已经转入一个新的、有着光辉灿烂前途的发展阶段"①。基本经济制度在实践的生发过程中,历经多次蝶变,从学习模仿苏联社会主义模式的计划经济体制到围绕国情世情重塑调整所有制结构,确立公有制为主体,多种所有制经济共同发展的基本经济制度,再到更加面向世界与未来,将"公有制为主体、多种所有制经济共同发展,按劳分配为主体、多种分配方式并存,社会主义市场经济体制"升华为基本经济制度的最新概括。其一步步递进变化标志着社会主义生产力的优越性越加凸显。其中"公有制为主体、多种所有制经济共同发展"位于经济布局中的首要地位,蕴含着巨大的能动作用,彰显着以人民为主体的根本属性,保障国有资产为全体人民的共同财富,充分发挥集中力量办大事的优势,推动全体人民为发展生产力发挥主动创造性,实现全体人民共同致富、求富。"按劳分配为主体、多种分配方式并存"冲破了以资本为中心的分配法则,内蕴着公平正义的价值导向,有利于实现各种要素所有者的要素报酬合理化,充分调动各方面积极性,发挥好再分配和第三次分配调节作用,有力地防范分配不均对社会稳定造成的威胁,为生产力创造了良好的发展环境。社会主义市场经济体制破解了社会主义发展生产力的难题,以实现经济高质量增长为现实指向,在"有效的市场"和"有为的政府"的合力助推下,推动生产力向更高级形态迭变,向高质量的现代化方向拓展,推动生产关系的发展外延与世界市场相融合,逐步形成现代化技术创新体系;建立健全了高效公平的市场运行体系;加快构建了科学合理的要素市场布局;打造出具有国际竞争实力的创新型产业集群。正是在

---

① 《列宁全集》(第四卷),人民出版社 2012 年版,第 794 页。

这种制度的坚守下,党和国家才能不断做大、做实国民经济的"蛋糕",为共同富裕的实现奠定有力的物质保障。

(二)人民民主专政制度为实现共同富裕提供了政治保证

人民民主专政制度是党和国家的护身法宝,也是社会主义制度的根基命脉所在,《宪法》总纲第一条规定了我国"是工人阶级领导的、以工农联盟为基础的人民民主专政的社会主义国家"①,实现了对人民内部的民主与对反动派的专政的有机结合。这种制度安排下,人民平等参与共同富裕实践,切实享有全面发展的权利,真正使人民掌握对生产资料的拥有权、使用权,为维护人民当家作主的地位提供了坚实的政治保障。

首先,人民民主专政的国体决定了人民代表大会的政体形式,并通过人民代表大会制度实现自己的任务安排。扎实推进共同富裕,必须充分发挥人民代表大会的立法监督职权,制定和完善推进共同富裕的相关法律,通过人民代表大会制度,在立法源头中增加经济、民生、公共政策体系的制度性供给,不断赋能于市场的监管、流通质效,依法实施党对高质量发展和建设共同富裕的决策与意见。通过人民代表大会制度丰富和创新法律手段,正视后发劣势问题,及时应对当前复合型发展带来的挑战,消除实现共同富裕的制约因素。通过民主集中制保障党的各项行政决议在人民的监督之下,对于党科学制定关于共同富裕的路线方针政策起到了重要的保障作用。

其次,人民民主专政制度的合法性保障是"行政系统本身不能产生的,它必须建立在以民主形式形成意志这一前提下"②。而"关于坚持人民民主专政,这个问题的实质,就是要不断发展社会主义民主,切实保护人民的利益,维护国家的主权、安全、统一和稳定"③。因此,发挥社会主义民主优势也是人民民主专政的深刻表现,选举民主与协商民主的充分结合可以进一步

---

① 习近平:《在第十三届全国人民代表大会第一次会议上的讲话》,人民出版社 2018 年版,第 6 页。
② 汪行福:《走出时代的困境——哈贝马斯对现代性的反思》,上海社会科学院出版社 2000 年版,第 269 页。
③ 中共中央文献研究室编:《江泽民论有中国特色社会主义(专题摘编)》,中央文献出版社 2002 年版,第 36 页。

深化对共同富裕政策及实现路径的协商与探讨,坚持协商于决策之前和决策实施之中,充分凝结人民群众的广大智慧,形成人民参与共同富裕建设的行动合力。不断丰富"有事好商量、众人的事情由众人商量"的制度化实践,搭建恳谈沟通的平台,努力形成多元社会主体的对话交流,充分保障社会利益的表达诉求,用好人民力量、人民智慧、人民制度,促进全社会实现共同富裕。

(三)社会主义先进文化制度推进了精神生活的共同富裕

文化制度是我国制度体系的重要内容和关键环节,党的十九届四中全会提出"发展社会主义先进文化、广泛凝聚人民精神力量,是国家治理体系和治理能力现代化的深厚支撑"①。社会主义先进文化制度展现出社会主义核心价值观的正向引领作用,让社会彰显出真、善、美的价值追求,力图从国家、社会、公民三个层面构建公共价值的引导机制,发挥正确的世界观、人生观、价值观对人的思想的能动作用,充盈、丰富人的精神世界,为建设共同富裕注入强大的精神动力。

社会主义先进文化制度坚持以高质量文化开创惠民新格局。党的十八大以来,中央出台了《关于促进文化和科技深度融合的指导意见》《关于推动国有文化企业把社会效益放在首位、实现社会效益和经济效益相统一的指导意见》等文件。2022 年,中共中央办公厅、国务院办公厅印发了《"十四五"文化发展规划》,对国内规化产业进行了系统性规划,着重强调提高文化质量强化文化赋能,为推动精神文明内涵式发展提供了重要指引,通过健全公共文化服务机制、文化权益保障制度,强化文化人才高层次建设,为人民提供丰富广博的精神文化产品,用高质量文化的感染熏陶不断净化民心、启迪民智,培养高尚情操,激发能动精神,用优秀文化涵养广大群众,满足人民多元化高标准的精神文明需求。

社会主义先进文化制度重在激发全民族创新活力,有利于增强全民族的理想信念,对人民的文化观进行规范与完善,推动思想道德建设和精神文

---

① 《中国共产党第十九届中央委员会第四次全体会议公报》,人民出版社 2019 年版,第 12 页。

明建设取得创造性发展,坚持固本培元、守正创新,不断解放和发展文化生产力,让创新创造的活力充分涌流,让精神生活的富裕成为每一个人的追求。

(四)共建共治共享的社会治理制度助力补齐共同富裕短板

党的十九大报告明确提出"打造共建共治共享的社会治理格局"①,社会治理制度的完善和健全能够"有效协调和信任、保护个人自主领域、防止和化解冲突,以及通过选择控制权势并建立权势均衡等"②。共同富裕在发展过程中会面临不同的挑战和困境,在经济体制全方位转轨后,大量的社会矛盾亟待解决,多元的利益冲突需要协调和整合,国家、社会、公民的关系亟须厘清。共同富裕的短板项、弱势项在这些问题面前充分暴露出来,倘若没有协同跟进的社会治理制度,就无法突破共同富裕的发展瓶颈。

共建共治共享的社会治理制度旨在实现社会利益的合理调配,整合协调多元的利益冲突,公平分配惠及全体人民的发展成果。社会利益的分配是共同富裕建设中亟待解决的重要问题。利益分配不均不仅会让共同富裕的胜利果实被不合理地剥夺,还会加剧社会财富分配的不平等,进一步阻碍社会阶层的流动,加剧社会两极分化。党的十九大报告指出要"完善党委领导、政府负责、社会协同、公众参与、法治保障的社会治理体制"③,从国家、社会、公众的维度出发,厘清社会治理的主体层序,充分发挥一核多元的引领和整合功能,以适应共同富裕发展的层次化、立体化需求。推进社会治理共建共治共享,其最终目的是将发展成果进一步普及化,让广大人民群众共享共同富裕的实践成果。因此,社会治理制度发展完善致力于打造人人有责、人人尽责、人人享有的社会共同体,聚焦于人民需求的增长点,充分维护人民的知情权、参与权、表达权和监督权。中央强调,在制度的推进进程中,能够妥善解决人民之间的利益矛盾,在共建共治共享的原则基础上,对社会经

---

①《党的十九大报告辅导读本》编写组:《党的十九大报告辅导读本》,人民出版社2017年版,第364页。

②刘俊祥:《加强社会管理基础性制度建设——基于民生政治的视角》,《学术界》2013年第1期。

③《中国共产党政法工作条例》,人民出版社2019年版,第7页。

济、政治权利、文化权益进行合理分配，努力缩小不同主体间的利益差距，不断达成利益共享的社会共识，有效地将发展瓶颈转化为新机遇，为实现发展成果普惠化提供制度保障，确保社会和谐稳定增进了民生福祉。

（五）生态文明制度体系为共同富裕铺设了绿色底色

随着社会主义现代化建设的深入推进，生态文明建设摆在了一个极其重要的位置。党的十八大把生态文明建设纳入"五位一体"治国理政的总布局，党的十八届三中全会要求建立系统完整的生态文明制度体系，党的十九大又将"增强绿水青山就是金山银山的意识"等内容增加至党章中。良好的生态环境不仅可以带来广泛的经济效益，还会给予人民最公正直接的民生福祉，生态文明制度的建立为共同富裕夯实了绿色底色，为生态型共同富裕范式提供了制度支撑。

生态型共同富裕坚持以人与自然和谐共生为理论基础和最终目标。生态环境一旦被破坏，人民享受不到新鲜的空气、健康的食物，生存需要受到威胁，富裕也就失去了根本意义。只有实现人与自然和谐共生，让生活环境处在鸟语花香、青山绿水的氛围中，人民才能具备全面发展的实现基础，共同富裕也才具备实质性的意义。

生态型共同富裕坚持"绿水青山就是金山银山"的理念。生态环境是典型的公共产品，生态面前人人平等，生态平等可助推共同富裕的实现。"绿水青山就是金山银山"，良好的生态环境能给民众带来丰厚的回报。保护生态环境就是保护生产力，改善生态环境就是发展生产力①，生态生产力的发展既能让自然资源得到高效利用，也能让良好的生态环境孕育更多更好的资源，从而为共同富裕提供持续的内生动力，打通生态产品的供求渠道，不断促进财富的城乡转移，让共同富裕的美好生活充盈绿色底色。

生态型共同富裕要求坚持全球参与性原则。"生态兴则文明兴，文明兴则国家盛"，构建一个清洁美丽的世界，是共同富裕的要求，也是全球发展的共识。我国积极开展全球生态文明建设，不但是参与者，更是贡献者。我国

①中共中央宣传部编：《习近平总书记系列重要讲话读本》，人民出版社 2014 年版，第 123 页。

坚持走绿色、低碳、可持续发展道路,这是符合广大人民意愿的。我国承诺愿同国际社会一道,全面落实2030年可持续发展议程,共同建设一个清洁美丽的世界。中国共产党不仅致力于让本国人民享受生态带来的福利,还进一步拓展到世界领域,让世界人民一同享受生态福利。中国坚定不移地参与全球环境治理,加强在全球环境治理体系中的话语权和影响力。我国推动了《联合国气候变化框架公约》、《巴黎协定》的有效实施;与发展中国签署气候变化合作文件,帮助相关国家提升环境治理能力;积极构建中欧环境与气候高层对话机制、中国-东盟环境合作论坛——在推动全球环境治理的同时帮助广大发展中国家走绿色共富之路;推动制定世界环境保护和可持续发展的解决方案,立志为子孙后代留下蓝天碧海、绿水青山的美丽家园。

第二节　共同富裕理论与实践演进的"变"与"不变"规律

一、逻辑演进规律:历史逻辑与理论逻辑相统一

　　首先,共同富裕含蕴着历史唯物主义的必然性,体现了深刻的理论逻辑。这在本体论维度、实践论维度、价值论维度上,都有重要的体现。

　　从本体论维度出发,共同富裕肯定了"现实的人"构成物质生产活动的出发点。"现实的人"是历史唯物主义视野下一个客观存在的事实,马克思在《德意志意识形态》中将"现实的人"表述为"从事活动的,进行物质生产的,因而是在一定的物质的、不受他们任意支配的界限、前提和条件下活动着的"①。这与资本主义世界观中"抽象的人"具有本质性区别。在资本主义世界中,启蒙理性将人理解为可以探索一切、战胜一切的力量,人最大的

---

①《马克思恩格斯选集》(第一卷),人民出版社2012年版,第151页。

用途莫过于工具性,以工具理性为核心的计算范式将"现实的人"进一步扭曲为"抽象的人"。"抽象的人"在资本的精确算法下苟延残喘地进行生产活动,在"货币的力量多大,我的力量就多大"①的意识支配下,人的一切活动必须按照资本增殖原则来进行。在这个逻辑感召下,人与人之间的关系是抽象的、孤立的。个体受制于抽象的物化统治,人变得可以被资本所支配,被一切能带来利益的东西所牵制,脱离了历史唯物主义的发展根基,转而被形而上学抽象统一性的原则所宰制。"抽象的人"丧失了发展的能动意识,单纯沦为生产资本的工具,人的价值被消磨掉,能动意识逐渐丧失掉,物质生产活动成为为富人服务、压榨穷人的工具手段。

在共同富裕视野下的物质生产活动是为人民生产、为人民谋利的实践活动,它从根本上驳斥了以"抽象的人"作为现代性进步的发展基点。共同富裕的出发点与前提就是"现实的人"。这是因为,人"懂得按照任何一个种的尺度来进行生产,并且懂得处处都把固有的尺度运用于对象;因此,人也按照美的规律来构造"②。人们的思想、行为、价值观都是人的物质行为的产物,一旦尺度把握不当,偏离了正确轨道,物质生产行为将不再致力于人的发展,反过来将进一步束缚、限制人的生存空间。共同富裕要实现全体人民的富裕,不是建立少数人的特权,而是把个人的利益同社会全体成员的共同利益融为一体,将"现实的人"放置在团结的社会关系、统一的阶级关系、和谐的家国关系中,深刻联结每一个人的发展利益。物质生产活动也是为每一个人的生活需求所服务,让财富的创造成为人民个性解放和获得独立的基本前提,摆脱"个人受抽象统治"的固有枷锁,在物质生产活动中不断彰显人的本质力量的发挥。

从实践论维度出发,共同富裕是社会历史发展的不竭动力。马克思主义实践观认为,为了推动人类社会更好地发展,人们在生产交往中结成了一定的关系,而实践是连接人与世界的重要纽带。实践不仅能将人的个体生存与交往形式紧密相连,还能为探索社会发展提供广阔的空间。"所有社会

①《马克思恩格斯全集》(第三卷),人民出版社2002年版,第361页。
②《马克思恩格斯文集》(第一卷),人民出版社2009年版,第163页。

现象、社会事件和社会财富都是人类实践活动的产物。"①共同富裕是中国共产党带领人民开展的一项实践性活动,它不是以直观、抽象的形式去认识社会、改变社会,而是在实践的发展过程中将有机的自然、能动的人、动态的社会辩证统一起来,打造人与自然、人与社会、人与人和谐稳定的关系;在实践的实现过程中,冲破旧有生产关系对生产力造成的压迫束缚,将解放生产力与发展生产力作为社会发展的动力;在实践的深入过程中,逐步消弭私有制和私有财产的存在空间,推动实现人的解放和自由全面发展。

从价值论维度出发,共同富裕目的是维护广大人民群众的根本利益。"历史活动是群众的活动,随着历史活动的深入,必将是群众队伍的扩大。"②人民群众与历史前进具有密切的关联,只有与人民同向而行,与人民风雨同舟,才能掌握历史主动权,把握时代发展权,引领未来先导权。共同富裕是中国共产党为人民发展所作出的庄严承诺和现实行动,就是要把为人民谋幸福作为发展的判断标准,把人民满不满意、高不高兴、答不答应作为衡量标准。中国共产党自执政以来,始终把追求人民的幸福生活作为自身的存在意义与责任归宿,财富增长为的是让人民享有充分的物质生活条件、满足人民多元的发展诉求。共同富裕与唯物史观中人民至上观点一脉相承,不仅彰显出中国共产党"江山就是人民,人民就是江山"的价值目标,也彰显出党带领人民实现共同富裕的价值立场。

其次,共同富裕是中国共产党自始至终的百年奋斗目标,体现了中国共产党共同富裕理论与实践相统一的历史逻辑。

中国共产党在积极投身革命、建设和改革的伟大实践的百年奋斗中,将实现国家独立、人民解放确认为党的第一要务,将为人民谋幸福、为民族谋复兴的初心使命贯穿于党的百年奋斗史之中。共同富裕不仅是实现人民幸福生活的重要条件,也是国家兴旺发达、社会长治久安的重要前提。中国共产党人对共同富裕的目标追求与对人民生活的关怀是同心同向的。1915年,陈独秀在《法兰西人与近世文明》一文中提出"财产私有制虽不克因之遽

---

① 王孝哲:《马克思主义人学概论》,安徽大学出版社 2009 年版,第 33 页。
② 《马克思恩格斯文集》(第一卷),人民出版社 2009 年版,第 287 页。

废,然各国之执政及富豪,恍然于贫富之度过差,绝非社会之福"①,力图表明贫富差距过大与社会进步的相悖性。1921 年,李大钊提出"人人均能享受平均的供给,得最大的幸福"②的设想,绘制出了社会主义共同富裕的图景。中国共产党的党章、党规中也无不折射出共同富裕的发展色彩。党的一大制定了中国共产党的第一个纲领,并规定"革命军队必须与无产阶级一起推翻资本家阶级的政权","消灭资本家私有制",没收机器、土地、厂房和半成品等生产资料,归社会公有。③ 党的二大制定了党的最高纲领,要求"建立劳农专政的政治,铲除私有财产制度,渐次达到一个共产主义的社会"④。这些都深刻体现了党追求人民幸福和坚定走向共同富裕的坚定决心。

1956 年,社会主义制度初步建立后,我国建立了完整的工业体系,国民经济建设已初具规模,为共同富裕的实现奠定了基本的物质前提。农村的人民公社建立起"各尽所能、按劳分配、多劳多得、不劳动者不得食"⑤的根本原则,进一步推动了集体经济的迅速发展,为共同富裕提供了必要的制度保障。1978 年,党的十一届三中全会将共同富裕带入了新的发展阶段,中国共产党对于共同富裕的追求由起初的理想蓝图、制度雏形演进到了具体的实践路径,并将共同富裕的概念明晰化、条理化,进一步上升至国家战略的高度。邓小平提出:"我们的政策是让一部分人、一部分地区先富起来,以带动和帮助落后的地区,先进地区帮助落后地区是一个义务。我们坚持走社会主义道路,根本目标是实现共同富裕。"⑥共同富裕从此成为一项国家发展的重大战略,不仅是目标的应然远景,而且成为可操作、可落地的实践方案。国家对社会主义经济进行了一系列创造性改革,通过了《中共中央关于经济体制改革的决定》《中共中央关于建立社会主义市场经济体制若干问题的

---

① 《陈独秀文集》(第一卷),人民出版社 2013 年版,第 99 页。
② 《李大钊文集》(第四卷),人民出版社 1999 年版,第 4 页。
③ 中央档案馆编:《中国共产党第一次代表大会档案资料》(增订本),人民出版社 1984 年版,第 6 页。
④ 中共中央党史研究室:《中国共产党历史》(上卷),人民出版社 1991 年版,第 71 页。
⑤ 中共中央文献研究室编:《建国以来重要文献选编》(第十四册),中央文献出版社 1997 年版,第 385 页。
⑥ 《邓小平文选》(第三卷),人民出版社 1993 年版,第 155 页。

决定》等文件,为共同富裕提供了经济发展的政策指引,通过设置沿海经济开放特区,开放多个沿海港口城市,实施引进来、走出去的开放战略,建立起共同富裕的发展雏形,推动共同富裕向纵深迈进。

党的十八大以来,全体中华儿女离共同富裕的奋斗目标更进一步了,中国共产党为民谋富的战略举措得到丰富深化。党的十九届五中全会制定了共同富裕的具体方案,审议通过了《中共中央关于制定国民经济和社会发展第十四个五年规划和二〇三五年远景目标的建议》,要求到 2035 年,人均国内生产总值达到中等发达国家水平,城乡区域发展差距和居民生活水平差距显著缩小。2021 年,为推动共同富裕进一步发展,习近平制定了扎实推进共同富裕的四点原则,一是鼓励勤劳创新致富,二是坚持基本经济制度,三是尽力而为量力而行,四是坚持循序渐进,把促进全体人民的共同富裕摆在更加重要的位置,为全体中华儿女谋得更广阔的发展空间、更公平的普惠福祉、更美好的生活愿景。

总之,共同富裕就是在理论与实践相统一的前提下,不断探索出新的发展形态及理论样态。共同富裕是在继承并吸收历史唯物主义的思想基础上产生的,它要回到历史实践中才能结出硕果,持续形成新的建设目标和发展举措,让理论反哺实践。此外,共同富裕还必须与现实需要结合,在新的历史条件下逐渐提炼升华,进一步实现理论的创新飞跃,更好地指导现代化实践,让人民的美好生活、国家的繁荣富强、民族的伟大复兴在更高的基础上迈进。

二、战略演进规律:从全面建设到全面建成小康再到共同富裕

共同富裕的理论与实践伴随着党和国家对现代化发展所制定的战略规划而展开。从改革开放新时期直至中国特色社会主义新时代的时间维度内,呈现出全面建设到全面建成小康社会再到共同富裕的动态演进过程。这是中国共产党历经长期的战略酝酿和百年经济探索作出的科学的战略选择。这一战略演进规律生动地展现了中国共产党与时俱进、开拓创新的政治品格,其将阶段性战略目标与社会主义具体实际相结合,不断把全面建设

社会主义现代化国家推向新阶段。

1978—2007 年，全面建设小康社会的战略构想形成并得以发展。随着十一届三中全会的召开，中国正式迈入以改革开放为核心的新时期，从此打开了中国式现代化新的发展维度。1979 年，邓小平在会见日本首相大平正芳时，描绘了中国的发展愿景："我们要实现的现代化，是中国式的四个现代化。我们的四个现代化的概念，不是像你们那样的现代化的概念，而是'小康之家'。"①这是首次将"小康"作为现代化的建设目标。根据邓小平这一战略构想，党的十三大确定了"三步走"的路线规划，要求"到二十世纪末，使国民生产总值再增长一倍，人民生活水平达到小康水平"②。随着各项改革的推进和经济社会发展不断取得新进展，"'八五'期间，国民生产总值年均增长 12%。1995 年，国民生产总值达到 5.76 万亿元，提前 5 年实现了原定 2000 年国民生产总值比 1980 年翻两番的目标"③。2000 年，我国人均生产总值已达到 800 美元，基本消除贫困现象。同年，江泽民在全国统战工作会议上首次作出"我国将进入全面建设小康社会、加快推进社会主义现代化的新的发展阶段"④的论述。之后，中央将全面建设小康社会作为"实现第三步战略目标的必然要求"。党的十六大明确提出全面建设小康社会的目标，这一目标与邓小平所构建的"三步走"相衔接，也与我国进入新的发展阶段的条件相一致。"全面建设小康社会，是就全国发展水平而言的，有条件的地方可以发展得快一些，率先基本实现现代化。"⑤此论断为小康社会的建设提供了广泛的发展空间，为后续小康社会的优化升级奠定了坚实根基。总之，全面建设小康社会是对总体小康的补充与完善，为实现第三步战略目标、进一步迈向共同富裕奠定重要根基。它也是通往共同富裕道路的第一阶段，

①《邓小平文选》（第二卷），人民出版社 1994 年版，第 237 页。

②中共中央文献研究室编：《邓小平年谱（1975—1997）》（下卷），中央文献出版社 2004 年版，第 1214 页。

③中共中央文献研究室小康社会研究课题组编：《小康社会理论与实践发展三十年》，中央文献出版社 2009 年版，第 100 页。

④《江泽民文选》（第三卷），人民出版社 2006 年版，第 140 页。

⑤《江泽民文选》（第三卷），人民出版社 2006 年版，第 416 页。

这一目标的达成必然引起新的阶段性变化,推动共同富裕建设向更高层次、更广领域迈进。

2012—2020 年,新时代新的发展推动了全面建成小康社会规划的形成。进入新时代以来,以习近平同志为核心的党中央承接了全面建成小康社会的"接力棒",主动自觉地承担起实现共同富裕的重担和使命。经过改革开放 40 多年的飞速发展,我国社会主要矛盾发生了历史性变化,国家各方面展现出新的变化特点。一是我国社会已经进入工业化中后期,经济发展由高速增长迈向高质量发展阶段。二是我国迈入"全域城市化"新阶段,"两头小、中间大"的橄榄型社会结构初显雏形。三是我国进入深层次改革阶段,全面深化改革向纵深推进。这些新特征标志着社会主义现代化建设事业进入崭新阶段。在挑战与机遇并存的时代背景下,中国共产党勠力同心,砥砺前行,向新的发展目标进行冲刺。党的十八大报告以"坚定不移沿着中国特色社会主义道路前进,为全面建成小康社会而奋斗"为主题,由原有的"全面建设小康社会"转变为"全面建成小康社会",并为全面建成小康社会构设了系统的发展规划和具体的时间标注,将其纳入"四个全面"治国理政总布局,从发展经济、完善民主、增强文化、提高生活水平、保障社会建设五个方面充实了全面建成小康社会的内容。习近平指出:"全面建成小康社会不是终点,而是新生活、新奋斗的起点。"[1]只有在全面建成小康社会的基础上,共同富裕才能得到飞跃性发展。全面建成小康社会是承前启后的重要纽带,为实现共同富裕打下了坚实基础,是迈向中华民族伟大复兴的关键一步。

2020 年至今,共同富裕在全面建成小康社会的实践基础上迈向新阶段。全面建成小康社会虽然取得了决定性进展,但是我们还应该看到它所存在的短板和缺陷,应着力提高全面建成小康的水平和质量,聚焦短板弱项,实施精准攻坚的战略措施,为向共同富裕社会的转型奠定坚实基础。小康社会与富裕社会之间还存在一定距离,我们当前仍处于社会主义初级阶段的国情没有变,仍处于由小康社会向富裕社会过渡的阶段没有变,不平衡不充

---

[1]习近平:《在基层代表座谈会上的讲话》,人民出版社 2020 年版,第 8 页。

分的发展问题还是十分明显。为解决这些短板问题，实现富裕社会的转型升级，逐步迈入社会主义现代化强国，习近平就新时代实现共同富裕作出了一系列重要论述，提出了一系列重要指示和发展规划，阐明"现在，已经到了扎实推动共同富裕的历史阶段"[①]，将共同富裕摆在社会主义建设事业的重要位置。

"十四五"规划和2035年远景目标纲要6次提到了"共同富裕"。在中央财经委员会第十次会议上，习近平对共同富裕的发展规划进行了全面论述，提出了实现共同富裕的总思路，要求"到'十四五'末，全体人民共同富裕迈出坚实步伐，居民收入和实际消费水平差距逐步缩小。到2035年，全体人民共同富裕取得更为明显的实质性进展，基本公共服务实现均等化。到本世纪中叶，全体人民共同富裕基本实现，居民收入和实际消费水平差距缩小到合理区间"[②]。随着第一个百年奋斗目标"全面建成小康社会"的胜利完成，共同富裕作为第二个百年奋斗目标的题中之义，代表着未来中国经济发展的重任，不断推动向全面建成社会主义现代化强国不懈奋进。

由此可见，从全面建设小康社会到全面建成小康社会再到共同富裕的战略演变规律揭示了社会主义发展的长期性与复杂性、阶段性与目标性的有机统一。一次次蝶变升级的战略规划进一步阐明中国式小康社会的丰富内涵，揭示了全面小康对于实现共同富裕的重大战略意义，也确证了中国共产党对于实现共同富裕的决心与耐心，将共同富裕推向了新的发展高度。

三、内涵演进规律：从公平性到发展性再到共享性

共同富裕是中国具体实际与科学社会主义理论相结合的产物，是富有马克思主义特质、中华传统文化基因、中国共产党政治智慧的时代积淀，在不同历史阶段显现出特定的发展属性，逐步形成了以公平为先到以发展优先再到兼顾公平与发展以共享为原则的内涵变迁，为新时代全体人民实现共同富裕提供了现实启示和宝贵经验。

---

① 习近平：《扎实推动共同富裕》，《求是》2021年第20期。
② 曹普：《以人民为中心推动共同富裕》，《经济日报》2021年11月15日。

（一）社会主义革命和建设时期：以公平为先的内涵构建

在社会主义革命和建设时期，公平性是共同富裕的逻辑起点，党和国家以此为要旨，试图建立一个和谐、理想的大同社会，基于以公为先的根本准则，中国共产党领导人民进行了一系列利民为本的实践摸索，不断谋划、实施相应的制度设计，努力让每个人享受到在物质、政治、社会生活中的平等权利，进而建立和谐平等的社会关系，稳固民生之基，夯实固国之本，从而达到公道正义的理想境界。

新中国成立初期，以毛泽东为代表的中国共产党人认识到生产资料私有制造成了生产经营的恶性竞争，私人对于社会财富的垄断是社会剥削和社会关系不平等的重要根源。"一切社会变迁和政治变革的终极原因，不应当到人们的头脑中，到人们对永恒的真理和正义的日益增进的认识中去寻找，而应当到生产方式和交换方式的变更中去寻找。"[1]要想实现共同富裕和公平分配，物质生产方式是首要变革的根基。"无产阶级的平等要求则要进而实现社会和经济领域的平等；无产阶级平等要求的实际内容都是消灭阶级的要求。"[2]国家力图从所有制上消灭剥削，以实现生产资料的共同占有，由此，形成了"以'一大二公'为特点的社会主义基本经济制度。此一基本经济制度，包括单一公有制经济、按劳分配、计划调节等基本内容"[3]，将供给制和工资制相结合，以人民公社为代表，实行最为普遍的吃饭不要钱的粮食供给制和伙食供给制。为进一步扫除"走资本主义道路的当权派"对于公有制的破坏，毛泽东勾画出《五七指示》的设想，每个单位将自成体系，社会行业间差别将消失，逐步消灭商品生产以建立"大学校"，最终消灭脑力劳动和体力劳动的差别，实现人民在社会生活各方面的平等。

尽管高度的公有化体制十分接近公正理想，但"在纯粹的程序正义中，利益分配一开始就不是对一定量的可用于已知个人的特定欲望和需求的利

---

①《马克思恩格斯选集》（第三卷），人民出版社1995年版，第741页。

②段忠桥：《平等是正义的表现——读恩格斯的〈反杜林论〉》，《哲学研究》2018年第4期。

③龚三乐、王胤奎：《新中国成立以来社会主义基本经济制度的结构性变迁》，《上海经济研究》2020年第9期。

益的分配"①。这种富有乌托邦色彩的制度设计与低水平的生产力相结合,无法为共同富裕提供适宜的生存土壤,与现有的发展基础相脱轨,生产力与生产关系相排异,显得极不协调。在没有充足的物质生产基础上的公平、正义思想仍保留着一定的平均主义色彩,夹杂着浓厚的中国传统大同思想的论调,体现出"纯粹又纯粹"的所有制结构,引发经济的滞后低速运行,没能给社会主义带来繁荣发展,但对于创立公平正义的社会格局仍可给予帮助和启示。

(二)改革开放新时期:以发展优先、兼顾公平的内涵体现

改革开放的伟大觉醒让中国共产党深刻认识到共同富裕的现代化之路必须依据社会主义发展的现实条件来迈进,并随着时代任务、战略内容、规律认识的发展而发展。党的十三大将社会主义初级阶段作为立论基准,要求"一切都要从这个实际出发,根据这个实际来制订规划"②。党的十一届六中全会提出,我国当前社会的主要矛盾是人民日益增长的物质文化需要同落后的社会生产之间的矛盾,落后的物质生产力成为禁锢社会发展的主要因素,也是共同富裕道路上的最大障碍。当前的形势与任务就是要"加紧经济建设,就是加紧四个现代化建设,集中起来讲就是经济建设"③。"离开了经济建设这个中心,就有丧失物质基础的危险。其他一切任务都要服从这个中心。"④党和国家建立相应的政策支持,规定各种所有制经济都要受到法律保护,要"有计划地利用外资,发展一部分个体经济,都是服从于发展社会主义经济这个总要求的。鼓励一部分地区,一部分人先富裕起来,也正是为了带动越来越多的人富裕起来,达到共同富裕的目的"⑤。为进一步扩大发展效益,党的十五大将发展规划调整为"坚持效率优先,兼顾公平"。这不仅

---

①[美]约翰·罗尔斯:《正义论》(修订版),何怀宏、何包钢、廖申白译,中国社会科学出版社 2009 年版,第 69 页。

②中共中央文献研究室编:《邓小平年谱(1975—1997)》(下卷),中央文献出版社 2004 年版,第 394 页。

③《邓小平文选》(第二卷),人民出版社 1994 年版,第 240 页。

④《邓小平文选》(第二卷),人民出版社 1994 年版,第 250 页。

⑤《邓小平文选》(第三卷),人民出版社 1993 年版,第 142 页。

有利于优化资源配置,保障国民经济又好又快发展,也允许和鼓励一部分人通过诚实劳动先富起来,推进合理有序的收入分配格局的建立,逐步实现共同富裕。

实践证明,共同富裕与社会主义的本质要求是根本一致的,必须提高发展效率,"必然要把创造高于资本主义的社会结构的根本任务提到首要地位,这个根本任务就是:提高劳动生产率"①。发展效率成为占据主导地位的社会核心诉求,为共同富裕提供了基本支撑,"兼顾公平"一定程度上受制于发展的规模和水平。"发展优先,兼顾公平"的长期结果又使得市场经济受到商品拜物教的强烈影响,在实践中出现功利至上、金钱至上的发展主义、GDP 主义。在金钱物欲的极端泛滥下,忽略和轻视了人民的平等自由及利益分配,使某些个人成为最大限度地增加功利总额的牺牲品的危险境地,滋生出社会利益冲突与矛盾,造成贫富差距加大、人的发展的畸形化。虽在短时间内急速提高了生产力效率,让人民初尝到共同富裕的果实,但在某种程度上会让公平存在一定的牺牲,对于保持共同富裕的长期性效益、夯实共同富裕的发展根基仍是不够持久与牢靠的。

（三）中国特色社会主义新时代:以共享为挈领,统筹公平性与发展性于一体的内涵拓展

党的十八大对"发展优先"的原则进行了平衡与矫正,党的十九大阐明:"我们要激发全社会创造力和发展活力,努力实现更高质量、更有效率、更加公平、更可持续的发展!"②其在"更有效率""更加公平"的基础上把增进人民福祉、促进人的全面发展作为践行共同富裕的出发点与落脚点,真正使"改革发展成果更多更公平惠及全体人民",建立起统筹公平性与发展性于一体的共享准则。这是推进共同富裕理论与实践行稳致远的关键所在,进一步延伸和拓展了共同富裕的内涵,突破了生产与利益层面的物质追求的边界。

---

①《列宁选集》（第三卷）,人民出版社 1995 年版,第 490 页。
②《党的十九大报告辅导读本》编写组编著:《党的十九大报告辅导读本》,人民出版社 2017 年版,第 34—35 页。

这种共享性内涵与以往的公平性和发展性内涵有着很大区别,是对后二者的超越与重构,不是抛弃公平只要发展,也不是专注发展忽视公平,而是在发展的前提下提高人民共享水平,在共享的基础上实现进一步发展,是发展与公平的齐头并进,进一步使两者的张力得以平衡。共享性内涵蕴聚着人人参与、人人尽力、人人享有的目标要求,为的就是回应人民的期待,实现好、维护好、发展好最广大人民的根本利益,以解决行为主体"做什么"的问题,怀有着价值理性所呼吁的精神力量与价值感召力,保障社会各阶层公正、平等参与共同富裕的建设过程,自觉抵制追求极致的功利对人性的摧残与对人的全面发展的迫害。共享性内涵既强调了人的眼下需要的合理性,又能兼顾人的长远发展的需要,有利于引导人民通过勤劳智慧的发展实践改变现存世界,将应然的共同富裕理想转变为实然的客观存在,不断将共享化为共同富裕的理论逻辑与价值指引,进而实现人的生命价值与社会价值的统一永恒。共享性要求发展的"质"要高,"面"要广,是以全面发展、均衡发展为前提的,肯定了以工具理性为生存手段的作用发挥,允许人们借助科学技术和理性来实现人的本质力量的对象化,将人的精神力量转化为现实力量,服务于社会主义直接效益,为共同富裕提供现实支撑。共享性内涵突出表现为价值理性与工具理性的统一,象征着一种人道主义的超功利的发展范式,让发展不止于工具性特征,将价值认知建立在科学之上,将盲目的理性架设在人的尺度中,共同融合交织于共同富裕的建设道路中。

四、步骤演进规律:从"一部分人先富"到"先富带后富"再到"共同富裕"

共同富裕不是所有人、所有地区同时、同步地达到同一个富裕标准,由于受制于历史因素、地理因素、人口因素,不同人群在实现富裕的道路上存在差距,时间上有先有后,空间上不存在齐头并进,不同地区的富裕程度也会有高有低。中国共产党接续制定了"一部分人先富"到"先富带后富"再到"共同富裕"的发展战略,其步骤的层次性递进、循序性演变蕴含着深厚的哲学机理,顺应了历史发展的必然性,揭示了社会主义国家发展共同富裕的路径遵循,彰显了对于"贫穷就是社会主义"的根本否定。

(一)从"一部分人先富"到"先富带后富"再到"共同富裕"的步骤演变内蕴着深刻的哲学机理,揭示了共同富裕从量变到质变的进化过程

"一部分人先富"是"一个能够影响和带动整个国民经济的政策"①,"我们允许一部分地区、一部分人先富起来,是为了最终达到共同富裕"②。"先富"这一先行步骤是实现共同富裕的发展起点,任何事物的发展,如果"没有物质或运动的增加或减少,即没有有关的物体的量的变化,是不可能改变这个物体的质的"③。共同富裕的实现不是一蹴而就的,它需要发挥先富的带头作用、引导功能,在先富的基础上进行点滴积累。如果率先推行齐头并进式的共富模式,则会引致量变与质变的倒置错位,违背量变起点一元性的客观法则,认为"吃大锅饭"、搞平均主义就是富裕,甚至沦陷至"等线富裕"的误区。只有在先富状态达成后,国家具备了富裕的前提条件,通过先富裕起来的地区和人群的帮扶与带动,才能促进共同富裕的量变达到一定条件,为质变的飞跃提供过渡性基础。"正因为如此,所以我们的政策是不使社会导致两极分化,就是说,不会导致富的越富,贫的越贫。"④共同富裕是"一部分人先富"和"先富带后富"的最终目标,只有局部的"差别的内在发生"解决后,整体的、根本的质变条件才得以孕生,共同富裕才能在关键节点中达到质变的飞跃。共同富裕的理论与实践循着渐进式的步骤演进,展现出"矛盾—量变—质变"的发生逻辑,形成了"个体富裕—局部富裕—共同富裕"的变化主线,深化了对社会主义建设的规律认识。

(二)从"一部分人先富"到"先富带后富"再到"共同富裕"的步骤演变是从实际出发,是具有客观发展规律性的动态演绎过程

共同富裕的建设要求有科学的理论作为先导,在新中国成立初期,我们

①中共中央文献研究室编:《邓小平同志论改革开放》,人民出版社 1989 年版,第 12 页。
②《邓小平文选》(第三卷),人民出版社 1993 年版,第 195 页。
③《马克思恩格斯选集》(第三卷),人民出版社 1972 年版,第 485 页。
④《邓小平文选》(第三卷),人民出版社 1993 年版,第 172 页。

照抄照搬了马克思关于社会主义高级阶段的发展理论，纯粹的计划经济体制在一定程度上挫伤了群众的积极性，出现了"等头富裕""齐步富裕"等力图直接进入社会主义的指令和做法，对国民经济的发展产生了误导和损害。为了摆脱一穷二白的旧局面，中国共产党开始重新思考以什么样的方式步骤去获得生产力的快速提升，去真正实现共同富裕。在这一任务要求的指引下，中国共产党继承和超越了马克思政治经济学的理论精髓，肯定了生产力对于社会主义建设的极大促进作用，阐明了社会发展是受到经济发展规律支配的，包含供求规律、价值规律、货币流通规律等，为中国变革传统计划体制，冲破"姓资姓社"束缚，进一步触发"先富"的发展引擎提供了重要理论指导。另外，中国共产党还吸收借鉴了发达国家的规划性建设经验，如："美国的经济发展就曾经历一个从东到西逐步推进的过程；苏联经济的发展也经历一个相反的从西到东逐步推进的过程。"[1]中国共产党通过反复的实践、艰苦细致的调查研究后，在总结大量经验的基础上，找到了自己要走的道路。"我们坚持走社会主义道路，根本目标是实现共同富裕，然而平均发展是不可能的。过去搞平均主义，吃'大锅饭'，实际上是共同落后，共同贫穷，我们就是吃了这个亏。"[2]由此，中央谋划了关于"一部分人先富""先富带后富"的步骤措施，"先富"的步骤不能忽略，也不可缺失，它是发展生产力的现实要素，也是解放生产力的制胜良方，在先富的激励、榜样示范作用下进一步激发后富的赶超意识，最后逐步形成全国上下共同富裕的总体格局。

从"一部分人先富"到"先富带后富"再到"共同富裕"的步骤逻辑是书本上没有的经验，中国共产党敢于突破马克思关于社会主义建设的原初语境，不再循着教条、本本的固有框架，而是从实际出发，将共同富裕的理论与实践相结合，在实践操作中得出规律总结，体现了主观与客观的双向转换过程，展现出合逻辑性、合目的性、合规律性的有机统一。

---

① 童星：《"一部分人先富"和"共同富裕"的平衡》，《南京大学学报（哲学社会科学版）》1994 年第 3 期。
② 《邓小平文选》（第三卷），人民出版社 1993 年版，第 155 页。

五、共同富裕理论与实践演进中的不变规律

（一）践行初心使命始终不变

党的十九大提出："中国共产党人的初心和使命，就是为中国人民谋幸福，为中华民族谋复兴。"①这个初心和使命是激励中国共产党人不断前进的根本动力，更承载了中国共产党为共同富裕而奋斗的前进目标。

党从践行初心的立场出发，自成立之日就确立了为人民谋幸福的目标，迈出了全体人民争取共同发展、富强独立的第一步。党的一大纲领明确指出，"革命军队必须与无产阶级一起推翻资本家阶级的政权，必须支援工人阶级，直到社会的阶级区分消除为止"②，以"没收机器、土地、厂房和半成品等生产资料，归公所有"的方式来清除私有制。中共二大进一步提出具体的实现目标，即"组织无产阶级，用阶级斗争的手段，建立劳农专政的政治，铲除私有财产制度，渐次达到一个共产主义的社会"③。这项宣言明确了中国共产党要维护广大民众的利益，也就是实行无产阶级专政的政权，并且"为了实现人民的统治，为了使人民得到经济的幸福"④，必须通过革命才能解决私有制剥削根源所导致的社会不均等问题，以达到共同富裕的最高阶段——共产主义。中国的先进分子认识到要想彻底推翻封建主义、帝国主义、官僚资本主义三座大山的压迫统治，就必须重视人民的力量，到工农群众中寻找谋得富强的救国之策。董必武强调，"'要认识本党工农政策的意义'，认识'本党的势力要建筑在多数的工农群众上'"⑤，通过工农群众的联合推翻农村的封建制度，反对地主对于农民的压榨与剥削。李大钊认为，

---

① 中共中央党史和文献研究院、中央"不忘初心、牢记使命"主题教育领导小组办公室编：《习近平关于"不忘初心、牢记使命"论述摘编》，中央文献出版社 2019 年版，第 11 页。
② 中共中央文献研究室、中央档案馆编：《建党以来重要文献选编（1921—1949）》（第一册），中央文献出版社 2011 年版，第 1 页。
③ 中共中央文献研究室、中央档案馆编：《建党以来重要文献选编（1921—1949）》（第一册），中央文献出版社 2011 年版，第 133 页。
④ 中共中央文献研究室、中央档案馆编：《建党以来重要文献选编（1921—1949）》（第二册），中央文献出版社 2011 年版，第 616 页。
⑤ 《董必武年谱》编纂室编：《董必武年谱》，中央文献出版社 2007 年版，第 74 页。

"新势力为何? 即群众势力,有如日中天之势,权威赫赫,无敢侮者"①,以此道明人民力量之伟大,具备战胜强敌之伟力,能够共同打破阻碍中国进步的一切束缚。刘少奇指出,"共产党依靠无产阶级,依靠广大被剥削被压迫的人民大众"去"推动社会向着共产主义的伟大目标前进,是一定能够获得最后胜利的"②。党的初心使命彰显着党的纲领与具体历史实践的有机结合,在共产主义远大理想的激励下,党奋力把人民从多重剥削枷锁中拯救出来,使人民对于共同富裕的向往变为现实。

党从使命担当的要求出发,推进以人民为中心发展思想的深化和升华,构筑了走向共同富裕的基石。马克思、恩格斯指出"无产阶级的运动是绝大多数人的,为绝大多数人谋利益的独立的运动"③,在未来社会,生产将以所有人的富裕为目的。因此,以人民为中心是马克思主义政党的根本方向,坚持以人民为中心更是中国共产党的使命担当所在。随着社会主义建设和改革事业步入正轨,中国共产党肩负的任务更具有挑战性、艰巨性和复杂性,一旦迷失了以人民为中心的航向,初心使命就会摇摆不定,就会产生颠覆性的内源性风险和外源性危机,国家的基本路线就会偏离,执政根基就会发生动摇,进而给西方敌对势力可乘之机,重蹈近代中国屈辱历史的覆辙。这些挑战对党提出了更高的使命要求,只有顺民心、聚民意,中国共产党才能获得最大的执政底气。

中国共产党的百年历史,就是一部践行党的初心使命的历史,就是一部党与人民心连心、同呼吸、共命运的历史。这使党无论在顺境还是逆境,对于共产主义的信仰都能永不动摇,对于坚守初心、牢记使命的决心都能永不改变,从而把共同富裕的伟大事业推向前进。过去争取国家独立、建立人民民主政权靠的是人民,现在实现中国特色社会主义的共同富裕还是要靠人民,党和国家的目标越伟大,所承担的使命越艰巨,就越需要所有人拧成一股绳去干事创业。当前,全国、全党各族人民正在为实现共同富裕而团结奋

---

①《李大钊文集》(第一卷),人民出版社 1999 年版,第 106 页。
②《刘少奇选集》(上),人民出版社 1981 年版,第 124 页。
③《马克思恩格斯选集》(第一卷),人民出版社 1995 年版,第 283 页。

斗，我们比以往任何时候都更接近这个目标。在为人民谋幸福、为民族谋复兴的使命指引下，党带领人民打破了物本论的单一发展向度，实现了由抽象的物化思维向以人为本的深度关怀的转向，进一步推进了人民中心论的升华提炼，主动关怀人的发展的现实境遇。党的十八届五中全会提出："人民是推动发展的根本力量，实现好、维护好、发展好最广大人民根本利益是发展的根本目的。必须坚持以人民为中心的发展思想，把增进人民福祉、促进人的全面发展作为发展的出发点和落脚点。"①中央通过创新体制机制建设，把党的初心使命融入经济建设、政治建设、文化建设、社会建设、生态文明建设全过程中，加快补齐共同富裕的短板，不断实现人民的整体利益，始终做到发展为了人民、发展依靠人民、发展成果由人民共享，使全体人民在共建共享中得到更多获得感，朝着共同富裕的方向迈进。

党从人类命运的宏阔视野出发，凸显大党责任意识，展示了为世界谋大同的更高指向。中国共产党既是为中国人民谋幸福的政党，也是为人类进步事业而奋斗的政党，始终把为人类作出新的更大的贡献作为自己的使命。正如习近平所强调："我们所做的一切都是为人民谋幸福，为民族谋复兴，为世界谋大同。"②党秉持着人类发展的恢宏视野，将初心使命的内涵拓展至世界范围，不仅重视本国人民的发展境况，还高度关注全人类的前途命运。习近平指出，"每个国家在谋求自身发展的同时，要积极促进其他各国共同发展。世界长期发展不可能建立在一批国家越来越富裕而另一批国家却长期贫穷落后的基础之上"③，并由此得出了"世界的命运应该由各国共同掌握"④的重要论断。2018 年，习近平在《共同迈向富裕之路》的主旨讲话中强调，中国要与非洲实行全方位的产业对接，秉持共商共建共享原则，帮助非洲国家走上现代化道路，支持其实现民族复兴的梦想。在推动亚欧地区建设时，中国共产党把中欧合作与丝绸之路经济带相结合，积极构建亚欧大市

①中共中央文献研究室编：《十八大以来重要文献选编》（中），中央文献出版社 2016 年版，第 789 页。
②慎海雄：《习近平改革开放思想研究》，人民出版社 2018 年版，第 209 页。
③《习近平谈治国理政》，外文出版社 2014 年版，第 273 页。
④本报评论员：《世界命运应该由各国共同掌握》，《人民日报》2017 年 1 月 20 日。

场,带动了沿线地区的企业、资金、技术的互联互通,为当地人民带来了广泛的发展红利。

这些致力于为世界人民谋发展的举措深刻表明了党的初心使命与各国人民谋求共同富裕的梦想相契合,相连通。这与西方"合则用,不合则弃"的大国政策存在根本不同,是对以邻为壑、转嫁危机的零和思维的根本否定,是对自定规则、弱肉强食的丛林法则的根本摒弃,彰显了中国共产党为世界谋大同的博大胸怀和为人类谋进步的大党担当,这是中国共产党历经长期实践探索的应然选择,符合所有愿踏上共富征程、维护发展权益的国家和人民的意愿与期盼。

(二)尊重历史规律始终不变

在建设共同富裕的实践历程中,对历史规律的深刻把握是中国共产党一以贯之的理论追求和实践要求。习近平指出:"对历史进程的认识越全面,对历史规律的把握越深刻,党的历史智慧越丰富,对前途的掌握就越主动。"①主动把握历史规律,才能正确坚持社会主义道路,坚定实现共产主义的远大理想。只有在总结共同富裕建设经验的基础上,与时俱进地深化对历史的客观性、规律性的认识,才能以更加主动的精神力量开创共同富裕的新篇章。

首先,共同富裕不是一成不变的模式,是随着历史发展不断演进变化的。共同富裕的理论与实践不是亘古不变的固定模式,在不同的时间维度中会不断变化,产生新的理论内容和实践形式。以当前的认识水平去概括总结共同富裕的全部理论与实践,是不全面且不科学的。这是因为历史规律是针对人类整个历史发展进程而言的,人的认识又处在绝对性与相对性的相互转化中,无法认识全部的历史。因而,总结出的实践经验往往是针对"历史的过去",而对于"历史的未来"的谋划安排还需要进一步的研究。正如列宁指出:"设想世界历史会一帆风顺、按部就班地向前发展,不会有时出现大幅度的跃退,那是不辩证的,不科学的,在理论上是不正确的。"②

---

① 《南方日报》评论员:《以坚定的历史自信走好新的赶考之路》,《南方日报》2021 年 12 月 30 日。
② 《列宁全集》(第二十八卷),人民出版社 1990 年版,第 6 页。

由此,中国共产党在推进共同富裕的整个过程中,会依据特定的发展主题和社会关系进行调整。比如在中国社会主义建设时期,人民对于共同富裕的追求往往聚焦于公平,将计划经济体制奉为公平生产、公平分配的根本准则。等到社会发展到新的阶段,生产关系与生产力不相适应时,中国社会主义建设时期的历史规律就不再适用于新时期了。就必须通过改革变革传统的生产关系,进行全方位的经济体制转轨,以社会主义市场经济体制作为共同富裕的实现根基。所以,共同富裕的建设没有统一的模板与公式,从历史考察中汲取出的一般规律并不能作为整个社会主义建设过程的万能法则。把历史与逻辑进行简单相加,不仅会陷入"绝对理性"的泥沼,将历史归为逻辑的演绎,还会不可避免地走向机械决定论的误区,否认了历史的特殊性,进而抹杀人的主观能动性。若没有具体的历史条件限定,对于规律的掌握将失去意义。中国共产党不断用发展着的马克思主义理论指导共同富裕实践,又从实践中得出新的理论总结,把现代化建设事业不断推向前进。

其次,共同富裕是一项复杂多维的系统性实践活动,不能将各个阶段的发展割裂开来。对于历史规律的掌握是一个漫长的过程,只有在实践活动和社会条件全面具备、充足发展时,人们才能获得掌握历史规律、把握历史主动性的契机,历史规律才能充分形成并暴露出来。中国最早将"共同富裕"写进党的重要文件是在 1953 年,即毛泽东亲自主持起草的《中共中央关于发展农业生产合作社的决议》,此时共同富裕还没有取得全面的推进和开展。改革开放新时期,从提出到正式发展经历了 20 多年的时间。由于共同富裕的建设是一个涉及多个系统部门活动,需要有相应的政策文件作为根本保障,协调的制度体系予以支撑,和谐的社会环境供其发展,多元的物质载体提供技术支持,它的形成发展是一个久久为功的演进历程。我们不能用前一发展阶段的眼光去评判后一发展阶段,也不能用后一发展阶段的成果去否认前一发展阶段的积累。历史规律的"这种思索是从事后开始的,就是说,是从发展过程的完成的结果开始的"①。只有将各个发展阶段的理论

①《马克思恩格斯全集》(第四十四卷),人民出版社 2001 年版,第 93 页。

实践经验依序串联起来,在历史自身演化的内在本质中找到并建立必然联系,才能全方位、多层次地掌握共同富裕的概念及本质,研究出新思路,找到新办法。

最后,共同富裕是合规律性与合目的性的有机统一。历史规律是不以人的意志为转移的客观存在,历史规律一旦被违背或突破,人们必将付出沉重的代价,社会发展将陷入穷途末路的困境。共同富裕的理论和实践创造性地将历史必然性与发展目的性辩证统一起来。一方面,共同富裕是中国共产党为体现人民意志、反映民众心声、维护人民利益作出的重大历史决策。中国共产党从以往建设、改革发展的深入思考中汲取历史智慧,科学把握历史大势,正确对待党推进共同富裕建设的曲折和失误,为人们正确认识现实和改造现实提供发展依据,为破除一切不合时宜的思想障碍和体制积弊提供现实启示。另一方面,共同富裕肯定了人在历史活动中的创造性和主体性,将人的目的、人的需要、人的价值作为推动发展的最初基因。马克思指出,"已经得到满足的第一个需要本身、满足需要的活动和已经获得的为满足需要而用的工具又引起新的需要,而这种新的需要的产生是第一个历史活动"①。共同富裕就是在不断满足人的需要,从基本的物质生产需要向高层次的美好生活需要逐步迈进,内在地驱动着共同富裕的理论与实践创新,革新着社会历史规律的表现形式,为人民创造性的发挥争取更大的施展空间,推动着整个社会主义历史的发展。

(三)坚持艰苦奋斗始终不变

共同富裕是党团结带领中国人民用智慧汗水凝结成的伟大实践,没有艰苦奋斗,共同富裕就是一纸空谈,艰苦奋斗是共同富裕实现的前提。共同富裕没有所谓的捷径,也不是变戏法,必须靠广大人民群众的艰苦奋斗才能实现。艰苦奋斗始终贯穿在中国人民谋富求富的实践征程中,不管历史怎样变化,不管时代怎样发展,它一直是共同富裕建设大业成败的关键。

首先,艰苦奋斗是刻在中华民族骨子里的优秀基因,共同富裕的实现离

---

① 《马克思恩格斯选集》(第一卷),人民出版社 1995 年版,第 79 页。

不开艰苦奋斗的赓续传承。在中国古代，小农经济一度是社会发展的主要形式，其中男耕女织的劳作方式是典型代表，"穿井而饮，耕田而食；日出而作，日入而息"①成为人民的生活常态，是人民解决温饱、摆脱生存压力的途径。《孟子·告天下》中也着重强调艰苦奋斗对于人心智磨砺的重要性："故天将降大任于斯人也，必先苦其心志，劳其筋骨，饿其体肤，空乏其身，行拂乱其所为。"②正是因为民众保持着艰苦奋斗的前进姿态，才有了文景之治、贞观之治、开元盛世的繁荣景象，其深刻体现了帝王将相与广大人民同舟共济，探索致富强国之路的艰辛历程，是艰苦奋斗精神的集中体现。

中国共产党在领导人民革命、建设和改革的百年进程中，创造性继承了艰苦奋斗的优良传统，为共同富裕的建设事业贡献了智慧与力量。在抗日战争时期，陕甘宁边区处于日伪军的全面封锁中，毛泽东发起了"自己动手、丰衣足食"的号召，使得人民军队拥有了可靠的物质保障，解决了生产生活中的难题。新中国成立后，毛泽东专门撰写了《坚持艰苦奋斗，密切联系群众》一文，要求全党同志继续发挥艰苦奋斗的精神："一万年以后，也要奋斗。共产党就是要奋斗，就是要全心全意为人民服务，不要半心半意或者三分之二的心三分之二的意为人民服务。"③党的十一届三中全会召开后，邓小平指出中国搞现代化建设，必须坚持艰苦创业："艰苦奋斗还是要讲，一点不能疏忽，要勤俭办一切事情，才能实现我们的目标。"④新时代以来，"实干兴邦、实干惠民"成为推进共同富裕事业的重要法宝。在真抓实干、埋头苦干的奋进实践中，我们打赢了脱贫攻坚战，取得了全面建成小康社会的历史性成就，朝着社会主义现代化国家不断迈进，将共同富裕的宏伟蓝图一步步变为现实。

其次，艰苦奋斗是马克思主义劳动观的表征，是中国共产党领导人民通往共同富裕的阶梯。共同富裕靠的是中国 14 亿多人民久久为功、持之以恒

---

① 赵靖：《中国古代经济思想史讲话》，人民出版社 1986 年版，第 374 页。
② 罗安宪主编：《孟子选》，人民出版社 2017 年版，第 111—112 页。
③ 中共中央文献研究室编：《毛泽东文集》（第七卷），人民出版社 1999 年版，第 285 页。
④ 中共中央文献研究室编：《十三大以来重要文献选编》（上），人民出版社 1991 年版，第 3 页。

的不懈奋斗,靠的是不畏艰辛、兢兢业业的勤奋劳动。马克思指出:"整个所谓世界历史不外是人通过人的劳动而诞生的过程。"[1]正是劳动架设了通往共同富裕彼岸的桥梁,填充了艰苦奋斗的实质内涵。党领导人民开展共同富裕的一系列实践活动都深刻体现了马克思主义劳动观的价值旨归,党始终保持着艰苦奋斗的扎实作风。

当前,我国仍是世界上最大的社会主义国家,并且仍处于社会主义初级阶段,必须依靠勤奋劳动、踏实工作打好共同富裕的基础。在百年奋斗历程中,党先是带领人民操办实业,发展工业化,将辛勤劳动作为实现人民解放、民族独立的重要方式,肯定了艰辛劳动对于社会解放和进步的作用,揭示了劳动是人的自在自为活动的现实本质。为了进一步扫除现代化发展障碍,党和人民先后完成了"一化三改造",顺利开展了"一五计划",实行了"改革开放"决策,制定了"全面建设社会主义现代化强国"的施政版图,使共同富裕建设取得了突出成就,让人民享受到更充足的成果与福利。这一艰苦奋斗的过程充分彰显了人的劳动的价值性,从根本上肯定了人民可以通过劳动实现人生理想、社会价值,厘清了劳动与幸福之间的内在联系,激发了劳动者的艰苦奋斗意志和劳动创新创造力,使之充分感受到劳动带来的幸福感、满足感、成就感。在人人参与的劳动建设中有助于积极培育人民的主人翁意识,养成"尊重劳动、尊重创造、勤劳致富"的工作作风,形成劳动光荣、艰苦奋斗光荣的社会风气,让人民主动服务共同富裕建设,更好地回馈国家与社会。

最后,艰苦奋斗是摒弃西方发展模式的要旨,是实现共同富裕的中国范式。西方发展模式在资本逻辑作用下让人陷入异化发展的怪圈。西方的科技理性在某种程度上解放了社会劳动力,但同时导致"理性中的反理性因素"广泛存在于社会环境中。为了追求快速、便捷的效用、成果,人们不断依赖大机器生产、数字网络等载体创造财富价值,人的劳动力价值在科技理性中不断退化,让人狂热地陷入对个体感性欲望的追求,导致人们被囚禁在无

---

[1]《马克思恩格斯全集》(第三卷),人民出版社 2002 年版,第 310 页。

形的桎梏中却不自知。在西方发展模式的主导下，人人向往高收入、低投入的发展效益，渴望依靠非人力的物质形式去获得回报，实则陷入资本逻辑泥潭。然而，中国共同富裕的范式是基于人本自觉而形成的，强调发挥科学技术对于社会发展的推动作用，为人民创造更多的物质成果，不把人作为理性的工具，而是在人的价值目标之上发挥人的创造性，修弥人精神伦理世界的空缺，培养人良好的吃苦耐劳习惯，兼顾人的意志力的培养。党和国家带领人民不断在共同富裕建设中奋勇前进、开拓进取，避免西方发展模式带来的技术异化，以奋发图强的意志力量弥补人主体性的失落与残缺，为不断续写共同富裕的新篇章提供有力的思想支撑。

（四）保持斗争精神始终不变

勇于斗争、敢于斗争始终是中国共产党带领人民探寻共同富裕密钥的重要经验，是党为推进共同富裕抵抗一切艰难险阻的重要精神力量。当前，中国处在复杂的国际形势之中，全球性危机与社会性危机叠加交织，全球经济复苏缓慢，社会发展受到来自各方面的挑战，坚定斗争意识和保持斗争精神对开展共同富裕具有重要意义。

1962年，毛泽东在七千人大会中提出："从现在起，五十年内外到一百年内外，是世界上社会制度彻底变化的伟大时代，是一个翻天覆地的时代，是过去任何一个历史时代都不能比拟的。处在这样一个时代，我们必须准备进行同过去时代的斗争形式有着许多不同特点的伟大斗争。"[1]这个伟大斗争包含着中国共产党对于社会主义未来建设的美好憧憬，是在面对未来风险挑战之际，仍然饱含顽强的拼搏意识去为人民谋得幸福发展的坚强决心。50年后，斗争精神又被党和国家提到了新高度。2012年，党的十八大报告中写道："发展中国特色社会主义是一项长期的艰巨的历史任务，必须准备进行具有许多新的历史特点的伟大斗争。"[2]这是党在新的时代背景下，对发展好建设好社会主义时代任务的郑重宣誓与庄严宣告。2021年，在中国共

---

① 《毛泽东文集》（第八卷），人民出版社1999年版，第302页。
② 中共中央文献研究室编：《十八大以来重要文献选编》（上），中央文献出版社2014年版，第11页。

产党成立一百周年大会上,习近平再次重申伟大斗争的时代意义,阐明要"以史为鉴、开创未来,必须进行具有许多新的历史特点的伟大斗争。敢于斗争、敢于胜利,是中国共产党不可战胜的强大精神力量"①。这种精神力量始终是中国共产党带领人民建设共同富裕和克服一切艰难险阻的巨大动力,彰显出中国共产党对人民的赤诚之心,是党为人民作出更大贡献的重要法宝。

首先,中国共产党始终用斗争精神武装动员全体人民参与共同富裕的伟大建设。社会是随着矛盾运动不断向前发展的,必须带领全体人民发挥斗争精神,开展伟大斗争,进而才能夺取共同富裕的胜利果实。党的十九届六中全会通过的《中共中央关于党的百年奋斗重大成就和历史经验的决议》将"坚持敢于斗争"作为党的百年奋斗史中的必要本领,为推动社会主义建设提供了重要历史经验。在新中国成立初期,中国社会面临着一穷二白、积贫积弱的发展困境,国民经济崩溃萎缩、百废待兴、百业待举的现状给国家发展带来了巨大的难题。除此之外,西方资本主义国家对中国进行了层层的经济封锁与外交封锁,严重阻碍和打压中国的成长。毛泽东对此表示:"美国怕苏联,但是不怕我们,它知道我们的底子。中国是一个大国,但不是一个强国,因为我们什么也没有,只有六亿人口。"②中国要想发展,要想实现共同富裕,就必须改变这一现状。中国共产党本着带领人民实现共同富裕的决心与信心,本着一切为人民服务的初心与忠心,以壮士断腕的勇气,以逢山开路、遇水架桥的拼搏韧劲,带领人民创造性完成了社会主义改造,建立了社会主义制度,恢复和发展了国民经济,形成了计划经济体制,尽快地把我国从落后的农业国转变为先进的工业国。1978 年实行对外开放后,中国与世界的接触范围更为广博,联系更加密切,全球化带来的经济流动性与风险性不断加剧,对共同富裕的发展是一把双刃剑。尤其是 2020 年后,新冠疫情无疑是给全球经济带来的致命一击,全球经济增长的下行风险显著增加,全球治理遭遇挫败,大国之间的竞争博弈不断升级,这对于共同富裕

---

① 郝永平、黄相怀:《在新征程上不断夺取伟大斗争新胜利》,《人民日报》2021 年 9 月 16 日。
② 《毛泽东文集》(第七卷),人民出版社 1999 年版,第 143 页。

事业是弊大于利的。中国共产党持续发挥斗争精神,勇敢面对一切危险难题,充分发扬社会主义集中力量办大事的优势,与人民群众一道同阻碍共同富裕推进的消极思想和破坏行为作斗争,时刻准备着把握发展先机、应对重大挑战、解决突出矛盾,在逆境中求生存,在生存中谋发展。

其次,中国共产党始终发挥敢于斗争、善于斗争的本领优势夺取共同富裕的新胜利。中国共产党只有加强斗争本领,才能在社会主义现代化建设中创造更多的财富与价值,才能为共同富裕提供强劲的发展动力。斗争本领的强弱关系着斗争能否取得胜利,关系着能否及时应对外部风险环境带来的冲击,这事关共同富裕事业的成败。

中国共产党成立的百年来,我们对共同富裕的目标越来越深化、实践经验越来越丰富,将共同富裕的道路不断走宽走远,这都离不开党的斗争本领的充分发挥,尤其是"领导干部要有草摇叶响知鹿过、松风一起知虎来、一叶易色而知天下秋的见微知著能力,对潜在的风险有科学预判,知道风险在哪里,表现形式是什么,发展趋势会怎样,该斗争的就要斗争"①。作为共同富裕的统计者和践行者,党员干部不断提升工作主动性,淬炼斗争本领。一是始终保持敏锐的政治定力。主动担起共同富裕建设的使命责任,坚持从群众中来到群众中去的工作方法,不断在风险挑战中锤炼自身的政治信念,练就解决矛盾和问题的高超本领。统筹好疫情防控与经济社会发展的关系,协调平衡改革、发展、稳定三者间的关系,不断提高政治定力,以形成维护人民群众根本利益、引领国家走向共同富裕的强大合力。二是始终保持积极的学习能力。党的十九大报告指出:"领导十三亿多人的社会主义大国,我们党既要政治过硬,也要本领高强。要增强学习本领。"②共同富裕在新时代的条件下表现出新的特征趋势,随着改革进入攻坚期和深水区,实现难度不断加大。党员干部自觉应用马克思主义理论武装头脑,坚持用马克思主义立场观点分析问题、解决问题,并且广泛吸收、包容互鉴其他科学理论的优

---

① 《习近平谈治国理政》(第三卷),外文出版社 2020 年版,第 226—227 页。
② 《党的十九大报告辅导读本》编写组编著:《党的十九大报告辅导读本》,人民出版社 2017 年版,第 67 页。

秀成果,以更好地服务于共同富裕事业。三是始终保持高标准的自律能力。共同富裕涉及经济利益的重大问题,一旦享乐主义、拜金主义充斥在执政党的头脑里,所取得的一切成就将毁于一旦。随着从严治党战略的步步深化,不敢腐、不能腐、不想腐的笼子越扎越牢,党员干部的自我约束力得到提升,其用真真切切的行动践行为民服务的初心使命,切实投入共同富裕实践,在自我促进中真正成为人民的公仆。

第六章

共同富裕理论与实践演进的价值蕴涵

共同富裕是社会主义的根本目标,也是社会主义的本质表现,中国共产党在领导人民进行革命、建设和改革的历史进程中,从理论和实践两方面对实现共同富裕进行了持续探索与创新。特别是"公平性—发展性—共享性"的共同富裕理论的逻辑演进,大大深化了对党的执政规律、社会主义建设规律和人类社会发展规律的深刻认识,展现出了重要的理论价值。而有战略、有步骤、有节奏的共同富裕长期实践,对于推进党和国家治国理政、中华民族的伟大复兴以至推进国际共产主义运动,都具有重要的实践价值,同时对世界开展贫困治理、人类现代化发展也具有重大意义。

第一节　共同富裕理论与实践演进的理论价值

一、在深化对党的执政规律认识中的理论价值

共同富裕的理论与实践是中国共产党在长期执政条件下形成的重大创新成果。其理念凝聚了全体人民利益的最大公约数,深刻反映了执政党对于加快社会主义现代化建设、满足人民的美好生活需要的迫切要求,不断将党的建设与党的事业推向新的发展阶段。共同富裕为巩固、扩大党的执政根基,完善党的执政理念的体系架构,推进党的执政方式的转变升级提供了有利条件,为执政理论增添了全新内涵,推动了中国共产党对执政规律认识的深化。

(一)强化了党总揽全局、协调各方的执政地位

共同富裕在蓬勃发展的同时,也受到了来自外部风险与内部阻力的挟制。国际上,全球性问题日益严峻,严重威胁人类生存与发展,全球治理体系呈羸弱式、疲软式发展趋势,世界经济运行动力抑塞不畅,都给社会主义经济发展带来未知的挑战和潜藏的危机,严重制约共同富裕"蛋糕"的做大。

在国内,尽管社会主义现代化建设、全面建成小康社会及脱贫攻坚战取得了举世瞩目的伟大成就,但不平衡不协调的发展症结突出,依然存在贫富差距过大、社会结构性失衡以及社会分配不公的弊病。这些现实使人民在迈向共同富裕的过程中面临重重障碍,共同富裕的实现与否关系着人心向背,关乎着一个把"人民对美好生活向往"作为奋斗目标的执政党的根基的稳固。政之所兴在顺民心,政之所废在逆民心。不管是面对波谲云诡、暗潮汹涌的国际发展局势,还是不平衡、不充分,不协调的国内发展困境,中国共产党始终有决心、有勇气去带领人民实现共同富裕。党的十九届五中全会指出,要让"全体人民共同富裕取得更为明显的实质性进展"[1],习近平更将共同富裕标定为一项政治问题,突出强调"实现共同富裕不仅是经济问题,而且是关系党的执政基础的重大政治问题"[2],把共同富裕摆在更为重要的位置上。可以说,共同富裕的理论与实践彰显了社会主义的本质特征,其发展的进程推进了党对于自身属性的认识,要求党充分发挥总揽全局、协调各方的核心作用,不断加强和改善党的领导,保障党和国家建设事业的如期完成。这是因为,共同富裕是一项艰巨且长期的大工程,涉及从政策制定到体制推行再到成果反馈等多重环节,既需要党际通力合作,集思广益地议政协商,也离不开政府部门的有序协调配合和系统性的跟进施行,而其中最关键的就是中国共产党集中统一的全面领导。

首先,共同富裕的发展进步离不开党的全面领导。习近平强调:"我们的责任,就是要团结带领全党全国各族人民,继续解放思想,坚持改革开放,不断解放和发展社会生产力,努力解决群众的生产生活困难,坚定不移走共同富裕的道路。"[3]共同富裕的实现必然要以发达的生产力为根基,必然离不开开放的市场体系带来的发展红利。当前,全球性债务危机极度膨胀,全球经济正处于流动性紧缩循环,经济下行风险一路走高。加之中美两大经济

---

[1]《中国共产党第十九届中央委员会第五次全体会议公报》,人民出版社 2020 年版,第 8 页。
[2]郝永平、黄相怀:《实现共同富裕是重大政治问题》,《人民论坛》2022 年第 21 期。
[3]中共中央文献研究室编:《习近平关于社会主义社会建设论述摘编》,中央文献出版社 2017 年版,第 4 页。

体贸易摩擦不断加剧，对外开放的外源性危机和带来的冲击力震荡与日俱增。此时，中国共产党对于市场的宏观把控和整体性的政策制定对防御、抵抗外来风险起到决定性作用，对争取有利的发展窗口和上升空间起到关键支撑和引领作用。经济发展越是游离到危险地带，就越离不开党的全面领导。中国共产党牢牢把握住顶层设计的制高点，加强开放风险能力建设，为不断释放生产力作出合理的策略安排。党中央提出构建更加开放的国内国际双循环格局，重塑国内经济发展优势，培育经济竞争新优势，以维护健康稳定的市场经济秩序，为共同富裕筑牢发展屏障，力图在危局中育新机，以带来更为强劲的经济增长动力，不断丰富共同富裕的财富收益。

其次，共同富裕的公平底线在党的全面领导下得以筑牢。现代性的发展催使个人主义生发，将人的全面发展进一步狭窄化、物质化、抽象化，人的生活表现出"震荡、断裂、无序、失范、浮躁、媚俗、贪婪、虚假、做作、伪善等种种病症"[1]。人所附有的超越性、创造性的属性逐步解化，致使社会覆罩在对"物"的极度追捧中。只关注共同富裕中"富裕"的积累，落入对世俗物欲无止境追求的地步，而忽略了对于"共同"的尺度的把握。由此，个体利益、局部利益超越了整体利益，公平正义的防线会被极大突破，从而导致共同富裕的航线脱离原则性轨道，走入单向度的迷途歧径。单纯依靠个体群众、民众团体及社会组织的力量，无法修正此种极度膨胀的个体价值，不能纠正整个社会运行的秩序规范，更不能弥补公平正义的缺失。中国共产党作为中国特色社会主义事业的领导核心，是社会规则的制定者与执行者，着重强调要"进一步实现社会公平正义，通过制度安排更好保障人民群众各方面权益"[2]，使发展成果更多、更公平惠及全体人民，朝着共同富裕方向稳步迈进。党的全面领导推动形成了建设共同富裕的强大合力，有力地避免了个体自由泛化引致的权利自由化，从宪法的高度要求建立以公平为终极价值的社会，让社会各方面的利益关系得到妥善协调，实现"共同"与"富裕"的根本

---

[1]俞吾金、黎明：《对新世纪开端的文化病症诊断》，《世纪》2000年第4期。
[2]中共中央文献研究室编：《习近平关于全面深化改革论述摘编》，中央文献出版社2014年版，第94页。

统一。党和国家缜密谋划全面建成小康社会的政治版图,统筹推进"五位一体"建设,促进现代化建设与各个方面相衔接,与各个环节相协调。坚定实施乡村振兴战略、区域协调发展战略、可持续发展战略,坚决做好打赢精准脱贫攻坚战的准备,消除经济体制发展的机制障碍。这些措施为弱势群体、广大民众撑起了保护伞,由此引领了集体主义的理念回归,澄清了"共同"与"富裕"的内在统一性,重塑了公平正义的价值本位,为坚守共同富裕的公平底线奠定了牢固基础。

(二)深化了党为实现人民美好生活向往的执政理念

共同富裕的理论与实践蕴含了党对人民美好生活的价值关照和科学阐释,展现出对发展本质及现代化认知的深刻释义,使美好生活的内涵在共建共享的活动外延下得到了丰富与提升,深化了"为谁执政""靠谁执政""怎样执政"的理性认识,提升了中国共产党执政理念的价值追求。

首先,满足人民的生产生活需要,为实现高质量供给平衡建立物质前提。在社会主要矛盾发生转变的新形势下,不能单一以国内生产总值增长率衡量人民的物质生活水平,不平衡不充分的发展问题成为人民追求美好生活的重要阻碍,城乡之间二元分化现象明显,东西部协调联动发展机制尚不健全,市场需求结构的不平衡性凸显,种种问题对党的执政工作提出了严峻考验。共同富裕的理论与实践为党满足人民的生产性和生活性的物质需要提供了思想引领,强调通过刺激公共性需求来实现经济社会的发展。这就要求国家提高供给的质量与能力,保障需求产生的物质基础,提高需求满足的匹配度,为满足人民高质量需求创造更加公平、普惠的条件。中国共产党以改革推动供给与需求的内在平衡,不断深化供给侧结构性改革,从提高供给质量出发,矫正不合理的要素配置,减少无效和低端供给,扩大有效和中高端供给,提高供给结构对需求变化的适应性和灵活性。一是有针对性地解决产业结构、区域结构、投入结构、分配结构的失衡问题,为人民群众提供高质量的产品供给。二是持续推动国内国际双循环格局的构建,进一步扩大供给的空间,利用国内和国际两种市场、两种资源,充分发挥社会主义市场经济强大的生产能力、完善的配套能力。三是加快构建完整的内需体系,致力于强化对关键核心技术的攻关,打造绿色化、创新型的现代化产业链,推动建设更高水平的开放型经济新体制,使国民经济在更高层次上实现供需的动态均衡,为高质量发展注入内生动力,从根本上为人民创造良好的生产生活条件。

其次,丰富人民的精神世界,为追求美好精神生活提供主观条件。当今社会,物质层面与精神层面的裂痕逐渐拉大,出现了物质富裕与精神贫困的两极分化现象,精神贫困一方面是由部分地区过度的物质贫困导致的,如教育的缺失、资源配置的不对等、物质生产的匮乏,使人民存在着陈旧、保守的观念。随着经济水平的大幅度提升,特别是在 2020 年绝对贫困现象历史性消除后,这一原因不再居于主导地位。另一方面是过度的物质膨胀引发的。在人们拥有了丰富的物质成果后,出现了对于财富主义的极度追捧,部分群体沉溺在货币拜物教的统摄下,虔诚崇尚金钱万能论,价值虚无主义与拜物崇拜互为耦合,混淆扰乱了社会价值秩序,是腐蚀残害人的精神世界的主导因素。党和国家所倡导的共同富裕是兼顾物质富裕与精神富裕的发展体系,覆盖了人的需要的各个层次,既包含着高水平生产发展所带来的物质财富,也涵盖着人民在社会历史实践中所创造的精神财富,将单纯以物质需要代替全部需要的压迫境地从人的主体自由中剥离掉,进一步厘清了共产党执政理念的深层本质,重新树立了美好生活的价值根基和精神支撑,为人民追求美好精神生活提供了理论滋养。

中国共产党提出的共同富裕始终追求热爱劳动、积极向上的昂扬姿态,致力于发挥人民艰苦奋斗的高尚品质。习近平指出:"劳动是财富的源泉,也是幸福的源泉。人世间的美好梦想,只有通过诚实劳动才能实现;发展中的各种难题,只有通过诚实劳动才能破解;生命里的一切辉煌,只有通过诚实劳动才能铸就。"①这种积极进取的精神追求成为人民实现人生价值的鲜亮底色。共同富裕的精神追求与资本主义的精神追求具有根本性区别。在

---

① 中共中央宣传部编:《习近平总书记系列重要讲话读本(2016 年版)》,人民出版社 2016 年版,第 14 页。

资本主义的劳动方式中,人"在自己的劳动中不是肯定自己,而是否定自己,不是感到幸福,而是感到不幸"①,它将全部社会生活建立在丛林法则之上,导致人民的劳动异化为了少数资本家的劳动而不是为了自己,将物质财富的追求标示为人的本质,进一步将人禁锢在精神真空的温床中。共同富裕能够激发全体人民为共同价值而奋斗的精神意志,在全社会大力建构爱岗敬业、勤奋工作、锐意进取、勇于创造的价值理想,强调保持物质与精神层面的合理张力,精神富裕是人更高层次的需要与旨归,凸显出党的执政价值观要义,表征了党以回归人的本质为标尺的执政价值取向,进一步将人的自由幸福构筑为党的一切执政活动的出发点和落脚点,革除了物化逻辑对人精神自由的宰制,突破了人类中心主义的狭隘立场,充实丰盈人的精神世界和现实生活,让精神富裕成为人民追求美好、幸福生活的应有之义。

(三)推进了以治理为核心的党的执政方式的转变

共同富裕在新时代表现出新的变化,一是人民对于物质生产质量、民主法治建设、精神文化生活、美好生态需要及社会文明程度提出了更高的层次化标准,促使共同富裕的内涵与外延不断丰富、拓展。二是涉及社会公正和人的全面发展的公共性事务日益凸显,多元的治理主体不断涌现,推动共同富裕的建设力量由一元主导走向多元协同。三是改革进入攻坚期和深水期,原有体制与新机制的衔接仍存在滞后性和流通不畅的问题,引发相关的政策失灵,导致对共同富裕实践的推行不力或执行过度。面对新形势下共同富裕所展现出的新特点,传统的单一性的权威中心治理模式不再适应环境的新变化,"公共物品知识的拓展,社群集体行动范式的演进,在'应享革命'中放大了的公民社会权利"②,促使社会日益成为治理的结构性主体,政府需要重塑权责,向公共服务型政府转变,推动国家、社会、公民紧密相融、互为一体。

---

① 《马克思恩格斯选集》(第一卷),人民出版社 1995 年版,第 43 页。
② 严强:《国家治理与政策变迁:迈向经验解释的中国政治学》,中央编译出版社 2008 年版,第 427 页。

首先,在社会多元治理主体的驱动下,党和国家促进资源、财富在不同群体间趋向均衡。国家大力倡导用慈善、公益等方式对收入成果进行分配,逐步建立权利公平、机会公平、规则公平的社会保障体系,构建公平公正、共建共享的社会发展机制,积极维护主体间的利益共识与价值共识。这不仅免受了"运动型治理"中被官僚体制同化的危机风险,打破了国家专断权利对于社会集体行为的束缚,还进一步发掘、引导社会自治功能的发挥,使权力运行由完全行政化、刚性的垂直模式向多中心、合作性的扁平化方式转变,使广大人民具有监督政党和参与共同富裕的权利,保障了党的执政方式更好地融入社会治理场域,着力推进了党的执政方式的现代化转变。

其次,共同富裕的实践代表着对正义的社会制度的维护,有利于构建法治化的执政治理体系。社会主义市场经济的迅速发展极大地提高了人民的生活水平,与此同时,人与人的差距逐渐拉大,贫富两极分化的趋势日渐增强,如此下去将震荡社会稳定的根基,导致人民心理失调与精神涣散,引发对实用主义无边界的痴迷追求,表现出对于正义制度的麻木不仁。共同富裕就是要解决发展的平衡性、包容性和共享性问题,就是要合理调节过高收入与过低收入,着力推进基本公共服务的均等化,维护正义制度的道德底线与法律底线。中国共产党从法治上去强化治理主体按制度办事的责任与意识,维护社会发展的价值秩序,将"强大的个体分化力量。它分割而不联合"[①]的异质化力量引入社会共同体的轨道之中,逐步消弭着"唯私主义综合征"对于个体的控制和占有,不断打破孤立的、封闭的主体性障碍,使权力运行中"人性"与"物性"的张弛关系得到有效把控。中国共产党善于运用法治架设现代化社会的发展秩序,在严格遵循法律法规的基础上保障治理体系的协调性和规范性,有助于防范化解社会失范的风险,形成良治的政治生态。

总之,共同富裕的理论与实践有利于提升党的执政治理能力。有利于解决好党与政、党与民、党与法之间的关系,推进科学执政、民主执政、依法

---

① [美]齐格蒙特·鲍曼:《个体化社会》,范祥涛译,上海三联书店2002年版,第13页。

执政的互动联系，突出以人为本的价值取向，为个人意志与公共利益的调和创造充足的制度空间，推动形成公共性再生产的有序路径，推进以治理为核心执政方式的转变。

二、在深化对社会主义建设规律认识中的理论价值

（一）丰富和发展了社会主义本质论

首先，共同富裕突破了以往经典文本的认识之维，深化了对社会主义本质属性的认识。在马克思、恩格斯的文本论述中没有出现对社会主义本质的概括与总结，更多的是总体性地描绘出社会主义及共产主义的存在样态。马克思在《1844年经济学哲学手稿》中，从政治经济学角度定义了共产主义，将其表述为"对私有财产即人的自我异化的积极的扬弃"①。在《德意志意识形态》中，马克思从唯物史观的大视角出发，把消灭私有制、实现人的自由全面发展确立为共产主义的未来蓝图。马克思、恩格斯在《共产党宣言》中更是明确指出"共产党人可以把自己的理论概括为一句话：消灭私有制"，并且"共产主义的特征并不是要废除一般的所有制，而是要废除资产阶级的所有制"②，以此来表明社会主义制度的建构。在马克思、恩格斯之后，列宁进一步将"什么是社会主义"更加具体、明确地详述出来。列宁在《苏维埃政权的当前任务》中提出了一个著名公式，即"苏维埃政权＋普鲁士的铁路秩序＋美国的技术和托拉斯组织＋美国的国民教育＋……＝社会主义"③。1920年，在全俄苏维埃第八次代表大会中，列宁用"共产主义就是苏维埃政权加全国电气化"④来论述社会主义与工业生产的紧密联系，把全俄电气化计划作为国民经济恢复和发展的重点任务。

中国共产党在时代和实践发展需要的基础上，深化和升华了对社会主义的理解与认识，把共同富裕的理论与实践填充在社会主义的制度框架内，

---

① 《马克思恩格斯文集》（第一卷），人民出版社2009年版，第185页。
② 《共产党宣言》，人民出版社2018年版，第42页。
③ 《列宁全集》（第三十四卷），人民出版社1985年版，第520页。
④ 《列宁选集》（第四卷），人民出版社1995年版，第364页。

赋予了社会主义全新的发展内涵,改变了经典文本中对社会主义单维的解读。在共同富裕的发展语境中,经济状况只是衡量社会主义进步与否的尺度之一,它内蕴着多维度的发展意向。在发展目标上,共同富裕坚持以人民为中心的发展,试图构建一个自由和谐的美好社会。物质资料的积累只是实现人民全面发展的基本手段而不是最终目的,将广大人民作为发展的主体与最终受益者,"把实现人民幸福作为发展的目的和归宿,做到发展为了人民、发展依靠人民、发展成果由人民共享"①。以持续的先进的生产力增进人民福祉,满足人民对美好生活的期盼与向往,实现人之自由、人之和谐。在发展方向上,共同富裕是经济、政治、文化、社会、生态的全面共享。它体现了多维发展的价值属性,以经济发展为依托,以政治民主为引领,以精神文化为取向,以和谐社会为导向,以生态文明为底蕴,彰显了不同发展要素与多元社会系统的统一,体现了社会主义发展的本质要求和运行规律。

其次,共同富裕延拓了人类解放的实践之维,彰显了社会主义的本质优越性。人类解放的最高目标是实现共产主义,将人从异化的物质关系、劳动关系、自然关系中解放出来,重塑人与自然、人与社会、人与人的可持续发展关系。"社会主义的本质,是解放生产力,发展生产力,消灭剥削,消除两极分化,最终达到共同富裕。"②这与共产主义的发展主线是一脉相承的,共同富裕既是社会主义的应然目标,也是共产主义的实然状态。在社会主义初级阶段,党和国家运用社会主义市场经济有效利用、驾驭资本,以创造物质财富和实现价值增殖,全力维护、保障人民大众的成果利益,旨在剥离掉经济剥削对人的束缚与压迫,为人迈向经济解放架设桥梁。另外,共同富裕不等同于福利国家的概念,不是人人富裕之后便可不再劳动,坐享其成地等待国家平均分配物质资源。共同富裕所倡导的正是通过勤劳致富、创新致富来发展和改造人自身,培植健康的劳动情感和劳动伦理品德。正如列宁所

---

① 中共中央宣传部编:《习近平总书记系列重要讲话读本(2016 年版)》,人民出版社 2016 年版,第 128 页。

② 《邓小平文选》(第三卷),人民出版社 1993 年版,第 373 页。

言："没有年轻一代的教育和生产劳动的结合,未来社会的理想是不能想象的：无论是脱离生产劳动的教学和教育,或是没有同时进行教学和教育的生产劳动,都不能达到现代技术水平和科学知识现状所要求的高度。"①由此将劳动转化为感知美好、创造美好、分享美好的同质性力量,逐步上升为人实现劳动解放的密钥。同时,共同富裕还内蕴着人与自然和谐共生的发展追求。倘若为了追求无止境的经济利益而敌视自然,恣意破坏、改造自然,人类的生存发展将变为无本之木、无源之水,共同富裕则会成为昙花一现的幻影,不考虑代际利益的发展终将走向衰败。习近平指出："自然是生命之母,人与自然是生命共同体,人类必须敬畏自然、尊重自然、顺应自然、保护自然。"②共同富裕不仅要让人民过上物质富裕的生活,也要让人民享有最普惠的民生福祉——良好的生态环境。通过推进发展方式的生态变革,坚持以经济社会的可持续发展来满足人民物质和精神上的追求,以人与自然的和谐共生消解二者的对立冲突,推动人的尺度与自然尺度的耦合共进,在赋予生态福利的过程中铺设人通往解放的自由之路。

(二)深化了对社会主义主要矛盾转化的认识

马克思主义认为,人类社会发展演进的根本原因在于生产力与生产关系、经济基础与上层建筑的矛盾运动,在不同的历史条件下,社会基本矛盾表现出不同的内容形式、运行特点、目标要求。1956 年,党的八大首次提出我国社会的主要矛盾"已经是人民对于建立先进的工业国的要求同落后的农业国的现实之间的矛盾,已经是人民对于经济文化迅速发展的需要同当前经济文化不能满足人民需要的状况之间的矛盾"③。在社会主义革命基本完成的基础上,国家的主要任务由解放生产力变为保护和发展生产力。尽管党的八大对于主要矛盾的认识是理性而客观的,但由于在实践中贯彻了"以阶级斗争为纲"的错误方针,忽视并淡漠了对于社会主要矛盾的正确判断与认识,片面追求发展的公平性与均等性,对于共同富裕的建设思路认识

①《列宁全集》(第二卷),人民出版社 1959 年版,第 413 页。
②习近平：《在纪念马克思诞辰 200 周年大会上的讲话》,人民出版社 2018 年版,第 21 页。
③逄先知、金冲及主编：《毛泽东传(1949—1976)》(上),中央文献出版社 2003 年版,第 536 页。

得还不够深入。直到 1981 年,党的十一届六中全会在《关于建国以来党的若干历史问题的决议》中将社会基本矛盾表述为"人民日益增长的物质文化需要同落后的社会生产之间的矛盾",要将工作重心转移到经济建设上来,以"大力发展生产力"为该阶段重点任务。正如邓小平所说:"我们坚持走社会主义道路,根本目标是实现共同富裕,然而平均发展是不可能的。"①在共同富裕目标的倒逼之下,党和国家要不断提高人民的物质生活水平,这与物质文化需要水平的提高一脉耦合。进入新时代,党的十九大对我国社会主要矛盾作出了重要的历史性判断:"我国社会主要矛盾已经转化为人民日益增长的美好生活需要和不平衡不充分的发展之间的矛盾。"②这表明在新的历史条件下,社会主要矛盾的现实逻辑发生了改变,改革开放 40 多年的成功实践使我们摆脱了落后的物质生产水平,追求美好生活的内涵日益丰富。共同富裕在社会主义现代化建设的发展征程中,随社会主要矛盾的变化而不断丰益自身,是解决新时代社会主要矛盾的必然要求。

首先,从需求端来看,共同富裕内蕴着广博多元的美好生活需要。美好生活需要是一个立体化、层次化的多元结构,单一的发展向度无法满足当前人们对于生活质感、幸福感的追求,就像德尼·古莱所言:"虽然在某些方面,发展本身是追求目的,但在更深层方面,发展从属于美好生活",并且"如果不联系人类幸福的内涵,就不可能做出生活质量高下的判断。"③共同富裕顺应了新时代社会主要矛盾的新变化,它所体现的不是人的需要的数量的简单相加,而是既包含物质、文化,又超越物质和文化的高质量、高层次的发展需要。习近平对此指出:"我们要顺应人民群众对美好生活的向往","保证人民平等参与、平等发展权利,使改革成果更多更公平惠及全体人民,朝着实现全体人民共同富裕的目标稳步迈进"。④ 共同富裕不仅满足了人们衣食住行的基础性需要,还积极建设人们的发展资料、享受资料。党的十八大

---

①《邓小平文选》(第三卷),人民出版社 1993 年版,第 155 页。
②学习时报编辑部编:《以教育现代化助力强国建设》,人民出版社 2020 年版,第 32 页。
③[美]德尼·古莱:《发展伦理学》,高钴等译,社会科学文献出版社 2003 年版,第 43、49 页。
④《习近平谈治国理政》(第二卷),外文出版社 2017 年版,第 40 页。

以来,国务院印发了《关于进一步做好新形势下就业创业工作的意见》《关于整合城乡居民基本医疗保险制度的意见》,通过了《关于构建开放型经济新体制的若干意见》,规范细化了《食品安全法》。共同富裕将多元性的美好生活需要涵纳至我国经济社会的发展建设中,及时与人民的社会需求相适应,满足高中低不同层次的叠加需求。

其次,从供给端来看,共同富裕旨在解决“不平衡不充分”的发展问题。社会主要矛盾的转变揭示了当前社会主义现代化建设中存在的发展瓶颈,共同富裕所要构建的是平衡包容、协同开放、绿色共享的总体发展格局。邓小平曾说:“现代化建设的任务是多方面的,各个方面需要综合平衡,不能单打一。”①不仅要建设丰厚的物质文明成果,还要注重抓好精神文明建设、法制建设等。习近平指出:“发展必须是遵循经济规律的科学发展,必须是遵循自然规律的可持续发展,必须是遵循社会规律的包容性发展,必须着力提高发展的协调性和平衡性。”②共同富裕是全体人民的富裕,不是少数人的富裕;是统筹全域的协调发展,不是单一的少部分地区的发展。近年来,党和国家为解决供给性结构失衡问题安排了一系列的决策部署,如2021年,国家发改委印发了《东北全面振兴“十四五”实施方案》,深入实施京津冀协同发展、长江经济带发展、粤港澳大湾区建设、长三角一体化发展等战略,在区域发展、城乡发展、产业发展、收入发展之中加强基础性、普惠性的保障建设,旨在破除城乡发展的二元结构,推进不同区域间的发展要素与公共资源得到均衡合理化配置。此外,粗放式的高速发展模式对我国社会发展造成阻碍与危害,唯GDP论的发展方式拉低了整个社会的发展质量与效益,造成发展不充分问题的进一步凸显。2021年,中央财经委员会第十次会议强调要在高质量发展中促进共同富裕,二者不仅具有统一性,也包含着紧密的逻辑关系。党和国家通过全面深化改革推动经济体制、分配制度、供给侧机制、公共卫生政策的发展与完善,不断提高实体经济水平和质量,以解决供给相对不足的民生问题,以此激发经济高质量发展的创新动力与后劲。

---

① 林建公、昝瑞礼:《邓小平的实践辩证法》,人民出版社2004年版,第176页。
② 人民日报社理论部:《“五大发展理念”解读》,人民出版社2015年版,第58页。

（三）认识和把握了社会主义分阶段发展规律

在新中国成立初期,共同富裕是对实现四个现代化的内涵表达。1965年,第三届全国人民代表大会第一次会议上,周恩来总理正式向全国人民宣布了实现农业、工业、国防和科学技术四个现代化的战略目标。在确定发展目标的同时,毛泽东更是明确了目标的实现大致时间和战略步骤。1955年3月,他在党的全国代表会议上指出:"在我们这样一个大国里面,情况是复杂的,国民经济原来又很落后,要建成社会主义社会,并不是轻而易举的事。我们可能经过三个五年计划建成社会主义社会,但要建成为一个强大的高度社会主义工业化的国家,就需要有几十年的艰苦努力,比如说,要有五十年的时间,即本世纪的整个下半世纪。"[1]因为"在我们这样的国家,完成社会主义建设是一个艰巨任务,建成社会主义不要讲得过早了"[2]。1963年9月,中央工作会议在讨论国民经济发展的长远规划时,根据毛泽东的上述思想提出了"两步走"的发展步骤。第一步,建立一个独立的、比较完整的工业体系和国民经济体系;第二步,全面实现农业、工业、国防和科学技术的现代化,使我国经济走在世界前列。1965年1月,在第三届全国人民代表大会第一次会议的《政府工作报告》中,周恩来宣布了这一任务和实现步骤,并获得人民代表大会的通过。四个现代化的发展目标和"两步走"的发展战略,勾画了新中国迈向共同富裕的宏伟蓝图。

改革开放新时期,共同富裕是对实现"三步走"战略的具体表达。出于历史原因,毛泽东等中国共产党人所提出的共同富裕的初级目标即四个现代化和"两步走"被迫中断。但是,1979年,"两步走"中的第一步,即建立一个独立的、比较完整的工业体系和国民经济体系已经基本完成。邓小平在继续探索实现共同富裕的过程中提出了"三步走"战略。党的十三大按照邓小平的构想,在党的文件中将"三步走"发展战略正式表达出来,即"第一步,实现国民生产总值比1980年翻一番,解决人民的温饱问题。这个任务已经

---

[1]《毛泽东文集》(第六卷),人民出版社1999年版,第390页。
[2]《毛泽东文集》(第八卷),人民出版社1999年版,第116页。

基本实现。第二步,到 20 世纪末,使国民生产总值再增加一倍,人民生活达到小康水平。第三步,到 21 世纪中叶,人均国民生产总值达到中等发达国家水平,人民生活比较富裕,基本实现现代化"①。党中央不再局限于对于现代化的宏大论述,将共同富裕的发展目标进行具体化、详细化的战略展开,以系统的实践步骤进行全面落实,将现代化的目标指向落在了具体的行动纲领中。

在新时代,共同富裕是对全面建成社会主义现代化强国的时代表达。从四个现代化到"三步走"战略,再到建成社会主义现代化强国,表现出了中国共产党对于人民幸福生活的不懈追求,是对实现共同富裕的浓缩表达。党的十九大明确指出,中国特色社会主义新时代是决胜全面建成小康社会进而全面建成社会主义现代化强国的时代。这一时代性表达意味着在新时代,共同富裕的发展具备了新的历史机遇、更为广博的发展视域、更为宽泛的实践场域。这是因为,社会主义现代化强国的重要标志就是共同富裕,它所要构建的是一个富强、民主、文明、和谐、美丽的社会发展格局,这与共同富裕的未来愿景是并行不悖的。其一,二者具有共同的价值归属。它们都坚持以人民为中心的发展思想,把实现人民的美好生活作为目标愿景,归根到底还是为了实现人的自由全面发展,不断确证着人的主体性和自我价值的实现,满足人民对于物质、精神、艺术及审美等多方面的追求。其二,二者具有互通的实践路径。全面建成社会主义现代化强国和共同富裕都是一场深刻而广泛的现代化变革过程,涉及经济、政治、文化、社会、生态、国防现代化的内容建设,都需要中央制定相应的制度措施去推动。其步骤与路径有相应的重合度和互通性,互不冲突,能够融合发展,推动社会主义向更高阶段迈进。其三,二者具有统一的发展机制。在现代化建设的道路上,信奉市场万能、重经济增长、轻物质分配只能导致人民穷的越穷,富的越富。"世界上没有放之四海而皆准的具体发展模式,也没有一成不变的发展道路。"②要

---

① 全国干部培训教材编审指导委员会组织编:《邓小平理论基本问题》,人民出版社 2002 年版,第 136 页。

② 《习近平谈治国理政》,外文出版社 2014 年版,第 29 页。

实现共同富裕,就不能走资本主义国家的老路,就不能以西方的现代化构建社会主义现代化。党和国家倡导充分发挥社会主义制度的显著优势,充分维护各阶层的综合利益,加快现代化建设的实现方式,如构建城乡融合发展机制、城镇化高质量发展机制、区域协调发展机制等,以化解社会主义发展进程中面临的突出矛盾和困难,推动实现共同富裕的现代化目标。

三、在深化对人类社会发展规律认识中的理论价值

(一)延伸了人类对未来社会走向的认识

在对未来社会的考察和研究中,始终离不开对于人类社会发展规律的深刻洞见,离不开对于世界历史的深入把握。马克思曾从整体性的唯物史观出发,摆脱了以往依赖于主观意志和客观精神以及对未来社会的空洞描绘,作出了"无论哪一个社会形态,在它所能容纳的全部生产力发挥出来以前,是决不会灭亡的;而新的更高的生产关系,在它的物质存在条件在旧社会的胎胞里成熟以前,是决不会出现的"①的经典论断。马克思从对资本主义旧世界的批判中发现了新世界,从资本主义的发展节点中汲取新社会的成长因子,对未来社会进行了深远预见,将未来社会建立在高度发达的生产力基准和世界性交往之上。共同富裕的理论与实践充分展示了马克思关于未来社会发展理论的强大生命力,丰富了人们对于未来社会的发展思考,对中国乃至世界广大人民摆脱资本的奴役与控制、推动形成人类生活的整体变革具有重要理论价值。

首先,共同富裕的理论内涵丰富了未来社会发展的构建逻辑。马克思主义经典作家结合当时的历史条件,在对人类社会发展规律深入把握的基础上,科学预见了未来新世界的基础特征。结合马克思和恩格斯的经典文本及相关学者的建设性解读,大致可将未来社会的特征划分为以下几点:第一,生产力水平高度发达且优于资本主义;第二,全体社会成员共同占有生产资料,剥削制度和私有制被消除;第三,旧式分工被消灭,建立新式的自觉

①《马克思恩格斯选集》(第二卷),人民出版社 1995 年版,第 33 页。

分工;第四,劳动构成了生活的第一需要;第五,社会成员之间形成和谐友爱的交往关系;第六,消灭一切阶级差别,转为无阶级社会。然而,这只是对未来社会发展的趋势洞见和原则体现,并没有将实现的具体手段和方法指引公之于众。如恩格斯就社会控制人口增长问题给卡·考茨基的信中写道:"无论如何,共产主义社会中的人们自己会决定,是否应当为此采取某种措施,在什么时候,用什么办法,以及究竟是什么样的措施。我不认为自己有向他们提出这方面的建议和劝导的使命。那些人无论如何也会和我们一样聪明。"[①]中国共产党将共同富裕作为推动社会主义创新发展的时代表达,不仅表征了未来社会发展的趋势特征,还引导着广大人民朝着未来社会的目标趋近。在生产资料所有制方面,生产资料公有制为主体构成了共同富裕的物质根基,一定的非公有制经济作为共同富裕的物质补充,可助益社会主义初级阶段的财富增加。在个人消费品分配方面,以劳动者共同拥有、占有、支配和使用的生产资料公有制代替了资本主义私有制主导下的个人所有制,推动个人消费品实现按劳分配。在社会制度建设方面,"党的十八届三中全会提出全面深化改革的总目标,并在总目标的统领下明确了经济体制、政治体制、文化体制、社会体制、生态文明体制和党的建设制度深化改革的分目标"[②],以多元的制度建设夯实国家五位一体的全局性发展,为推动共同富裕形成总体效应。在劳动关系方面,根本性否定资本主义生产方式,打破了资本对于社会生产的垄断,在"看得见的手"和"看不见的手"的相互配合下创造稳定有序的市场秩序,防止资本无序扩张,着重保护劳动者所得,建立起和谐的劳动关系。

其次,共同富裕的建设思路拓展了向未来社会过渡的路径图式。在论及向未来社会过渡的方式时,马克思曾提出了多种设想方案,如在《共产党宣言》中,他提出:"共产党人不屑于隐瞒自己的观点和意图。他们公开宣布:他们的目的只有用暴力推翻全部现存的社会制度才能达到。让统治阶

---

①《马克思恩格斯选集》(第四卷),人民出版社 1995 年版,第 642 页。
②中共中央文献研究室编:《习近平关于全面深化改革论述摘编》,中央文献出版社 2014 年版,第 26 页。

级在共产主义革命面前发抖吧。无产阶级在这个革命中失去的只是锁链。他们获得的将是整个世界。"①马克思倡导以刚性的、暴力的革命手段来实现社会形态的更迭。再如在英国、美国这些国家中，马克思认为可以通过和平的方式实现过渡。1872年，马克思在阿姆斯特丹群众大会上发表演说中指出："我们从来没有断言，为了达到这一目的，到处都应该采取同样的手段。我们知道，必须考虑到各国的制度、风俗和传统；我们也不否认，有些国家，像美国、英国，——如果我对你们的制度有更好的了解，也许还可以加上荷兰，——工人可能用和平手段达到自己的目的。"②这是依据不同的社会条件、制度背景下作出的另一种过渡性发展判断。

共同富裕既不属于暴力式的变革图式，也与和平发展的过渡图式有一定区别，这是因为它是社会主义的本质特征，不仅体现为社会主义的发展必然性，也是未来社会的初育形态，是社会主义内部自生作用、发展完善的必然结果，是走向未来社会的重要途径。共同富裕与人类社会发展是齐头并进的，都是一个从低级向高级的跃进过程。在共同富裕初级阶段，我们坚持以公有制为主体，多种所有制共同发展的基本经济制度和以初次分配、再分配、三次分配协调配套的基础性制度安排，不断做大社会财富，形成橄榄型社会分配结构，丰富繁荣社会的物质成果，不断为人创设自由而全面发展的机遇与空间。在共同富裕高级阶段，在生产力高度发达的物质水平下真正实现生产资料的按需分配，根本性摆脱物的依赖性，达成全方位、多维度的共同富裕，真正实现自由人联合体的和谐统一。

（二）提升了人类文明发展新道路的高度

共同富裕是对中华优秀传统文化的创造性升华，为人类文明贡献了新力量。中华优秀传统文化贯穿于中国上下几千年的历史中，在千百年的传承和发展过程中与共同富裕具有天然顺成的基因关系。早在商周时期，《尚书·五子之歌》提出"民惟邦本，本固邦宁"③的民本思想。春秋战国时期，《管子·治国》主张"凡治国之道，必先富民"④，着重强调统治者应

①《马克思恩格斯选集》（第一卷），人民出版社1995年版，第307页。
②《马克思恩格斯全集》（第十八卷），人民出版社1964年版，第179页。
③人民日报海外版"学习小组"编著：《平天下：中国古典治理智慧》，人民出版社2015年版，第105页。
④管国全、龚武编著：《管子治理之道》，人民出版社2016年版，第5页。

采取利民富民的治国之策。孔子倡导:"因民之所利而利之,斯不亦惠而不费乎?"①这道出了人民富足即是治理国家的真谛。孟子认为搞好耕种、减轻税负就可以让人民富足,即"耕者,助而不税"。到了秦汉时期,儒学家戴圣提出了为政者要修身安己、满足民众生存需求、追求大同社会理想等一系列为民谋富的发展措施。此外,中国传统文化的国学经典中还提到通过礼义道德的教化来顺从民众的意愿,充沛人们的精神世界。《礼运》指出:"圣人遵循义的根本,礼的秩序,来培育人情。因此,人情是圣王的田地。圣王用修礼耕田,用陈义种田,用讲学锄田,用本仁储备,用播乐来让人们习惯礼义的行为。"②共同富裕的理论与实践在优秀传统文化的胎胞中得以血脉相承,深深地印刻着以民为本的治国理念,秉持着天下大同的社会理想,坚守着富而好礼的精神追求,秉持着业精于勤的劳作态度,彰显了扶贫济困的责任担当。同时,共同富裕的理论与实践将中华优秀传统文化中蕴含的朴素共富思想进行创新性发展和创造性转化,革除、消弭着封建思想和小农主义对于共富发展的影响。

中国共产党按照新时代发展的特点与要求,以共同富裕为建设理路,赋予中华文明崭新的时代内涵,为人类文明的进步贡献智慧与力量。一是将大同社会的美好蓝图付诸久久为功的物质生产实践,推动共同富裕在社会主义土壤上强根固本,剥离掉富有乌托邦色彩的空想主义,通过实干真干苦干实现社会变革,不断创造为民所用的生存资料、享受资料和发展资料。二是将人民的意愿、人民的主张置于共同富裕的首要位置,既不是为了维护统治阶层的政治利益,也不是囿于安抚民众作出的被动选择,而是把人民同国家紧密相连,构建起国家、社会、人民的内在统一体。三是将共富追求锻造于中国特色社会主义伟大实践中。在建设和发展中国特色社会主义征程中,中国共产党始终坚持实事求是和与时俱进的辩证统一,将中国具体实际与时代特征相结合,揭示出通往共同富裕的最佳路径,着重把握现代化建设中的普遍性与特殊性,不断开辟社会主义发展新局面,为人类文明发展贡献

---

①罗安宪主编:《论语》,人民出版社 2017 年版,第 147 页。
②王其俊主编:《民本·概论篇》,齐鲁书社 2000 年版,第 114 页。

中国经验。

（三）实现了对资本主义文明的历史性超越，推动了人类文明新形态深度展开

资本主义文明为人类文明创造过极大的生产力价值，为人的生存和发展扩展了视野与空间，将束缚于人千百年的封建制度予以革除，将社会生产带入了一个崭新的、前所未有的时代。资产阶级在"不到一百年的阶级统治中所创造的生产力，比过去一切世代创造的全部生产力还要多，还要大"①。无可否认，资本主义在历史上的确发挥过积极作用，以创造社会物质财富为直接目的，为人们带来丰硕的物质成果和高效的生产。但是，随着经济危机的爆发，工人阶级和资产阶级的矛盾日益激化，资本主义文明的矛盾症结不断显现，出现了无法修补的裂痕，与广大人民所期待的共富理想发生背离。其一，资本主义虚假共同体的意识幻想引发人类精神家园的迷失。"资本主义生产的当事人是生活在一个由魔法控制的世界里，而他们本身的关系在他们看来是物的属性，是生产的物质要素的属性。"②社会变为由陌生人组成的集合单元，将商品关系默认为人与人之间的唯一纽带，人将不可避免地陷入道德沦丧、信仰贫瘠、精神贫困的迷失境地。其二，资本主义的增殖逻辑引发社会分裂与两极分化。资本的逐利本性将增值作为自身生存的唯一路径，只考虑价值增殖带来的利益问题进而导致社会生产过剩，财富掌握在少数寡头手中，资本家与雇佣者之间的裂隙无限扩大，两极分化持续加剧。其三，资本主义不可逆的内在矛盾引发"区域—全球"的综合性危机。生产社会化与生产资料私有制不相容性是资本主义制度永远无法调和的矛盾，为攫取高额的垄断利润从一国拓展至全球，将世界卷入至资本主义生产范式中，无限制地榨取生态资源来维系西方工业文明，一度牺牲发展中国家利益以构建统摄全球的资本王国，导致全球性经济危机、生态危机、安全危机频频出现。

---

① 《马克思恩格斯文集》（第二卷），人民出版社 2009 年版，第 36 页。
② 《马克思恩格斯全集》（第二十六卷）（第三册），人民出版社 1974 年版，第 571 页。

共同富裕理论与实践展现了人类文明新形态的价值追求，坚持以人民至上作为发展的基准点，以实现全体人民的真正富裕为出发点，以人的全面发展为落脚点，驳斥了资本主义文明对人的摧残，厘清、澄明了人与物的关系，绘制了人类文明的应然图景。共同富裕并不是为了生产力而发展生产力，为了创造财富而牺牲人民利益，它所追求的是使人在财富追求的过程中真正实现自身的价值，将财富作为实现自由发展的一种手段，而不是终极目的。"鄙俗的贪欲是文明时代从它存在的第一日起直至今日的起推动作用的灵魂；财富，财富，第三还是财富，——不是社会的财富，而是这个微不足道的单个的个人的财富，这就是文明时代唯一的、具有决定意义的目的。"① 无度的物质性消费只会造成幸福的错觉和精神的麻木，将严重滋生消费主义和拜金主义乱象。共同富裕旨在摆脱资本逻辑的挟制，将全体人民的共富进路作为发展的驱动力；旨在走出文明冲突的怪圈，将调和与缓和各阶级的矛盾作为发展的凝聚力；旨在冲破两极分化的桎梏，将和平发展、合作共赢作为发展的向心力。以共同富裕为根本的发展体系逐步超越资本文明所主导的全球化体系架构，以胸怀天下、天下为公的共富思想成就世界人民，以更和谐包容的发展姿态造福世界的现代化之路，推动人类文明形态的重塑与建构。

第二节　共同富裕理论与实践演进的实践价值

一、在实现中华民族伟大复兴中国梦中的实践价值

共同富裕是中国特色社会主义现代化建设的奋斗目标，是社会主义的本质要求，与实现中华民族伟大复兴的中国梦有着同心同向的共振频率。共同富裕就是要让全体中国人民走上社会主义的大同道路，从根本上解决

---

① 《马克思恩格斯选集》（第四卷），人民出版社 1995 年版，第 177 页。

贫穷问题、不平衡不充分的发展问题,以获得高层次、高水平的全面发展。中华民族伟大复兴的中国梦也代表着人民对美好未来的期盼与追求,旨在实现国家富强、民族振兴、人民幸福。共同富裕解决了人民生活的基础性、整体性的发展问题,这是实现中国梦的基础与保障,没有共同富裕就谈不上中国梦的实现。共同富裕的理论与实践对整个中华民族的精神风貌、国家的发展宏图、人民的美好生活进行了升华与深化,蕴含丰富的、具有现实指向意义的实践价值。

(一)建构了为民谋富的发展新径,是拓展和走好中国道路的行动指南

首先,通过制度支持、政策扶持,为生产发展指引方向。共同富裕的核心推动力量来自中国共产党,因此党的一系列方针政策都会牵动、影响着共同富裕的实施进程。中国共产党站在时代发展的制高点上,持续发挥政策的调控功能,宏观指导生产的健康、有序开展,引领共同富裕的制度化建设。一是积极出台为民谋富的普惠政策及重要制度。不断完善社会主义基本经济制度,加快建设现代化经济体系,完善市场经济的要素集聚和有效配置,有效破除产权制度、市场准入负面清单制度和公平竞争制度的沉疴积弊;坚持和完善统筹城乡的民生保障制度,系统优化收入分配制度,完善收益合理共享机制,健全三次分配机制,加大税收、社保、转移支付等调节力度,以形成规范合理的收入分配秩序;积极落实社会救助制度、就业优先政策,充分保障教育、医疗、养老等供给需求,不断以多层次制度安排为生产发展提供战略性、长远性的指导作用。二是加大政策的执行力度。持续推动相关改革,进行全面部署和规范性、科学性操作,在各部门各单位之间建立严格的监督机制,强化监管措施,坚决抵制形式主义、官僚主义等空泛表态及应景造势的不实作风。三是继续巩固政策实施成效。坚持以上下联动的方式及时跟进惠民政策的实施进度,坚持"回头看"与"向前看"同步发力,对已经完成的脱贫攻坚战略、全面建成小康社会及相应产出成果进行验收与反馈,继续抓好巩固提高,在完成的基础上再次把实施效果、群众满意度、社会认可度提高到新阶段,不断创造出更加瞩目的发展成就。

其次,通过因地制宜、因势利导,以资源禀赋提升区域优势。共同富裕遵循着经济发展规律,循序渐进地展开,它要求各个地区依据历史和现实因素妥善制定不同建设方案,全面结合地方基础和资源禀赋精准靶向发力。中央先是打造先行示范的样板,率先将浙江标定为共同富裕示范区。浙江具有良好的民营经济发展基础,创新创业意识强烈,城乡收入差距较小,同时也是"绿水青山就是金山银山"理论的发源地,可大力培植生态红利,以生态资源开发全产业链的生产体系。其均衡的富裕程度与和谐的精神底蕴、开放包容的社会气象齐力汇聚成浙江发展的区域优势。中央还创造性实施了山海协作、百亿帮扶致富、欠发达乡镇奔小康、农村"三改一化"等重大工程,不断打造出区域创新发展新高地,在有差别的地域形态中掌握促进经济增长的定量资源,形成区域发展示范。由于"个别一定与一般相而存在。一般只能在个别中存在,只能通过个别而存在"[1],这要求我们要以特殊性为出发点,归纳、总结出普遍性的适用规则,由此提炼出一般性的建设性经验,不断推进特殊性向普遍性转化。以浙江作为发展示范,再逐步形成辐射效应,推广至全国范围,才能有效衔接各部门的协调工作逐步推动整个社会的高质量发展。

最后,通过数字赋能、共享互通,以载体创新增进致富实效。习近平强调:"新常态要有新动力,数字经济在这方面可以大有作为。"[2]共同富裕的深入发展要求更为高效的生产方式,特别是面对新冠疫情带来的经济波动与冲击,数字化工具的运用必不可少。数据是重要的生产要素和生产力,数字技术打破时空限制,可以充分参与各类生产类型和共享场景,赋予商品多元化的属性,推动产品由私有属性不断向公共属性变迁,在社会运行中渐渐去中介化。这将充分提升生产资料的分配效率,催生、带动新型商业模式和价值链匹配分工,使资金、技术、人才的生产要素充分流动,加快技术的变现速率,让技术转化为更多的社会经济动力,使致富手段的多样性和可能性蓄力勃发。同时,数字赋能也重塑了劳动力的存在样态,让劳动时间更自由,劳

---

[1]《列宁选集》(第二卷),人民出版社 2012 年版,第 558 页。
[2]任保平、赵通:《发展数字经济培育高质量发展新动能》,《光明日报》2019 年 3 月 1 日。

动角色的定位不再拘泥于单一范畴,呈现出更具解放性和共享性的协作劳动方式,更有利于将人民从传统、单一的物质劳动中解放出来,积极发挥群众的创造性和自主性,以提升致富带富能力。

（二）蕴含共同体的价值内核,是凝聚和发挥中国力量的重要法宝

马克思指出:"当人们还不能使自己的吃喝住穿在质和量方面得到充分保证的时候,人们根本就不可能获得解放。"①正是在所有人得到充足的物质生活需要时,人的德智体美劳的全面发展才得以继续,人的智慧和才能才得到自由发挥与运用,无产阶级自身解放的愿景才得以具备前提条件。马克思主义经典作家虽然没有提出共同富裕的概念,但间接证明了这一美好理想只能落地生根在社会主义大地,只能由无产阶级政党带领实现。"马克思认为,在资本主义的生产领域,资本家把资本与劳动力相交换,通过占有生产资料的形式组织工人聚集生产,工人力量在资本家那里实现了联合,构成了'资本共同体'。"②他揭示了资本家对工人阶级无止境盘剥与榨取的事实,在资本主义的世界内,共同富裕永远都是蛊惑人心的动听说辞,"每一个企图取代旧统治阶级的新阶级,为了达到自己的目的不得不把自己的利益说成是社会全体成员的共同利益"③。资本主义生产方式积极顺从资本追求自身增殖的本性,在雇佣劳动基础上以资本家利益来制定分配原则,成为维护特定利益群体的盾牌,使虚假的共同体统摄着人的本质及自由。

共同富裕的理论和实践在共建共享共治的原则之上将人与人结成相互关联的集合体,真正让人民群众成为最大的利益受惠者。中国共产党将"解放生产力,发展生产力,消灭剥削,消除两极分化,最终达到共同富裕"确立为中国特色社会主义的本质诉求。鲜明的价值指向反映了社会主义的基本特征,有利于构建合理的财政政策和货币政策,推动各类生产要素有序流

---

① 《马克思恩格斯文集》（第一卷）,人民出版社 2009 年版,第 527 页。
② 徐斌、巩永丹:《马克思共同体理论的历史逻辑及其当代表现》,《马克思主义与现实》2019 年第 2 期。
③ 《马克思恩格斯选集》（第一卷）,人民出版社 1995 年版,第 100 页。

动,探索形成生产资料的共享新模式,打破现代社会中人与人之间的原子化状态,着重反映全体人民的共同利益和需求。《中华人民共和国 2020 年国民经济和社会发展统计公报》的数据显示,"党的十八大以来,9899 万农村贫困人口全部实现脱贫,贫困县全部摘帽,绝对贫困历史性消除"①,"'十三五'时期,决战脱贫攻坚取得全面胜利,5575 万农村贫困人口实现脱贫,1 亿农业转移人口和其他常住人口在城镇落户目标顺利实现,人民生活水平显著提高,教育公平和质量较大提升,城镇新增就业超过 6000 万人,建成世界上规模最大的社会保障体系,基本医疗保险覆盖超过 13 亿人,基本养老保险覆盖近 10 亿人,城镇棚户区住房改造开工超过 2300 万套"②。党和国家将消除贫困、协调发展放置在社会的总体框架内,能够有效化解社会利益冲突,关照到大多数人的发展需要,将社会内部的矛盾对立转变为社会群体的互惠共赢,增强社会发展活力,推动良性社会秩序的合理建构。

我国取得这一系列民生建设的成就,离不开共同富裕思想的正确指引。共同富裕的理论与实践孕育着真正共同体的思想胎胞,实现了对畸形财富观的匡正,增强了人对社会集体的归属感与认同感。在受资本支配的社会发展中,私人财富和物质财富受到极大追捧,私人财富建立在对公共财富的牺牲和剥夺上。公共财富被迫趋于没落地位,受资本蛊惑的人们为追求一己私利,去对抗自然,无限度开发和滥用生态资源,这一行为使人湮没在物质财富的喧嚣中,加速了人对公共产品的破坏。除了对自然的暴行之外,对于抽象物欲的无边追求还严重撕裂人与人之间和谐的社会关系,尔虞我诈、利欲熏心的阴霾充斥在整个社会。"货币本身就是共同体,它不能容忍任何其他共同体凌驾于它之上"③,因而"它使人和人之间除了赤裸裸的利害关系,除了冷酷无情的'现金交易',就再也没有任何别的联系了"④。由此,人对财富极度渴望,对于掌握社会资源更多的人涌动着嫉恨的情绪,人与人之

---

① 国家统计局:《中华人民共和国 2020 年国民经济和社会发展统计公报》,中国统计出版社 2021 年版,第 5 页。
② 徐晓明:《以更有效的举措推进共同富裕》,《经济日报》2021 年 5 月 24 日。
③《马克思恩格斯全集》(第三十卷),人民出版社 1995 年版,第 175 页。
④《马克思恩格斯文集》(第二卷),人民出版社 2009 年版,第 34 页。

间的关系不断淡化,身份层级的分割断裂持续加剧,正如"物的世界的增值同人的世界的贬值成正比"①。共同富裕为重塑人与人之间的关系提供了解决方案,从实践和价值两个层面阐明了以人为本、合作共赢的重要性与必要性。实践维度上,将全体人民联结成集体网络,推动更多资源要素向弱势群体倾斜和集聚,在保持发展协调性的同时,持续减少低收入群体存量,让更多低收入者不断向中等收入群体转变。价值维度上,在关注私人财富变化的同时,更加注重公共财富的整体性和协调性,将每个人的自由全面发展与社会整体发展相衔接,舒展生发着人的自由个性,让尊重与捍卫公共利益的共同体精神贯彻于现代化建设的始终。这不仅能大大巩固人的交往关系与促进社会团结,而且也能为实现真正的共同体提供动力与方向。

二、在推进党的治国理政方略中的实践价值

(一)推进了新的历史条件下党治国理政的新实践

首先,共同富裕体现了全面建成社会主义现代化强国的核心目标。共同富裕是全面建成社会主义现代化强国的重要标志,《中共中央关于制定国民经济和社会发展第十四个五年规划和 2035 年远景目标的建议》确立了到 2035 年基本实现社会主义现代化的远景目标,要求坚持共同富裕方向,着力改善人民生活品质,提高社会建设水平,促进人的全面发展和社会全面进步。只有在共同富裕全面贯彻落实并取得相应成效之际,才算建成社会主义现代化强国。因此,为了全面建成社会主义现代化强国,党和国家必须高度重视、努力实现这些目标,将共同富裕确认为全面建成社会主义现代化强国不可或缺的一部分。中国共产党为追求共同富裕进行了长期艰苦的探索,走过了许多弯路,积累了大量的经验教训。在实践推进的过程中,党把马克思主义基本原理同中国现代化实际相结合,提出了关于共同富裕一系列实践创新的成果,为全面建设社会主义现代化国家提供了相应的路径指

①《马克思恩格斯文集》(第一卷),人民出版社 2009 年版,第 156 页。

引。一方面,按照"合法经营、辛勤劳动、多劳多得"的原则调动群众的积极性与自发性,携手共同创造物质财富,做大社会"蛋糕"。另一方面,充分弘扬社会主义核心价值观的精神,培育人民艰苦奋斗、勤俭节约的生活作风,发挥人的积极意识的能动作用,更好地展现人的奉献精神,分好社会"蛋糕"。

其次,共同富裕有效推进了全面深化改革的发展进程。党的十八届三中全会通过了《中共中央关于全面深化改革若干重大问题的决定》(以下简称《决定》),全面描述了全面深化改革的新愿景、新蓝图,从此开启了中国特色社会主义的改革新征程。共同富裕的理论与实践以社会公平正义为核心目标,要求国家在生产、分配、交换等诸多环节中满足人民诉求,以共建共享夯实改革发展根基,推动社会的改革朝着公平正义的原则发展,向系统性、整体性、协同性迈进。《决定》规定要"加强和优化公共服务,保障公平竞争,加强市场监管,维护市场秩序,推动可持续发展,促进共同富裕,弥补市场失灵"①,从而为社会发展提供稳定有序的空间。十八届三中全会还在以往改革的基础上,进一步围绕保障和改善民生、促进共同富裕,深化了社会体制改革,不断提高对于社会治理的关注度,推进基本公共服务均等化。党的十九届四中全会把"坚持深化改革开放"作为十四五时期的重要原则遵循,并提出"坚持以人民为中心的发展思想,不断保障和改善民生、增进人民福祉,是共同富裕道路的显著优势"②。中国共产党力图通过一系列制度安排、体制规范、政策制定向以共同富裕为目标的改革方向驶入,不断推进社会主义制度的自我发展和完善。

再次,共同富裕丰富拓展了全面依法治国的发展内涵。依法治国是坚持和发展中国特色社会主义的本质要求与重要保障,法治为社会管理提供强大的制度力量,需与国家总体目标相适应。共同富裕作为新时代中国特色社会主义的奋斗目标,它的实践过程关乎社会多种关系的调整,包括国家与社会、城市与乡村、政府与公民等,这种社会变迁的诉求对全面依法治国

---

① 中共中央文献研究室编:《习近平关于全面深化改革论述摘编》,中央文献出版社 2014 年版,第 57 页。

② 《中国共产党第十九届中央委员会第四次全体会议公报》,人民出版社 2019 年版,第 6 页。

提出了更高的要求,推动着法治现代化的迭代发展。2021年,国务院正式印发《关于支持浙江高质量发展建设共同富裕示范区的意见》,确定了首批六大领域和28个共同富裕试点,相应领域的政策文件也亟待出台。当前,我国关于共同富裕的法律条例、法治规范尚不完备,没有形成系统化、层次化的法律体系。共同富裕为全面依法治国提供了重要窗口机遇,在现实需求的倒逼之下,推动法治建设迈向新的发展阶段,使法治运行机制不断与共同富裕目标相结合,不断提高有关共同富裕的法律制度供给量,深化就业法、个税法、社会保障法、慈善法、劳动法等方面的改革建设,形成与共同富裕相匹配的制度体系,开辟全面依法治国的崭新境界。

最后,共同富裕促进全面从严治党的水平不断提升。全面从严治党是净化党内政治生态、展现党内政治生活新气象、广泛凝聚党心民心的重要保障。共同富裕对推进社会主义现代化、实现中华民族伟大复兴具有重要意义,这个重大目标的实现需要党的助力和保障。"党坚强有力,党同人民保持血肉联系,国家就繁荣稳定,人民就幸福安康。形势的发展、事业的开拓、人民的期待,都要求我们以改革创新精神全面推进党的建设新的伟大工程。"①实现共同富裕具有长期性、艰巨性和复杂性,由全面小康迈向共同富裕、由发展中国家迈向发达国家,并不是一蹴而就、一帆风顺的事情。在推进共同富裕的建设过程中,党势必会面临一系列的新问题、新挑战,从严治党的任务将更为艰巨,面临着更大的挑战。因此,全面从严治党不能当作口号来喊,必须深入实践、深入研究共同富裕中存在的发展问题,由表及里地进行实质性分析,在纷繁复杂的事务表象中注重把握共同富裕的本质与内涵,进一步明确我们靠什么来实现共同富裕。在该目标的激励引导下,不断增强从严治党的创造性和预见性,逐步提高党的领导能力和执政水平。统筹党的各个部门、各个领域的协调配合,从中央机构到地方支部的负责人肩负起建设共同富裕的主体责任,坚决落实经济建设的监督责任,对于贪吞共同富裕建设资金、消极执行民生保障任务的领导干部敢于执纪问责,同一切

---

① 中共中央文献研究室编:《习近平关于全面从严治党论述摘编》,中央文献出版社2016年版,第3页。

腐败性、有损先进性的问题作斗争,以提升全面从严治党的工作水平。

(二)彰显了"五大发展理念"的科学方法论,创新拓展了治国理政的方式和具体路径

第一,共同富裕依托创新发展激活经济功能。习近平指出:"创新是一个民族进步的灵魂,是一个国家兴旺发达的不竭源泉,也是中华民族最鲜明的民族禀赋。"①共同富裕的财富增长需要摆脱传统的经济增长模式,由资源密集型、劳动力密集型产业向人才密集型过渡,将粗放式的发展模式及不利因素予以革除,让创新为经济增长提供强劲的能动力,只有这样才能为共同富裕提供持续性的物质保障。从过去的发展经验来看,我们已经从以农业为主到以制造业为主,而如今,中国创造已成为经济增长新的引擎点。变则通,在时代快速发展的今天,创新决定了发展的质量、规模、效益,要想富,就离不开创新驱动发展战略。在共同富裕的建设体系中需应用好科技创新这一制胜动力,把科技自立自强作为国家发展的战略支撑,从根本上消除技术"卡脖子"问题带来的致富障碍,在社会主义市场经济和产业系统中打通创新链条,为共同富裕提供持续的、高质量的物质成果。在共同富裕的发展布局中也要牢牢牵住创新的"牛鼻子",利用数字经济、互联网 +、5G 通信技术等多种载体手段带动传统产业的转型升级,为小微企业及个体经营户提供相应的技术指导,激发企业科技创新的积极性,不断做大国民经济财富,使共同富裕充分获得创新发展带来的经济红利。

第二,共同富裕要求在协调发展基础上打造普惠均衡的社会格局。历经改革开放 40 多年的飞速发展,中国取得了现代化建设的伟大成就。与此同时,一系列不平衡、不协调、不可持续性的问题不断涌现。从空间上看,区域之间、城乡之间存在较大的发展差距;从布局上看,三大产业布局之间存在不协调的发展瓶颈,农业基础较为薄弱,工业规模较大,转型升级较慢,服务业发展相对滞后;从领域上看,物质文明与精神文明、经济建设与环境保护的关系存在发展空间上的失序性。这些问题严重阻碍共同富裕中"共同"

①新华月报社编:《新中国 65 年大事记》(下),人民出版社 2014 年版,第 1549 页。

的尺度发挥,狭窄化、片面化了共同富裕的存在,无法让发展成果惠及各个地区及广大人民。协调发展理念"旨在补短板、强弱项,解决发展不平衡、不充分的问题,增强发展的全面性、整体性、平衡性、可持续性"①。共同富裕就是要解决发展的不平衡不协调问题,将发展的协同性与发展的质量效益相结合,将短板转化为后发优势。由此,必须在现代化经济体系中贯彻辩证法思维,善于运用"十指弹琴"的工作方法,建立区域协调发展新机制,深入落实乡村振兴战略,缩小城乡之间的发展差距。推动精神文明软实力催生发展硬实力,始终坚持"两手抓,两手都要硬",以实现物质文明与精神文明的比翼齐飞。不断努力在弱势地区、薄弱环节强化发展后劲,实现区域之间的优势互补、领域之间的协同配合、空间上的交织融合,下好共同富裕协调发展的"一盘棋"。

第三,共同富裕坚持以绿色发展带来源源不断的"金山银山"。习近平强调:"我们既要绿水青山,也要金山银山。宁要绿水青山,不要金山银山,而且绿水青山就是金山银山。"②良好的生态环境作为最公平的公共产品和最普惠的民生福祉,能够为人民提供最广泛的公共福利、优质的生态产品和绿色福祉。共同富裕所要走的路不是牺牲生态环境换取经济发展的路,这样的路不仅走不长久,也会贻害后代。共同富裕坚持以绿色发展筑牢经济建设的根基,坚持走经济生态化、生态经济化的道路,把生态资本投入到经济活动中,将生态产业与其他产业相融合,推进不同产业链的协同合作,为共同富裕创造更多的财富流。在顺应自然、保护自然、尊重自然的基础上开展一切实践活动,在合理的生态阈值内从事物质资料的生产活动,破除"黑色发展"对自然资源无限制榨取的积弊,革除"工业化病"对人身心健康的危害,让人民在绿水青山、鸟语花香的美好生态环境中实现人自身的创造与发展,以绿色活水增进民生福祉。

第四,共同富裕的扎实推进需要开放包容的外部条件。共同富裕的实现是一个漫长艰巨的历史过程,既面临着外部和内部的多种风险挑战,同时

①魏晓文:《新时代中国特色社会主义理论创新发展研究》,人民出版社 2020 年版,第 201 页。
②习近平:《在哈萨克斯坦纳扎尔巴耶夫大学演讲时的答问》,《人民日报》2013 年 9 月 8 日。

也具有开放多元的发展机遇。2018 年，习近平在博鳌亚洲论坛的讲话中指出："综合研判世界发展大势，经济全球化是不可逆转的时代潮流。正是基于这样的判断，我在中共十九大报告中强调，中国坚持对外开放的基本国策，坚持打开国门搞建设。我要明确告诉大家，中国开放的大门不会关闭，只会越开越大！"①近代中国闭关锁国的历史教训告诉我们，关起国门搞发展是完全行不通的，只有立足于对外开放，吸收、借鉴一切文明成果，将引进来和走出去相结合，才能在波谲云诡的时代浪潮中掌舵远航，在共同富裕的道路上乘风破浪。只有坚持开放发展，共同富裕的建设路径才能与不同国家接壤，与世界接轨，有力地撬动国内、国际两个市场，助推形成国内国际双循环的新发展格局。由此，2015 年，党中央发布了《中共中央国务院关于构建开放型经济新体制的若干意见》，要求构筑更为健全的开放型经济安全保障体系。2020 年，中央又印发了《中共中央国务院关于新时代加快完善社会主义市场经济体制的意见》，要求"建设更高水平开放型经济新体制，以开放促改革促发展"，"实行更加积极主动的开放战略，全面对接国际高标准市场规则体系，实施更大范围、更宽领域、更深层次的全面开放"。②党和国家以开放激发共同富裕的深层潜力，创造更为广阔的开放市场和发展平台，不断扩大中国同世界各国的利益汇合点，画出共同富裕的最大同心圆。

第五，共同富裕追求发展与共享的统一。共同富裕的最终目的就是实现共享，让社会主义现代化建设的文明成果由全体人民共同享有。"我们追求的发展是造福人民的发展，我们追求的富裕是全体人民共同富裕。改革发展搞得成功不成功，最终的判断标准是人民是不是共同享受到了改革发展成果。"③共同富裕与共享发展具有相同的中心主旨，共同富裕是共享发展的重要前提，共享发展是共同富裕的最终归宿。2015 年，十八届五中全会首

①习近平：《开放共创繁荣 创新引领未来——在博鳌亚洲论坛 2018 年年会开幕式上的主旨演讲》，人民出版社 2018 年版，第 10 页。

②人民出版社编：《中共中央国务院关于新时代加快完善社会主义市场经济体制的意见》，人民出版社 2020 年版，第 20 页。

③中共中央文献研究室编：《习近平关于社会主义社会建设论述摘编》，中央文献出版社 2017 年版，第 35 页。

次将"分享经济"写入党的全会决议。2017年,党的十九大将"共享经济"作为现代化经济体系中的重要内容。国家发改委等部门制定了《关于促进分享经济发展的指导性意见》,提出了多项建设性举措,作为推动共同富裕的重要路径,如优化公共服务,提升效率扩大需求,创新劳动保障,释放共享经济就业潜力等,让人民不断增强获得感和满足多样性的需求,推动社会形成全民共建共享共富的新格局。

(三)把握了"两个大局"战略判断的方向定位,推动了治国方略的政策调整与体制变迁

"两个大局"是中国共产党对时代发展形势作出的重要战略判断。党的十九届五中全会指出:"全党要统筹中华民族伟大复兴战略全局和世界百年未有之大变局,深刻认识我国社会主要矛盾变化带来的新特征新要求,深刻认识错综复杂的国际环境带来的新矛盾新挑战。"①当前,国际秩序的深刻调整、国际力量的跌宕起伏以及新冠疫情的全球大流行,让社会处于极不稳定、极不确定的变革阶段。在这个过程中,共同富裕将遇到无数艰难险阻,既有着全新的发展机遇,也伴随着"黑天鹅""灰犀牛"的风险事件。只有充分认识到"两个大局"的现实状况,中国共产党才能为推进共同富裕做足准备工作,筑牢安全防线。这要求中国共产党审度时宜,把握住历史机遇,在"两个大局"的时代背景下,根据时代赋予的变化条件,及时调整相应的策略,制定科学的发展政策,实行合理的发展战略,推动实现共同富裕。《中共中央关于制定国民经济和社会发展第十四个五年规划和二〇三五年远景目标的建议》强调要办好发展和安全两件大事,首次设立安全发展专篇,以应对能源资源和金融安全等突发性问题,为共同富裕的顺利实现保驾护航。2020年,习近平在主持中央政治局第二十六次集体学习时突出强调,国家安全工作是治国理政的重要内容,要着力构建"大安全格局"。这为党中央抓好、利用好重要战略机遇期,筑牢共同富裕的发展屏障提供了有益指导。只有在"时"与"势"的辩证把握中,统筹好安全与发展的关系,才能实现更高

---

① 《中国共产党第十九届中央委员会第五次全体会议公报》,人民出版社2020年版,第7页。

质量、更有效率、更为安全的发展。

总之，共同富裕在深入锚定"两个大局"的时代远景中，进一步推动治国理政方略的政策变革与创新发展，在新的历史条件下作出契合时代性的政策调整与制度完善，深入认识党的治国理政规律，为妥善应对各种困难局面提供方向指引。

三、在推动国际共产主义运动中的实践价值

（一）开创和发展了社会主义现代化新模式，为世界社会主义国家建设提供经验借鉴

在几百年世界社会主义发展的进程中，社会主义经历了波澜壮阔、跌宕起伏的艰辛历程。从空想社会主义到科学社会主义的创新飞跃，再从苏联模式到中国特色社会主义模式的探索创立，它始终向更高更远的方向迈进。任何事物的发展都不是一帆风顺的，总是伴随着艰苦曲折的斗争过程，是曲折性和前进性的统一。20 世纪 90 年代，东欧的一些社会主义国家在短时间内纷纷丧失政权，社会制度发生颠覆性改变，导致社会主义的影响力显著减弱，对西方国家的共产党造成重创，世界范围内的共产党数量由 20 世纪 80 年代的 270 多个减少为 147 个。东欧剧变让我们意识到民主社会主义和资产阶级自由化的同化危害，资本主义打着"自由民主"的幌子来迷惑共产党人、破坏社会主义，以"经济私有化""议会民主"等看似"妙手回春"的处方来医治社会主义国家，而真实目的则是瓦解社会主义，将其拉入资本主义阵营中。这些社会主义国家之所以急不可待地将资本主义的那套搬入体制建构中，根本原因在于生产力的不发达，没有重视和搞好经济建设、现代化建设，人民生活水平得不到提高，各方面的发展需求无法得到满足。僵化与封闭的苏联模式无法充分发挥社会主义生产力的优越性，因此不得不病急乱投医，最终落入资本主义陷阱。

恩格斯指出："无论如何应当声明，我所在的党没有提出任何一劳永逸的现成方案。"[1]社会主义的发展模式不是一成不变的，也没有放之四海而皆

---

[1]《马克思恩格斯全集》（第三十六卷），人民出版社 1975 年版，第 419 页。

准的统一方案。东欧剧变的失败经验告诉我们,要想实现社会主义现代化,让社会主义焕发出强大的生机活力,就是要依据世情、时情、国情的发展变化,用好改革发展的"金钥匙",开辟出一条为民谋富、为民造福、为民解忧的现代化建设道路,将共同富裕之路走稳走实。没有稳固的经济基础,没有现代化的高质量效益,是不能改善人民生活、发挥社会主义显著优势的。

发展才是社会主义,发展必须致力于共同富裕。[①] 共同富裕以发达的生产力为基本前提。苏联、东欧的社会主义以计划经济为统领,建立在单一的所有制结构之上,它极大地束缚了生产力的发展。"按苏联官方的统计,1981—1985 年经济年增长率为 3.6%,这个本来不高的数字还包含着很大的水分,按美国中央情报局的推算苏联在这期间的增长率为 1.8%,还有人推算为 0.6%,实际上增长几乎为零。在东欧其他国家也存在着类似的情况。"[②]要具备高度发达的生产力水平和丰厚的物质基础,才能持续提升人民群众的生活水平,"经济长期处于停滞状态总不能叫社会主义。人民生活长期停止在很低的水平总不能叫社会主义"[③]。中国率先作出了改革开放的历史性决策,从根本上改变了以往集中计划的经济体制,注重吸收和借鉴资本主义文明的优秀成果,创立了社会主义市场经济体制,将计划与市场二者相互渗透,根本区别于俄罗斯的"休克疗法",注重建立现代企业制度,将企业的内部机制引入至市场经济的轨道中。1995—2005 年,我国人均 GDP 的年增长率达到 8.8%,位居"金砖四国"首位,也远远高于 OECD 国家的 1.8% 和世界 1.5% 的平均水平。[④] 进入新时代,中央积极构建更高层次的开放型经济新体制,以更大范围、更宽领域、更深层次的立体化维度面向全球,使得中国经济步入了高质量发展阶段。这足以证明社会主义可以创造出比资本主义更高水平的生产力,共同富裕在发达的生产力水平之上一定能为人民创造更为优质的生活条件,为广大社会主义国家提供发展经验。

---

① 《习近平:统一思想一鼓作气顽强作战越战越勇 着力解决"两不愁三保障"突出问题》,《人民日报》2019 年 4 月 18 日。
② 韩云川:《我们从苏东剧变中究竟应该吸取什么教训》,《社会主义研究》2004 年第 1 期。
③ 《邓小平文选》(第三卷),人民出版社 1994 年版,第 312 页。
④ *Human Development Report 2007/2008 : Fighting Climate Change*,INDP,2007.

第一,共同富裕以独立自主的和平发展为重要依托。盲目地效仿前人所走的路,必将碰到瓶颈,无法取得实质性的突破,也绝不可能成功带领人民走向共同富裕。共同富裕的理论与实践是中国共产党的原创性历史贡献,它不是以旧式的苏联模式为例版,而是依靠中国人民的实践探索,独立自主总结出的治世良方;它不是以西式的现代化为执行标尺,而是凝聚中国特色与世界意义双重意蕴的新型方案;它不是以零和对抗、霸权掠夺为赚取财富的手段,而是将文明多元、互利共赢的和平发展目标倾注于发展全过程中。

第二,共同富裕以实现人的现代化为核心目标。以往的社会主义国家只重视物的增长而忽略了人的发展,转而倒向资本主义阵营寻求现代化的建设方案,结果把西方制度捧上了现代化的神坛,陷入了越发展,人民越贫穷,两极矛盾越对立的泥沼。在东欧剧变后的几十年时间里,这些东欧国家不但没有实现富裕反而更加贫穷,北马其顿、波黑、罗马尼亚等国深陷财政危机,债台高筑,民生凋敝,乌克兰则陷入内战与外战交织的阴霾中。共同富裕所要实现的现代化不是以西方为圭臬的现代化,而是以人的现代化为主导,满足人民的需要、完善人的发展,旨在建立起经济、政治、文化、社会、生态与人的发展相适应的现代化建设体系,不断丰富、完善人的精神风貌、本质内涵,全面提升人的整体素质,真正实现人民的幸福梦。

(二)回归及捍卫了科学社会主义的价值本真,持续为国际共产主义运动复兴贡献力量

科学社会主义作为无产阶级建设和发展社会主义的指导思想,不是僵化保守的,也不是本本的教条,而是随着时代变革,螺旋式上升和波浪式前进的。正如习近平指出:"社会主义并没有定于一尊、一成不变的套路,只有把科学社会主义基本原则同本国具体实际、历史文化传统、时代要求紧密结合起来,在实践中不断探索总结,才能把蓝图变为美好现实。"①反观斯大林领导时期,苏联把斯大林式的社会主义模式强加给东欧社会主义国家,不顾

———————

① 习近平:《在纪念马克思诞辰 200 周年大会上的讲话》,人民出版社 2018 年版,第 27 页。

具体国情,将建设"钢铁国家"作为统一的理论指导,造成经济体系的不稳定、经济发展的效能低下、管理体制的冗杂繁乱。在左的方针影响下,苏联严重背离了科学社会主义的根本原则,力图超阶段建设社会主义甚至直接跨越至共产主义。在赫鲁晓夫时期,修正主义理论占据上风,整个社会表现为全盘否定斯大林和全面修正马克思主义,埋下了向右扭转的祸根。特别是到了戈尔巴乔夫当政时期,戈尔巴乔夫企图用"人道的民主的社会主义"来代替科学社会主义,并宣称"共产主义思想对于我已经过时",彻底丧失掉对马克思主义、科学社会主义的信仰,最终导致亡国亡党。

习近平曾多次强调:"科学社会主义基本原则不能丢,丢了就不是社会主义。"①苏共之所以失去民心,失去执政根基,原因之一在于忘记初心,怀疑、否定、拒斥科学社会主义,没有把对社会主义的追求建立在唯物史观的立论基础上,忘却历史必然性而执着于历史应然性,导致人民哀声怨道,百姓苦不堪言,无法推动社会主义前进而倒戈卸甲。共同富裕的理论与实践从社会主义的发展现状出发,而不是从理想的蓝图中去超前勾画共产主义,它将社会主义发展过程中的必然性和偶然性辩证统一起来,还原、复归了科学社会主义的本真精神。

首先,共同富裕旨在维护生产力发展的正当合理性。在对生产力的发展考察中,马克思得出了如下结论:"无论哪一个社会形态,在它所能容纳的全部生产力发挥出来以前,是决不会灭亡的;而新的更高的生产关系,在它的物质存在条件在旧社会的胎胞里成熟以前,是决不会出现的。所以人类始终只提出自己能够解决的任务,因为只要仔细考察就可以发现,任务本身,只有在解决它的物质条件已经存在或者至少是在生成过程中的时候,才会产生。"②从苏联等社会主义国家解体的教训中可以看出,囿于资本主义的框架逻辑是无法跳出生产力的发展困境的。彻底的私有化、全盘西化只能把社会主义逼向绝路,引入死路,信奉资本的生产方式只能破坏生产力的发展,激化社会阶级矛盾,无法容纳其本身所创造的财富。共同富裕顺应了科

---

①中共中央文献研究室编:《十八大以来重要文献选编》(上),中央文献出版社 2014 年版,第 109 页。
②《马克思恩格斯全集》(第三十一卷),人民出版社 1998 年版,第 413 页。

学社会主义大力发展生产力的根本原则,将解放和发展生产力作为自身完善的必要前提。它与资本主义的发展逻辑具有根本性区别,它强调生产力是"人类天性的财富",而不是被资本剥夺、被资本家无偿占有、加工后的那部分,有用之于民的正当目的。它强调创造为人民所用的物质力量,建设与人民需要相匹配的生产力水平,沿着共产主义的目标逐步迈进。它强调维护人与人之间的和谐关系,将个体的人联合成齐力进步的中坚力量,以先富带动后富,最终达到共富,以集合的生产力推动社会主义的发展。

其次,共同富裕充分展现了公平正义的价值关怀。追求公平公正是科学社会主义的永恒主题。共同富裕在前进道路中反复不断地确证着这一主题,没有单方面地强调物质价值的突出作用,而是将社会主义的物质价值与人本价值统筹起来,把公平、公正、平等的价值体系包蕴在社会主义建设的全过程中。它允许有条件的地区先发展起来,基础条件匮乏的地区发展慢一些,因地制宜地设置不同的政策,逐步带动所有地区共同富裕,从根本上突破弱势地区的发展瓶颈,创设公平的社会环境。另外,共同富裕没有把社会主义的公正平等等同于平均主义,没有机械教条地套用经典文本中的固定公式,忽略人的能动性功能、自主性作用,而是把科学的制度设计与群众的自主创新能力统一起来。只有这样,才能让社会主义取得长期生存和发展的能力,真正维护人民的发展权利,真正实现人民的价值,夯实社会公平正义的根基。

(三)创造性传承了共产党人的历史使命,丰富了国际共产主义运动的内涵与形式

中国共产党作为马克思主义执政党,就要肩负起全面建设社会主义现代化国家的重大责任,就要解决与人民息息相关的生产、生活问题,这是共产党的使命使然。然而,在20世纪80年代,苏联大肆鼓吹民主化的反社会主义思想,放弃了党对于国家的直接领导,将权力中心移交至苏维埃。1989年,苏联《真理报》显示,苏联非正式组织达到9万多个,多数从事着反社会主义的活动。1990年,苏联第三次人民代表大会取消了宪法第六条,即关于党的领导地位的规定,以多党制代替了一党制。与此同时,苏联还掀起了历

史虚无主义的浪潮,不仅抹黑苏联的发展史,还彻底地否定了社会主义,否定列宁等马克思主义者的科学理论,整个社会主义的大厦瞬间倾覆。在东欧剧变之后,东欧各国的经济命脉被西方资本主义大国操纵把持,成为西方大国资源和劳动力的供应基地,经济状况与日俱下。通过苏联解体的深刻教训我们可以看到,无视人民群众的利益,放弃了共产主义信仰,丧失了马克思主义意识形态的指导地位,只会让各种腐朽性、毁灭性的歪风邪气乘虚而入,最终亡国亡党,谈何人民的幸福生活?

共同富裕是中国共产党建设社会主义的重要原则,表现出共产党人的崇高使命与担当,进一步丰富了国际共产主义运动的内涵与形式。马克思、恩格斯曾在《共产党宣言》中庄严宣告:"过去的一切运动都是少数人的,或者为少数人谋利益的运动。无产阶级的运动是绝大多数人的,为绝大多数人谋利益的独立的运动。"①共同富裕的理论与实践深深地印刻着中国共产党的使命责任,就是为广大无产阶级人民所服务的,就是让所有劳动者过上幸福、美好的理想生活。在马克思主义执政党的坚强领导下,中华民族迎来了从站起来、富起来到强起来的伟大飞跃,推动中华民族伟大复兴进入了不可逆转的历史进程。习近平对此表明:"中国共产党人的理想信念,建立在马克思主义科学真理的基础之上,建立在马克思主义揭示的人类社会发展规律的基础之上,建立在为最广大人民谋利益的崇高价值的基础之上。我们坚定,是因为我们追求的是真理。我们坚定,是因为我们遵循的是规律。我们坚定,是因为我们代表的是最广大人民根本利益。"②共同富裕的成功实践深刻印证了——"中国共产党为什么能,中国特色社会主义为什么好,归根到底是因为马克思主义行。"③中国共产党从实事求是的根本路线出发,既立足当下又着眼于未来,将社会主义与马克思主义基本原理紧密结合,以科学的唯物辩证法去认识、解决共同富裕中的发展问题。坚持以矛盾分析法牢牢扭住共同富裕建设的关键,灵活处理"一部分先富"和"一部分后富"的

①《马克思恩格斯选集》(第一卷),人民出版社2012年版,第411页。
②《习近平谈治国理政》(第二卷),外文出版社2017年版,第50页。
③王树荫:《中国化时代化的马克思主义行》,《中国社会科学报》2023年1月19日。

逻辑关系，科学统筹公有制和非公有制的发展关系，巧妙应用资本和市场的运行关系，自主探索出适合中国国情的发展道路，为国际共产主义运动的发展提供了新的契机。

当前，社会主义国家面临新的挑战和考验，处在资本主义国家的包围中，发展势必会受到大量的艰难阻碍与风险挑战。西方"和平演变"的战略仍需要时刻警惕，资本主义利用社会主义国家的政策漏洞、决策失误等问题，制造共产党的执政危机，煽动人民群众的不满情绪，试图磨灭掉共产党人的初心使命，让社会主义永陷谷底。越是在危急时刻，越要坚定社会主义理想信念，坚定信心走好共同富裕之路。必须充分根据本国的具体国情，不断与时俱进发展好、完善好社会主义制度，处理好各种纷繁复杂的关系。一是社会主义国家的内部关系。社会主义国家间的制度体系是一致的，其根本目标都是为人民服务，让国家的一切权力属于人民。在社会主义国家中，共产党所肩负的共同理想是共通互联的。因此，必须建立起和谐友好的伙伴关系，消除对抗，消弭分歧，与一切关于修正主义的错误思想作斗争，共同携手互助，将本国的经济发展好，将人民的利益维护好，扩大共同富裕的价值半径，推动社会主义在国际舞台上发展壮大，拓展国际共产主义运动的内容形式。二是社会主义国家同资本主义国家间的关系。当前世界中"资"强"社"弱的整体格局还将持续较长时间，社会主义与资本主义将会长期共存。从总体上看，除中国外，其他社会主义国家如朝鲜、越南、古巴、老挝的经济发展水平相对滞后，在与资本主义的斗争中难以取得绝对优势。因此社会主义国家必须要在危机中立新机，化弱势为优势，借鉴吸收资本主义文明中的有益成果，为我所用，不断创造机遇，通过对话协商、合作共赢等措施扩大本国发展优势，努力将本国人民带向共同富裕的前进之路，在富裕发达基础上不断突破资本主义国家的围困处境，才能推动国际共产主义运动实现新发展。

总之，共同富裕的理论与实践不仅书写了社会主义伟大胜利的史诗，还为 21 世纪国际共产主义运动的发展注入勃勃生机。当今国际共产主义运动仍在继续还有很长的路要走。共同富裕在中国的成功实践，中国式现代化在中国的成功探索,让我们离共产主义理想更加接近了。共同富裕的理论与实践将持续为国际共产主义运动提供科学的发展密钥,为共产主义力量在逆境中生存与发展提供历史转机与时代新机。

第三节　共同富裕理论与实践演进的世界性价值

一、为世界社会主义国家提供展现制度优越性的中国道路

十月革命胜利后,苏俄建立起人类历史上第二个无产阶级政权,社会主义制度应运而生。为促进苏俄国民经济的发展,巩固苏维埃政权,经济体制由战时共产主义转向新经济政策,再演化至高度计划集中的苏联模式。这种经济模式为苏联早期建设奠定了基础保障,斯大林对此指出:"你们愿意我们的社会主义祖国被人打垮而丧失独立吗? 如果你们不愿意,那么你们就应当在最短期间消灭它的落后状态,并且在它的社会主义经济建设方面展开真正的布尔什维克的速度。"[1]在危机意识的倒逼之下,苏联模式展现出强烈的紧迫感与求成性。在进行农业集体化运动时,由于急于将小农经济转变为集体经济,苏联政府强迫农民入社,采取特殊手段打击富农,没收富农财产并禁止他们加入集体公社。由此,苏联在1932—1934年出现了严重的饥荒,不但没能给农业生产率带来显著提升,还让上百万人因贫困、饥饿丧生,人民生活需求得不到满足与保障。在开展社会主义工业化运动过程中,一味地提高重工业、军事工业的发展地位,导致农业、轻工业、重工业的比例严重失衡,极大挫伤经济活力,致使经济效益受损,人民的生活水平大幅下降。在集中统一的政治领导下,个人崇拜之风盛行,清洗并镇压了一批优秀的骨干将领,社会主义民主与法治被无情践踏,陷入教条主义的误区,人民民主无法得以彰显。

---

[1]《斯大林全集》,人民出版社1956年版,第38页。

　　由于苏联是第一个开展社会主义建设的国家,其体制表现出经济、军事实力的不断增长,使后起的社会主义国家产生了对于苏联模式的幻想与错觉,忽略了其体制的弊端,将其标榜为许多贫穷、落后国家的发展样板。这些国家错误地将苏联模式等同于建设社会主义的真经。如南斯拉夫就曾按照苏联模式开展了工业化和集体化的社会主义改造,在1949—1951年全盘仿制苏联的农业政策,一度忽视客观发展规律,运用强制性的行政手段过度追求合作社的数量,引发了生产力的倒退,在1950年导致谷物产量减半,让农民阶层的利益受到损害。匈牙利党的领袖卡达尔·严诺什也评论道:"关于苏联和东欧社会主义各国的关系,在初期我们没有适当考虑这些不同的特点,我们错误地认为苏联建设社会主义的经验可以原封不动地机械地搬到匈牙利和其他国家,结果每个国家都付出了沉重的代价。"①

　　正如戈尔巴乔夫指出:"新制度的潜力还只是得到最低限度的发挥","它拥有巨大的还远未挖掘出来的潜力"。② 苏联模式不是发展社会主义的万能公式,它没有使社会主义生产力充分发挥出来,没有彻底地提高人民的生活水平,更没有充分彰显出社会主义制度的优越性。共同富裕为广大社会主义国家改善社会状况、创造有利环境、建立发展模式提供了一条全新的现代化道路。以往的发展模式切断了社会主义和资本主义的内在联系,脱离了社会发展实际,没有以经济建设为中心大力发展生产力,没有为人民带来丰富的物质成果。共同富裕的实践方案将人民生活水平的提高摆在了突出位置,重新确立起社会主义制度的威信,提升了社会主义制度的吸引力,为当今世界社会主义国家提供了有益启示与经验借鉴。

　　其一,共同富裕强调突破资本对制度的属性束缚,合理利用资本为社会主义所用,将市场经济作为发挥社会主义制度优越性的重要载体,以此来活跃和调动社会主义经济发展。40多年的中国特色社会主义建设让我们彻底摆脱了新中国成立前一穷二白、积贫积弱的困境,党的十八大以来的五年,"经济保持中高速增长,在世界主要国家中名列前茅,国内生产总值从五十

①江流、徐崇温:《当代社会主义的若干问题》,重庆出版社1997年版,第132页。
②[苏]戈尔巴乔夫:《改革与新思维》,苏群译,新华出版社1987年版,第45页。

四万亿元增长到八十万亿元,稳居世界第二,对世界经济增长贡献率超过百分之三十"①。党和国家不断致力于增加人民财富,减缓和缩小贫富差距,使得人民生活不断改善。

其二,共同富裕强调将人的发展与社会的发展高度联结。人的发展是社会经济发展的终极目的,恩格斯指出:"大工业及其所引起的生产无限扩大的可能性,使人们能够建立这样一种社会制度,在这种社会制度下,一切生产必需品都将生产得很多,使每一个社会成员都能够完全自由地发展和发挥他的全部力量和才能。"②中国社会主要矛盾的转变表现出我们已经具备了一定的经济实力和生产力基础,人民对于美好生活的需求成为党和国家的关注点。共同富裕是公平、发展及共享的辩证统一,将人民的现实需要作为社会发展的出发点及价值尺度,把人民利益摆在至高无上的地位,致力于把人的发展同社会发展统筹协调在一起。

其三,共同富裕强调以改革和开放来塑造社会主义发展新形态。共同富裕在改革与开放的双重维度下加快了人民走向富裕的进程。改革使中国走出了一条富民强国的现代化新路,中央深入把握全面深化改革的内在规律,改革创新社会主义市场经济体制、社会主义政治发展道路、社会保障体制。如在民生领域的改革,一大批惠民措施得以实施,党的十八大以来的五年,"城镇新增就业年均一千三百万人以上。城乡居民收入增速超过经济增速,中等收入群体持续扩大"③。开放使中国融入了经济全球化的发展浪潮,有利于我国建设开放型经济模式,为人民需要释放更多的正面效应,带来更广泛的发展红利。

二、为广大发展中国家治理贫困提供中国经验与中国智慧

当今世界,在经济全球化推动下,人类交往更趋多元化,彼此间的联系

---

① 《中国共产党第十九次全国代表大会文件汇编》,人民出版社 2017 年版,第 3 页。
② 《马克思恩格斯选集》(第一卷),人民出版社 1972 年版,第 217 页。
③ 《党的十九大报告辅导读本》编写组编著:《党的十九大报告辅导读本》,人民出版社 2017 年版,第 5 页。

和依存更趋频繁、紧密。然而,世界市场的深度融合也让发展中国家遭受到了巨大危机。贫富差距扩大,金融危机频发,而且全球气候恶化、环境污染、能源危机等问题也接踵而至。中国式的共同富裕道路为当代发展之迷思提供了解决方案,它既蕴含着数千年中华民族历史文化的精华,同时也与世界各国人民的发展紧密相连,明显超越了以西方为中心的思维模式、"资本逻辑"的价值取向、"零和博弈"的交往方式和"异质冲突"的文化观念,充分展现出中国式现代化道路为解决全球性贫困问题、促进人类文明进步作出的原创性贡献,推动全球治理体系朝着愈加公正合理的方向发展。共同富裕是大势所趋,中国式共同富裕道路的成功开辟,从根本上否定了西方资本主义道路的思维定式,为世界各国探索现代化道路提供了全新选择。正如习近平指出:"中国发展为广大发展中国家走向现代化提供了成功经验、展现了光明前景。"①

从空想社会主义到科学社会主义,消除贫困、实现社会共同富裕是人们一直以来努力的方向。在马克思主义经典作家看来,贫困是与所有制联系在一起的。在资本主义社会,贫困则是与资本主义制度联系在一起。在《共产党宣言》1883 年德文版序言中,恩格斯指出:"被剥削被压迫的阶级(无产阶级),如果不同时使整个社会永远摆脱剥削、压迫和阶级斗争,就不再能使自己从剥削它压迫它的那个阶级(资产阶级)下解放出来。"②这是因为,在资本主义制度下,体现先进生产力的机器成了资产阶级用来对付工人阶级最强有力的武器,机器生产使一部分人过度劳动,另一部分人失业。在马克思看来,"使相对过剩人口或产业后备军同积累的规模和能力始终保持平衡的规律把工人钉在资本上,比赫斐斯塔司的楔子把普罗米修斯钉在岩石上钉得还要牢"③。这充分说明资本越积累,贫困也就越积累。因此,"在一极是财富的积累,同时在另一极,即在把自己的产品作为资本来生产的阶级方

---

①习近平:《在庆祝改革开放 40 周年大会上的讲话》,人民出版社 2018 年版,第 21 页。
②《马克思恩格斯选集》(第一卷),人民出版社 1995 年版,第 252 页。
③《马克思恩格斯选集》(第三卷),人民出版社 1995 年版,第 625 页。

面,是贫困、劳动折磨、受奴役、无知、粗野和道德堕落的积累"①。由于造成无产阶级贫困的资本主义私有制不可能通过资产阶级自身力量来消灭,换言之,贫困问题是资本主义制度缺陷所造成的,因而,唯有通过阶级革命消灭资本主义制度,建立具有制度优势的社会主义制度才能真正消除贫困,而这也是中国共同富裕之所以能走向成功的根本原因。

实现共同富裕是社会主义的本质要求。依靠社会主义制度,通过解放生产力、发展生产力,中国共产党带领各族人民已经取得了全面建成小康社会的胜利。总结中国百年治贫经验,要从发展中国家的本国实际出发,制定具有本土性、特色性的共同富裕道路,将是最优解。进入新发展阶段,必须坚定不移推进共同富裕,坚持志不改、道不变,以中国式共同富裕推进中华民族伟大复兴。展望未来,我们相信中国式现代化道路将在历史发展中不断完善,在实现全面建成社会主义现代化强国目标中为广大发展中国家治理贫困不断贡献中国智慧。

三、为全球治理和人类社会现代化提供影响深远的中国方案

当前全球治理体系仍然依附于西方现代化国家的发展框架,由西方发达国家所主导的全球治理模式依旧盛行,它试图分割并控制全球发展权益,进一步掌握世界话语权和全球化主导权。在这种治理模式下,资本的野蛮生长和无序扩张竭力占据物质生产的统治地位,并"按照自己的面貌为自己创造出一个世界"②。日益单极化的全球治理体系将世界分为贫富两极分化的不同单元。首先,传统全球治理模式割裂了人与自然的和谐关系。西方工业革命的蓬勃发展打破了人与自然的有限平衡,成为西方宰制自然的先机。人们对于"科学至上""科学万能论"的盲目崇拜将自然伦理抛掷一旁,致使人类中心主义极端盛行。以牺牲环境为代价的发展引发了极为严重的生态灾难,空气污染、水土流失、气候异常、生物多样性锐减等现象与日俱

①中共中央马克思恩格斯列宁斯大林著作编译局编:《资本论(节选本)》,人民出版社 1998 年版,第208 页。
②《马克思恩格斯文集》(第二卷),人民出版社 2009 年版,第 36 页。

增,生态危机愈演愈烈,人与自然站在了发展的对立面上,代际发展的利益被无辜牺牲。其次,传统全球治理模式淡漠了人与人的社会关系。西方国家过度强调个人主义和自由权利,"把财富的增长,福利的增加,物质利益的满足,效益(率)的提高,国民经济的发展等作为头等大事,包括道德等其他东西皆作为手段为此目的服务,哪怕牺牲公平、人权、精神品质、道德理想也在所不惜"[1]。伦理价值的错位让人与人之间单纯的社会关系演变为相互利用、利益捆绑的物化关系。"以利相交,利尽则散"的合作逻辑造成人与人之间的关系愈发紧张,不同阶级、国家间的隔阂、矛盾不断加深,难以形成共享双赢的伙伴关系。最后,传统全球治理模式使国与国的关系沉陷于丛林竞争泥沼。信奉"强权就是真理"的西方大国将强势的发展逻辑贯穿于国际政治舞台之中,将国与国之间的关系演化为弱肉强食、零和博弈的丛林竞争关系,主导并构建了一系列的国际组织和机制,使诸多外源型现代化国家丧失了发展动力,发言权和主动权被垄断。其公然插手和干预其他国家的发展,对广大发展中国家设置层层加码的贸易壁垒,向他国转嫁减排责任、转移金融危机,导致广大发展中国家的现代化进程变得滞后,严重阻碍人类文明的发展进程。

中国共产党基于四海一家、天下大同的宏阔视野,深入把握人类发展利益的通约性,在全球治理体系中注入共同富裕的价值因子,旨在超越纯粹的利益之争,消弭社会内部的矛盾张力,调节两极分化的群体对抗与冲突,提升非西方国家的治理整合能力与现代化水平。第一,逐步扩大对外援助规模,带动其他国家致富。"中国对外援助资金保持快速增长,2004 年至 2009年平均年增长率为 29.4%。"[2]2010—2012 年的对外援助金额相当于 1949—2009 年的三分之一以上,中国共向 121 个国家和地区提供了援助,对外援助金额高达 893.4 亿元。在国家和地区层面,不断加大对受援国的援助力度,注重提高受援国的自主发展能力,在农业、基础设施、教育、医疗卫生等领域展开帮扶工作,帮助受援国培养技术人才与骨干力量,带动其走上经济独

---

[1]李兰芬:《当代中国德治研究》,人民出版社 2008 年版,第 184 页。
[2]国务院新闻办公室:《中国的对外援助》,人民出版社 2011 年版,第 4 页。

立、自主创新之路,让广大发展中国家从根源上致富。第二,创设国际合作新平台,形成辐射世界的服务发展合力。中国先后成立了亚洲基础设施投资银行、金砖国家新开发银行,设立了丝路基金、澜湄合作专项基金、南南合作援助基金,促进了中国与发展中国家互联互通和经济一体化的进程,为不同国家和地区的人民带来更多的就业机会、资金支持、技术支持,努力惠及当地贫困群众。第三,出台对接合作发展的规划政策,增强落后国家发展话语权。2000年,中非合作论坛通过了《中非经济和社会发展合作纲领》,深化了中非在经济、社会领域的合作,为非洲的利益发展提供了战略性引导。2005年,中国政府在联合国发展筹资高级别会议上为帮助不发达国家开展合资合作,提出了五项举措。2008年,中国政府在联合国千年发展目标高级别会议上就全球消除贫困、饥饿问题提出六项对外援助措施。中国不断致力于缩小南北发展差距,提升发展中国家的话语表达权,促进全球多边主义力量的生长。

共同富裕的实践方案停止了资本逻辑对现代化发展模式的宰制,汇聚着世界各国人民对和平、发展、繁荣向往的最大公约数,基于整个人类发展维度考察国家间的利益行为,将人类社会的共同目标看作共同富裕的建构,不断矫正贫困者与富有者的利益分配关系,将人从物、异化的桎梏中解放出来,增添共同发展新动力。共同富裕有利于在共同价值的基础上把世界各国的利益联结在一起,将人民的利益诉求与治理体制相结合,提升国际行为体中的价值认同度,在共同发展的轨道上助力公正合理的全球治理体系的形成,为人类社会实现现代化提供了新选择。

后 记

本书是浙江大学中国特色社会主义理论研究中心重点委托项目的成果，也是浙江省哲学社会科学重点研究基地浙江大学马克思主义理论创新与传播研究中心重点资助的项目成果。

2020年10月，党的十九届五中全会通过了《中共中央关于制定国民经济和社会发展第十四个五年规划和二〇三五年远景目标的建议》，提出了实现"全体人民共同富裕取得更为明显的实质性进展"的2035年远景目标，我们深感这是以习近平同志为核心的党中央对全国人民作出的庄严的政治承诺，特别是紧接着开始"支持浙江高质量发展建设共同富裕示范区"，这是党中央、国务院赋予浙江的光荣使命，是落实中国共产党实现共同富裕实质性进展政治承诺的重要举措。对此，作为马克思主义理论研究工作者，我们倍感振奋，充满期待，进一步也想在推进共同富裕理论研究上作出一些自己的努力，特别是想对我国共同富裕理论与实践在大历史观下进行一个全面研究和全景式展现，揭示共同富裕理论与实践的思想和理论来源，阐述共同富裕理论创新和实践成就，揭示共同富裕理论与实践的经验和演进规律，展示共同富裕理论与实践的影响和价值等。于是，我们着手搜集资料，开展工作。2021年9月，浙江大学中国特色社会主义理论体系研究中心又委托开展本课题的研究，这使得项目开展有了平台支撑和经费支持。本书的出版又得到了浙江大学马克思主义理论创新与传播研究中心的重点资助。

本书由段治文教授全面统筹策划，设计提纲，组织团队，指导研究。具体分工如下：第一章撰写作者为王英飞；第二章撰写作者为陈锋；第三章撰写作者为汪佳佳；第四章撰写作者为于雯美；第五、六章撰写作者为郑珺。全书由段治文教授统稿修改。

本书采纳了大量已有研究成果，基本上都注明出处，少数因体例因素未能注明，在此表示深深的谢意。

段治文
2022年6月22日